Utz Schliesky

GESPRÄCHE ÜBER DEN STAAT

GESPRÄCHE ÜBER DEN STAAT

Herausgegeben von

Prof. Dr. Utz Schliesky

Gespräche mit

Dr. Robert Habeck

Prof. Dr. Peter M. Huber

Prof. Dr. Norbert Lammert

Prof. Dr. Edzard Schmidt-Jortzig

Prof. Dr. Andreas Vosskuhle

2017

C.H.BECK

www.beck.de

ISBN 978 3 406 71208 1

Wilhelmstraße 9, 80801 München
Druck und Bindung: Beltz Bad Langensalza GmbH
Am Fliegerhorst 8, 99947 Bad Langensalza
Satz: Fotosatz Buck
Zweikirchener Straße 7, 84036 Kumhausen
Umschlaggestaltung: Kunst oder Reklame, München
Umschlagabbildung: Pariser Platz mit Brandenburger Tor in Berlin am frühen Morgen © Ingo Schulz/Mc Photo/ullstein bild
Foto Umschlagsklappe: © privat

Gedruckt auf säurefreiem, alterungsbeständigem Papier
(hergestellt aus chlorfrei gebleichtem Zellstoff)

VORWORT

Was ist der Staat? Erfüllt er unsere Erwartungen? Was wird aus dem Staat? Was wird aus der Europäischen Union? Auf all diese (und noch viel mehr) Fragen gibt es in diesem Buch Antworten – und zwar gleich sechsfach.

Nach einer Einführung, die ausgewählte grundlegende Themen gerade auch für Nicht-Staatsrechtler darstellt und zugleich die Grundlage für einen Fragenkatalog bildet, werden fünf Gespräche auf der Grundlage dieses einheitlichen Fragenkatalogs mit herausragenden Persönlichkeiten des Staatslebens und -denkens wiedergegeben. Entstanden sind so sechs Bilder vom Staat, sechs Perspektiven des Blickes auf den Staat, in dem wir leben.

Diesem Buch liegt die Überlegung zugrunde, dass wir zwar ständig mit dem Staat befasst sind, aber zu wenig grundsätzlich über den Staat nachdenken. Dabei leben wir durchaus in Zeiten, in denen die „Fraglosigkeit" des Staates zu schwinden droht. Immer mehr Menschen stellen – gerade auch in Europa – ihre innerstaatlichen politischen Systeme in Frage. Und auch das einmalige Projekt der Europäischen Union, das in Europa eine bis dato unbekannte Friedensperiode ermöglicht hat, droht zu zerbrechen. Von der Finanzmarktkrise über die Flüchtlings- und Migrationsströme, die staatliche Organe auch in Deutschland vor ungeahnte Probleme gestellt haben, über das Erstarken systemkritischer Parteien bis zu den unbewältigten Folgen der Digitalisierung reicht eine nur kleine Auswahl der ungelösten Herausforderungen. Politik und Medien widmen sich akribisch immer neuen Detailfragen, verlieren aber das große Ganze immer mehr aus dem Blick. Über den Staat, der immer noch ein ganz wesentlicher Akteur für unsere privaten Leben, für unsere Gesellschaft, für die Wirtschaft, für die Europäische Union und im internationalen Kontext ist, und seine sich verändernden Rollen und Funktionen sprechen wir zu wenig. Die Zeit der grundlegenden Werke der Staatstheorie scheint längst vorbei zu sein – dabei bräuchten wir sie nötiger denn je. Diese Lücke ein wenig zu füllen und gleichzeitig ganz praktische Antworten auf aktuelle Fragen zu geben, ist Anliegen dieses Buches.

Der zu erstattende Dank ist so ausführlich, dass ich auf die gesonderte Danksagung am Ende des Buches verweise. Gewidmet ist das Buch meiner Frau Heike Schliesky und unseren Söhnen Max Bero und Bent Julian, denen ich von Herzen das Aufwachsen und Leben in einem friedlichen, weltoffenen und toleranten Staat wünsche, der seine Werte und seine historischen Wurzeln nicht verleugnet.

Dänischenhagen, im Juni 2017 Utz Schliesky

INHALTSÜBERSICHT

Prof. Dr. Utz Schliesky

Geboren 1966 in Kiel; verheiratet, zwei Kinder; 1985–1987 Soldat auf Zeit; 1987–1992 Studium der Rechtwissenschaften an der Christian-Albrechts-Universität zu Kiel; 1993–2003 Wissenschaftlicher Mitarbeiter, Wissenschaftlicher Assistent; Promotion (1996; über das Thema „Öffentliches Wettbewerbsrecht“) und Habilitation (2002; über das Thema „Souveränität und Legitimität von Herrschaftsgewalt“); 1996 Große Juristische Staatsprüfung; 2003–2005 Erster Beigeordneter und Stellvertretender Hauptgeschäftsführer des Deutschen Landkreistages, Berlin; 2005–2009 Ministerialdirigent, Leiter der Abteilung Verwaltungsmodernisierung im Finanzministerium des Landes Schleswig-Holstein; seit 2009 Direktor des Schleswig-Holsteinischen Landtages; nebenamtlich seit 2007 Vorstand des Lorenz-von-Stein-Instituts für Verwaltungswissenschaften an der Christian-Albrechts-Universität zu Kiel, dort auch Leiter des Forschungsbereiches Staatliches Innovationsmanagement; seit 2011 Präsident der Schleswig-Holsteinischen Juristischen Gesellschaft e.V.

ZUR EINFÜHRUNG – ODER: EINE KURZE STAATSLEHRE

I. Begriff und Bedeutung des Staates

„Deutschland ist kein Staat mehr."[1] Auch wenn diese Feststellung *Hegels* zeitgeschichtlich bedingt war[2], so zeigt sie doch sehr aktuelle Züge. Zahlreiche gesellschaftliche und politische Diskussionen nähren den Eindruck, dass einem durch „Staatsversagen" bewirkten Ende des Staates das Wort geredet werden soll. Zugleich sind in den vergangenen Jahren und Jahrzehnten durch die Übertragung von (staatlichen) Hoheitsrechten auf die Europäische Union oder andere Institutionen europäische und globale Verflechtungen entstanden, die angesichts ihrer hohen Komplexität von vielen Menschen nicht mehr begriffen werden und mittlerweile – nicht zuletzt ob der Unklarheit politischer Verantwortung – Unbehagen auslösen. „Was nicht mehr begriffen werden kann, ist nicht mehr."[3] Getreu dieser alten Feststellung scheint die heutige staatliche Realität so kompliziert, die politische Komplexität in modernen Demokratien so groß geworden zu sein, dass viele Menschen den Staat nicht mehr begreifen und ihn daher zunehmend bezweifeln oder gar als nicht (mehr) existent ansehen. Es sei aber auch nicht verschwiegen, dass auch Teile der Gesellschaft, der Wirtschaft und der Politik sowie manchmal sogar unsere Staatsorgane einiges dafür zu tun scheinen, das Dahinscheiden des Staates durch Funktionsverluste von Staatlichkeit zu befördern[4].

1. Staatsbegriff

Was ist nun eigentlich „der Staat"?[5]. Das Verständnis des Begriffs „Staat" ist äußerst unterschiedlich: Die verschiedensten Formen menschlichen Zusammenlebens und organisierter Herrschaft werden als Staat bezeichnet – frühzeitliche Stammesorganisationen[6], die polis Athens[7], der „Staat im hohen Mittelalter"[8], der Staat zu Beginn der Neuzeit[9], der Nationalstaat[10], der moderne Staat[11], der Verfassungsstaat[12] oder nunmehr der „transmoderne" Staat[13] sind einer gemeinsamen Erfassung unter einem Begriff kaum zugänglich. Vielmehr zeigt sich, daß „der Staat" keine für alle Zeiten vorgegebene Größe, sondern ein in seinem historischen Zusammenhang konkreter Begriff ist, der dementsprechend im Laufe der Geschichte vielfältige Wandlungen durchlebt hat[14]. Art. 20 Abs. 1 GG legt fest, daß die Bundesrepublik Deutschland ein demokratischer und sozialer Bundesstaat ist. Was ein Staat begrifflich ist, verrät aber auch das Grundgesetz nicht, das dafür aber vielerlei Festlegungen für den *konkreten* Staat Bundesrepublik Deutschland und vor allem für dessen Staatsgewalt enthält.

Als juristische Person[15] ist der Staat als solcher nicht sichtbar und daher auch nicht einfach zu begreifen. Zu allen Zeiten hat man sich daher mit Bildern und Metaphern beholfen, um den Staat zu versinnbildlichen: Der Staat erscheint als Organismus[16], als Schiff[17], als Maschine[18] oder als „Macht-Gefäß"[19]. Verstand man den Staat Mitte des 19. Jahrhunderts in Deutschland zunächst noch durchaus nüchtern als „eine bürgerliche Gesellschaft, mit einem bestimmten Landesbezirk, unter gemeinschaftlicher Obergewalt, zu allseitiger Sicherheit"[20], so definierte ihn die deutsche Staatslehre mit dem zunehmenden Nationalismus als „die höchste aller menschlichen Gemeinschaften"[21]. Obwohl der Staat in unserem heutigen Leben etwas Allgegenwärtiges ist, tun wir uns doch erstaunlich schwer, den Begriff des Staates prägnant zu definieren. Die historischen Wandlungen, die Vielschichtigkeit staatlicher Betätigungen und äußerst unterschiedliche Kriteriengewichtungen machen es nicht leicht, den Staat auf einen exakten Begriff zu bringen[22]. Treffend hat es *Josef Isensee* als Dilemma aller Staatsbegriffe bezeichnet, „daß ihnen ihr Objekt immer wieder entgleitet"[23]. Diese entwicklungsgeschichtliche Bedingtheit des Staatsbegriffes zeigt sich etwa in der Definition, wonach der Staat von sesshaft gewordenen Menschen als notwendige Einrichtung zur Wahrung ihres inneren und äußeren Friedens erkannt und anerkannt worden ist[24]. Der „Staat" ist ein Begriff der Neuzeit, der in älteren Organisationsformen von Herrschaft noch nicht zur Kennzeichnung verwandt wurde[25]. „Staat" meint heute daher in der Regel den *modernen* Staat, der theoretisch wesentlich zu Beginn der Neuzeit durch *Jean Bodin*, *Thomas Hobbes* und *John Locke* konzipiert worden ist. Dieser Staat besitzt das Gewaltmonopol, er beansprucht die einzige und höchste Herrschaftsgewalt im Innern und rechtliche Unabhängigkeit nach außen, er besitzt prinzipiell Allzuständigkeit und erscheint als politische Einheit[26]. Die herrschende deutschsprachige Staatsrechtslehre geht insoweit aber nicht von dem frühneuzeitlich konzipierten modernen Staat, sondern von dem noch späteren Territorial- und Nationalstaat aus, der im 19. und 20. Jahrhundert seine theoretisch-konzeptionelle als auch praktisch-politische Hochphase hatte. Für den Staatsbegriff zugrunde gelegt wird regelmäßig die eingängige, an der Schwelle zum 20. Jahrhundert von *Georg Jellinek* entwickelte Lehre von den drei Elementen der Staatlichkeit[27]: Danach wird ein Gemeinwesen erst durch die Existenz von Staatsgebiet, Staatsvolk und Staatsgewalt zu einem Staat. Diesen drei Elementen fügt *Jellinek* aber selbst noch das vierte Element der „Verfassung" hinzu. Aber auch mit dieser, auf dem Vorstellungsbild des modernen Nationalstaates beruhenden Staatsdefinition kommt man heute nicht mehr weit, denn es ist längst eine wissenschaftlich vielfach untermauerte Binsenweisheit, dass der Staat zu Beginn des 21. Jahrhunderts eine stark veränderte Gestalt im Vergleich zum 19. und 20. Jahrhundert aufweist[28]. Der „offene Verfassungsstaat"[29] ist genauso Realität wie der aktuell zu beobachtende Trend der Renaissance eines starken Nationalstaates.

Und auch bei einer verfassungsrechtlichen Konstituierung des Staates und Festlegung seines politischen Systems verändern sich, dem „Zeitgeist"[30] folgend, die Vorstellungen von der und Erwartungen an die Herrschaftsgewalt. In der historischen Entwicklung hat der Staat sich von der personenbezogenen Herrschaft über den Personenverbandsstaat des Mittelalters und die juristische Person der Neuzeit zur rational-legalen Herrschaftsorganisation des 20. Jahrhunderts gewandelt.[31] Aktuell lässt sich aber gerade eine Rückkehr zu einer größeren Bedeutung der Persönlichkeit des Machtinhabers, also zu einer stärkeren Betonung der charismatischen Herrschaft im Sinne *Max Webers*[32], feststellen. Die mit Blick auf das Demokratie- und Rechtstaatsprinzip problematischen Persönlichkeiten *Putin*, *Erdogan*, *Orban* oder nun auch *Trump* sind aktuelle Beispiele für diese Hinwendung zu einer starken Führungspersönlichkeit. Und auch in Deutschland ist eine stärkere Personalisierung der Wahlkämpfe nicht zu übersehen.

Der Staat ist ein politisches Entscheidungssystem, eine verfassungsrechtlich konstituierte Wirkungseinheit in Gestalt einer juristischen Person, in der sich ein Volk zusammengeschlossen und eine Herrschaftsgewalt konstituiert hat, der dieses Volk Legitimität zuerkennt[33] und – mindestens in der großen Mehrzahl der Fälle – Folge zu leisten grundsätzlich bereit ist. Der Staat wandelt – vor allem mit Hilfe seiner Verfassung und der dort enthaltenen Staatsstrukturprinzipien, etwa der Gewaltenteilung – pure Macht in rechtlich gebundene Herrschaftsgewalt bzw. Staatsgewalt um. Der Staat erweist sich so als „Macht-Gefäß"[34].

2. Staatsformen und Staatsgründung

Die Staatsformen werden seit *Aristoteles* traditionell nach dem Inhaber der Herrschaftsgewalt unterschieden[35]. Bei der *Monarchie* ist es ein (guter) Alleinherrscher, bei der *Aristokratie* ist es die Herrschaft einer im Sinne von Tugendhaftigkeit und Tüchtigkeit besten Gruppe, und die *Politie* ist die unmittelbare Herrschaft des Volkes, die *Aristoteles* allerdings auf die wohlhabenden und wohlmeinenden, sprich am Gemeinwohl orientierten Bürger beschränkt[36]. Die Entartungsformen dieser drei Herrschaftsformen sind dann die *Tyrannis* (Despotie), die *Oligarchie* und die *Demokratie* (Ochlokratie).[37] Für den Inhaber der Herrschaftsgewalt wird synonym auch vom Inhaber der *Souveränität* gesprochen, die als besondere und staatstypische Eigenschaft der Herrschaftsgewalt verstanden wird[38]. Bei der *Demokratie* – wir verstehen diese Volksherrschaft heute nicht mehr als Entartungsform – ist daher die Volksouveränität kennzeichnend. Dementsprechend formuliert Art. 20 Abs. 2 S. 1 GG: „Alle Staatsgewalt geht vom Volke aus." Dahinter steht die Idee, dass nicht mehr ein vom erbmonarchischen Gottesgnadentum legitimierter Fürst, sondern das Volk Inhaber der Souveränität und damit der letztverbindlichen Entscheidungsgewalt im Staate ist. Vor allem *Rousseau* konzipiert die Volkssouveränität konsequent als Legitimationsprinzip[39]. Sie setzt sich gegen ein im Zeitalter der Aufklärung und Vernunft immer weniger überzeugendes monarchisches Prinzip durch und tritt ihren Siegeszug in Gestalt einer demokratischen Staatsform endgültig ab Mitte des 19. Jahrhunderts in Europa an.[40] Bei *Rousseau* ist es der Gesellschaftsvertrag zwischen den im Naturzustand lebenden Menschen, der politische Selbstorganisation der Gesellschaft ermöglicht und das Volk konstituiert.[41] Nun lassen sich begründete Zweifel an Abschluss und Existenz dieses Gesellschaftsvertrages anmelden[42], aber in jedem Fall wirft die Vertragskonstruktion mindestens zwei grundlegende Fragen auf: Zunächst einmal stellt sich die uralte staatstheoretische Frage, was zuerst da war: Freiheit oder Staat?[43]. Die vertragstheoretischen Staatsbegründungen gehen von einem Urzustand der Freiheit aus, während die von einem pessimistischeren Menschenbild ausgehende Gegenansicht den Staat als Garanten von Sicherheit sieht, mit dessen Hilfe allein die Freiheit gewährleistet werden kann. Aufgrund der intensiven Rezeption der „Germania" des Tacitus im 19. Jahrhundert wird bei den meisten deutschen Staatsdenkern letztlich auch der freiheitliche Urzustand in den Mittelpunkt gerückt, aus dem dann gesellschaftsvertraglich der Staat begründet wird. Die richtige Antwort muss vermutlich differenziert ausfallen: Für sich allein hat der Mensch im „Naturzustand" und vor dem Staat größtmögliche Freiheit, aber auch größtmögliche Bedrohung zu ertragen – Bedrohung durch andere Menschen, Tiere, Naturgewalten oder das Fehlen elementarer Bedürfnisbefriedigung. Schon allein die Existenz des Staates mit seinem verbindlichen Verfolgungsanspruch für die Entscheidungen der Herrschaftsgewalt schränkt diese Freiheit denknotwendig ein, gewährt dafür – jedenfalls in einem den Menschenrechten verpflichteten Staat wie der Bundesrepublik Deutschland (Art. 1 Abs. 2 GG) – überhaupt erst grundlegende Freiheiten. Die „Freiheitsbilanz" des durchschnittlichen Deutschen ist jedenfalls wesentlich besser als bei unseren im Wald lebenden Vorfahren, die *Tacitus* beschrieben hat.

3. Volksbegriff

Die zweite mit dem Gesellschaftsvertrag aufgeworfene und für eine Demokratie zentrale Frage lautet: Wer ist das Volk? Denn das Bezugssubjekt des Staates und der Staatsgewalt ist im demokratischen Staat das Volk. Von dem Volk geht nach Art. 20 Abs. 2 S. 1 GG alle Staatsgewalt aus, es ist Inhaber der Souveränität. Und alle vier bis fünf Jahre kehrt in Gestalt der Wahlen[44] zumindest die Legitimationskompetenz für die Staatsgewalt auch kurzzeitig zum Volk zurück. Dies gilt jedenfalls für die heute typische Erscheinungsform des demokratischen Staates mit einem repräsentativen politischen System. Und es gilt für den (ursprünglich) europäischen Nationalstaat, der seit *Jellinek* durch die Trias Staatsgebiet, Staatsvolk und Staatsgewalt gekennzeichnet ist. Allerdings stellen sich nicht erst seit der Existenz der Europäischen Union und der Diskussion über ein (partielles) Ausländerwahlrecht[45] Fragen nach der Exklusivität dieser Beziehung zwischen Staat und Volk. Denn die Frage nach der Zugehörigkeit zum Staatsvolk durchzieht die Geschichte der staatlichen Entwicklung. Gehörten zum wahlberechtigten Volk Athens nur gut 5 % bis 15 % der Einwohner[46], so gab es im Laufe der Geschichte zwar nach und nach Erweiterungen des Kreises der Wahlberechtigten, doch blieb die Zugehörigkeit zum Staatsvolk als Legitimationssubjekt für die Staatsgewalt letztlich immer an bestimmte Kriterien wie die Abstammung bzw. Herkunft (Athen; Rom), das Einkommen (Preußen), Status (Städteverfassung), Nationalität (Nationalstaat) oder Alter gebunden. Diese Kriterien spielten immer eine einschränkende Rolle für die Zugehörigkeit zum wahlberechtigten Staatsvolk.

Vor allem die Nationsidee und die Entstehung des neuzeitlichen Nationalstaates[47] führten dazu, dass nur deutsche Staatsangehörige nach heutiger Überzeugung das deutsche Staatsvolk und damit das Volk i. S. d. Art. 20 Abs. 2 S. 1

GG bilden.[48] Es ist dies der juristische Volksbegriff, der über den rechtlichen Anknüpfungspunkt der Staatsangehörigkeit völker- und staatsorganisationsrechtlich die Zusammensetzung des Staatsvolkes möglichst exakt bestimmen soll, nicht aber den Zusammenhalt des Staatsvolkes gewährleisten kann oder soll, und insoweit von einem „natürlichen" oder soziologischen Volksbegriff abzugrenzen und auch nicht mit der Nation deckungsgleich ist[49]. Diese Zugehörigkeit zum *deutschen* Staatsvolk konkretisiert Art. 116 Abs. 1 GG. Das Staatsvolk hat sich somit aus der Nation heraus entwickelt, ist angesichts der rechtlichen und damit auch politischen Gestaltbarkeit der Staatsangehörigkeit aber heute nicht mehr völlig deckungsgleich.

Wenn wir uns darüber Gedanken machen, wer das Staatsvolk ist, dann müssen wir uns auch mit den Auswirkungen einer massenhaften Zuwanderung beschäftigen. Wenn Millionen von Menschen in die Bundesrepublik Deutschland einreisen bzw. dort schon leben, ohne die deutsche Staatsbürgerschaft zu besitzen, und damit ohne Bürgerechte und ohne Wahlrecht in unserem Land leben, dann wird dies auf Dauer für gesellschaftlichen Unfrieden sorgen und in jedem Fall die Legitimationsbasis für eine demokratische Staatsgewalt im Hinblick auf die Gesamtbevölkerung schmälern.[50] Das ohnehin fragliche Nationskonzept, das noch immer als Grundlage der deutschen Staatsangehörigkeit nach Art. 116 Abs. 1 GG angesehen wird, wird dementsprechend weiter unter Druck geraten. Eine andere oder gar bessere Grundlage für die Qualifizierung des Staatsvolkes ist aber bislang nicht in Sicht.

Damit verstärkt sich ein Trend, der durch die zunehmende Pluralisierung der Gesellschaft sowie bestimmte politische Gleichheitsvorstellungen[51] als Folge von Antidiskriminierungs- und Gleichstellungspolitik ohnehin schon begonnen hatte. Derartige Vorstellungen einer pluralen Gleichheit sind aber nur schwer vereinbar mit den Homogenitätsvorstellungen, die schon in der Weimarer Zeit in der Staatsrechtslehre[52] und dann vom Bundesverfassungsgericht[53] als Voraussetzung für die Existenz des Staatsvolkes formuliert worden sind. Wenn aber diese relative Homogenität in geistiger, sozialer und politischer Hinsicht angesichts der zunehmenden Pluralisierung bröckelt, löst sich dann auch der Volksbegriff auf? Können Gleichheitspostulate der Antidiskriminierungs- und Gleichstellungspolitik die schwindende Homogenität des Volkes ersetzen? Die Entwicklung wird mit Spannung zu beobachten sein, und es bedarf keiner prophetischen Gabe, dass auch Staatslehre und Staatsrecht sich intensiv mit dieser Frage auseinandersetzen müssen. Denn wer wir als Volk eigentlich sind, wer zu uns gehört und gehören soll – diese Fragen sind existenziell und können nur von uns selbst beantwortet werden.

Die Antwort auf die Frage, wer das Staatsvolk ist, gibt dann auch Aufschluss über die Frage nach der Identität des Staates. Denn ein Staat ohne eigene Identität ist schwer vorstellbar. Zur Identitätsbildung sind Abgrenzungen (nicht: Ausgrenzungen) erforderlich[54], die mit Respekt und Toleranz gegenüber „dem/den Anderen"[55] deutlich machen, wo die Identitätsgrenze verläuft. Dies ist in den vergangenen Jahren unter dem Eindruck des Strebens nach größtmöglicher Pluralität vernachlässigt worden und holt uns nun in Gestalt der Suche nach „Werten" und einer „Leitkultur" wieder ein. Integration ebenso wie Inklusion und Gleichstellung können nur bei einer klaren, selbstvergewisserten Haltung zur und Kenntnis von der eigenen Identität gelingen, und dazu gehört auch Abgrenzung. Identitätsbildung und Identitätsbewahrung funktionieren nicht ohne Abgrenzung, über die offen zu diskutieren ist. Nur mit einer Vergewisserung der eigenen Identität kann das Ziel einer Integration von zugewanderten Menschen bestimmt werden. Ansonsten droht eine Nivellierung, die eine Gefahr für das demokratische Mehrheitsprinzip und erst recht für die unterschiedlichen Persönlichkeitsrechte bedeutet. Derzeit sind wir hinsichtlich unserer Identität offenbar selbst ein „suchendes" Gemeinwesen.

4. Unterscheidung zwischen Staat und Gesellschaft

Konstitutiv für den Staat des Grundgesetzes ist ferner die Unterscheidung zwischen Staat und Gesellschaft.[56] Beide darf man sich nicht als strikt voneinander geschiedene Sphären ohne jegliche Durchlässigkeit vorstellen. Eine solche Behauptung wäre allenfalls dem absolutistischen Staat adäquat, im demokratischen Verfassungsstaat aber schon angesichts der Existenz der politischen Parteien und ihres verfassungsrechtlichen Auftrags, Mittler zwischen Staat und Gesellschaft zu sein, nicht aufrechtzuerhalten. Die Durchlässigkeit zeigt sich auch an den Elementen unmittelbarer Demokratie, die auf Landes- und Kommunalebene vorgesehen sind. Die Rolle des Volkes im Staat ist insoweit stets neu auszutarieren. Die Differenzierung zwischen Staat und Gesellschaft ist aber zum Beispiel zwingende Voraussetzung für grundrechtlichen Freiheitsschutz vor und gegenüber dem Staat. Und auch die *repräsentative* Demokratie ist ohne diese gedankliche Differenzierung nicht durchführbar, denn der Gedanke der Repräsentation dient gerade der Aufrechterhaltung der Dichotomie von Herrschaftsorganisation und Gesellschaft. Die Unterscheidung zwischen Staat bzw.

Herrschaftsorganisation und Gesellschaft ist für die Differenzierung zwischen Gemeinwohl und subjektiven Interessen und damit letztlich für die Unterscheidung zwischen demokratischer (hoheitlicher bzw. öffentlich-rechtlicher) Herrschaftsgewalt und Privatheit unentbehrlich.[57] Die gedankliche Unterscheidung wird gerade im digitalen Zeitalter neue Bedeutung erlangen, da nur so Privatheit darstellbar und schützbar ist.[58]

Aus den bisherigen Ausführungen dürfte deutlich geworden sein, dass die Bedeutung des Staates nach wie vor groß ist – gerade in Deutschland. Vor allem in Zeiten wachsender Unsicherheit wird der Staat wieder als (letzter) Garant von innerer und äußerer Sicherheit wahrgenommen. Hier gibt es eine typisch deutsche Traditionslinie, die in das Mittelalter und die frühe Neuzeit zurückreicht und mit der Idealisierung des Staates als der „Wirklichkeit der sittlichen Idee"[59] ihren Höhepunkt fand. Nach dem verbrecherischen Mißbrauch von Ideen staatlicher Gemeinschaft durch die Nationalsozialisten[60] betrachten wir den Staat der Bundesrepublik Deutschland sehr viel nüchterner, ohne aber das Urvertrauen in den Staat (bislang) verloren zu haben. Auch „die Staatsidee", also mindestens die Antwort auf die Frage nach Sinn und Zweck des Staates, ist in Zeiten kumulierter gesellschaftlicher Macht (z.B. durch Lobbyisten, Banken und sog. Internet-Konzerne) sowie von zu beobachtenden Funktionsverlusten von Staatlichkeit nicht mehr fraglos und selbstverständlich.

II. Auswirkungen von Europäisierung und Internationalisierung auf den Staat

1. Entstaatlichung durch Europäische Union

Einen nicht unwesentlichen Beitrag zu der Infragestellung der Staatsidee und letztlich zu dem Empfinden eines Schwindens von Staatlichkeit hat auch und gerade der Prozess der europäischen Integration geleistet. Vor dem Hintergrund der eben beschriebenen Maßstäbe *muss* die Europäische Union ein Problem für den Staat sein. Sie tangiert alle drei Elemente der Staatlichkeit – das Staatsgebiet, das Staatsvolk und die Staatsgewalt.[61] Auf der anderen Seite erfüllt die Europäische Union selbst die Kriterien für einen Staat nicht, da jedenfalls Gebiet und Volk von den Mitgliedsstaaten abgeleitet sind. Allenfalls bei der Herrschaftsgewalt lässt sich eine Verselbständigung beobachten, die ansatzweise souveränitätstheoretischen Ansprüchen an die Staatsgewalt genügt. Vor allem aber hat die Europäische Union ein Problem mit der Demokratie und ihrer eigenen demokratischen Legitimität. Solange Demokratie als Staatsform begriffen wird und die Europäische Union an staatlichen Vorstellungsbildern gemessen wird, sind demokratische Defizite geradezu zwangsläufig. Die staatliche Modellbildung passt eben nicht auf ein andersartiges Herrschaftsgebilde. So ist die Europäische Union zwangsläufig in der Krise, und zwar systembedingt, wenn man die Folie des Nationalstaats zur Beurteilung der Europäischen Union heranzieht.[62]

2. Krise der Europäischen Union

Unabhängig von diesen systemimmanenten Problemen führt die Nichtbewältigung zahlreicher politischer Herausforderungen der letzten Jahre dazu, dass die Europäische Union mutmaßlich in der schwersten Krise seit ihrer Gründung ist.[63] Der Austritt Großbritanniens bewirkt – neben anderen Ursachen wie der Finanzmarkt- und Flüchtlingskrise – eine veritable Existenzkrise der Europäischen Union. Und damit ist ein historisch einmaliger Prozess der Staaten- und Völkerzusammenarbeit gefährdet. Angesichts dieses Zustandes und eines weit verbreiteten „Neo-Nationalismus" mag man sich über noch vor kurzem geführte Debatten und letztlich sogar den aktuell erreichten Stand der europäischen Integration verwundert die Augen reiben, doch vielleicht mag beides auch Anlass zur Besinnung geben. Die Organe der Europäischen Union – und damit letztlich oft auch die Regierungen der Mitgliedstaaten im Rat – mögen manche Maßnahmen übertrieben haben, und insoweit schlägt das Pendel derzeit eben heftig zurück, wenn man an beliebte Beispiele überbordender Bürokratie, wie etwa europäisch veranlasste Seilbahngesetze in allen Bundesländern oder die Abschaffung der Glühbirnen denkt. Andererseits desavouieren begangene Fehler ja nicht gleich das ganze Projekt an sich, sondern sollten den Blick auf bestehenden Reformbedarf lenken. Und Reformbedarf besteht ganz sicher, wenn man nur an die (mittlerweile zu starke) Rolle des Rates, das Handeln der Europäischen Zentralbank, die Überwachung der Haushaltskriterien oder das Problem einer sich selbst genügenden Elite in Brüssel denkt.

Dabei sollte nicht vergessen werden, dass die Europäische Union (auch) eine Antwort auf den übersteigerten Nationalismus der ersten Hälfte des 20. Jahrhunderts und auf die Schrecken des Zweiten Weltkrieges war und ist. Offenbar genügen diese Antworten aber der heutigen Generation nicht mehr; regelmäßig wird beklagt, dass das „Narrativ" der Europäischen Union nicht mehr überzeugend sei.[64] Dies überrascht, denn allein schon zahlreiche rationale Erwägungen wie der Binnenmarkt, die stärkere Rolle der Europäischen Union in der Welt (im Vergleich zu einzelnen Mitgliedstaaten) und die Möglichkeit der gemeinsamen Werteverteidigung sprechen eindeutig für die Europäische Union. Der Raum ohne Grenzen, der Binnenmarkt und die Unionsbürgerschaft sind bürgerfreundliche, eindrucksvolle Projekte ohne historisches Vorbild, die noch dazu eine europäische Friedensphase bewirkt haben, wie sie die Völker Europas vorher nicht kannten. Allerdings besteht nach wie vor keine Einigkeit über die „Finalität“ des Integrationsprozesses, über den Endzustand der Europäischen Union.[65] Derzeit führen wir nicht einmal mehr eine Debatte über Ziel und Richtung der europäischen Integration.

3. Europaidee

Dabei war Europa spätestens seit dem Mittelalter ein politisches Sehnsuchtsziel – spätestens deshalb, weil diese Vorstellungsbilder nicht ohne die Verbindung antiken Erbes mit dem Christentum denkbar wären und daher letztlich noch älter sind.[66] So war schon das Europabild des *Enea Silvio Piccolomini* und späteren Papstes *Pius II.* ein bewusst politisches Vorstellungsbild[67], mit dem das christliche Europa zum Kampf gegen die Türken geeint werden sollte. *Piccolomini* sprach bereits vom europäischen Haus und von Europa als Vaterland.[68] Den Höhepunkt dieses Denkens bildete zu Beginn des 19. Jahrhunderts *Novalis*, der das mittelalterliche Europa zu einem durch das Christentum geeinten Europa stilisiert.[69] Es war eben lange das Vorstellungsbild eines christlichen Europas, das selbst in der Europäischen Union noch schwach fortwirkt, heute aber keine Legitimationsgrundlage für die europäische Herrschaftsgewalt aus Sicht einer Mehrheit der Europäer mehr bildet.

Überhaupt ist die Legitimationsgrundlage aktuell sehr brüchig geworden. Es rächt sich, dass es in den letzten Jahr(zehnt)en politisch nicht gelungen ist, die Europäische Union auf eine eigene Legitimationsgrundlage zu stellen. Ganz überwiegend wird eine „duale Legitimation“ angenommen – einerseits von den mitgliedsstaatlichen Verfassungsorganen, insbesondere bei der parlamentarischen Übertragung von Hoheitsrechten gem. Art. 23 GG, andererseits in vermindertem Maße durch die Wahl zum Europäischen Parlament.[70] Die maßgebenden Subjekte demokratischer Legitimation bleiben in dem Staatenverbund der Europäischen Union aber die Völker – d. h. die staatsangehörigen Bürger – der Mitgliedstaaten.[71]

4. Das Verhältnis zwischen dem Mitgliedstaat Deutschland und der Europäischen Union

Das Bundesverfassungsgericht betont, dass die Europäische Union auch bei dem jetzt erreichten Integrationsstand als Staatenverbund mit eigener Rechtspersönlichkeit das Werk souveräner demokratischer Staaten bleibe.[72] Sie entspricht demokratischen Grundsätzen, die allerdings nicht denen des Mitgliedsstaats genügen und – angesichts der die EU gerade prägenden Gleichheit der Mitgliedstaaten unbeschadet ihrer Größe – die Wahlgleichheit der Unionsbürger nicht im gleichen Maße wie die Mitgliedstaaten gewährleisten kann.[73] Die Gleichheit der Wahl wird vom Bundesverfassungsgericht in den Mittelpunkt einer freiheitlich-demokratischen staatlichen Grundordnung gerückt, so dass im Ergebnis dann die Demokratie in der Europäischen Union und die demokratische Legitimation der supranationalen Herrschaftsgewalt allgemein als defizitär erscheinen muss. Denn die demokratischen Maßstäbe werden vor der Folie des Nationalstaates und einer vom Staatsvolk ausgehenden Demokratievorstellung sowie einer Anwendung der (deutschen) Wahlrechtsgrundsätze (Art. 38 Abs. 1 S. 1 GG) ermittelt. Das Bundesverfassungsgericht leitet aus dem Demokratieprinzip sogar materielle Souveränitätsrechte ab, die nicht vollständig auf die Europäische Union übertragen werden dürfen[74]; das Gericht zählt dazu die Entscheidungen über das materielle und formelle Strafrecht, die Verfügung über das Gewaltmonopol (nach innen und außen), die fiskalischen Grundentscheidungen über Einnahmen und – insbesondere sozialpolitisch geprägten – Ausgaben der öffentlichen Hand, die sozialstaatliche Gestaltung von Lebensverhältnissen sowie kulturell besonders bedeutsame Entscheidungen, die Familienrecht, Schul- und Bildungssystem oder religiöse Gemeinschaften betreffen.

Nun ist es zweifelsohne Aufgabe des Bundesverfassungsgerichts, die deutsche Verfassung und den von ihr konstituierten deutschen Staat zu schützen, doch kann eine Beurteilung der Europäischen Union an staatlichen Maßstäben dieser historisch einmaligen Herrschaftskonstruktion nicht gerecht werden. Die Europäische Union ist kein Staat, sie hat kein Staatsvolk. Wohl aber gibt es die Unionsbürgerschaft (Art. 20 AEUV), die zur nationalen Staatsbürgerschaft hinzutritt, sie aber nicht ersetzt (Art. 20 Abs. 1 S. 3 AEUV). Die Unionsbürgerschaft ist – ohne das aus einer vorpolitischen Nation fingierte Volk im staatlichen Kontext zu imitieren – die Grundlage eines individualrechtlichen Status, mit dem eine plurale Legitimation der Europäischen Union gelingen kann.[75] Demokratie erschöpft sich aber nicht in einer Staatsform. Demokratie ist auch anders als allein im staatlichen Kontext darstellbar – genau daran muss für die Europäische Union gearbeitet werden. Zu beachten ist, dass die Europäische Union als Staatenverbund neben den Unionsbürgern auch die Gleichrangigkeit der Mitgliedsstaaten als Legitimationsgrund wahren muss.

5. Nationale Identität und Verfassungsidentität

Aus all dem wird deutlich, dass nach wie vor die Mitgliedstaaten und ihre Völker, d. h. die Nationalstaaten und ihre Nationen, die Grundlage der Europäischen Union bilden, wie Art. 1 EUV auch verdeutlicht. Nationen und Nationalstaat sind „Erfindungen" des 18. und 19. Jahrhunderts, die ihre Gestalt im heutigen Nationalstaat gefunden haben.[76] Man sollte nicht vergessen, dass ihre Übersteigerung im 20. Jahrhundert zu zwei furchtbaren Weltkriegen, Ausgrenzung, Verfolgung, Vernichtung und Zerstörung geführt hat. Die europäische Integration schien den europäischen Nationalstaat allmählich zu überwinden, doch nun schlägt das Pendel anscheinend zurück. Die Nation und der relativ abgeschlossene Nationalstaat erscheinen offenbar vielen als die heimelige Alternative gegenüber entgrenzter Globalisierung und einer als „kalt" empfundenen funktionalen europäischen Herrschaftsgewalt. Und nicht zuletzt im Angesicht von zahlenmäßig großen Migrationsströmen erfolgt eine Rückbesinnung auf die Nation, wobei schon die Frage erlaubt sein muss, ob eine derartige Rückorientierung noch zeitgemäß ist und – vor allem – ob dieses Projektionsbild „Nation" überhaupt noch existent ist.

Zweifelsohne macht die Nation in dem jetzt erreichten Zustand der europäischen Staatsgeschichte einen wesentlichen Teil der Identität des Staates aus, wie oben bereits verdeutlicht wurde.[77] Folgerichtig schützt Art. 4 Abs. 2 Satz 1 EUV auch die nationale Identität der Mitgliedstaaten. Das Bundesverfassungsgericht macht aus dieser nationalen Identität eine „Verfassungsidentität", indem es Identität, Demokratieprinzip und die „Ewigkeitsgarantie" des Artikels 79 Abs. 3 GG zueinander in Beziehung setzt und einer Identitätskontrolle durch das Gericht unterwirft.[78] Die unverfügbare Verfassungsidentität verortet das Bundesverfassungsgericht in Art. 79 Abs. 3 GG und betont, dass der Grundsatz der demokratischen Selbstbestimmung und der gleichheitsgerechten Teilhabe an der öffentlichen Gewalt auch durch den Friedens- und Integrationsauftrag des Grundgesetzes sowie den verfassungsrechtlichen Grundsatz der Völkerrechtsfreundlichkeit unangetastet bleibe[79]. Die nationale Identität als Verfassungsidentität setzt somit eine Grenze gegenüber dem Ende der souveränen Staatlichkeit des Mitgliedstaates Deutschland durch eine zu weitgehende Übertragung von Hoheitsrechten auf die Europäische Union. Das Bundesverfassungsgericht behält sich neben der Identitätskontrolle ausdrücklich auch eine sog. „Ultra-Vires-Kontrolle“ vor[80], mit der es europäische Hoheitsakte, die nicht von den von den Mitgliedstaaten übertragenen Hoheitsrechten und damit Kompetenzen gedeckt sind, in Deutschland für unanwendbar erklären würde.[81] Damit bleibt das Verhältnis zwischen Europäischer Union und Mitgliedstaaten letztlich in der Schwebe. In dieser Rechtsprechung mag man eine Ursache für das nicht hinreichend geklärte Verhältnis zwischen Mitgliedstaaten und Europäischer Union sehen, das letztlich auch zur Schwächung der Europäischen Union führt, doch sollte man nicht übersehen, dass es dem Bundesverfassungsgericht auf diese Weise gelingt, ein Machtgleichgewicht im europäischen Herrschaftsverbund erfolgreich auszutarieren.

Die nationale Identität als Verfassungsidentität ist strikt verfassungsrechtlich ermittelbar und damit aus Sicht der Bürger eher „technokratisch“. Dies scheint sowohl für den Staat als auch für die Europäische Union nicht mehr zu genügen. Es ist eine Vergewisserung erforderlich, was unsere nationale Identität, was unsere Nation eigentlich ausmacht. Wir benötigen eine zeitgemäße Interpretation dieser nationalen Identität in einem Völker-, Staaten- und Herrschaftsverbund zum gemeinsamen Nutzen. Denn Toleranz gegenüber dem Anderen ist nur möglich, wenn man sich über seinen eigenen Standpunkt vergewissert hat. Genauso wie die nationale Identität der Vergewisserung und Weiterentwicklung bedarf, so muss auch die europäische Identität erneuert und mit der Europäischen Union in Einklang gebracht werden.[82] Nationale und europäische Identität müssen dann keine Gegensätze sein[83], sondern sind im anzustrebenden Idealfall zwei sich weitestgehend deckende Perspektiven der Individuen, Staaten und anderen Herrschaftsorganisationen in (dem einen geografischen und kulturellen) Europa.

Das Bundesverfassungsgericht kann diese von Gesellschaft und Politik zu leistende Diskussion im Rahmen seines verfassungsrechtlichen Auftrages nicht ersetzen. Bislang hat das Gericht den Fortschritt des europäischen Integrationsprozesses mit dieser roten Linie der Verfassungsidentität nicht behindert, sondern – wenn auch mit der Mahnung zu restriktivem Gebrauch und dem Aufzeigen seines verfassungsgerichtlichen Waffenarsenals – sich dem Integrationsauftrag des Grundgesetzes in Präambel und Art. 23 GG nicht entgegengestellt.[84] Und so ist der Prozess der europäischen Integration bisher stets vorangegangen – zwar nicht linear, sondern mit zahlreichen Krisen und dem Durchqueren von Talsohlen, aber bislang immer voran auf dem Weg zu einer enger und dichter werdenden Integration.

6. Die Europäische Union als Rechtsgemeinschaft

Dieser Prozess der europäischen Integration lebt von der Übertragung von Hoheitsrechten, wie Art. 23 GG sie für die deutschen Verfassungsorgane erlaubt.[85] Mit einer solchen Übertragung von Hoheitsrechten sind zwangsläufig Funktionsverluste von Staatlichkeit verbunden[86], doch werden diese – jedenfalls nach der funktionalen Idee europäischer Integration[87] – an sich zu einem Zugewinn an Handlungsfähigkeit. Derzeit haben wir allerdings einen durch die Europäischen Union systembedingt geschwächten Staat und dennoch eine schwache, kaum handlungsfähige Europäische Union.

Das Zusammenspiel zwischen Europäischer Union und den Mitgliedstaaten basiert auf dem Prinzip der begrenzten Einzelermächtigung nach Art. 5 Abs. 1 Satz 1, Abs. 2 EUV. Danach wird die Union nur innerhalb der Grenzen der Zuständigkeiten tätig, die die Mitgliedstaaten ihr in den Verträgen zur Verwirklichung der darin niedergelegten Ziele übertragen haben. Das Bundesverfassungsgericht wertet dieses europarechtliche Prinzip der begrenzten Einzelermächtigung und die europarechtliche Pflicht zur Identitätsachtung als vertraglichen Ausdruck der staatsverfassungsrechtlichen Grundlegung der Unionsgewalt.[88] Trotz dieses Prinzips der begrenzten Einzelermächtigung hat die Europäische Union im Laufe der Jahrzehnte aber durchaus eine souveränitätsähnliche Kompetenzfülle durch die Kompetenzübertragungen der Mitgliedstaaten erlangt.[89] Der wesentliche Hebel der europäischen Integration, mit dem es gelang, fast alle Lebensbereiche europapolitisch und gemeinschaftsrechtlich zu prägen, war und ist der Anwendungsvorgang des Gemeinschaftsrechts.[90] Danach bleibt mitgliedsstaatliches Recht im Falle einer Normenkollision unanwendbar, es tritt hinter das europäische Unionsrecht zurück, ohne aber nichtig zu sein. Die Europäische Union ist von Anfang an eine Rechtsgemeinschaft[91]; dies ist – neben der vorhin erörterten, meist als defizitär erachteten demokratischen Legitimation – ihr zentraler Legitimationsgrund. Und auch bei diesem Teil des Fundaments bröckelt etwas: Zum einen lässt sich seit vielen Jahren ein Trend zur Hypertrophierung europäischer Rechtsetzung beobachten, die – oft gut gemeint, meist von den mitgliedsstaatlichen Regierungen veranlasst – in kaum noch überschaubarer Weise fast alle Lebensbereiche über-normiert. Zum anderen ist in erschreckend vielen Fällen die Nichtbeachtung europäischen Rechts durch die Mitgliedstaaten festzustellen. Von der zögerlichen Umsetzung europäischen Sekundärrechts über die Missachtung der sog. Maastricht-Kriterien in der europäischen Finanzmarkt- und Staatsschuldenkrise bis hin zur Nichtbeachtung europäischen Flüchtlings- und Zuwanderungsrechts wird die Liste der Sündenfälle täglich länger. Wenn die europäischen Organe und die Regierungen der Mitgliedstaaten das gemeinschaftlich gesetzte Recht selbst nicht mehr ernst nehmen, darf es nicht verwundern, wenn die Akzeptanz der Europäischen Union als Rechtsgemeinschaft dramatisch abnimmt.

7. Globalisierung und Internationalisierung

Diese Krisensymptome der Europäischen Union werden durch ein weit verbreitetes Unbehagen an der Globalisierung, die medial in Gestalt von Freihandelsabkommen fokussiert wird, verstärkt. Der Abbau von Sozialstandards, die Verlagerung von Arbeitsplätzen, ein ohne Gemeinwohlorientierung auftretender „Raubtierkapitalismus“ und die Gier von Banken- und Fondsmanagern sind zweifellos Schattenseiten der Globalisierung, vor allem aber Ausdruck fehlender Regulierung. Auch wenn nicht alle Freihandelsabkommen in ihren konkreten Inhalten geeignet sind, die Defizite globaler Handelsströme zu beseitigen, so stellen sie doch zumindest ein potenzielles Instrument zur Bändigung entfesselter ökonomischer Kräfte dar. Das Unbehagen an den Symptomen fällt derzeit auf den aus europäischer Sicht einzig sinnvollen, weil halbwegs starken Verhandlungsakteur, die Europäische Union, zurück. Der bevorstehende Austritt Großbritanniens („Brexit“) und vergleichbare Tendenzen in anderen Mitgliedsstaaten schwächen die Europäische Union durch innere Ungewissheiten noch zusätzlich.

Aus Sicht des Staates – und um den geht es hier ja – sind die Prozesse der Globalisierung und Internationalisierung einerseits etwas Altbekanntes, andererseits in der Tat etwas Bedrohliches. Altbekannt sind diese Phänomene, denn Handelsbeziehungen und ökonomische Verflechtungen zwischen Staaten gab es schon immer – griechischer und römischer Handel im Mittelmeer, die Wikinger oder die Hanse mögen als historische Beispiele genügen. Und diese waren auch immer ein Ringen der Rechtssysteme, um den eigenen Kaufleuten einen Vorteil durch Rechtssicherheit zu verschaffen, man denke nur an die Ausbreitung des Lübschen Rechts im Ostseeraum. Der „geschlossene Handelsstaat“ ist zwar eine deutsche philosophische Idee[92], die in Gestalt des Merkantilismus und Kameralismus auch ihre Bewährungsprobe hatte[93], aber weder für die ökonomische Entwicklung noch erst recht für die Freiheit der Menschen positiv ist[94]. Auch die USA unter Präsident Trump werden dies noch merken.

Dennoch sind Globalisierung und Internationalisierung auch bedrohlich, weil es im Wesen ökonomischen Denkens und insbesondere großer, weltweit agierender Konzerne liegt, die aus ihrer Sicht lästigen „Fesseln" nationalstaatlichen Rechts abzustreifen und möglichst unreguliert ihre Gewinne zu maximieren. Für das staatliche Gewaltmonopol ist es bedrohlich, wenn immer mehr und finanziell bedeutsame Rechtsstreitigkeiten etwa der staatlichen Justizgewährleistung entzogen und privaten Schiedsgerichten zugewiesen werden.[95] Und auch die Vorstellung, dass staatliches Recht als „handelsschädigend" von einem privaten Schiedsgericht oder demokratisch unzureichend legitimierten Ausschüssen beurteilt wird, wodurch möglicherweise die Nichtanwendung staatlich gesetzten Rechts und drastische Schadenersatzfolgen zugunsten eines privaten Konzerns ausgelöst werden können, ist mit den Vorstellungen einer nationalstaatlichen Souveränität nur schwer zu vereinbaren. Die Probleme der Globalisierung bestehen insoweit derzeit vor allem darin, dass Staaten solche Abkommen in einer staatsschwächenden Ausprägung abschließen, offenbar kaum ein Politiker die Folgen abschätzt und letztlich Maß und Mitte zwischen sinnvoller Verflechtung und staatsschädigenden Funktionsverlusten von Staatlichkeit nicht gewahrt bleiben. Nur: Der von vielen propagierte Rückzug in das nationalstaatliche Schneckenhaus ist angesichts der heutigen globalen Herausforderungen auch keine Option. Denn die von der Digitalisierung bewirkten Entgrenzungen und Enträumlichungen[96] werden die Funktionsverluste von Staatlichkeit noch erheblich beschleunigen, wenn die Staaten sich nicht gemeinsam um eine Bändigung des bislang rechtlich nur unzureichend regulierten digitalen Raumes bemühen.

III. Materielle Gehalte und Legitimation von Staatlichkeit

1. Das Ende der Fraglosigkeit

Die zuletzt geschilderten Entwicklungen haben dazu geführt, dass der deutsche (und europäische) Staat seine Fraglosigkeit verloren hat. Staat, Staatsgewalt und Politik müssen sich wieder oder auch neu erklären, die Frage nach der Legitimität des Staates und der Rechtfertigung von Herrschaftsgewalt ist (wieder) auf der Tagesordnung. Die Frage nach der Legitimität des Staates überhaupt zu stellen, deutet allerdings auf den Verlust der Fraglosigkeit des Staates hin, denn Legitimitätsdebatten werden zumeist in Krisenzeiten geführt. Und diese Fraglosigkeit galt in der alten Bundesrepublik seit dem Ende der 1968er Unruhen, für Gesamtdeutschland seit der Wiedervereinigung 1990. Nun geht es zunehmend wieder um die Legitimität der Herrschaftsgewalt und die konkreten Mechanismen ihrer Legitimation. Damit wird der Blick auch wieder auf die Frage gerichtet, ob uns ein formaler Übertragungsakt der Staats- bzw. Herrschaftsgewalt genügt oder ob wir auch inhaltliche Erwartungen an die Herrschaftsgewalt haben, die für die Beurteilung der Legitimität der Herrschaftsgewalt Beachtung finden müssen. Genügt also die regelmäßig durchgeführte Wahl der Parlamente als Legitimationsakt oder gibt es auch materiell zu verwirklichende Gehalte der Legitimität?

2. Legitimität – historisch und aktuell

Legitimität bedeutet die Rechtfertigung von Herrschaftsgewalt.[97] Legitimität setzt also die Existenz von Herrschaft voraus.[98] Herrschaft lässt sich dabei verstehen als Ausübung von Macht durch eine Person oder eine bestimmte Gruppe von Personen über andere Subjekte, wobei Befehl und Gehorsam integrale Bestandteile des Herrschaftsverhältnisses darstellen.[99] Legitimität ist dann – sozusagen als Kehrseite der Souveränität – eine Eigenschaft dieser Herrschaftsgewalt, mit der die Rechtfertigung und Befolgungswürdigkeit der Herrschaftsgewalt beschrieben wird. Die Legitimität und das jeweilige ihr zugrundeliegende Legitimationskonzept antworten auf die Frage, warum Herrschaft gerechtfertigt ist. Es geht um den inhaltlich geführten Nachweis des berechtigten Bestehens der Herrschaftsgewalt mit Hilfe von ethischen Kategorien.[100]

Die Frage nach der Legitimität von Herrschaftsgewalt ist so alt wie es Herrschaftsorganisationen gibt, insbesondere so alt wie der Staat. Denn eine befriedigende Antwort auf die Frage nach der Rechtmäßigkeit einer Herrschaftsgewalt gehört zu den elementaren Grundlagen, auf denen Herrschaftsgewalt allgemein, aber auch jede staatliche Ordnung und staatliche Verfassung ruhen muss.[101] Die konkrete Antwort hängt dabei von der Art der Herrschaftsorganisation ab. Unter Geltung des Rechtsstaatsprinzips kommt der Legalität herausragende Bedeutung zu, Legitimität wird so zur Rechtmäßigkeit der Herrschaft. Im *demokratischen* Verfassungsstaat erscheint Legitimität heute meist nur als demokratische Legitimität, die aus der Qualifizierung der Volkssouveränität als Legitimationstitel hervorgeht und eine Ableitung der Herrschaftsgewalt vom Volk zwingend verlangt. Art. 20 Abs. 2 S. 1 GG macht dies deutlich: „Alle Staatsgewalt geht vom Volke aus." Dementsprechend lassen das Bundesverfassungsgericht und die herrschende Lehre diesen formalen Ableitungszusammenhang genügen, um der Staatsgewalt demokratische Legitimation zuzuführen. Unter Geltung des Grundsatzes der Volkssouveränität und mit der Demokratie als verfassungsrechtlich festgelegter Staatsform muss die jeweils als maßgeblich zugeführte Legitimation auch (aber nicht zwingend nur!) demokratische Legitimation sein. Das Bundesverfassungsgericht hat immer wieder bestätigt, dass die Wahl der Abgeordneten auf der Bundesebene des vom Grundgesetz verfassten Staates die Quelle der Staatsgewalt ist; diese geht mit der periodisch wiederholten Wahl immer wieder neu vom Volk aus (Art. 20 Abs. 2 GG).[102]

Nimmt man Legitimität als staatsrechtliche, staatstheoretische und ethische Kategorie ernst, dann ist diese formale verfassungsmäßige Legalität der Herrschaftsgewalt ein wesentliches Indiz für die Legitimität der Herrschaftsgewalt, doch kann der Herrschaftsgewalt Legitimität erst bei der Einhaltung bestimmter materieller Kriterien zugesprochen werden.[103] Die Geschichte des Legitimitätsbegriffes und der Legitimationskonzepte belegt dies: Um den Staat und noch mehr seine jeweils konkrete Herrschaftsbetätigung zu legitimieren, gibt es in der Staatsgeschichte äußerst verschiedene Legitimationskonzepte.[104] Der Ursprung des Legitimitätsdenkens liegt letztlich im Römischen Recht. Das deutsche Mittelalter übernimmt diesen Begriff und kennt bereits die grundlegende Ausdifferenzierung in zwei Legitimationsstränge, die in heutiger Terminologie als Input- und Output-Legitimität bezeichnet werden. Mit dem „Input" ist dabei der Ableitungszusammenhang zwischen Volk und Herrschaftsgewalt, also etwa durch (regelmäßige) Wahlen, bezeichnet. „Output" meint dann die (konkreten) Ergebnisse der Herrschaftsgewalt, die an den vorgegebenen Staatszwecken gemessen werden und bei guter Erfüllung der Herrschaftsgewalt Legitimität zuführen. Auch bereits im Mittelalter werden unter dem philosophischen Einfluss der Spätscholastik und des Neustoizismus ethisch begründete Herrschaftszwecke wie Gerechtigkeit oder Gemeinwohl zum normativen Maßstab der Legitimität entwickelt.

In der beginnenden Neuzeit werden beide Legitimationsstränge staatstheoretisch weiter ausgebaut. Die Lehre vom Gesellschaftsvertrag bietet eine vernunftrechtliche Input-Legitimation; Vertragstheorien sind bis heute im Staatsdenken eine zentrale Figur zur Erklärung der Legitimität von Staatsgewalt. *Johann Ludwig Klüber* hat es Mitte des 19. Jahrhunderts so formuliert:[105] „Nur in Verträgen, ausdrücklichen oder stillschweigenden, ist der rechtliche Entstehungsgrund dieses Sicherheitsbundes, dieser Schutzanstalt, dieses collectiven Subjektes von Rechten und Pflichten, zu suchen." *Klüber* nimmt aber auch den Output-Gedanken mit auf, mit dem die Souveränitätslehre Sicherheit als primären Herrschaftszweck in den Mittelpunkt des Interesses gerückt hatte. Hier kommen – gleich noch zu skizzierende[106] – inhaltliche Ideen der Staatlichkeit zum Tragen, die aufgrund der unfriedlichen europäischen Zustände des 16. Jahrhunderts Sicherheit und Frieden als zentrale Herrschaftszwecke fordern und damit letztlich die Ergebnis- und Gemeinwohlorientierung wieder aufnehmen, die schon in der Antike, etwa bei *Cicero*, formuliert worden war.[107]

Beide grundlegenden Legitimationsstränge, der Ableitungszusammenhang zum Volk (Input) und die Ergebnisbetrachtung (Output), sind seit Jahrhunderten bekannt. Beide Stränge werden aber in Abhängigkeit von politischer Herausforderung und legitimatorischer Idee zeitbedingt unterschiedlich gewichtet.

Mit *Niccolò Machiavelli* tritt die Lehre von der Staatsräson als rechtfertigendem Zweck des Staates auf die staatshistorische Agenda.[108] Die Staatsräson bezeichnet einen eher technisch verstandenen Zweck des Staates, der rein machtpolitisch von jeder Ethik befreit sein kann. *Carl Schmitt* wertet die Lehre von der Staatsräson als theoretischen Reflex auf die politische Sachtechnik, aus der der moderne Staat entstanden ist.[109] Sie sei eine sich über den Gegensatz von Recht und Unrecht erhebende soziologisch-politische Maxime. In dieser historischen Form hat sie heute sicherlich keine Berechtigung mehr.

Im Zeitalter der Aufklärung erfährt dann die Lehre von der Volkssouveränität wieder stärkere Beachtung und führt zu neuen Souveränitäts- und Legitimationskonzepten, insbesondere in Form von gesellschaftsvertraglichen Konzeptionen. Vor allem *Jean-Jacques Rousseau* konzipiert die Volkssouveränität konsequent als Legitimationsprinzip.[110] Der Gesellschaftsvertrag dient aber zur Rechtfertigung einer absoluten Herrschaftsgewalt und einer freiheitsnegierenden absoluten Gleichheit der Bürger. Neu ist insbesondere der Austausch der Souveräne: Das Volk rückt an die Stelle des absoluten Herrschers, der bislang als Monarch auftrat. Damit ist souveränitäts- und legitimationstheoretisch ein Gegenentwurf zur Fürstensouveränität entstanden, dessen Wirkmächtigkeit sich dann erst im 19. Jahrhundert so richtig entfaltet. Im Umfeld der Restauration und des Wiener Kongresses wird das Prinzip der Volkssouveränität der monarchischen Legitimität gegenübergestellt. Das erbmonarchische Gottesgnadentum wird aber zum einen politisch von den Protagonisten selbst nicht mehr so richtig beachtet. Zum anderen findet es in einem grundlegend gewandelten gesellschaftlichen Umfeld kaum noch Legitimitätsglauben und kann daher keine besondere Überzeugungskraft mehr entfalten. Der mit dem monarchischen Prinzip ausgefüllte Legitimitätsbegriff wird auf diese Weise inhaltsleer. Dies begünstigt den Siegeszug des staatsrechtlichen Positivismus, der für eine an ethischen Kategorien orientierte Rechtfertigung des Staates keine Verwendung mehr hat. Die materiale Legitimität, die sich an inhaltlichen Staatszwecken zu orientieren hat, wandelt sich in eine formale Legalität, so dass nunmehr beide Begriffe gleichgesetzt werden können und die Legitimitätsfrage, so sie überhaupt gestellt wird, nur noch die Entstehung der Staatsgewalt betrifft.

Das Fehlen einer inhaltlichen Legitimitätskategorie erleichtert der Weimarer Republik ihren revolutionären Beginn, erweist sich aber letztlich als verhängnisvoll, da sie dem zunächst auf formale Legalitätswahrung bedachten Nationalsozialismus keine Werte entgegensetzen kann. Nach der Machtergreifung belebt die nationalsozialistische Staatslehre den Begriff der Legitimität wieder, um ihn mit einem ideologischen, der nationalsozialistischen Bewegung angepassten Inhalt zu versehen und das Dritte Reich deutlich von der Weimarer Verfassung abzusetzen.

Nach dem Zweiten Weltkrieg knüpft die Staatslehre überwiegend an alte Konzepte und Vorstellungen an, insbesondere aus der Weimarer Zeit. Trotz einiger Plädoyers für einen materiellen, werteorientierten Legitimitätsbegriff setzt sich – nach einer Vernachlässigung der Legitimitätsfrage in der ersten Phase der Bundesrepublik – eine formale, am staatsrechtlichen Positivismus orientierte, Legitimationskonzeption durch, die ihren Ausgangspunkt in Art. 20 Abs. 2 GG und dem dort verankert gesehenen Grundsatz der Volkssouveränität nimmt. Die Legitimitätsfrage wird nun auf die Untersuchung demokratischer Legitimation verengt, deren maßgebender Modus die Wahl durch das Staatsorgan Volk ist.

In den aktuellen gesellschaftlichen Diskussionen, die auf eine latente Unzufriedenheit mit der Beschränkung auf einen solchen formalen Ableitungszusammenhang hinweisen, wird wieder sichtbar, dass bloß formale Legalität zur Ausfüllung eines normativen, also auch inhaltlich wertend ausgefüllten Legitimitätsbegriffes nicht ausreicht. Und es wird deutlich, dass die Mehrzahl der Bürgerinnen und Bürger eine solche inhaltliche Orientierung aber wünscht. Maßstäbe der Legitimität sind eben auch überpositive Orientierungen, vor allem aber die materiellen Wertungen der Verfassung. Die (formale) verfassungsmäßige Legalität der Herrschaftsgewalt ist ein wesentliches Indiz für die Legitimität der Herrschaftsgewalt, doch kann Legitimität der Staats- und Herrschaftsgewalt erst bei der Einhaltung bestimmter materieller Kriterien zugesprochen werden. Eine derartige materielle Orientierung bietet das Kriterium der Akzeptanz, welches aus rechtswissenschaftlicher Perspektive insoweit als Spiegelbild der Legitimität erscheint, als sie in der Gesellschaft empirisch messbar ist, mit Hilfe der Ergebnisdimension der Staatsgewalt aber auch normativ in ein Legitimationskonzept einbezogen werden kann. Damit wird auch deutlich, dass uns ohne eine Staatsidee die dauerhafte Rechtfertigung unseres vom Grundgesetz verfassten Staates nicht gelingen wird – und gleiches gilt für die Europäische Union.

3. Staatsidee

Mit der Frage nach der Staatsidee gelangt man in den Grenzbereich zwischen Staatsrecht, Staatstheorie und Staatsphilosophie. Die Staatsidee bezeichnet die theoretische – in der Regel politische oder philosophische – Konzeption, die dem Staat in seiner konkreten Ausprägung zugrunde liegt und die Zwecke zusammenfasst, um deren Erreichung willen die Herrschaftsorganisation errichtet worden ist.[111] Im Laufe der Geschichte hat es zahlreiche solcher Entwürfe gegeben – auch die Staatsräson gehört dazu. Aktuelle Entwürfe und Diskussionen einer Staatsidee sind selten[112], was vor allem an der Fokussierung der deutschen Staatsrechtslehre auf den Rechtspositivismus, also die alleinige Konzentration auf das gesetzte Recht unter Ausblenden aller tatsächlichen (und damit gesellschaftlichen) Bezüge, liegen dürfte. Der moderne Staat, in dem wir noch heute leben, geht auf derartige Staatsideen zurück, die insbesondere von *Bodin*, *Hobbes* und *Locke* formuliert worden sind[113] – auch wenn wir fraglos an der Schwelle zu einer neuen Zeit leben, die man als „postmodern" bezeichnen kann, die aber jedenfalls durch die im vorherigen Kapitel beschriebenen Phänomene Europäisierung, Globalisierung, Internationalisierung und mit Sicherheit auch Digitalisierung geprägt ist.

Mit der Anerkennung einer Staatsidee und erst recht mit der Lehre von der Staatsräson rücken die Zwecke des Staates in den Fokus des Staatsdenkens. Damit ist der Weg frei für eine den modernen Staat kennzeichnende funktionale Betrachtung, die es auch erlaubt, seine tatsächlichen Leistungen an dem Idealbild der von den Staatszwecken geprägten Staatsidee zu messen. Dennoch ist der

Staat mehr als nur dieses funktionale System. Ihm wird von den frühmodernen Staatsdenkern ein über die Summe der funktionalen Zwecke hinausgehender Eigenwert zuerkannt. Realer Anlass für diese Neuorientierung ist – angesichts des Zerfalls der mittelalterlichen Ordnung – die Suche nach Lösungswegen zur Überwindung des Unfriedens und zur Herausbildung einer neuen friedenssichernden Gewalt, vor allem in der Zeit der Religionskriege. Aus dieser Friedenssehnsucht kristallisiert sich ein Herrschafts- und späterer Staatszweck heraus: die Sicherheit. Der Staat wird nun als abstrakte Einheit entworfen und vom Herrscher losgelöst. Der Staat als Ordnung des Zusammenlebens der Menschen wird so zu einer die Gesellschaft übergreifenden Friedensordnung, die innergesellschaftliche Gegensätze, Konflikte und Auseinandersetzungen derartig relativiert, dass sie nicht gewaltsam ausgetragen werden müssen und die physische Existenz des Einzelnen nicht gefährden. Diese Idee macht es aber auch erforderlich, den Staat mit der zur Erbringung dieser Aufgabe notwendigen Herrschaft und Machtfülle auszustatten.[114] Mit Hilfe des Begriffs der Souveränität wird das theoretische Gedankengebäude des modernen Staates, später dann auch des Nationalstaates, entworfen.

Als grundlegende Staatszwecke kristallisieren sich Frieden, Sicherheit und Gerechtigkeit heraus. Später treten dann weitere Staatszwecke wie etwa die Gemeinwohlverantwortung, die letztlich schon seit der Römischen Republik bekannt ist, soziale Aspekte[115] und viele mehr hinzu, die durch zahlreiche verfassungsrechtliche Staatsziele konkretisiert und ergänzt werden. Die Staatsidee besitzt einen durchaus zeitlosen Kernbestand, ist im Übrigen aber zeit- und gesellschaftsabhängig und damit von Staat zu Staat auch unterschiedlich.[116]

Die durchaus unterschiedliche Entwicklung der Staatsidee ist zu bedenken, wenn bei aktuellen politischen Fragen vorschnell andere Staaten – mindestens unterbewusst – an der deutschen Staatsidee gemessen werden. Insbesondere die Vorstellungen hinsichtlich des Verhältnisses zwischen politischer und gesellschaftlicher Freiheit einerseits und dem Staat andererseits können durchaus unterschiedlich sein. Allenfalls das einende Band einer inhaltlichen Idee der Europäischen Union, wie es Art. 2 EUV mit den Werten der Union vorbildlich beschreibt, taugt als europäischer Maßstab: Nach Art. 2 EUV gründet sich die Europäische Union auf die Achtung der Menschenwürde, Freiheit, Demokratie, Gleichheit, Rechtsstaatlichkeit und die Wahrung der Menschenrechte, einschließlich der Rechte der Personen, die Minderheiten angehören. Angesichts der einstimmigen Verabschiedung dieses Wertekanons im Vertrag von Lissabon beschreibt dieser Artikel immerhin einen Konsens der Mitgliedstaaten und taugt daher als inhaltlicher Maßstab auch für das Verfahren nach Art. 7 EUV, mit dem die Verletzung dieser Fundamentalprinzipien durch einen Mitgliedstaat von der Europäischen Union sanktioniert werden kann. Ergänzt werden diese Werte durch gemeinsame historische Wurzeln und kulturelle Werte der europäischen Staaten.[117]

Auch das Grundgesetz versteht sich als verfassungsrechtliche Umsetzung einer Staatsidee. Für den Staat der Bundesrepublik Deutschland sucht es mit Art. 1 Abs. 2 GG den Anschluss an die Ideen des modernen Staates, wenn es für das deutsche Volk das Bekenntnis zu unverletzlichen und unveräußerlichen Menschenrechten abgibt und diese als Grundlage jeder menschlichen Gemeinschaft, des Friedens und der Gerechtigkeit in der Welt hervorhebt. Und obwohl das Grundgesetz der nationalsozialistischen Ideologie ganz bewusst keine andere Weltanschauung entgegensetzt, ist es dennoch nicht indifferent gegenüber einer Staatsidee. Vielmehr ist die Bundesrepublik einer grundlegenden Idee verpflichtet, die auch durchaus an historische Entwicklungen und philosophische Staats- und Gesellschaftsmodelle anknüpft, aber durch das Grundgesetz – in den Worten des Bundesverfassungsgerichts – in der Weise konkretisiert wird, „dass alle Staatsgewalt um des Schutzes, der Würde und Freiheit aller und der sozialen Gerechtigkeit gegenüber allen anvertraut ist, mithin stets am Wohl aller Bürger ausgerichtet zu sein hat."[118] In der Staatsidee des Grundgesetzes steht der Mensch im Mittelpunkt; der Staat ist um des Menschen willen da, nicht umgekehrt. Mit Art. 1 Abs. 1 S. 1 GG, der die Würde des Menschen für unantastbar erklärt und bewusst an die Spitze der Verfassung stellt, wird einem staatszentrierten Bild eine Absage erteilt.[119] Dies hebt das Bundesverfassungsgericht auch noch einmal in seinem Lissabon-Urteil hervor. Die Staatsidee des Grundgesetzes lässt damit auch keine Selbstzweckhaftigkeit des Staates mehr zu, sondern erklärt die Verpflichtung auf die Menschenwürde zur Staatslegitimationsnorm des vom Grundgesetz konstituierten Gemeinwesens. Darüber hinaus wird unsere aktuelle Staatsidee auch durch die Grundrechte des Grundgesetzes geprägt, die über ihre klassische Abwehrdimension hinaus nach zutreffender Ansicht des Bundesverfassungsgerichts auch eine „objektive Werteordnung" verkörpern.[120] Auch die Grundrechte verdeutlichen nämlich, dass neben historisch gewachsenen Bestandteilen die Staatsidee der Bundesrepublik Deutschland keineswegs wertneutral ist, sondern durch das Grundgesetz eine inhaltliche Anreicherung in Form von objektiven Wertentscheidungen erhält.[121]

Eine weitere inhaltliche Konturierung erfährt die Staatsidee der Bundesrepublik Deutschland durch den Topos der „freiheitlichen demokratischen Grundordnung", wie er in Art. 9 Abs. 2, 11 Abs. 2, 18 und 21 Abs. 2 GG Erwähnung findet, im Übrigen vom Bundesverfassungsgericht und der rechtswissenschaftlichen Literatur konkretisiert worden ist. Dieser Begriff umfasst jene zentralen Grundprinzipien, die für den freiheitlichen Verfassungsstaat schlechthin unentbehrlich sind, und beschreibt eine rechtsstaatliche Herrschaftsordnung auf der Grundlage des Selbstbestimmungsrechts des Volkes, nach dem Willen der jeweiligen Mehrheit und der Freiheit und Gleichheit.[122] Und auch diese freiheitliche demokratische Grundordnung findet ihren Ausgangspunkt in der Menschenwürde gem. Art. 1 Abs. 1 GG, der insbesondere die Wahrung personaler Individualität, Identität, Integrität sowie die elementare Rechtsgleichheit zu entnehmen sind.[123] Das Bundesverfassungsgericht rechnet zu den zentralen Grundprinzipien der freiheitlichen demokratischen Grundordnung außerdem das Demokratieprinzip. Als unverzichtbar für ein demokratisches System sieht das Gericht die Möglichkeit gleichberechtigter Teilnahme aller Bürgerinnen und Bürger am Prozess der politischen Willensbildung und die Rückbindung der Ausübung der Staatsgewalt an das Volk an, wie sie Art. 20 Abs. 1 und 2 GG vorsehen. Schließlich hält das Gericht auch die im Rechtsstaatsprinzip wurzelnde Rechtsbindung der öffentlichen Gewalt (Art. 20 Abs. 3 GG) und die Kontrolle dieser Bindung durch unabhängige Gerichte für begriffsprägend. Zugleich erfordere die verfassungsrechtlich garantierte Freiheit des Einzelnen, dass die Anwendung physischer Gewalt den gebundenen und gerichtlicher Kontrolle unterliegenden staatlichen Organen vorbehalten sei.[124]

Mit dieser Formulierung der Staatsidee für die Bundesrepublik Deutschland will das Grundgesetz gerade keinen Werterelativismus propagieren. Anders als in der Weimarer Republik kommt es also nicht nur auf die Mehrheit an, sondern maßgebend ist zusätzlich, dass die durch Mehrheitswahl legitimierte Staatsgewalt sich auch an den inhaltlichen Ideen, an den Werten des Grundgesetzes ausrichtet. Diese Bestandteile der Staatsidee sind zum Teil dann auch abänderungsfest über Art. 79 Abs. 3 GG und Gegenstand eines Konzepts wehrhafter Demokratie, mit dem diese Werte auch gegen verfassungsfeindliche Organisationen und Personen verteidigt werden können.[125]

IV. Staat und Werte

1. Wertediskussion

Die Staatsidee der Bundesrepublik Deutschland ist also alles andere als nur technokratisch-funktional, sondern – nicht zuletzt aufgrund der historischen Prägungen der ersten Hälfte des 20. Jahrhunderts – an materiellen Werten ausgerichtet. Werte sind moralische Prinzipien, die Verhaltens- und Handlungsnormen beinhalten und Teil der Ethik, also der praktischen Handlungslehre der Philosophie, sind. Werte erscheinen uns heute als Güter, Maßstäbe, Prinzipien oder Regeln.[126] Denn menschliches, noch dazu aus Sicht einer Gesellschaft richtiges Verhalten ist in komplexen Gesellschaften in Staatsform nicht mehr durch Instinkt und angeborene Verhaltensmuster allein regulierbar. Im Laufe der Geschichte sind Verhaltensmuster und Orientierungsmaßstäbe künstlich geschaffen worden – erst von (und mit Hilfe der) Religionen, dann auch von der Philosophie und schließlich, seit der Neuzeit, auch und vor allem mit Hilfe von Verfassungen und der Rechtsetzung.[127] Diese Orientierungsmaßstäbe liefern Werte. In ihrer Gesamtheit bilden sie Weltanschauungen und sind Integrationsfaktoren für eine Gesellschaft, für ein Staatsvolk. „Werte" im heutigen Verständnis sind erst seit dem 19. Jahrhundert gebräuchlich, und daher entzündet sich erste Kritik bereits am ökonomischen Herkommen des Wertverständnisses.[128] Letztlich stehen dahinter aber die antiken „Ideen", die aus der griechisch-römischen Philosophie über das Mittelalter in die Neuzeit gerettet worden sind.[129]

Die Werteorientierung von Herrschaftsgewalt ist ein Thema, solange es Staatsdenken gibt. Nach *Alexis de Tocqueville* kann keine Gesellschaft ohne einige gleiche Glaubenslehren gedeihen, „denn ohne gemeinsame Vorstellungen gibt es kein gemeinsames Tun, und ohne gemeinsames Tun gibt es zwar Menschen, aber keinen Gesellschaftskörper."[130] *De Tocqueville* beschreibt zutreffend die Voraussetzungen für eine erfolgreiche Integration der Menschen zu Bürgern ihres Staates, zum Staatsvolk, als Element des Staates. Ohne gemeinsame Wertvorstellungen, die sich ja etwa bis heute im Strafrecht ausdrücken, kann ein Staat nicht gelingen. Diese Werte – religiös, historisch oder durch politische Klugheit motiviert – wurden den Herrschenden in sog. „Fürstenspiegeln" nähergebracht, die von der Antike über das Mittelalter bis zum Zeitalter des Konstitutionalismus in mannigfacher Form von Gelehrten als Wertmaßstab und Handlungsanleitung in dieser pädagogisch-literarischen Erscheinungsform niedergeschrieben wurden.[131] Als dann die grundlegenden politischen Normen und Wertorientierungen in Verfassungen niedergelegt wurden, schienen die Fürstenspiegel obsolet. Mittlerweile scheint aber wieder ein Bedarf an einer Art „Fürstenspiegel" zu entstehen, da viele Politiker und auch ein beträchtlicher Teil der Medien und der Gesellschaft derartige Wertorientierungen vermissen lassen, hinsichtlich der ethischen „Leitplanken" zumindest unsicher zu sein scheinen. Der unsichere Umgang mit den Provokationen der türkischen Staatsspitze im Zusammenhang mit der von Präsident Erdogan betriebenen Einführung eines Präsidialsystems ist hierfür ein anschauliches, wenn auch bedrückendes Beispiel.

In Staaten und ihren Gesellschaften, die keinen absoluten Wahrheitsanspruch mehr verkörpern, haben die Werte ihren Siegeszug angetreten, und dort werden sie auch benötigt. Werte können allerdings nur auf der Grundlage einer weitgehend konsentierten Moralvorstellung entstehen, sie sind also zunächst eher Betrachtungsgegenstand der Moralphilosophie, weniger der Staatsrechtslehre. Dennoch kommen selbst bei einem „weltanschaulich neutralen Staat" wie der Bundesrepublik Deutschland der Staat und das Recht nicht ohne diese moralischen Werte aus.[132] Der oft unkritisch wiederholte Satz, der Staat sei weltanschaulich neutral, ist verkürzend und daher missverständlich. Der Staat muss sich angesichts einer pluralen, durch individuelle Grundrechte in ihrer Verschiedenheit geschützten Gesellschaft weltanschaulich neutral verhalten, aber angesichts seiner christlichen und aufklärerischen Tradition ist der deutsche Staat selbst keineswegs weltanschaulich neutral, sondern ideen- und wertgeprägt.[133] Im Angesicht von fremden, oft religiös motivierten und von außen an uns herangetragenen Werten, wie etwa denen des Islam, merken wir dies. Plötzlich erscheint der einer pluralen Gesellschaft, einem immer weniger homogenen Staat immanente Werterelativismus[134] nicht mehr befriedigend. Eine Wertedebatte ist die Folge: Gerade Jugendliche suchen Orientierung und finden sie in erschreckender Weise zu oft nicht mehr bei den Ideen der Freiheit, sondern bei religiöser Unterdrückung und Terrorismus.

2. Staat und Religion

Diese Werte stellten früher (und heute noch in vielen Staaten) die Religionen bereit. Und trotz der Trennung von Staat und Kirche kann sich auch der deutsche Staat nicht von einer spezifisch deutschen und europäischen Religions- und Staatsgeschichte freimachen. Diese reicht von der christlichen Einheit von Staat und Kirche im frühen Mittelalter über Souveränitätskonflikte zwischen Staat und Kirche wie etwa der Zwei-Schwerter-Lehre oder dem Investiturstreit bis zur Säkularisierung des Staates.[135] Die Reformation bewirkte trotz *Luthers* Zwei-Reiche-Lehre[136] noch einmal eine stärkere Verbindung von Staat und Kirche, bevor sich dann im modernen Staat die Säkularisierung durchsetzte. Historischer Meilenstein ist insoweit der Reichsdeputationshauptschluss von 1803. Damit wurde in Deutschland die Religion entpolitisiert und in die Gesellschaft (als Institution) und in das Private (als Glaube, als Religionsfreiheit) abgedrängt.[137]

Das Grundgesetz sieht für die Bundesrepublik Deutschland in Anknüpfung an die Weimarer Reichsverfassung die Trennung von Staat und Kirche vor (Art. 140 GG i. V. m. Art. 137 Abs. 1 WRV).[138] Diese Entscheidung ist – wie allein der Blick in europäische Nachbarstaaten zeigt – nicht typisch staatlich, sondern eine aus der deutschen Geschichte entstandene Trennung, die mit einer vorbehaltlos gewährleisteten Religionsfreiheit (Art. 4 Abs. 1 GG) und einem hohen Maße an religiöser Toleranz verbunden ist. Plötzlich treten nun aber vermehrt von außen Religionen mit einem Absolutheits- und Wahrheitsanspruch auf, die zum Teil noch dazu eine sehr enge, zum Teil gar untrennbare Verbindung mit dem Staat aufweisen. Beispiele sind der Islam in der Türkei und in Saudi-Arabien. Ob wir es wollen oder nicht: Die Religion ist wieder zu einem politischen Faktor geworden[139], dem sich der deutsche Staat nicht entziehen kann. Vor allem in ihrer Verbindung mit Terrorismus ist die Religion zu einem den Frieden und die Existenz von Staaten bedrohenden Faktor geworden. Insoweit müssen unser Staat und unsere Gesellschaft eine zentrale Frage beantworten: Welches Maß an Toleranz darf unser Staat in religiösen Angelegenheiten an den Tag legen, wenn eine Religion ihrerseits uns gegenüber viel weniger tolerant ist? Diese abstrakt klingende Frage hat in ganz vielen verschiedenen Ausprägungen eine hohe praktische Relevanz, wenn man allein an das Tragen von religiös motivierten Kopftüchern bzw. ein Verbot derselben denkt. Der Europäische Gerichtshof hat hier jüngst die unternehmerische Entscheidungsfreiheit gegenüber derartigen religiösen Kopfbedeckungen gestärkt.[140]

3. Die Wertordnung des Grundgesetzes

Aus Sicht des demokratischen Verfassungsstaates stellt sich die Frage nach Werten und nach einer Wertediskussion an sich nicht, denn das Grundgesetz verkörpert und beinhaltet abschließend die Werte des Staates Bundesrepublik Deutschland. Zu diesen verfassungsrechtlich normierten Werten zählen die Menschenwürde, die Grundrechte, die liberalen Freiheiten, die persönliche Freiheit und Eigentum verbürgen, aber auch Rechtsstaats-, Demokratie-, Republik- und Sozialstaatsprinzip. Für darüber hinausreichende ideelle oder gar religiöse Werte ist unter der Geltung des Grundgesetzes kein Raum und grundsätzlich auch kein Bedarf. Die Verfassung übernimmt also insoweit eine „Leitbildfunktion"[141], die vor dem Konstitutionalismus Philosophie und Religion zu übernehmen hatten. Wenn in zahlreichen gesellschaftlichen, politischen und medialen Diskussionen die Vergewisserung über die Werte der deutschen Gesellschaft vermisst wird, dann mag dies ein Alarmzeichen sein. Ehrlich gesagt ist es aber eher ein Armutszeugnis, weil die allein in den Schutz- und Freiheitsbereichen eines jeden Grundrechts verkörperten Wertentscheidungen übersehen werden. Insofern bildet bereits die Verfassung eine Wertordnung, da zahlreiche Grundaussagen mit einer moralischen Konzeption verbunden sind, die bereits vorhanden sind und sich in einem langfristigen historischen Prozess herausgebildet haben.[142]

Das Bundesverfassungsgericht hat dementsprechend schon früh die Grundrechte als „objektive Wertordnung" bezeichnet[143]: „Die Grundrechte sind in erster Linie Abwehrrechte des Bürgers gegen den Staat; in den Grundrechtsbestimmungen des Grundgesetzes verkörpert sich aber auch eine objektive Wertordnung, die als verfassungsrechtliche Grundentscheidung für alle Bereiche des Rechts gilt."[144] Dieses Wertsystem findet seinen Mittelpunkt in der innerhalb der sozialen Gemeinschaft sich frei entfaltenden Persönlichkeit und ihrer Würde.[145] Damit wird deutlich, dass das Grundgesetz keine wertneutrale Ordnung sein will.[146] In einem Staat, dessen Leistungen immer umfassender und zum Teil immer existenzieller für einzelne Bürger werden, wird die Abwehrdimension der Grundrechte immer weniger Bedeutung haben, da der Bürger ja „etwas" vom Staat will. Dementsprechend rücken derartige objektiv-rechtliche Gehalte, wie etwa auch die Schutzpflichten, die – ähnlich der Leistungsdimension der Grundrechte – staatliches Verhalten nicht abwehren, sondern verlangen, immer stärker in den Blickpunkt.

Trotz dieser gesellschaftlichen Tendenzen ist immer wieder an das optimistische Menschenbild des Grundgesetzes zu erinnern, das den Einzelnen und seine Würde in den Mittelpunkt rückt und von verantwortungsvoller Freiheitsbetätigung ausgeht.[147] Grenzen dieser Freiheitsbetätigung sind die geschützten Freiheitssphären anderer und die – häufig durch Parlamentsgesetze definierte und konkretisierte – Gemeinwohlschädlichkeit des individuellen Verhaltens.

Das Grundgesetz macht dies an den beiden klassischen liberalen Grundrechten, Freiheit und Eigentum, erfreulich deutlich: So gewährleistet Artikel 2 Abs. 1 GG die freie Entfaltung der Persönlichkeit für Jedermann, „soweit er nicht die Rechte anderer verletzt und nicht gegen die verfassungsmäßige Ordnung oder das Sittengesetz verstößt". Und Art. 14 Abs. 2 GG nimmt die Eigentumsgewährleistung in die (gesellschaftliche) Pflicht und verlangt, dass der Gebrauch des Eigentums zugleich dem Wohle der Allgemeinheit dienen soll.

Das Begreifen der Verfassung als Wertordnung – und zum Teil überhaupt das Nachdenken über Werte – wird nicht von allen geteilt, sondern erfährt seit Anbeginn der Bundesrepublik Deutschland Kritik. Es wird vor einer „Tyrannei der Werte" gewarnt[148], denn mit einem solchen Werteverständnis sanktioniere man bestimmte poltisch-ethische Grundüberzeugungen, mit denen man Andersdenkende von dieser Wertgrundlage der Verfassung ausgrenze und ihnen letztlich die (politische) Freiheit nehme.[149] Diese Kritik ist in ihrer zu Ende gedachten Konsequenz nicht unberechtigt, wenn bestimmte moralische Auffassungen monopolisiert werden. Derartige Ansätze erleben wir derzeit auch in Deutschland und in anderen Staaten unter dem Stichwort *„political correctness"*. Derartiger Missbrauch im Sinne einer Anschauungsexklusivität, die das Grundgesetz gerade nicht will, kann dennoch die Tatsache nicht verdecken, dass gerade auch das Grundgesetz nicht im luftleeren Raum entstanden ist, sondern das Ergebnis eines langen historischen Prozesses mit ethischen bzw. moralphilosophischen Wegmarken sowie der Anerkennung von Ideen, Werten und Prinzipien ist. Schon die Grundrechte, aber auch zentrale Staatsstrukturprinzipien wie Rechtsstaat, Demokratie, Republik und Sozialstaat verkörpern solche Wertentscheidungen. Die Verfassung stellt gegen einen solchen moralischen Missbrauch die Gewaltenteilung, das Parteien-Grundrecht (Art. 21 GG), die Medien und letztlich die (politischen) Grundrechte. Wenn allerdings eine große gesellschaftliche Koalition sich im Besitz der „Wahrheit" wähnt, hilft auch ein Ausblenden der Wertediskussion nicht gegen ein Meinungsdiktat.[150]

Im liberalen, pluralen Staat, wie ihn das Grundgesetz verfasst, kann dieses Wertgerüst nicht (zu) eng sein – ein religiöser Letztbegründungs- oder absoluter (politischer) Wahrheitsanspruch ist dem Grundgesetz fremd. Das Wertgerüst darf aber auch nicht zu lose sein, da der Orientierungsrahmen für den gesellschaftlichen Grundkonsens als Legitimitätsvoraussetzung gewährleistet sein muss. Hier schließt sich der Kreis zu den Existenzgründen und -voraussetzungen des Staats wie z. B. einem Mindestmaß an Homogenität des Staatsvolkes.

Die Fragilität der individuellen Lebensentwürfe benötigt diese Orientierung, um eine Gesellschaft und ein Volk werden zu können. Maß und Mitte sind das Zauberwort.

4. Wertewandel

Die Kategorisierung unserer Zeit, unserer Kultur und auch unseres Staates als „postmodern"[151] unterstellt einen Epochenwechsel[152], auch einen Wertewandel, und unterstellt damit auch, dass die Ideen, Werte und „großen Erzählungen" der Neuzeit, auf denen unser Staatswesen basiert, überholt sind[153]. Und in der Tat bedarf unsere Werteordnung angesichts des veränderten technischen, politischen und gesellschaftlichen Umfeldes einer Neujustierung. Die überkommenen Wertvorstellungen müssen beispielsweise so weiterentwickelt werden, dass sie Antworten auf das digitale Zeitalter geben können.[154] So müssen wir über Persönlichkeitsschutz neu nachdenken, wenn das Verhalten vieler sich nicht mehr an der Datenschutz-Wertung des Bundesverfassungsgerichts im Volkszählungsurteil[155] orientiert (und orientieren will), sondern ganz bewusst persönliche Daten als digitale Ausprägung der Persönlichkeit zur Handelsware oder gar zur Währung für bestimmte Serviceleistungen werden lässt. Das Grundgesetz kann seine Wertordnung zwar rechtlich verbindlich normieren, kann aber an dem grundsätzlich statischen Charakter einer Verfassung nichts ändern. Die Veränderungen gesellschaftlicher Anschauungen und des staatlichen Umfeldes können von Staat und Verfassung nur durch neue Interpretationen bestehender Normen, einen Verfassungswandel oder gar durch Änderung bzw. Ergänzung der Verfassung aufgefangen werden.

Auch bei den Werten lebt der Staat also „von Voraussetzungen, die er selbst nicht garantieren kann."[156] Denn die gesellschaftliche Anerkennung als Wert, d. h. als verbindlicher Orientierungsmaßstab, kann der Staat nicht erzwingen. Wenn z. B. die Familie in Gestalt von Frau, Mann und Kindern nicht mehr als *die* schützenswerte Grundlage der Gesellschaft und des Staates Anerkennung findet, läuft Art. 6 GG ins Leere. Dementsprechend sind bei näherem Hinsehen zahlreiche Veränderungen des Wertefundaments unseres Staates zu beobachten, die vom Familienbild über zunehmenden Individualismus, eine andere Rolle von Arbeit, Beruf und Eigentum bis zu der generellen Verbindlichkeit von orientierungsstiftenden Werten reichen.

Damit stellt sich aber auch die Frage, ob und inwieweit der Staat überhaupt etwas für den Erhalt dieses Wertefundaments tun kann: Gibt es eine Staatsaufgabe „Erhalt, Vermittlung oder gar Schaffung von Werten"? In einem umfassenden Sinne kann man eine solche Aufgabe in einem liberalen Staat sicher nicht anerkennen, denn dies wäre das Ende des liberalen Staates, dann würde tatsächlich die „Tyrannei der Werte" drohen. Aber im Sinne politischer Bildung oder – wie es im 19. Jahrhundert durchaus zutreffend hieß: staatsbürgerlicher Erziehung – besitzt der Staat mit Blick auf grundlegende politische Werteorientierungen durchaus eine Verantwortung. Ganz konkret stellt sich die Frage, inwieweit Wertevermittlung Aufgabe der Schulen sein kann. Das föderale Spektrum in Deutschland reicht von Schulfächern wie „LER (Lebensgestaltung, Ethik, Religionskunde)" in Brandenburg bis zu gesetzlich verankerten Bildungs- und Erziehungszielen. So heißt es etwa in § 4 Abs. 2 S. 2 SchulG Schleswig-Holstein: „Der Bildungsauftrag der Schule ist ausgerichtet an den im Grundgesetz verankerten Menschenrechten, den sie begründenden christlichen und humanistischen Wertvorstellungen und an den Ideen der demokratischen, sozialen und liberalen Freiheitsbewegungen". Auch der demokratische Verfassungsstaat versucht also zumindest, die staatlicherseits nicht erzwingbaren und garantierbaren Voraussetzungen für ein werteorientiertes Gemeinwesen günstig zu beeinflussen. Darüber lässt sich aus liberaler Sicht trefflich streiten.

V. Voraussetzungen und Gefährdungen eines erfolgreichen Staates

1. Funktionserfüllung durch den Staat

Der Erfolg eines Staates ist geschichtlich bedingt. Eine Vielzahl von äußeren und inneren Faktoren des jeweiligen historischen Kontextes entscheidet über den Erfolg eines Staates, d. h. sein Bestehen, seine Legitimität und sein Ansehen bei den Menschen. Greift man den zu Beginn skizzierten funktionalen Ansatz der Staatsbetrachtung wieder auf, so ist ein Staat, der seine Zwecke, Ziele und Aufgaben erfüllt, erfolgreich. Ob dies dann allein ausreicht oder ob nicht – wie hier vertreten – eine legitimatorische Staatsidee hinzutreten muss, kann an dieser Stelle ausgeblendet werden, denn auf Dauer ist ein Staat, der zwar eine Staatsidee hat, aber seine grundlegenden Funktionen nicht erfüllt, nicht existenzfähig.

Den Maßstab bilden dafür vor allem die Herrschaftszwecke und Herrschaftsziele, denen der Staat verpflichtet ist. Herrschaftszwecke sind überpositive, ethische Begründungen der Herrschaftsgewalt. Über normative Transformationspunkte in der Verfassung wird die Verbindung zur positiven Rechtsordnung des Staates hergestellt. Konkretisiert werden die Herrschaftszwecke in verfassungsrechtlich positivierten Herrschaftszielen und den regelmäßig vom Gesetzgeber verabschiedeten Herrschaftsaufgaben.[157] Die Herrschaftszwecke geben letztlich anthropologische Notwendigkeiten des Zusammenlebens an, deretwegen eine Herrschaftsordnung (der Staat) errichtet und erhalten werden soll. Anders als bei *Hegel*, der uns noch die Selbstzweckhaftigkeit des Staates glauben machen wollte[158], ist mit *Aristoteles* der Staat als zweifelsohne bedeutendste, aber eben um eines Gutes, eines Zweckes willen, bestehende Gemeinschaft zu sehen.[159] Eine Herrschaftsgewalt kann demnach nur legitim (oder auch erfolgreich) sein, wenn sie zur Erreichung bestimmter Zwecke und Ziele tätig wird.[160] Klassische Herrschafts- und damit auch Staatszwecke sind vor allem (äußerer) Frieden und (innere) Sicherheit, Freiheit, Gerechtigkeit, soziale Wohlfahrt und Gemeinwohlverwirklichung, um das Zusammenleben in der menschlichen Gemeinschaft zu ermöglichen und zu sichern.[161] Hinzugetreten ist zweifelsohne die (soziale) Gerechtigkeit[162], und im Staat des Grundgesetzes ist es wegen Art. 1 Abs. 1 GG die Wahrung der Menschenwürde.[163] Besondere Bedeutung kommt auf der nationalen Verfassungsebene außerdem Art. 1 Abs. 2 GG zu, der aus der Menschenwürde-Verpflichtung („darum“) ein Bekenntnis „zu unverletzlichen und unveräußerlichen Menschenrechten als Grundlage jeder menschlichen Gemeinschaft, des Friedens und der Gerechtigkeit in der Welt“ ableitet und damit nicht nur Zielsetzungen der Präambel aufgreift, sondern Herrschaftszwecke in die Verfassung transformiert und auf diese Weise normativ verbindliche Herrschaftsziele festlegt. Auch die Herrschaftszwecke, und mehr noch die heutzutage verfassungsrechtlich festgelegten Herrschaftsziele, sind ihrerseits geschichtlich bedingt und können variieren. So sind Umwelt- und Verbraucherschutz als Herrschaftsziele – und zwar sowohl des Staates als auch der Europäischen Union – die Reaktion auf Auswirkungen und Folgen der Industrialisierung und des damit verbundenen Raubbaus des Menschen an der Natur. Die Bilanz der Realisierung dieser Herrschaftszwecke, Herrschaftsziele und Herrschaftsaufgaben, also die Funktionserfüllung durch den Staat, entscheidet über den Erfolg des Staates.

2. Funktionsverluste von Staatlichkeit

Umgekehrt bedrohen Funktionsverluste die Erfolgsbilanz des Staates und damit auch seine Legitimität, am Ende möglicherweise gar seine Existenz. Hier ist zurückzukommen auf Wesen, Zweck und Wirklichkeit des heutigen Verfassungsstaates, der eben um seiner Wirkungen und Funktionen willen besteht.[164] Funktionsverluste von Staatlichkeit bedeuten dann die Abweichung von der gewohnten und erwarteten, insbesondere verfassungsrechtlich konkretisierten Zweckerfüllung. Diese Abweichungen können alle drei Elemente der Staatlichkeit betreffen, doch wird meist ein Funktionsverlust bei der Staatsgewalt, als eine Abweichung von der gewohnten und erwarteten Leistungserbringung der Staatsgewalt, besonders auffallen. Derartige Funktionsverluste haben eine objektive Dimension, für die die Leistungs- und Funktionserbringung des Staates objektiv gemessen, betrachtet und bewertet werden kann. Darüber hinaus hat der Funktionsverlust auch eine subjektive Seite. Bei dieser geht es um die Empfindung der Staatsleistung durch einen oder mehrere Bürger als unzureichend. Ein solch gefühlter Funktionsverlust kann auch unabhängig von der objektiven Faktenlage entstehen. Man mag dies vorschnell mit dem Modewort „postfaktisch" abqualifizieren, doch geht es hier letztlich um eine andere, viel brisantere Frage, nämlich die Legitimitätsfrage. Mit dem gefühlten Funktionsverlust geht ein Vertrauensverlust bezüglich der Problemlösungsfähigkeit des Staates einher.[165]

Die Ursachen derartiger Funktionsverluste können vielschichtig sein – sie reichen von Vollzugsdefiziten über fehlende staatliche Ressourcen zu neuen tatsächlichen Phänomenen, die rechtlich noch nicht angemessen erfasst sind, oder der Konstruktion einer neuen politischen Wirklichkeit.[166] Die Euro-, Staatsschulden- bzw. Bankenkrise, die Flüchtlingskrise sowie fehlende staatliche Reaktionen auf die Herausforderungen der Digitalisierung, die absehbaren Schwierigkeiten sozialer Sicherungssysteme oder auch die Unterfinanzierung der Bildungssysteme, sind allfällig bekannte Beispiele derartiger Funktionsverluste. Kleinere Defizite im Gesetzesvollzug sind Staatsalltag und rechtfertigen nicht die Überhöhung zu Funktionsverlusten oder gar „Staatsversagen", wie es aus interessierter, nämlich an staatlicher Delegitimierung interessierter Ecke (und manchen Medien) lautstark vorgetragen wird.[167] Aber je „höher" die Funktionsverluste ansetzen, also bei den grundlegenden Staatszwecken oder Staatszielen, desto dramatischer sind die Auswirkungen auf und für den Staat und vor allem das Systemvertrauen der Bürger. Der Umgang der deutschen Staatsorgane mit dem unkontrollierten Zuzug von Flüchtlingen zwischen Herbst 2015 und Frühjahr 2016 hat dafür reichlich Anschauungsmaterial geliefert.

Generell drohen Funktionsverluste von Staatlichkeit, wenn die Politik, wenn die dazu berufenen und legitimierten Verfassungsorgane, grundlegende Zukunftsfragen nicht beantworten. Was kann dann gegen derartige Funktionsverluste von Staatlichkeit unternommen werden? Unsere freiheitliche demokratische Grundordnung und unsere parlamentarische Demokratie sind zweifelsohne jede Anstrengung wert, um sie gegenüber den wachsenden Herausforderungen und auch Bedrohungen zu verteidigen. Dafür sind dann aber auch Anpassungen an ein verändertes gesellschaftliches, wirtschaftliches und technisches Umfeld erforderlich. Es gilt: Verändere, was du bewahren willst! Einige Ursachen der Funktionsverluste von Staatlichkeit, wie etwa die staatliche Ohnmacht gegenüber der Digitalisierung, können nur beseitigt oder zumindest gemildert werden, wenn der Staat und seine Organe in einen Reform- und Entwicklungsprozess eintreten. Reformen werden (weiterhin) dringend benötigt für die föderale Kompetenzverteilung und das föderale Entscheidungssystem, ferner für die Folgen des demografischen Wandels, einschließlich der absehbaren Verwerfungen in den sozialen Sicherungssystemen.

Neben Reformen wird die Bekämpfung derartiger Funktionsverluste von Staatlichkeit auch durch eine stärkere Betonung von rechtsstaatlicher Rationalität gegenüber politischer Romantik gelingen. Oder um es ganz profan auszudrücken: Geltendes Recht muss wieder vollzogen und darf nicht willkürlich, je nach aktueller politischer Opportunität, außer Anwendung bleiben. Dieser Appell gilt für die Europäische Union genauso wie für den Mitgliedstaat Bundesrepublik Deutschland. Wenn nötig, kann und muss Recht selbstverständlich in den dafür vorgesehenen Verfahren geändert werden. Auch hier zeigt uns die Digitalisierung, dass bislang unbekannte Phänomene zum Teil auch völlig neue rechtliche Regulierungen benötigen. Darüber hinaus empfiehlt sich eine Konzentration auf zentrale Staatsaufgaben, um den Staat mit den stetig zunehmenden Erwartungen von Gesellschaft und Politik perspektivisch nicht zu überfordern. In diesem Kontext sind auch die Souveränitätsverluste des Staates in den letzten Jahrzehnten zu überprüfen und neu zu justieren – der in vielen Staaten der Welt zu beobachtende Neo-Nationalismus belegt, dass hierfür offensichtlich ein politisches Bedürfnis besteht. Es muss dabei um eine unvoreingenommene Diskussion über die Frage gehen, welche Aufgaben der Staat, die Europäische Union oder gar die internationale Gemeinschaft am besten erledigen kann. Dazu gehört dann aber auch, die Wirksamkeit der supranationalen Herrschaftsgewalt der Europäischen Union so zu stärken, dass sie die ihr übertragenen Hoheitsrechte wirkungsvoll und zum Wohle der Unionsbürger wahrnehmen kann. Und schließlich sollten wir über all dem nicht vergessen, über heute tragfähige oder eventuell auch neue legitimitätsstiftende Faktoren nachzudenken.

3. Umsetzung der grundlegenden Staatsstrukturprinzipien

Austarierte Machtverhältnisse durch effektive Gewaltenteilung, ein funktionierendes System von „checks and balances", das Streben nach Gerechtigkeit und die Gewährleistung sozialen Zusammenhalts sind Voraussetzungen für einen stabilen und deshalb erfolgreichen Staat. Gleiches gilt für die Kontrolle von Regierung und Exekutive durch das Parlament, die Kontrolle von Legislative und Exekutive durch eine unabhängige Judikative, sowie einen starken Gesetzgeber, der aber verfassungsrechtlichen Bindungen unterliegt, die wiederum durch ein unabhängiges Verfassungsgericht kontrolliert werden können – auch dies sind Erfolgsfaktoren des deutschen Staates. All die genannten Stichworte und noch viele mehr sind Ausdruck der grundlegenden Staatsstrukturprinzipien, die Art. 20 und 28 GG nennen: Es sind die Prinzipien des Rechtsstaates, der Demokratie, der Republik, des Sozialstaates und des Bundesstaates. Ihre Realisierung, ihre Weiterentwicklung und Anpassung an veränderte Zeiten sind Erfolgsgaranten des erfolgreichen Staates Bundesrepublik Deutschland.

Im Bewusstsein der Unmöglichkeit einer auch nur annährend vollständigen Beschreibung sollen nachfolgend einige zentrale Elemente, aber auch Gefährdungen dieser grundlegenden Prinzipien beschrieben werden.

a) Rechtsstaat

Das wohl wichtigste Staatsstrukturprinzip – und zwar nicht nur für Juristen – ist das Rechtsstaatsprinzip. Der Rechtsstaat garantiert Freiheit, er bindet und limitiert politische Macht, er sorgt für Gerechtigkeit. Als Kernbestandteile des grundgesetzlichen Rechtsstaatskonzepts, die auch von Art. 79 Abs. 3 GG als unabänderlich geschützt sind, können jedenfalls der Grundsatz der Gewaltenteilung, der Vorrang der Verfassung sowie Vorrang und Vorbehalt des Gesetzes gelten.[168] In rechtsstaatlicher Perspektive sind außerdem das staatliche Gewaltmonopol, die staatliche Justizgewährleistung und das Rechtsprechungsmonopol Ausdruck staatlicher Souveränität.

Der Rechtsstaat war mindestens historisch in Deutschland vor der Demokratie vorhanden, erdacht und erprobt. Der Rechtsstaat ist aber mehr als nur ein weiteres Staatsprinzip – er ist das Fundament der Demokratie. Ohne Rechtsstaat gibt es auch keine (echte) Demokratie. Die demokratische (Chancen-)Gleichheit muss eine rechtlich fundierte und garantierte Chancengleichheit sein, wenn Demokratie nicht zu einer formalen, inhaltsleeren Hülle degenerieren soll. Deswegen sind inhaltliche Garantien mit Verfassungsrang in Gestalt der Grundrechte besonders kennzeichnend für den deutschen Verfassungsstaat. Derartige verfassungsrechtlich garantierte Grundrechte sind noch eine relativ neue historische Errungenschaft. In der Paulskirchenverfassung 1848 geplant, aber nicht zur rechtlichen Wirksamkeit gelangt[169], wurden sie in einzelnen deutschen Ländern verfassungsrechtlich verankert und erprobt. So kannte bereits das Schleswig-Holsteinische Staatsgrundgesetz vom 15. September 1848 einen modernen und verbindlichen Grundrechtskatalog.[170] Erst mit Verabschiedung des Grundgesetzes am 23. Mai 1949 erhielten die Grundrechte nicht nur Verfassungsrang, sondern durch Art. 1 Abs. 3 GG zusätzlich eine besondere Bedeutung, indem sie Gesetzgebung, vollziehende Gewalt und Rechtsprechung als unmittelbar geltendes Recht binden. Einige Jahrzehnte später ist dieses Erfolgsrezept für die Freiheit der Bürger nun auch in die Europäische Union exportiert worden: Seit dem Vertrag von Lissabon ist die Charta der Grundrechte der Europäischen Union in der Fassung vom 12.12.2007 mit Hilfe von Art. 6 Abs. 1 EUV auch geltendes europäisches Verfassungsrecht.[171]

Gerade das den Rechtsstaat kennzeichnende staatliche Gewaltmonopol hat eine ungemein befriedende Wirkung, von der die Menschen im Mittelalter nur träumen konnten. Das für die Entwicklung des staatlichen Gewaltmonopols maßgebliche Fehdeverbot als Ergebnis des Wormser Reichstags von 1495, der den „Ewigen Landfrieden" verkündete und u. a. das zu seiner Durchsetzung benötigte Reichskammergericht schuf[172], hat den Durchbruch zu dem Frieden und Sicherheit bringenden staatlichen Gewaltmonopol gebracht. Der Rechtsstaat ist gerade angesichts der spezifisch deutschen Entwicklung nicht nur Teil der Verfassungsidentität des Grundgesetzes, sondern durchaus als Teil der nationalen Identität Deutschlands anzusehen.[173] Dementsprechend bedeutsam ist die Rolle des Rechts für Staat und Gesellschaft in Deutschland. Diese lässt sich in den Worten des schleswig-holsteinischen Staatsrechtlers *Niels Nicolaus Falck* aus dem Jahr 1816 wie folgt beschreiben[174]: „Denn besser, als das Recht, ist von allen menschlichen Dingen auch das Beste nicht."

Umso mehr muss einen Anhänger des Rechtsstaats der Bedeutungsverlust des Rechts in Staat und Gesellschaft mit Sorge erfüllen, für den es leider immer mehr Anzeichen gibt[175]. Das liegt an Erosionstendenzen rechtsstaatlicher Souveränitätsattribute[176] ebenso wie an der politischen Überdehnung, Übertretung oder Missachtung von Verfassungs- und Gesetzesvorgaben – sei es bewusst oder unbewusst.[177] Letzteres geschieht dann regelmäßig unter Berufung auf (vermeintliche) Notlagen, Krisen und Eilbedürftigkeiten. Ein derartig schlechter Umgang mit dem Recht war bei der Euro- und Finanzmarktkrise und der Flüchtlingskrise genauso zu besichtigen wie bei dem Atomausstieg oder manchen Maßnahmen der Terrorismusbekämpfung. Viele Maßnahmen sind gut gemeint, tragen jedoch mindestens zur Erosion des Rechtsempfindens in der Bevölkerung bei. So konnte man sich beispielsweise über einen sog. „Flüchtlingserlass" in Schleswig-Holstein wundern, mit dem die Spitze der Polizeidirektion Kiel und der Staatsanwaltschaft Kiel eine Vereinbarung getroffen hatten, bei kleinkriminellen Flüchtlingen ohne Ausweis kein Personenfeststellungsverfahren und auch keine erkennungsdienstliche Behandlung durchzuführen.[178] Ein solches Vorgehen ist nur schwer mit den bundesrechtlichen Vorgaben in Gestalt des Legalitätsprinzips (§§ 160, 163 StPO) und den in § 163 b StPO geregelten Maßnahmen zur Identitätsfeststellung vereinbar. Rechtstreue Bürger erfüllt ein solches Vorgehen mit Unbehagen, andere nehmen es möglicherweise zum Anlass, die Rechtsbindung für sich selbst dann auch nicht mehr so genau zu nehmen.

Ein Bedeutungsverlust des Rechts wird auch dadurch bewirkt, dass staatliche Entscheidungskompetenzen in vielen Bereichen zurückgenommen werden. Der Staat strebt nun vorrangig konsensuale Vereinbarungen mit Bürgern, Wirtschaft oder gesellschaftlichen Interessengruppen an, um die Anwendung seines einseitigen Letztentscheidungsrechtes zu vermeiden. Die Beispiele reichen vom Atomkonsens über zahllose Selbstverpflichtungen der Wirtschaft bis hin zur Vermeidung von gerichtlichen Urteilen durch vorgeschaltete Vergleiche und Mediationen. Hier begibt sich der Staat unmerklich seines Gewalt- und Justizmonopols. Er wirkt zwar nicht mehr so unmodisch „obrigkeitlich", dies aber um den Preis von Ansehen, Akzeptanz einseitiger Entscheidungen, Einheitlichkeit der Rechtsprechung, juristischer Dogmatik und Methodik – und damit letztlich um den Preis der staatlicherseits zu gewährleistenden materiellen Gerechtigkeit. Verstärkt wird dieser Trend durch die Auslagerung einer wachsenden Zahl von Streitigkeiten an nicht-staatliche Gerichte, die von Sportgerichten über muslimische Friedensrichter[179] bis hin zu kritisch zu betrachtenden Schiedsgerichten im Bereich von Freihandelsabkommen reichen. Insgesamt finden sich also auch hier zahlreiche Ursachen, die zu einem Bedeutungsverlust des Rechts in Staat und Gesellschaft führen. Damit beschädigen wir aber das zentrale Fundament unseres Staates und im Übrigen auch der Europäischen Union, die als Rechtsgemeinschaft konzipiert ist.

b) Demokratie

Das zweite zentrale Staatsstrukturprinzip ist das Demokratieprinzip. Zu diesem findet sich eine mittlerweile kaum noch überschaubare rechts- und politikwissenschaftliche Literatur, da unter der Geltung des Grundgesetzes offenbar (und zu Recht) ein literarischer Nachholbedarf in Sachen Demokratie gesehen wurde. Dennoch fragt man sich: Was ist Demokratie?[180] Hinter diesem Begriff verbergen sich höchst unterschiedliche Vorstellungen, und zwar einerseits in der geschichtlichen Rückschau und andererseits in den verschiedenen Staaten der Welt, selbst wenn man nur die sog. westlichen Demokratien wie etwa Großbritannien, Frankreich, die USA und Deutschland miteinander vergleicht. Eine für alle Zeiten gültige Inhaltsbestimmung von Demokratie ist allenfalls auf einem sehr hohen Abstraktionsniveau möglich, etwa im Sinne der Herrschaft des Volkes und damit der Zuweisung der Inhaberschaft der Souveränität an das Volk. Diesen Grundsatz der Volkssouveränität normiert auch das Grundgesetz in Art. 20 Abs. 1 GG.

Demokratie ist eine Herrschaftsform, im Staat des Grundgesetzes wird sie zur Staatsform erklärt und zum wesentlichen Staatsstrukturprinzip erhoben (Art. 20, 28 GG), das in seinen Kernbestandteilen auch jeder Verfassungsänderung entzogen ist (Art. 79 Abs. 3 GG). Zu diesen Kernbestandteilen gehören jedenfalls der Grundsatz der Volkssouveränität, die Benennung des Volkes als nicht ablösbares Legitimationssubjekt, der Ableitungszusammenhang zwischen Volk und konkret ausgeübter Staatsgewalt im Sinne demokratischer Legitimation, die Verleihung von Herrschaft (nur) auf Zeit und das Mehrheitsprinzip.[181] Auch die Gewährleistung einer demokratischen Öffentlichkeit und der staatlich unbeeinflusste Meinungs- und Willensbildungsprozess gehören zu diesen Kernbestandteilen, die in weiten Teilen zudem grundrechtlich abgesichert sind.

Unabhängig von der Ewigkeitsgarantie des Art. 79 Abs. 3 GG sind dem Demokratieprinzip des Art. 20 GG und weiteren Konkretisierungen im Grundgesetz, aber auch aus der Rechtsprechung des Bundesverfassungsgerichts, zahlreiche Einzelausprägungen von Demokratie zu entnehmen. Die Garantie einer Volksvertretung im Bund (Art. 38f. GG), in den Ländern und Kommunen (Art. 28 Abs. 1 S. 2 GG), die Festlegung auf eine repräsentative Demokratie und ein parlamentarisches Regierungssystem in der aktuellen Verfassung, ohne unmittelbare Demokratie aber strikt auszuschließen (s. Art. 20 Abs. 2 S. 2 GG), das freie Mandat (Art. 38 Abs. 1 S. 2 GG) und die Wahlrechtsgrundsätze des Art. 38 Abs. 1 S. 1 GG sind weitere wesentliche Bestandteile des grundgesetzlichen Demokratiekonzepts. Und auch die besondere Rolle der Parteien, die mit einem grundrechtsgleichen Recht in Art. 21 Abs. 1 GG abgesichert ist, gehört zu den kennzeichnenden Merkmalen der bundesrepublikanischen Demokratie.

An der „Mitwirkung" bei der politischen Willensbildung des Volkes durch die Parteien (Art. 21 Abs. 1 S. 1 GG) entzündet sich traditionell ein Streit, ob die tatsächliche Rolle der Parteien in Staat und Gesellschaft dieser verfassungsrechtlichen Vorgabe noch entspricht.[182] „Mitwirkung" bedeutet eben kein Monopol der politischen Willensbildung, sondern verlangt einen Wettbewerb mehrerer Parteien.[183] Vor diesem Hintergrund gibt es immer besorgniserregendere Tendenzen, wenn Parteien bemüht sind, Ämter und Funktionen in anderen Verfassungsorganen, in öffentlichen Unternehmen bis hin zu (staatsfreien!) Rundfunk- und Fernsehanstalten nach politischem Proporz und mit eigenen Mitgliedern zu besetzen. Und auch die Absprache von Parteien über „den" Kandidaten für das Bundespräsidentenamt, so dass dem eigentlich zuständigen Verfassungsorgan, der Bundesversammlung, gar keine echte „Wahl" mehr bleibt, ist nicht im Sinne der „Erfinder" der grundgesetzlichen Demokratie. Hier gilt es stets Monopolisierungstendenzen und einem zu großen Einfluss der Parteien auf Staat und Gesellschaft entgegenzutreten, also Maß und Mitte zu wahren.

Auf der anderen Seite darf nicht übersehen werden, dass der Repräsentationsgedanke, der auf die Parteien als Mittler zwischen Gesellschaft und Staat setzt, zunehmend dadurch in Gefahr gerät, dass die Zahl der Parteimitglieder langfristig sinkt und damit zunehmend Schwierigkeiten auftreten, geeignetes Personal für Führungsämter in staatlichen Organen zu rekrutieren.

Ein weiteres, aber ebenfalls nicht neues Problemfeld ist der zunehmende Druck von gesellschaftlichen Organisationen (Lobbyisten) auf die Politik. Bedenklich wird dieses Phänomen aber erst dann, wenn der Staat so schwach ist, dass er von dem Know-how bestimmter Interessengruppen vollständig abhängig ist. Ob zusätzliche bürokratische „Monster" wie Lobby- oder Transparenzregister das Verlangen „gesetzgeberischer Fußabdrücke" oder Ähnliches dieses Dauerproblem lösen können, erscheint aber eher fraglich. Denn auch die von manchen

Transparenzaktivisten vehement eingeforderte Transparenz ist weder Selbstzweck noch alleiniger Inhalt des Demokratieprinzips, sondern ein Instrument zur Sicherstellung demokratischer Öffentlichkeit, die aber auch Beratungs-, Rückzugs- und Geheimsphären kennt. Politik, Verfassungsorgane, Verwaltung benötigen den Kontakt zu gesellschaftlichen Interessengruppen und deren fachkundige, selbstredend auch interessengeleitete Beratung, denn zum einen sollen Staat und Politik nicht abgehoben und fernab der gesellschaftlichen Bedürfnisse arbeiten, und zum anderen ist Lobbyarbeit grundrechtlich geschützte Betätigung und Interessenwahrnehmung. Ein Lösungsansatz für dieses Problemfeld könnte in vernünftigen öffentlichen und fairen Anhörungen liegen. An der fehlenden Strukturiertheit und Unklarheit hinsichtlich der Aus- und Bewertung kranken heute zahlreiche parlamentarische Anhörungsverfahren. Und schließlich könnte man ein Verbände- oder Dritter-Sektor-Gesetz erwägen, um den Einfluss von Interessengruppen gesetzlich zu kanalisieren und umgekehrt den gesellschaftlichen Interessen dadurch eine stärkere demokratische Legitimation zuzusprechen.[184]

All dies deutet schon auf ein Manko unseres aktuell herrschenden Demokratieverständnisses hin: Eine zu formale Betrachtung von Demokratie. Demokratie erschöpft sich nicht in formalen Verfahren wie regelmäßigen Wahlen[185] oder einem rein numerisch verstandenen Mehrheitsprinzip als Entscheidungsregel. Demokratie muss auch inhaltlich von den Bürgern zu begreifen sein, muss auch eine materielle Komponente haben, wenn sie als Herrschaftsordnung die Menschen dauerhaft überzeugen und Strahlkraft entfalten will. Dies gilt für den Staat Bundesrepublik Deutschland genauso wie für die Europäische Union.

Aus meiner Sicht verlangt das Demokratieprinzip von der Staats- und Herrschaftsgewalt, bestmöglich Herrschaft des Volkes, durch das Volk und für das Volk zu sein. Diese Definition schließt an die berühmte „Gettysburg-Formel“ von *Abraham Lincoln* an[186]. Hierfür sind die regelmäßig erneuerte Ableitung der Herrschaftsgewalt vom Volke sowie faire, gleiche und notwendig formale Entscheidungsverfahren erforderlich, aber *zusätzlich* eben auch die am Maßstab der Staatszwecke und Staatsziele bewerteten Ergebnisse der Herrschaftsgewalt maßgebend.[187] Dementsprechend kennzeichnet eine gute Demokratie nicht die strikt rechnerische Beachtung der Mehrheitsregeln, sondern der Umgang der Mehrheit mit der Minderheit. Im Staat des Grundgesetzes ist die Tyrannei der Mehrheit[188] durch grundrechtlich gesicherten Schutz der Minderheit ausgeschlossen. Und das politische System erlaubt grundsätzlich der Minderheit, bei späteren Wahlen zur Mehrheit zu werden – dies ist ein Geltungs- und Legitimationsgrund des Mehrheitsprinzips. Allerdings muss insoweit dem Bestreben der herrschenden Akteure und Parteien, die einmal errungene Mehrheit durch Ausweitung des Einflusses in staatlichen Ämtern und in den Medien dauerhaft abzusichern, immer wieder entgegengetreten werden. Hier kommt dem Bundesverfassungsgericht in der bundesrepublikanischen Demokratie eine herausragende Rolle zu, aber selbstverständlich auch der parlamentarischen Minderheit, die deshalb über besondere Rechte verfügt, um die zentralen Parlamentsfunktionen, vor allem die Kontrollfunktion, gegenüber der von der Parlamentsmehrheit getragenen Regierung zu sichern.[189] Nur in Zeiten (über)großer Koalitionen, in denen die Opposition nicht einmal die erforderlichen Minderheitsquoren erreicht, geraten diese Kontrollmechanismen und Minderheitssicherungen in Gefahr.

Bei all den skizzierten Inhalten hat die bundesrepublikanische Demokratie ein hohes, beachtliches Niveau erreicht, das in der Geschichte Deutschlands einmalig ist. Insoweit erfolgen Klagen über Gefährdungen von diesem hohen Niveau aus. Aber dennoch: Gefährdungen der Demokratie sind unübersehbar. Trotz dieses hohen Entfaltungsgrades deutscher Demokratie und trotz eines einmalig hohen Wohlstandsniveaus mit stetig wachsenden Sozialleistungen ist eine zunehmende Systemunzufriedenheit festzustellen, die sich letztlich zu einer Gefahr für Legitimität und damit Stabilität unseres demokratischen Regierungssystems auswachsen kann. Eine große Zahl verschiedener Ursachen in Gestalt von Krisen, Problemen, Veränderungsprozessen und neuen Umfeldbedingungen hat offenbar Zweifel an dem parlamentarischen Regierungssystem entstehen und das Systemvertrauen schwinden lassen. Die verschiedenen Ursachen können hier nicht ansatzweise behandelt werden – sie reichen jedenfalls von den Unsicherheiten der Globalisierung über eine ordnungspolitisch und gerechtigkeitstheoretisch ungute Entwicklung der Finanzmärkte bis hin zu Flüchtlings- und Migrationsströmen. Begleitet wird dies von einer zunehmenden Undurchlässigkeit der gesellschaftlichen Subsysteme – Politik, Wissenschaft, Verwaltung und Gesellschaft tauschen sich zunehmend weniger aus. Und nicht zu vernachlässigen ist die fehlende Ergebnisberücksichtigung im demokratischen Prozess: Die Politik verzichtet auf einen Haushalts- und Steuerungskreislauf, indem eine Erfolgskontrolle der in den Haushalten von den Parlamenten freigegebenen Finanzmittel nicht erfolgt, die dann zur Grundlage der Neuveranschlagung in künftigen Haushalten gemacht werden könnte. Vor allem auch die Digitalisierung (fast) aller Lebensbereiche bewirkt gravierende Veränderungen der demokratischen Prozesse. Die mutmaßliche Wahlbeeinflussung durch ausländische Hacker bei den Präsidentschaftswahlen in den USA hat für kurzfristige Aufmerksamkeit gesorgt, doch gehen die von der Digitalisierung bewirkten Veränderungen noch viel tiefer. Die Möglichkeiten der Informations- und Kommunikationstechnik mit ihrer wesensimmanenten Entgrenzung und Enträumlichung sowie die digitalen Medien mit ihrer Möglichkeit der Schaffung kleiner, abgesonderter Meinungsblasen führen längst zu einem generellen Problem für unsere demokratische Öffentlichkeit und damit dem grundgesetzlich vorausgesetzten politischen Meinungs- und Willensbildungsprozess.[190] Hier wird in naher Zukunft eine sehr grundlegende Bewährungsprobe für unsere grundgesetzliche Demokratie liegen.

Aber nun noch einmal zurück zur Ausgangsfrage: Was ist Demokratie? Die Antwort lautet: bestmögliche Herrschaft des Volkes, durch das Volk und für das Volk. Die dafür erforderlichen Verfahren, Instrumente und Mechanismen müssen den jeweils sich ändernden gesellschaftlichen, technischen, kulturellen und wirtschaftlichen Gegebenheiten angepasst und weiterentwickelt werden.

c) Republik

Das Republikprinzip ist mit seinen in der Antike, im Mittelalter und in der Neuzeit ausgeprägten, praktisch erprobten und zu allgemeiner Staatlichkeit übergegangenen Inhalten eines der ältesten Staatsstrukturprinzipien.[191] Dies mag erklären, warum das Republikprinzip – obwohl es den Staatsnamen Deutschlands ziert und zu den fünf Staatsstrukturprinzipien zählt (Art. 20 Abs. 1, 22 Abs. 1 S. 1 GG) – eine so untergeordnete Rolle im politischen Alltag, aber auch in der Rechtsprechung spielt. Gemeinhin wird dem Republikprinzip nur das Verbot einer Rückkehr zur Monarchie oder zu anderen Formen der Ausübung von Herrschaftsgewalt, bei denen es nicht auf den regelmäßig artikulierten Willen des Volkes ankäme, verstanden.[192]

Inwieweit es neben diesem formalen Republikbegriff darüber hinaus auch materielle Gehalte gibt, ist in jüngerer Zeit sehr umstritten.[193] Ohne dies hier gebührend vertiefen zu können, spricht auch aus meiner Sicht einiges für eine wieder intensivere Beschäftigung mit den materiellen Gehalten des Republikprinzips und insbesondere seinen historischen Traditionslinien.

Danach kann die verpflichtende Gemeinwohlorientierung aller Staats- und Herrschaftsgewalt (res publica; salus publica) seit der Antike dem Republikprinzip entnommen werden.[194] Auch im Übrigen besteht durchaus Nachholbedarf bezüglich einer Rekonstruktion des Verhältnisses zwischen Demokratie- und Republikprinzip, da beide mitnichten deckungsgleich sind.[195] Aus dem Republikprinzip lassen sich die republikanische Freiheit und die damit verbundene Idee subjektiver Selbstbestimmung entnehmen[196], wie sie die Menschenwürdegarantie und die Grundrechte des Grundgesetzes prägen[197], während die Gleichheit aller Bürger aus dem Demokratieprinzip folgt.

Zweifelsohne wohnt dem Republikprinzip – aus der Tiefe der Geschichte kommend – ein oligarchisches oder aristokratisches Moment für die Führung der Staatsgeschäfte inne, als in der Republik eben nicht die Herrschaft des Volkes, sondern das Wohl des Volkes durch die Herrschaft der Besten im Mittelpunkt steht. Dies kennzeichnet die römische Republik mit ihren erprobten und bewährten Männern an der Staatsspitze („viri probati“) ebenso wie deutsche Städteverfassungen vom Mittelalter bis in die Neuzeit.[198] Und schon im Mittelalter war der „valencior pars“ bei *Marsilius von Padua* nicht rein numerisch im Sinne des heutigen Mehrheitsprinzips, sondern qualitativ als der bessere, wertvollere Teil der Bevölkerung mit Blick auf das gute Leben der Menschen zu verstehen.[199] Da das Grundgesetz das Republikprinzip gleichberechtigt neben das Demokratieprinzip stellt, werden also rein numerischen und egalitären Herrschaftskonzepten ebenso eine Absage erteilt, wie einer monarchischen oder Adelsherrschaft. Aus der Kombination von Republik- und Demokratieprinzip lässt sich aber sehr wohl die Forderung nach den besten Frauen und Männern als demokratische Repräsentanten ableiten, die dem Gemeinwohl verpflichtet sind und das öffentliche Wohl anzustreben haben. Und schließlich hat auch die Öffentlichkeit parlamentarischer Beratungen (Art. 42 Abs. 1 S. 1 GG) eine republikanische Wurzel.[200] Für die Herausforderungen des deutschen Staates, die gerade auch darin bestehen, eine plurale und sich immer weiter ausdifferenzierende Gesellschaft zusammenzuhalten, bietet das Republikprinzip durchaus interessante und anschlussfähige Leitgedanken, die freizulegen sind.

d) Sozialstaat

Das historisch jüngste, in seinen finanziellen Ausprägungen mittlerweile aber bedeutsamste Staatsstrukturprinzip, ist das Sozialstaatsprinzip.[201] Die Umsetzung zahlreicher Ideen, Konzepte und Forderungen des 19. und 20. Jahrhunderts und noch dazu ihre Verankerung als fundamentales Staatsstrukturprinzip sowie Staatsziel in der Verfassung, bilden einen historisch einmaligen Vorgang. Was Denker wie *Karl Marx*[202] oder *Lorenz von Stein*[203] im 19. Jahrhundert erdachten und dann zu politischen Forderungen wurde, ist in der Bundesrepublik rechtlich abgesicherte Realität.

Diese sozialstaatlichen Elemente leisten einen zentralen Beitrag zur Rechtfertigung unseres aktuellen Staates und sichern den sozialen Frieden. Der Erfolg des Konzepts ist so groß, dass auch die Europäische Union in ihrer aktuellen Krise versucht, trotz nur sehr begrenzter Kompetenzen für diesen Bereich, eine neue Legitimation durch eine „soziale Säule“ zu erhalten.[204]

Zu dem grundgesetzlichen Sozialstaatsprinzip zählen als Kernelemente, die auch durch Art. 79 Abs. 3 GG einer Änderung entzogen sind, die mitmenschliche Solidarität sowie die Pflicht zur staatlicher Vor- und Fürsorge und der Schutz sozial Schwacher.[205] Aufgrund der Vagheit und fehlenden historischen Konkretisierung des sozialen Staatsziels sind die Spielräume für eine Konkretisierung durch die drei Staatsgewalten größer als bei den anderen Staatsstrukturprinzipien. So sind die derzeit konkret existierenden sozialen Sicherungssysteme nicht für alle Zeiten garantiert[206], und erst die Verbindung des Sozialstaatsprinzips mit der Menschenwürdegarantie hat das Recht auf Existenzminimum und damit einen Anspruch auf solche Sozialleistungen, die notwendig sind, um ein menschenwürdiges Leben zu führen, eingeführt.[207]

Diese Offenheit des Sozialstaatsprinzips ist auch erforderlich, wenn man allein an die zukünftige Sicherung des Leistungsniveaus denkt, die alles andere als selbstverständlich ist. Schon jetzt wird der größte Teil des Bundeshaushaltes für soziale Leistungen aufgewandt, und ob das heutige Niveau des Sozialstaates in möglichen künftigen Zeiten konjunktureller Krisen sowie einer schrumpfenden Gesamtbevölkerung noch gewährleistet werden kann, gehört zu den offenen und für den künftigen Erfolg des Staates der Bundesrepublik Deutschland durchaus entscheidenden Fragen. Bedenklich ist insoweit, dass trotz einer guten wirtschaftlichen Lage und eines hohen Wohlstandsniveaus in großen Teilen der Gesellschaft zunehmend das Fehlen sozialer Gerechtigkeit beklagt und dieses Manko dem Staat angelastet wird. Auch hier zeigt sich, wie oben bereits ausgeführt, dass zunehmend das Systemvertrauen als subjektive Seite des Legitimitätsglaubens fehlt. Es schwindet das Vertrauen in die Problemlösungsfähigkeit des politischen Systems. Und gerade bei dem Thema „soziale Gerechtigkeit“ zweifeln zunehmend mehr Menschen an der exorbitanten Höhe von Managergehältern ohne entsprechende persönliche Verantwortung, während viele Menschen gleichzeitig für sich selbst und ihre Kinder nicht mehr an weitere Aufstiegschancen glauben.[208] In diesem Bereich ist zweifelsohne ein äußerst dringliches Handlungsfeld für die Politik in der Bundesrepublik Deutschland, aber auch in der Europäischen Union, bezeichnet.

e) Bundesstaat

Die typisch deutsche Ausformung des Föderalismus und die Absicherung ihres Bundesstaatsprinzips kann ebenfalls auf eine lange historische Traditionslinie zurückblicken[209]: Die deutsche „Kleinstaaterei" seit dem Mittelalter und spätestens der frühen Neuzeit hat den deutschen Staat geprägt. Mit der Verabschiedung des Grundgesetzes wollte man an dieses kennzeichnende Element der deutsche Staats- und Verfassungsgeschichte anknüpfen, und darüber hinaus lag es auch im Interesse der Alliierten, die den Wiederaufbau mithilfe der Länder und unter Vermeidung einer zu starken Zentralinstanz bewerkstelligen wollten.[210] Für die Bundesrepublik Deutschland sind somit zahlreiche Kraftzentren typisch, und die Existenz zahlreicher Infrastrukturen in Kultur und Bildung, in Gestalt von Opernhäusern, Theatern und Universitäten, resultiert aus dieser produktiven Vielfalt und dem Wettbewerb dieser regionalen Zentren seit mehreren Jahrhunderten.[211]

Das Bundesstaatsprinzip ist also eine fundamentale Grundlage des deutschen Staates. Zu den wegen Art. 79 Abs. 3 GG unabänderlichen Inhalten zählt die nicht aufgebbare Gliederung des Bundes in Länder, deren Eigenstaatlichkeit mitsamt Verfassungsautonomie und einem Mindestbestand an Gesetzgebungs-, Verwaltungs- und Rechtsprechungskompetenzen garantiert ist.[212] Die Zahl der Länder ist allerdings für Veränderungen offen, wie Art. 29 GG mit der Möglichkeit zur Neugliederung des Bundesgebietes deutlich belegt. Die geschichtlichen und kulturellen Zusammenhänge sowie die landsmannschaftliche Verbundenheit, die allesamt als Kriterien bei einer Neugliederung des Bundesgebietes zu beachten wären, sollten bei Anstrengungen zu einem Neuzuschnitt der Bundesländer allerdings nicht unterschätzt werden.

Für den Erfolg des Staates und seine Aufgabenerfüllung ist es wichtig, dass dieses manchmal mühsame und langwierige Zusammenspiel von Bund und Ländern im Verhältnis zu zentralistischen Strukturen möglichst reibungslos, effektiv und nicht zu langsam vonstatten geht. Dies erweist sich immer mehr als Problem für die Handlungs- und Entscheidungsfähigkeit des Mitgliedstaates Deutschland in der Europäischen Union, aber auch rein innerstaatliche Entscheidungsverfahren sind nicht immer problemadäquat und führen zudem oftmals zu Einigungen auf dem kleinsten gemeinsamen politischen Nenner.

Daher wird an den konkreten Ausgestaltungen des Bundesstaatsprinzips immer wieder Reformbedarf ausgemacht, und die zuletzt durchgeführten Föderalismusreformen I (2006) und II (2009) sowie die jetzt gerade verabschiedete Reform der Finanzbeziehungen zwischen Bund und Ländern belegen diese Notwendigkeit, aber auch das politische Problembewusstsein, ohne dass der Reformbedarf damit schon erschöpfend behandelt wäre.

Auf der anderen Seite sorgt das Bundesstaatsprinzip für Stabilität, für eine Mäßigung und Verteilung der Herrschaftsgewalt, für innovative Ideen durch latenten Wettbewerb der Länder[213] sowie eine gute Begrenzung fehlerhafter politischer Ideen, die selten die ganze Republik negativ verändern können, sondern sich immer an alternativen Erledigungsmodellen messen lassen müssen. Das Grundgesetz hat eine kluge Ausgestaltung des Bundesstaatsprinzips vorgenommen, die sich auch nicht auf eine einzige theoretische Idee in Gestalt eines unitarischen, solidarischen, kompetitiven oder kooperativen Bundesstaates reduzieren lässt, sondern all diese Elemente in unterschiedlichen Akzentuierungen vereint und die deutsche Verfassungsgeschichte mit all ihren Wandlungen und Brüchen in sich aufnimmt.[214] In Abhängigkeit von den konkreten politischen Herausforderungen sind zudem diese unterschiedlichen Ansätze unterschiedlich hervorgehoben worden. Aber so sinnvoll und modern etwa eine Hervorhebung des Wettbewerbsgedankens am Ende des vergangenen Jahrhunderts und im Vorfeld der Föderalismuskommissionen war[215], so blieb doch die Verankerung eines neuen kooperativen Elements in Gestalt des Art. 91 c GG mit seinen Möglichkeiten zum Zusammenwirken von Bund und Ländern bei informationstechnischen Systemen trotz aller Entflechtungs- und Wettbewerbstendenzen möglich.[216]

Insgesamt haben sich das Bundesstaatsprinzip und die konkrete föderale Ausgestaltung in der Bundesrepublik Deutschland bewährt. Aber neue Herausforderungen in Gestalt der Digitalisierung sowie – damit eng verknüpft – neue Fragen der Informationsverarbeitung, Wissensgenerierung und Entscheidung im föderalen System warten bereits auf ihre Behandlung.[217]

VI. Hat der Staat Zukunft – oder was kommt nach dem Staat?

Nach dem Parforceritt durch viele Facetten unseres Staates sind die Herausforderungen und Gefährdungen des Staates deutlich geworden, aber es bleibt eine Frage, die auch am Ende der gleich folgenden Gespräche steht: Was wird aus dem Staat, wie wir ihn derzeit kennen? Und ich will für mich hinzufügen: Was wird aus dem Staat, wie wir ihn derzeit kennen und wie ich ihn schätze?

Revolutionen, wie im 19. Jahrhundert oder auch 1989/1990, sind derzeit zum Glück – jedenfalls in Mitteleuropa – nicht in Sicht, weil schon entsprechende gesellschaftliche Bewegungen, die sich hinter einem bestimmten Thema vereinigen würden, kaum auszumachen sind. Dennoch beobachten wir in vielen Bereichen Veränderungsprozesse, die nicht ohne Auswirkungen auf den aktuellen Staat bleiben. Dementsprechend werden dem modernen souveränen Staat seit einiger Zeit Transformationen[218] und Metamorphosen[219] attestiert und weiter vorhergesagt. Vor allem in der Soziologie und der Politikwissenschaft wird seit längerem die „Verwandlung" bzw. „Umformung" des Staates zum Gegenstand gemacht. Unter der Chiffre „Transformation" wird der Vorgang der grundlegenden Veränderung des politischen Systems sowie der gesellschaftlichen und wirtschaftlichen Ordnung beschrieben. Über die Treffsicherheit dieser Kategorien und ihre staatsrechtliche Brauchbarkeit kann man intensiv streiten, doch lässt sich eines nicht leugnen: Auf den Staat wirken zahlreiche Veränderungen von innen und außen ein, die zum Teil in den obigen Ausführungen thematisiert und in den Interviews besprochen worden sind. Nun haben wir gesehen, dass der Staat niemals ein für alle Zeiten statisches Gebilde war und auch früher schon Veränderungen ausgesetzt war, denen er sich angepasst hat, doch haben aus meiner Sicht zahlreiche Herausforderungen ein intensiveres Veränderungspotenzial, als wir es in den vergangenen 70 Jahren beobachten konnten.

Eine besonders bedeutsame Herausforderung ist die Digitalisierung. Die mit diesem Phänomen verbundenen Prozesse der Entgrenzung und Enträumlichung bisherigen Handelns, Denkens und Ordnens greifen gerade auch massiv die Grundpfeiler des heutigen Staates an.[220] Das bisher dem Staat vorbehaltene Monopol legitimer Gewaltausübung wird in digitalen Räumen, aber ebenso in globalen Wirtschaftsbeziehungen zur Schimäre. Längst übernehmen private Konzerne in der digitalen Welt viele vormals dem Staat zugedachte Funktionen, und dies hat gravierende Konsequenzen für die Gesellschaft und vor allem für die individuellen Freiheitssphären der Bürgerinnen und Bürger.[221] Diese nunmehr seit Jahren bekannten Entwicklungen sind von der Politik bisher kaum aufgegriffen worden; vielmehr hat man oft den Eindruck, dass einzelne kleine technische Fortschritte bejubelt und mahnende, weil in ganzen Zusammenhängen denkende Wissenschaftler belächelt werden. Die digital begünstigte Individualisierung bei gleichzeitiger Vernetzung entwickelt jedenfalls immer mehr Ähnlichkeit mit dem vormodernen Personenverbandsstaat. Individuelle Abhängigkeitsverhältnisse beschneiden staatlich garantierte Freiheiten und treten an die Stelle bisheriger staatlicher Ordnungsstrukturen. Damit sieht sich die Gewährleistung von individuellen (republikanischen) Freiheiten, Demokratie und Rechtsstaat vor neue, zum Teil aber historisch bekannten Situationen ähnliche Herausforderungen gestellt. Der Soziologe *Manuel Castells* hat zu Beginn dieses Jahrtausends die Herausbildung von Netzwerkgesellschaften beschrieben[222], und in der Tat lässt sich diese Entwicklung auch für Staaten und Herrschaftsorganisationen wie die Europäische Union beobachten.[223] Der Philosoph *Luciano Floridi* sagt dem Staat den „politischen Zelltod" voraus, und zwar in Gestalt eines schrittweisen und natürlichen Prozesses des Umbaus souveräner Staaten, indem sie sich zu Informationsgesellschaften entwickeln, in der die bisherige staatliche Informationsherrschaft aufgehoben ist.[224]

Die Digitalisierung verändert auch unsere praktizierte repräsentative Demokratie grundlegend[225], die überdies zahlreichen weiteren Herausforderungen und zunehmend auch Anfeindungen ausgesetzt ist. Die westliche repräsentative Demokratie, die gerade seit Verabschiedung des Grundgesetzes in Deutschland zum Inbegriff der Demokratie wurde, ist nicht mehr „fraglos". Das Hinterfragen geschieht von vielen Seiten: Von manchen wird die unmittelbare Demokratie als „die reinere", bessere Demokratie angesehen und als moralisch höherwertig behauptet. Die nicht trivialen Anforderungen an demokratische Entscheidungsprozesse und der Kompromiss als Maß und Mitte waren das Wesensmerkmal der Demokratie, werden dabei jedoch sträflich vernachlässigt. Zudem diskreditieren die Gegner des aktuellen politischen Systems von populistischer und neuer „rechter Ecke" das repräsentative System als „korrupt", überholt, zu schwerfällig etc. Bedenklich wird es immer dann, wenn Populisten behaupten, anders als die Repräsentanten den „wahren Willen" des Volkes zu kennen und zu vertreten. Aber auch die „etablierten Parteien" vertreten manchmal ein problematisches Bild eines abgeschlossenen, nicht entwicklungsoffenen demokratischen Systems, wenn sie neuen Parteien und Gruppierungen leichtfertig die demokratische Qualität absprechen. Gerade der Inhalt des grundgesetzlichen Demokratieprinzips ist somit zum Gegenstand von Kontroversen geworden. Auf diese und die zahlreichen, in den nachfolgenden Gesprächen thematisierten Herausforderungen müssen wir Antworten finden und Reform- und Veränderungsprozesse in Gang setzen, wenn wir die inhaltlichen Errungenschaften, für die unser Staat Gewähr bietet, bewahren wollen.

Auch den nun nachfolgenden Hinweis mag man belächeln, er wird dadurch aber nicht minder wichtig: Zur Bewahrung unserer staatlichen Errungenschaften benötigen wir auch künftig grundlegende (und vielleicht sogar bessere) Kenntnisse der Staats- und Verfassungsgeschichte, die auch vom Staat mittels politischer Bildung zu vermitteln sind. Der Kieler Staatsrechtler *Niels Nicolaus Falck* hat schon 1816 völlig zutreffend erkannt: „Unkunde der Geschichte ist das Grab aller Verfassungen."[226] Zur Einordnung neuer Herausforderungen muss man historische Erkenntnisse analysieren, mit den heutigen Herausforderungen vergleichen und dann den neuen Problemen begegnen, wenn dieser Staat mit seinen historisch einmaligen Errungenschaften, seiner Menschenfreundlichkeit, seiner Friedensgewährleistung und seiner Wohlstandsschaffung erhalten bleiben soll.[227]

In jedem Fall werden auch die nun zu bewältigenden Herausforderungen kein Ende des Staates[228], wohl aber einen grundlegenden Wandel der Staatlichkeit bewirken. Weit und breit ist aber keine Alternative, keine neue Form für eine gleich gute Herrschaftsorganisation sichtbar. Über viele Jahre hinweg wurde die Europäische Union als spannendes Projekt zur Ergänzung oder vielleicht sogar Ablösung der Nationalstaaten betrachtet, doch lassen der Austritt Großbritanniens, die aus demokratischer und rechtsstaatlicher Perspektive unguten Entwicklungen in Ungarn und Polen sowie zahlreiche ungelöste Probleme jedenfalls in näherer Zukunft keine derartigen Hoffnungen aufkommen. Unabhängig davon lohnt es aber auch weiterhin, die europäische Idee, und zwar auch als Organisationsform politischer Herrschaft, mit allem Nachdruck zu verfolgen. Aber bis zur Vorlage eines besseren Modells besteht weiterhin Bedarf an dem uns bekannten Staat zur Einhegung von politischer Macht und zur Gewährleistung individueller Freiheit.[229] Die genannten Herausforderungen im weltweiten Kontext, aber auch viele „failed states", also gescheiterte Staaten, bestätigen die Mahnungen der politischen Klassiker von *Marsilius von Padua* über *Thomes Hobbes* bis *Jean Bodin*. Der Staat ist und bleibt eben „Verteidiger des Friedens", wie *Marsilius von Padua* ihn schon im 14. Jahrhundert eindrucksvoll beschrieben hat. Die individuelle Freiheit ist nichts wert, wenn sie in gesellschaftlicher Gewalt und Kriminalität untergeht. Dieser einfachen Erkenntnis sollten wir uns, nach über 70 Jahren Frieden in Mitteleuropa, immer wieder bewusst werden.

Der Staat wird absehbar anders aussehen – er wird ein mit anderen Organisationen verzahnter, vernetzter und moderierender Staat sein, aber er wird ohne Souveränität und Legitimität weder Staat sein noch seine Funktionen erfüllen können. Bei den richtigen Weichenstellungen stehen die Zeichen aber gut, dass der Staat das bleibt, als das *Gottfried Achenwall* ihn 1774 beschrieben hat: „Der Staat ist eine Gesellschaft von Familien, die ihrer äusserlichen Glückseligkeit wegen unter einer Oberherrschaft vereiniget leben."[230]

© Olaf Bathke

Dr. Robert Habeck

Geboren am 2. September 1969 in Lübeck, verheiratet, 4 Söhne; ab 1991 Studium der Germanistik, Philosophie und Philologie in Freiburg i. Br., anschließend in Roskilde (Dänemark) und Hamburg; 1996 Magister, 2000 Promotion; ab 2001 gemeinsam mit seiner Frau freier Schriftsteller; seit 2002 aktive Mitarbeit bei den Grünen; 2004–2009 Landesvorsitzender der schleswig-holsteinischen Grünen; 2009 Spitzenkandidat der Grünen zur vorgezogenen Landtagswahl; 2009–2012 Vorsitzender der Grünen Landtagsfraktion; seit 12. Juni 2012 Stellvertretender Ministerpräsident und Minister für Energiewende, Landwirtschaft, Umwelt und Ländliche Räume des Landes Schleswig-Holstein; seit 28. Juni 2017 Stellvertretender Ministerpräsident und Minister für Energiewende, Landwirtschaft, Umwelt, Natur und Digitalisierung.

GESPRÄCH MIT

Herrn Minister Dr. Robert Habeck, Stellv. Ministerpräsident des Landes Schleswig-Holstein

SCHLIESKY Was verstehen Sie unter dem Staat?

HABECK Den formalen Ordnungsrahmen, der eine Gesellschaft zusammenhält.

SCHLIESKY Das klingt nach einem funktionalen System. Ist er heute noch mehr als ein funktionales System?

HABECK Innerhalb dieses Rahmens gibt es Werte, also in Paragraphen und Normen gegossene mehrheitlich geteilte Überzeugungen, die die politische Identität ausmachen. Es schadet nicht, sich das in Zeiten wie diesen ins Bewusstsein zu rufen. Der Staat ist die Organisationsform, die die Werte der Aufklärung, die wir wie selbstverständlich die letzten 250 Jahre als gegeben hingenommen haben, sichert. Und für mich muss ich sagen, dass ich in den letzten fünf Jahren als Minister zu einem Staatsdiener geworden bin.

SCHLIESKY Wir haben ja als Deutsche den Staat früher auch mal idealisiert. Hegel ist ein wunderbares Beispiel, der den Staat als die Wirklichkeit der sittlichen Idee definierte. Nach dem verbrecherischen Missbrauch von Ideen staatlicher Gemeinschaft durch die Nationalsozialisten betrachten wir den Staat ja nun doch nüchterner. Nun haben Sie gerade, wie ich finde, völlig zu Recht gesagt, dass da doch wieder ein Trend ist, den Staat stärker wertzuschätzen. Betrachten wir Ihrer Auffassung nach den Staat in den letzten Jahren zu nüchtern?

HABECK Nein, ich glaube den Staat sollten wir mit einer großen Nüchternheit betrachten. Das, was sich in ihm verwirklicht, also die Werte, die Visionen, die Hoffnung, Frieden oder Freiheit, das sind allerdings Begriffe, die nicht ohne Emotionen auszusprechen sind. Und so, glaube ich, muss auch

Politik unterscheiden zwischen einer nüchternen, objektiven und im gewissen Sinne auch kaltherzigen Umgangsform mit den Rechtsnormen, aber mit einer Leidenschaft für den Inhalt, der sich in diesen Rechtsnormen äußert. So dass wir also nicht den Staat als Staatswesen verherrlichen müssen oder gar sollten, denn damit erhöhten wir die objektive Form zur alleinigen, verehrungswürdigen Sache selbst. Aber das, was in ihm möglich ist, das in der Tat braucht eine politische Grundleidenschaft, und die war in den letzten Jahren nicht besonders stark ausgeprägt.

SCHLIESKY Darauf kommen wir nachher noch einmal zurück. Sie haben das Staatswesen ja angesprochen. Damit sind oft Vorstellungsbilder verbunden, die man etwa in Gestalt des organischen Staatsverständnisses in Europa lange Zeit hatte, wenn man etwa an den „Leviathan“ von Hobbes denkt. Können solche alten Bilder heute helfen? Oder braucht man vielleicht ganz neue Bilder? Brauchen wir überhaupt Bilder?

HABECK Der Staat als Wesen, das ist eben nicht meine Denke. Er ist eben nichts Wesenhaftes. Als Politiker reagiere ich immer dann empfindlich, wenn ich das Gefühl habe, jemand versucht für Wahrheiten zu kämpfen. Es geht in der Politik meiner Auffassung nach nicht um Wahrheiten, sondern um Meinungen und den Streit um Meinungen. Kampf um Begriffe, Kampf um Deutung, Kampf auch um Wertinterpretationen, die man vornimmt. Und der Staat, die Rechtstaatlichkeit, sichert die Spielregeln für diesen Meinungsstreit. Das ist nicht so sehr viel, wenn man beispielsweise Hobbes‘sche Staatsbegriffe zugrunde legt, aber ich glaube, dass mehr in diesem Fall tatsächlich ein Weniger wäre, weil es immer diesen Begriff von absoluter Wahrheit auch in der Politik, in der politischen Auseinandersetzung präfiguriert. Und das führt immer zu Verabsolutierungen. Die Voraussetzung für Einigung ist eben der Widerstreit. Und der Staat ist dann in einer guten Verfassung, wenn er genau das ermöglicht.

SCHLIESKY Das geht nicht ohne den Menschen, das ist auch schon deutlich geworden. Cäsar wird die Äußerung zugeschrieben, der Staat sei ein Nichts, nur ein Name ohne Körper und Gestalt. Das bedeutet, es soll letztlich auf die Persönlichkeit, auf die Dignität, auf die Autorität des Machtinhabers ankommen. Gilt das in heutigen Zeiten des Wegfalls metaphysischer Staatsbegründungen erneut?

HABECK Es wäre schlimm, wenn es so wäre. Wir sehen ja eher das Gegenteil: Politiker, die von sich vielleicht glauben, sie seien kleine Cäsaren, Trump, Putin, Erdogan oder Orbán oder die Kaczyńskis in Polen und all die anderen sympathischen Zeitgenossen missachten den Staat als rahmengebende Organisationsform. Für sie ist er ein Hemmnis. Rechtsstaatlichkeit stört ihre Allmachtsfantasien. Insofern hat Cäsar in der demokratischen Auseinandersetzung gar nichts zu suchen. Richtig ist das natürlich in einem psychologischen Sinn: Menschen werden von Menschen begeistert, Leidenschaft von Leidenschaft evoziert. Aber erst die Einhegung dieser menschlichen und teilweise auch allzu menschlichen Sehnsüchte und Verführungen durch Rechtsnormen macht ja unser Gemeinwesen erst aus. Kein Mensch ist stärker, kein Führerkult ist brauchbarer als die Möglichkeit, auch Menschen wieder loszuwerden. Deswegen raus mit Cäsar, raus mit Führerkult, raus mit Führern. Das haben wir schon alles probiert und lieber rein mit Menschen, die auch ihre Gebrochenheit und ihre Zweifel artikulieren können.

SCHLIESKY Sie haben die Namen schon angesprochen. Wir erleben derzeit Staaten, in denen wir einen gegenläufigen Trend haben. Was können wir denn aus diesen Entwicklungen in Polen, in Ungarn, in der Türkei, in Russland, möglicherweise jetzt auch in den USA, lernen? Damit genau das nicht passiert, was Sie beschrieben haben?

HABECK Dieser Rechtspopulismus, der die Grenze zum Rechtsfaschismus oder zum Faschismus oft schon überschritten hat, steht eben nicht für mehr Widerstreit, mehr Diskursfreude, mehr Alternativen in der Politik.

SCHLIESKY Das leitet über zum Verhältnis zwischen Staat und Menschen. Sie haben es vorhin ja schon angedeutet. In welchem Verhältnis stehen Staat und Menschen oder Staat und Gesellschaft zueinander?

HABECK Tja, ich kann es eigentlich nur von meiner Person aus, als Bürger, beschreiben und muss einräumen, dass sich das geändert hat. Früher waren die Repräsentanten des Staates für mich eher etwas Fremdes. Vielleicht manchmal sogar etwas Bedrohliches. Also, Menschen in Uniformen haben mich eher abgeschreckt. Nicht nur Polizisten, auch Schaffner oder selbst Platzanweiser. Sie waren die Kontrolle und ich hatte immer ein latent grundlos schlechtes Gewissen. Und ein bisschen habe ich das heute noch. Wenn ich am Flughafen oder irgendwo einen Schalter passiere, hundertausendmal gemacht, und ich weiß, dass der Pass noch zehn Jahre gültig ist, denke ich trotzdem: „Mann, hoffentlich geht das gut." Aber als Politiker sehe ich, dass diese grassierende Missachtung des Staatswesens, die wir im Moment erleben, tatsächlich einen funktionierenden Ordnungsrahmen, wie ich ihn vorhin versucht habe zu beschreiben, in Frage stellt. Ein paar Beispiele aus meinem Amtsbereich: Rückbau von Atomkraftwerken – da kann ja eigentlich keiner was dagegen haben. Und der wird so sicher wie möglich, und mit so viel Expertisen wie überhaupt denkbar gemacht, die Entfernung jeder Schraube muss angezeigt werden, und gleich wird die Auswirkung auf die gesamte Statik errechnet. Und trotzdem sagen Leute, wir glauben euch nicht. Ihr sagt uns nicht die Wahrheit. Und irgendwann endet da jede Handlungsfähigkeit, wenn den Leuten, die ihren Job machen, von den Menschen, die sie überwachen, dass sie ihren Job vernünftig machen, abgesprochen wird, dass sie lauter sind. Ich bin ja Mitglied der Grünen. Und vor 30 Jahren wurde in Sprache und Habitus etwas geweckt, bei dem man aber heute echt aufpassen muss, dass da nicht eine unsägliche Frucht durch diesen Samen aufgeht. Also Elitenverachtung, die da oben, das Establishment, der Lügenstaat oder was immer dann sozusagen an Sprachbildern gemacht wird. Der Staat hat sich aber geändert, und das Staatswesen hat sich geändert. Es ist nahbarer geworden. Ich kann an der Kleidung und an der Sprache im Ministerium beobachten, wie sehr Verwaltung ein Teil der Bürgergesellschaft geworden ist. Die Ablehnung der staatlichen Institutionen heute ist eine Ablehnung der demokratischen Bürgergesellschaft.

SCHLIESKY Das sind schon spannende Stichworte, die Sie eben gegeben haben. „Die da oben", und auch der Begriff „Lügenpresse" ist dann ja nicht mehr weit. Das hat ja eine Geschichte bis zur Französischen Revolution zurück. Man muss nur eben sozusagen „Elite" durch „Bourgeoisie" ersetzen.

HABECK Das ist durch das Systems der Politik zu erklären. Jemand, der eine Veränderung will, braucht einen Gegner innerhalb des politischen Systems, und das sind immer die, die an der Macht sind, und die werden eben dann sprachlich mehr oder weniger in die gleiche Ecke gestellt. Letztlich muss man immer den Eindruck von Korruptheit, von Selbstvergessenheit erwecken, um den eigenen moralischen Anspruch zu legitimieren.

SCHLIESKY Ich beiße mir jetzt auf die Zunge, weil wir bei der Legitimität noch einmal darauf zurückkommen. Ich möchte noch kurz bei Staat und Freiheit verweilen. Denn der Staat gewährleistet und schützt einerseits Freiheit, auf der anderen Seite nimmt er ja auch Freiheit durch vieles, was er tut. Wie sollte das Verhältnis zwischen Staat und persönlicher Freiheit beschaffen sein?

HABECK Ohne Ihnen zu nahezutreten, die Frage ist zu eindimensional gestellt. Freiheit ist eine zentrale politische Kategorie. Aber Freiheit ist ja keine Antwort auf alle Lebenssituationen und nicht der alleinige wertgebende Begriff. Sie funktioniert nur im Zusammenspiel mit anderen Werten. Also, Freiheit ohne Verantwortung ist asozial, im besten Fall. Freiheit ohne Gerechtigkeit ist unsozial, im besten Fall. Freiheit ohne Verbindlichkeit ist egoistisch usw.

Wenn Du dich völlig frei, regellos ausleben willst, bist Du beziehungsunfähig. Und der Staat gibt uns die Möglichkeiten, genau das, was wir im Privaten ganz selbstverständlich wissen, auch einzuhegen oder einzusetzen. So gewinnt man ja Freiheit oft erst durch staatliche Gewährleistungen. Darf der Staat meine Daten haben? Welche Rechte darf er mir nehmen? Das muss natürlich diskutiert werden. Aber auf der formalen Ebene ist es vollkommen in Ordnung, dass staatliche Institutionen eben auch persönliche Freiheiten einhegen.

SCHLIESKY Danach müsste die Antwort auf die nächste Frage schon ganz klar sein. Kann es Freiheit ohne den Staat geben?

HABECK Nicht in einer Gesellschaft.

SCHLIESKY Die Henne-Ei-Frage: Was war zuerst da, Freiheit oder Staat?

HABECK Jedenfalls kann man die so beantworten, dass Staat und Rechtsstaatlichkeit jetzt das Erste ist. Ohne Rechtsstaatlichkeit kann keine Demokratie und dementsprechend auch keine Freiheit funktionieren.

SCHLIESKY Das ist spannend. Passen unser Staatsbild, oder passen unser Staat und unsere Gesellschaft noch zusammen? Hat unsere Gesellschaft noch eine konsentierte Vorstellung vom Staat?

HABECK Wir brauchen kein neues Staatsverständnis, um die politische Herausforderung der Zeit zu meistern, aber neue Staatsbefugnisse, vermutlich internationale oder gar globale. Das Finanzkapital hat sich in einem Maße globalisiert, dass jeder Nationalstaat dagegen machtlos ist. Der Klimawandel als vielleicht die große Herausforderung unserer Generation braucht die internationale Gemeinschaft. Kriege, Flucht und Vertreibung, deren Ursachen und Folgen kein Nationalstaat allein lösen oder bewältigen kann, das alles setzt internationale Zusammenarbeit voraus. Und da diese derzeit nur so zäh funktioniert, eigentlich internationale Staatlichkeit. Mindestens so etwas wie die Vereinten Staaten von Europa wären die kleinste Einheit, um die zukünftigen Herausforderungen anzugehen. Klingt völlig antizyklisch, weiß ich. Alle reden darüber, wie Europa die nächsten Jahre übersteht. Aber eigentlich muss man es noch größer denken und den ältesten Ideen vom Völkerbund und Vereinten Nationen wieder zu ihrem Recht verhelfen. Ich meine, das elendste bei diesen TTIP- und CETA-Auseinandersetzung ist doch eigentlich gar nicht so sehr, dass wir die Auseinandersetzung führen, ob es um Handelsmacht gegen Bürgerrechte geht, sondern dass es bilaterale Abkommen sind. Die Logik von diesen bilateralen Abkommen ist, dass alle anderen Verlierer sind. Es sind Abkommen zu Lasten Dritter. Das ist doch eigentlich intellektuell unterkomplex. Zurück zu multilateralen Institutionen! Denken wir uns doch mal was Neues aus. Auch richtig großes Neues. Zurück zu den Anfängen auch von politischen Bewegungen. Das klingt weltfremd, aber eigentlich beginnt da der wirkliche Gestaltungswille erst. Also, ich wäre sofort dabei.

SCHLIESKY Bei Wahlen, aber auch bei Abstimmungen ist die Zugehörigkeit zum Staatsvolk Voraussetzung. Und die Zugehörigkeit zum Staatsvolk, der Bürgerstatus, wird ja immer noch von der deutschen Staatsangehörigkeit bestimmt, die letztlich am alten Nationsgedanken hängt. Ist diese Verbindung ersetzungsfähig?

HABECK Ja, das finde ich. Wir haben vorhin über Europa geredet. Klar, Staatsvolk muss in irgendeiner Form definiert sein. Aber da, glaube ich, sind wir zu eng und zu ängstlich. Eine doppelte Staatsbürgerschaft erweitert den Kreis der Verantwortung. Das schließt eine doppelte Staatsbürgerschaft von Geburt an ein.

SCHLIESKY Wobei andere europäische Staaten schon noch sehr auf ihre Nationen bedacht sind. Also angefangen bei Frankreich, aber auch Polen, Ungarn machen im Moment schon sehr deutlich, dass sie diesen Nationsgedanken sehr hochhalten, selbst Dänemark.

HABECK Vielleicht ist es jetzt im Moment nicht die beste Phase, sich auf Polen oder Ungarn zu berufen, was Staatlichkeit betrifft. Das sind ja Regierungen, die die Rechtsstaatlichkeit teilweise mit Füßen treten.

SCHLIESKY Nein, sie sind nur von Leuten gewählt worden, die offenbar diesen Nationsgedanken recht hochhalten. Das waren ja meist zentrale Motive. Deswegen drängt sich ja eine weitere Frage auf: Wenn wir die Verbindung zwischen Nation und Staatsvolk ersetzen wollen, da bin ich ja nahe bei Ihnen, wieviel Zuwanderung hält dann eine Nation oder eine Gesellschaft aus, die ja dann hinterher Staatsgewalt legitimieren soll?

HABECK Das kann man abstrakt nicht beantworten. Und dass Zuwanderung zu einer Gesellschaft gehört und dass sie gestaltet werden muss und nicht abgewehrt, das ist politisch umstritten. Selbstverständlich. Aber aus meiner Sicht gibt es mehr Argumente dafür als dagegen. Und zwar in praktischer Hinsicht. Während die Gegner der Zuwanderung und Integration dies aus ideologischen Gründen tun. Mir ist natürlich schon klar, dass Städte, die einen hohen Migrationsanteil haben, wo die Arbeitslosigkeit hoch ist und das Heimatgefühl für Menschen, die länger in Städten oder in Straßenzügen leben, verloren gegangen ist, vor enormen Herausforderungen stehen. Aber es spricht nicht gegen den Gedanken, dass ein homogenes Staatsvolk so eigentlich nie gegeben war. Und die eigentliche Frage ist deshalb die Gestaltung der Zuwanderung, also wie viele zu welchen Bedingungen und wann welche Pflichten erfüllen müssen und Rechte bekommen. Aber dann streiten wir um den Grad und das Maß. Über das Wie, nicht über das Ob. In dem Maße, wie Deutschland oder Europa sagen würde, wir nehmen jenseits von dem Asylrecht auch Menschen auf und integrieren sie in unserer Gesellschaft, würde der Fluchtdruck auf die Grenzen auch abnehmen. Im Moment sagen wir den ganzen Menschen ja: Eigentlich hast du keine Chance, außer das Asylrecht. Aber das ist nun in vielen Fällen überhaupt nicht für sie gemacht. Die Konsequenz ist die Überforderung des deutschen Asylrechts und Schleuserkriminalität. Würde man aber nun sagen, ja, aber es gibt eine faire Chance, anders nach Deutschland zu kommen, und wenn es nur ein Fenster ist, das auch nur einen Spalt offen ist, dann würden trotzdem nicht alle versuchen, die Tür aufzusprengen. In jedem Fall komme ich immer zu dem Schluss, es ist besser, Einwanderung zu gestalten, verlässlich und berechenbarer, als zu versuchen uns abzuschotten.

SCHLIESKY Da stimme ich Ihnen zu. Ich glaube, das Fehlen eines Einwanderungsgesetzes ist eben einer der großen Fehler, weil dieses die Sache entspannt hätte. Aber offenbar hat die Bundespolitik derzeit nicht die Kraft, dort ein Stück weiter zu gehen.

HABECK Weil Politik eben nur maximal zur Hälfte durch kühle Analysen beeinflusst und getragen wird, sondern mindestens zur anderen Hälfte, und wahrscheinlich sind die Anteile sogar noch größer, durch das beeinflusst wird, was Politiker ihren Wählern oder ihren vermutlichen Wählern nun als zumutbar verkaufen zu können meinen. Und wenn man immer nur antizipiert, was alles nicht mehr gehen könnte, mutet man das am Ende weder sich noch anderen zu.

SCHLIESKY Als Staatsrechtler muss ich noch einmal zurück zu den Grundkategorien, über die wir eben gesprochen haben: Staatsvolk, Nation, Bürger. Das sind ja alles Kategorien, die auf Abgrenzung basieren und mit denen wir letztlich auch Menschen ausgrenzen. Wie verträgt sich das mit einer Integrationspolitik im großen Stil?

HABECK Dass man eine Definition des Staatsvolks braucht, das ist eigentlich trivial. Wo sie verläuft, wie sie formuliert wird, ab wann man dazugehört, das ist Teil der politischen Auseinandersetzung. Im September 2015 hat irgendjemand gesagt, es gibt 7,5 Milliarden Menschen in der Welt, die kann ja

Deutschland gar nicht aufnehmen. Völlig richtig. Aber auch völliger Quatsch. Und umgekehrt war ja die Entscheidung von der Bundesregierung und von Frau Merkel im September 2015, die Leute vom Budapester Hauptbahnhof über Bayern nach Deutschland aufzunehmen, erstaunlich unprofessionell, weil sie nicht konditioniert war. Es schien so, und so ist die Botschaft ja auch verstanden worden, alle können nun kommen. Und dann begann das Chaos.

SCHLIESKY Dann kommen die sozialen Netzwerke ins Spiel …

HABECK Ja, dann kommen die sozialen Netze dazu und die Macht der Bilder, die völlig unterschätzt war. Aber nochmal: Das Asylrecht kann nicht begrenzt werden. Für ein Einwanderungsrecht braucht es Grenzen und Begrenzung. Die Frage der Durchlässigkeit und die Frage der Engheit der Begrenzung ist politisch verhandelbar. Wir hatten ja schon gesagt, dass Freiheit durch den Staat auch beschnitten wird.

SCHLIESKY Zur Identitätsbildung gehören ja Abgrenzungen, weil ich sonst meine eigene Identität gar nicht schärfen kann. Das ist ein psychologischer Vorgang. Aber ist das vielleicht auch Ursache für das Unbehagen großer Teile der Bevölkerung in anderen Politikfeldern, die von Gleichstellungspolitik über Genderpolitik bis zur Queerpolitik reichen? Überfordern wir damit langsam die Bevölkerung, die so ihre Identität schwinden sieht? Der Philosoph Byung-Chul Han spricht insoweit von der „Wucherung des Gleichen". Kümmert sich Politik noch genug um die Mehrheitsbevölkerung?

HABECK Viele Themen, die oft so ein bisschen als alberne Nischenthemen dargestellt werden, sind für bestimmte Gruppen hoch identitär. Wir haben 200.000 Menschen, die nicht wissen, welches Geschlecht eigentlich ihres ist. Und früher wurden Menschen mit Behinderungen ausgegrenzt, Jugendliche mit Entwicklungsproblemen weggesperrt, Kinder geschlagen – das waren vermutlich auch alles Nischenprobleme für die schlagende Mehrheitsvaterschaft, die um ihre Identität fürchtete. Insofern widerspreche ich Byung-Chul Han. Bei diesen Debatten geht es ja um eine Auffächerung von Identität und insofern um die Möglichkeit, Differenzen zu leben. Ein politisches Problem entsteht, wenn die Diskussion über Toiletten oder über gendergerechte Sprache wichtiger zu werden scheint als Krieg und Frieden, die Millionen Menschen auf der Flucht oder soziale Ungerechtigkeit. Aber das ist etwas völlig anderes.

SCHLIESKY Wir haben ja eben schon kurz über den Neo-Nationalismus, den wir in einigen europäischen Staaten erleben, gesprochen. So gesehen erleben wir auch eine Renaissance der Nationalstaaten in Europa, von der ich persönlich auch vor ein paar Jahren nicht geglaubt hätte, dass wir sie in der Form noch einmal erleben, sondern dass eher der Integrationsprozess weiter vorangeht. Nun gibt es die fünf Vorschläge von Herrn Juncker in dem Weißbuch zur Zukunft Europas, über die man diskutieren soll. Sollten Kompetenzen in nennenswertem Umfang lieber wieder auf die Nationalstaaten zurückübertragen werden?

HABECK Ich finde das nicht. Und wenn ich mir was wünschen dürfte, dann würde ich uns die Einigung Europas bis hin zur Vision Vereinigte Staaten von Europa zutrauen und zumuten wollen. Ich bin europäischer Patriot, weit mehr als deutscher Patriot. Sport ist da eine ganz gute Analogie. Man kann mit einer großen Leidenschaft Hamburg- oder Dortmund-Fan sein, oder Flensburg- oder Kiel-Fan, aber natürlich würde niemand ernsthaft sagen, wir machen Hamburg wieder zu einer eigenen Republik oder zu einem eigenen Staat. Das heißt, die Leidenschaft für seine Heimat, für seine Stadt, mit seiner Region, mit seiner Sprache, mit seiner Kultur, mit seinem Fußballverein, die gibt die Freiheit zu größeren staatlichen Organisationsformen. „Fan-Sein", inklusive Deutschlandfahnen schwenken bei Fußballweltmeisterschaften, ist eine Entlastung zu Größerem. Und wir brauchen etwas Größeres, weil Politik die Aufgabe hat, reale Probleme zu lösen und nicht dumpfe Emotionen zu befriedigen.

SCHLIESKY Mir persönlich fehlt noch Holstein Kiel in der Aufzählung.

HABECK Ja, Entschuldigung, aber gut. Ich bin ja Heikendorfer und habe früher immer gegen die gekickt. Da haben wir immer verloren.

SCHLIESKY In welchem Verhältnis steht der Mitgliedstaat Bundesrepublik Deutschland zur Europäischen Union? Und in welchem Verhältnis sollten die beiden zueinander stehen?

HABECK Deutschland ist ein Halbhegemon in der Europäischen Union – wirtschaftlich, bevölkerungsmäßig, auch durch die politische Kontinuität in diesem Land, die durch den Konsens der Demokratie nach dem Zweiten Weltkrieg gewachsen ist. Ein Hort der Stabilität und Kraft. Und wir haben aus dieser Stärke heraus zu wenig für Europa getan. Stark ist man in der Politik nur, wenn man sich in den Dienst einer Sache stellt. Wer führen will, muss dienen können. Das kann man an den verschiedensten Herausforderungen durchdeklinieren. Wenn Deutschland will, dass die Europäische Union zusammenbleibt, muss man den anderen Staaten an verschiedenen Stellen fiskalische Entlastung geben. Aber Deutschland hat die Zinssenkungen im Euroraum immer bekämpft. Wir haben, als wir Probleme hatten, die europäischen Verträge nicht eingehalten, anderen Staaten aber untersagen wir Investitionsprogramme aufzulegen. Solange die Flüchtlinge nur in Malta oder Lampedusa waren, haben wir uns geweigert, den anderen Ländern zu helfen. Als dann die Flüchtlinge in Deutschland waren, haben wir Hilfe suchend ins europäische Ausland geschaut. Wenn Deutschland will, dass Europa die Zukunft ist, dann muss es mehr dafür tun.

SCHLIESKY Was Sie jetzt beschrieben haben, also sozusagen den Weg, wo es hingehen sollte, ist aber auch immer noch sehr funktional. Ich möchte mal die These wagen, dass uns für Europa gerade die Emotion fehlt. Das ist ein Kernproblem. Die Akzeptanz von Europa fehlt, weil man es tatsächlich nur als funktionalen nüchternen Apparat sieht, der bürokratische Vorschriften produziert. Und umgekehrt gibt es, glaube ich, schon viele Menschen, die diese Emotionen für Europa als solches schon hegen. Für mich ist das am Tag nach dem BREXIT deutlich geworden, als ganz viele Menschen, auch hier in Deutschland, gezeigt haben, dass ihnen das sehr nahe geht. Also, wie können wir die Emotionen für die Europäische Union anfachen?

HABECK Durch konkretes Erleben. Ich habe schon gesagt, dass Menschen durch Menschen begeistert werden und durch die Ideen von Menschen, und weniger durch den staatlichen Ordnungsrahmen in seiner Abstraktion. Das gilt auch im Kleinen. Ich selbst bin bei einer Interrail-Zugreise nach dem Abitur 1989 Europäer geworden – wie so viele meiner Generation. Sie nicken ja auch. Europa ist für mich heiße Nächte auf griechischen Bahnhöfen, lange Wartezeiten in der französischen Provinz oder Bummelzüge durch das damalige Jugoslawien. Essen ist alle und irgendwelche Leute teilen mit dir erst ihre Eier und dann den Schnaps. Nachtfahrten und man wacht morgens in Venedig auf und stolpert aus dem Venezia Santa Lucia raus und denkt: Guten Morgen, Europa. Das Gefühl, Grenzen zu überschreiten, indem man Grenzen tatsächlich überschreitet. Und dann habe ich ja ein Erasmus-Stipendium bekommen und war in Dänemark, und verliebt sein und Liebe und Partnerschaft ist für mich mit Kopenhagen verbunden. Die Fremde oder die Entfremdung ist meine Heimat. Aber wie viele von den Leuten, die jetzt gegen Europa agieren, haben diese Erfahrung nicht gesammelt? Vermutlich ganz schön viele. Wenn man selbstverständlich mit Europa lebt, dann bejahst du diese Idee von Freiheit, Grenzenlosigkeit, Solidarität auch selbstverständlicher. Und man muss, wenn man Europa mit Leidenschaft verteidigen will, all den Menschen, die diese Erfahrungen nicht gemacht haben, diese Erfahrungen ermöglichen. Die Juncker'sche Idee von einem Interrailticket für alle 18-Jährigen, ein Europäisches Freiwilligenjahr, Erasmus-Stipendien auch für die Lehre ... Und dann gibt es Erasmus-Liebe und Erasmus-Babies und dann kriegt Europa buchstäblich Hand und Fuß. Wenn man Europa jetzt retten will, muss man eins, zwei, drei, vier, fünf ganz konkrete Punkte machen.

SCHLIESKY Vielleicht auch besser erklären können. Ohne Frage hat die Europäische Union eine ganz wichtige Funktion und auch Legitimation als Friedensordnung nach dem Zweiten Weltkrieg. Aber die Menschen, die die furchtbare Zeit davor erlebt haben, sterben langsam aus. Die Generation, die jetzt heranwächst, denen muss ich ja erstmal eine Idee nahebringen. Da ist der Zweite Weltkrieg aus meiner Sicht eher ungeeignet.

HABECK Ja, das funktioniert nicht mehr.

SCHLIESKY Das heißt, ich muss erklären, und interessant finde ich es, dass es jetzt im Kinderfernsehen schon losgeht. Jetzt kommen plötzlich große Blöcke, in denen man die EU erklärt und auch sagt, welche Vorteile diese hat. Das habe ich in den Jahren vorher nicht gesehen.

HABECK Ja, aber die Vorteile sind entweder für ein bestimmtes Milieu oder sie sind abstrakte Vorteile. Aber für viele Leute, gerade die Skeptiker, sind Begriffe wie „Stabilität", „Prosperität" oder „Solidarität" belangloses Geschwätz. Europa muss für die potenziell späteren Verlierer ein Versprechen werden.

SCHLIESKY Wir haben jetzt auch schon die Frage der Legitimität gestreift. Die Frage nach der Rechtfertigung des Staates ist ja eine uralte, aber wie wir im Moment sehen, doch immer wieder aktuelle. Was sind für Sie die tragenden Gründe der Legitimität des Staates oder der Staatsgewalt?

HABECK Meinen Sie, dass es Staat gibt, oder die Bundesrepublik Deutschland in der bestehenden Form oder Europa?

SCHLIESKY Staat überhaupt, die alte Frage nach dem „Warum" des Staates.

HABECK Weil wir keine Clan-Gesellschaft mehr sind. Die englische Premierministerin Margret Thatcher hat mal formuliert, dass es gar keine Gesellschaft geben würde, sondern nur Individuen und Familien. Sie hat vergessen, dass Straßen nie allein von Individuen oder Familien gebaut werden könnten, Schulen und Universitäten nicht betrieben, Gerichte nicht Recht sprechen könnten. Ernst genommen schafft diese politische Vorstellung die moderne Gesellschaft und ihre Errungenschaften ab. Wenn der Staat sich nicht um bestimmte Dinge kümmern würde, dann müssten wir das ja selber tun, und das würde uns alle überfordern. Der Staat entlastet uns.

SCHLIESKY Schaffen Staaten Frieden?

HABECK Erstens muss man mit Blick auf Syrien oder andere „failed states“ feststellen, dass zerfallene Staatlichkeit auch zu Krieg führt. Und für zwischenstaatliche Konflikte bräuchte es eine übernationale Form von Staatlichkeit, die die Konflikte zwischen Nationalstaaten löst, eine reformierte UN.

SCHLIESKY Wir haben ja über die funktionale Sicht auf den Staat gesprochen, und eben haben Sie die funktionale Sicht auch auf die Rechtfertigung des Staates erweitert. Muss es einen dann nicht mit Sorge erfüllen, wenn jetzt immer häufiger, sicherlich übertrieben, von „Staatsversagen“ gesprochen wird und wir tatsächlich zumindest Funktionsverluste von Staatlichkeit, so würde ich es nennen, konstatieren müssen? Beispiele sind die Flüchtlingskrise, die Finanzmärkte oder digitale Räume, in denen das staatliche Gewaltmonopol und die rechtliche Setzung von Grenzen nicht mehr so recht funktionieren.

HABECK Ja, das muss uns mit Sorge erfüllen. Und dieses Wort „Staatsversagen“ sollten wir deshalb nicht verwenden. Auch mit Blick auf die genannten Krisen und Herausforderungen handelt es sich nicht um „Staatsversagen“. Das ist ein Kampfbegriff der Rechten. Die Flüchtlinge sind durch einen Beschluss der Staatsorgane legal nach Deutschland gekommen. Wenn wir globale Firmen nicht besteuern oder den Klimawandel nicht bekämpfen, dann ist das falsche Politik. Aber der Staat funktioniert. Umgekehrt gibt es ein politisches Interesse derzeit von rechts, den Staat in seiner Funktionalität als gescheitert darzustellen. Die wollen eben keine andere Politik, sondern einen anderen Staat. Staatsversagen hieße ja entweder Willkür des Staates oder Aufgabe von Grundprinzipien oder Grundmachtstrukturen.

SCHLIESKY Das teile ich, weil der Begriff in der Tat ja aus interessierter Ecke kommt. Was wir mit den Funktionsverlusten und Kontrollverlusten feststellen, ist, dass auch ein Stück weit die Akzeptanz von Staatsgewalt in Frage gestellt wird. Nun spielt nach der Rechtsprechung des Bundesverfassungsgerichts Akzeptanz überhaupt keine Rolle, danach genügt, dass die ganze Staatsgewalt auf den Wahlakt zurückgeht. Mehr wird verfassungsrechtlich nicht verlangt. Wir blenden die Akzeptanz, die aus Sicht des Bürgers ja sicherlich eine größere Rolle spielt als die Frage, ob eine lückenlose Legitimationskette vorhanden ist, komplett aus. Sollte die Akzeptanz von staatlichen Maßnahmen eine größere Rolle im politischen und dann auch im rechtlichen Alltag spielen?

HABECK Im rechtlichen nicht. Ich mache es mal an einem kleinen Beispiel hier in Schleswig-Holstein fest: Die Windkraftplanung war – ich würde mal sagen – akzeptiert. Und sie fußte darauf, dass Gemeinden entscheiden konnten, ob sie Windkraftparks errichten wollten oder nicht. Dies wurde vor Gericht gekippt, weil es eine willkürliche Einschränkung der wirtschaftlichen Betätigungsmöglichkeiten darstellte. Das muss man sich mal vorstellen: Die demokratische Entscheidung der gemeindlichen Ebene wurde als Willkür gebrandmarkt. Politisch ein Desaster. Unfrieden im Land. Streit, Zeitverlust bei der Energiewende. Politisch war das Urteil unverantwortlich, aber es wurde ohne Ansehen der Akzeptanz der Sache gefällt. Und das ist richtig so. Was wäre denn, wenn ein Gericht sagen würde, Massenmörder richten wir mal lieber hin, das ist bestimmt akzeptierter? Wir müssen von den Gerichten erwarten, dass sie ohne Ansehen der Akzeptanz ihres Urteils nach bestem Auslegen der Rechtsnorm handeln und Urteile sprechen, auch wenn sie uns nicht gefallen. Politisch wiederum stellt sich die Frage anders. Und manchmal werden die Sachen, die einem im Urteil der Gerichte nicht gefallen, durch eine andere Gesetzgebung geheilt. Politisch ist man in der Tat immer auch auf Akzeptanz angewiesen. Würde es für eine Klimaschutzgesetzgebung null Akzeptanz geben, für das Erneuerbare-Energien-Gesetz, dann würde es das nicht mehr geben. Die schwindende Akzeptanz der Hauptschulen hat dazu geführt, dass das Schulgesetz des Landes Schleswig-Holstein die Hauptschulen abgeschafft hat. Umgekehrt könnten sie auch wieder angeschafft werden, wenn das bestehende System keine Akzeptanz mehr findet. Entsprechendes erleben wir ja gerade bei der G8- oder G9-Debatte. Vor fünf Jahren wurde G9 auf Druck der CDU abgeschafft, jetzt soll es wieder eingeführt werden – auf Druck der CDU. Menschen ändern ihre Meinungen. Und im demokratischen Raum ist Akzeptanz herzustellen die eigentliche Definition von politischem Handeln.

SCHLIESKY Wenn wir weiter über Rechtfertigung nachdenken, kennen wir seit Machiavelli die Staatsräson als rechtfertigenden Zweck des Staates. Das ist ja nun eher ein technisches Vorstellungsbild, dass es da irgendetwas gibt, was den Staat, den man dann konkret hat, auch rechtfertigt. Gibt es aus Ihrer Sicht heute noch so etwas? Gibt es eine konsensfähige Staatsräson?

HABECK Machiavelli rechtfertigt ja immer mit dem geringeren Übel. Im Grunde ist seine Gedankenfigur: Lieber der Fürst mordet einen, als dass sich die Menschen gegenseitig ermorden. Dann ist zwar einer unrechtmäßig tot, aber besser nur einer, als dass die ganze Stadt sich im Bürgerkrieg hinmeuchelt. Dieses Denken führt unweigerlich zu einem Werterelativismus. Und der führt zu Totalität. Das ist intellektuell eine schräge Bahn. Wir als Kinder der Aufklärung müssen uns orientieren an dem Gedanken und dem Vertrauen darauf, dass Dinge sich besser entwickeln können, dass nicht der Mensch böse ist, sondern dass sich vielleicht das Böse schneller Bahn und Gewalt bricht, weil es immer schwerer ist zu verhandeln, aber dass dieses Verhandeln, Einigung und Gemeinschaft zu wollen, sich selbst also auch zähmen zu wollen, in unserem Charakter angelegt ist. Dass wir also einen Überschuss an Idealismus haben, der artikulierbar und umsetzbar ist. Der Staat hat also keine Raison aus sich selbst. Mit ihm kann man keine Entscheidungen rechtfertigen. Es sind immer Menschen, die Verantwortung haben. Daraus entlässt uns niemand.

SCHLIESKY Bundeskanzlerin Merkel hat mal die historische Verantwortung Deutschlands für die Sicherheit Israels als Teil der deutschen Staatsräson bezeichnet. Teilen Sie das? Was folgt daraus?

HABECK Ich teile, dass die Deutschen gegenüber Juden eine besondere Verpflichtung haben. Und eine deutsche Politik muss dies meiner Ansicht nach immer reflektieren. Aber „Staatsräson" legt den Umkehrschluss nahe, dass alles, was Israel politisch macht, Teil der deutschen Politik sein muss. Das teile ich nicht.

SCHLIESKY Wenn man jetzt Staatsräson etwas zeitgemäßer vielleicht als Staatsidee übersetzt, dann bietet sich bei unserem verfassungsgeprägten Staat ja vielleicht auch die freiheitliche demokratische Grundordnung an. Können Sie sich vorstellen, dass die auch etwas Strahlkraft entfaltet für die Legitimation?

HABECK Freiheit, Gerechtigkeit, Solidarität sind, wie es Immanuel Kant nannte, regulative Ideen. Für Ideen begeistern sich Menschen. Sie verpflichten und begeistern uns. Und wenn wir diese Begeisterung vergessen, dann erkennt man, was man hat, spätestens dann, wenn man es zu verlieren droht. Die Wahl von Trump in Amerika lässt die politische Wertedebatte auf die andere Seite kippen, weil die Bedrohung der Liberalität auf einmal so konkret geworden ist. Der BREXIT war vielleicht vor der Abstimmung zu abstrakt für viel zu viele Menschen. Aber nach der Wahl ging die Jugend auf die Straße. So auch in den USA. Einreiseverbote, Fake News, „alternative facts", die Abschaffung der Sozialversicherung mobilisieren Widerstand. Die freiheitliche demokratische Grundordnung klingt so technisch. Wenn aber für selbstverständlich erachtete Werte abgeschafft werden sollen, Rationalität, Freiheit, Solidarität, dann bekommt sie Strahlkraft.

SCHLIESKY Vielleicht auch die wehrhafte Demokratie? Ist das etwas, was man vielleicht als Bild nehmen kann in Zeiten des Terrors, aber auch in Zeiten von Populisten, weil wir unsere demokratischen Werte und Überzeugungen vielleicht etwas offensiver vertreten müssen?

HABECK Innenpolitisch ja. Und gerade Parteien wie meine, die sonst immer die ersten sind, wenn es darum geht, Antisemitismus, Homophobie, Gewalt gegen Minderheiten, Schule, Frauen zu brandmarken und ja einmal aus der Idee der Gewaltfreiheit geboren wurden, sollten sich da nicht so schwer tun. Wer Verbrechen begeht, muss mit der vollen Härte des Gesetzes rechnen. Da gibt es gar kein Vertun. Dennoch ist das Gewaltmonopol anders gelagert als die freiheitlich-demokratische Grundordnung. Das Gewaltmonopol sollte man nicht im Gestus des Stolzes ausüben, sondern mit dem Gestus der Nachdenklichkeit. Was bringt einen Menschen dazu, unschuldige Menschen auf dem Weihnachtsmarkt zu töten? Kann es sein, dass aus ihrer Sicht wir Teil der Gewaltspirale sind? Weil wir uns in die Konflikte ihrer Heimat einmischen? Können wir die Quelle durch eigenes Tun auch wieder abstellen? Das Gewaltmonopol des Staates setzt einen reflexiven Staat voraus, der die Bedingungen seiner Gewaltausübung immer wieder hinterfragt.

SCHLIESKY Grundidee unserer Verfassung ist ja die Menschenwürde. So gesehen passt all das, was Sie gesagt haben. Die Menschenwürde wird von Art. 1 Abs. 1 S. 1 GG für unantastbar erklärt, das erklärt sich aus der nationalsozialistischen Vergangenheit. Aber trotzdem ist es ja nicht ein historischer Rückblick, sondern eben oberster Verfassungswert. Was macht für Sie heute Menschenwürde aus?

HABECK Diese Worte haben poetischen Charakter. Man versteht ihre Macht ganz unmittelbar. Denkt man über Menschenwürde nach, ist die historische Analogie zum Faschismus für mich doch ziemlich weit weg. Dass Frankreich aus dem Euro ausscheidet und Europa zerbricht, das kann ich rational einfangen, das andere ist für mich undenkbar. Ich beziehe Menschenwürde vor allem auf das ökonomische Problem, dass der Preis unseres Lebensstandards ist, dass andere Menschen nicht in Würde leben können. Die Art, wie wir leben und die wir wahrscheinlich als selbstverständliches Maß an Wohlstand empfinden, lädt Schuld auf uns. Wasser, Kalorien für tierische Produktion, Treibhausgase, Bodenverbrauch, Einkommen – Würde ist sehr ungleich verteilt.

SCHLIESKY Ich glaube, auch die Lösung zu dem Thema Menschenwürde würde Buchregale füllen. Sie ist ja ein Teil unseres Wertefundamentes, das sich im Laufe von Jahrhunderten, wenn nicht gar in 2000 Jahren entwickelt hat und damit auch maßgeblich vom Christentum, aber auch dem Gegensatz zwischen weltlicher und geistlicher Macht geprägt worden ist. Ist dieses Ideenfundament insgesamt noch zeitgemäß?

HABECK Die Idee von der Würde des Menschen ist ja immer historisch eingebettet. Das frühe Christentum hat die Mitleidsethik und Feindesliebe gebracht und damit 1500 Jahre später dem Humanismus und der Aufklärung ein Fundament gegeben. Aber die Kreuzzüge oder die Inquisition waren sicher kein konstruktiver Beitrag zum Thema Menschenwürde. Nicht auf allem, wo Gott drauf steht, liegt Segen.

Insofern sind Rechte immer historisch und müssen stets erneut verteidigt werden. Unter dem Strich gab es in den letzten 150 Jahren in weiten Teilen der Welt einen Zuwachs an formalen Rechten – von der Abschaffung der Sklaverei, Frauenrechte, Kinderrechte, Schutz von ungeborenem Leben. Heute sind wir in Europa an der Schwelle, dass wir auch nicht menschlichen Wesen Rechte zusprechen, also Tierrechte. Die Zeitgemäßheit eines Ideenfundaments beweist sich durch die Neubauten und Renovierungen.

SCHLIESKY Sollte auch der Staat sich um den Erhalt, die Vermittlung oder vielleicht auch Schaffung von Werten bemühen? Ist das Aufgabe des Staates, Schulen ausdrücklich eingeschlossen?

HABECK Mindestens hat der Staat natürlich Sorge zu tragen, dass die Werte, die seiner Staatsidee widersprechen, nicht dominant werden. Natürlich gibt es Redefreiheit. Aber wenn zu Gewalt aufgerufen wird, dann ist die Grenze überschritten. Ich finde, wenn ich an ein NPD-Verbot denke, dass unsere Rechtsstaatlichkeit sehr liberal ausgelegt wird. Der Wert des Staates ist sein Wertepluralismus. Und gute Schulen vermitteln genau das. Dass man selbst nachdenken soll, dass man kritisch hinterfragt, dass man eigene Meinungen ausbildet. Dass man andere Meinungen zulässt. Aber es ist nicht staatliche Aufgabe, jenseits der Grundwerte des Grundgesetzes, die alte Schiller'sche Idee zur Erziehung des Menschengeschlechts politisch umzusetzen. Wir können jede Form von politischen Regeln schaffen, wir können Plastiktüten verbieten oder mit Pfand belegen, wir können die Zahl der Kühe oder Schweine begrenzen und ihnen mehr Platz geben, wir können Ölheizungen oder Verbrennungsmotoren verbieten, aber wir sollten Menschen nicht die Mobilität nehmen, ihnen ihr Essen vorschreiben oder ihr Einkaufsverhalten.

Wir müssen eben nicht bessere Menschen sein, um bessere Politik zu machen.

SCHLIESKY Wobei das ein ganz spannender Punkt ist, weil Politik ja aus der Verhaltensökonomie gelernt hat. Immer mehr Instrumente wie Nudging, Framing werden eingesetzt, um bei den Bürgern durch sanfte psychologische

Beeinflussung das hinzubekommen, was man nicht durch Verbote oder Gebote regeln möchte.

HABECK Wie die Ekel-Bilder auf Zigaretten ... Ein gutes Beispiel ist der Organspendeausweis. Die meisten Menschen, die ich kenne, sagen, Organspende ist eigentlich eine gute Sache, und vielleicht profitiere ich oder die meinen davon ja sogar auch mal. Die wenigsten haben aber einen Organspendeausweis. Würde man das einfach umdrehen und sagen: Jeder bekommt mit seinem Personalausweis quasi automatisch den Organspendeausweis mit, außer er sagt: „nein ich will nicht", wir hätten wahrscheinlich 95 % Organspender. Organspende ist ein unangenehmes Thema und man verdrängt es. Ich finde es unproblematisch, hier ein Nudging vorzunehmen. Man könnte aus Verbraucherschutzgründen dafür sorgen, dass Bestellungen wie Zeitungs-Abos oder bei Streaming-Portalen automatisch nach zwei Jahre erlöschen und man den Vertrag aktiv erneuern muss, weil man weiß, dass Menschen zu träge sind. In einem gewissen Maße ist Nudging okay. Aber warum drucken wir eigentlich nicht auf jedes Lebensmittelprodukt seine schädlichen Wirkungen? Karieszähne auf Zucker, Fettpolster auf Schokolade, einen Herzschnitt auf Kaffee. Auf die Milchtüte und den Käse Kälber, die eben nicht die Milch ihrer Mutter trinken dürfen, damit wir die konsumieren, Schlachthofbilder auf die Grillkoteletts. Verhalten staatlich zu formen, macht mich eher skeptisch.

SCHLIESKY Im Zusammenhang mit den Werten haben Sie Toleranz angesprochen. Voltaire hat Toleranz als Menschlichkeit überhaupt bezeichnet. Wenn wir das Beispiel der Redefreiheit türkischer Politiker aufgreifen, stellt sich die Frage nach dem Maß oder der Grenze staatlicher Toleranz im Hinblick auf die Religionsfreiheit, wenn eine Religion ihrerseits viel weniger tolerant ist.

HABECK Ich habe schon gesagt, dass es in der Politik nicht um Wahrheiten geht, sondern um Meinungen. Entsprechend haben Religionen, insofern sie für sich Wahrheit beanspruchen, nichts in der Politik zu suchen.

SCHLIESKY Welche Rolle sollten die beiden großen christlichen Kirchen, die wir noch haben, für unsere Werte spielen? Haben Sie da Erwartungen an die Kirchen?

HABECK Die Kirchen sind starke gesellschaftliche Organisationen und auch in meinem politischen Wirken aktive Partner in der öffentlichen Debatte. Ich kann sie gar nicht hoch genug schätzen. Sie sind Alliierte in der Asylpolitik und der Flüchtlingspolitik und bei der Kampagne für faire Lebensmittel und auch zunehmend bei Klimaschutz und landwirtschaftlichen Fragen. Und das Interessante ist, dass sie das zwar aus dem christlichen Glauben heraus machen, aber nicht mit dem Anspruch, jemanden zu missionieren. Und insofern habe ich das eben nicht ganz konkret ausgedrückt. Kirche kann und muss sich natürlich politisch einmischen. Also auch religiöse, islamische Verbände können, ja müssen, eine Meinung zu Erdogan haben. Aber sie dürfen nicht versuchen zu missionieren.

SCHLIESKY Also keine Kirchenpartei. Wir haben vorhin schon ein bisschen angefangen, über Frieden, Sicherheit und damit auch über die Voraussetzungen eines erfolgreichen Staates zu sprechen. Frieden und Sicherheit sind in der Staatsgeschichte spätestens seit der Neuzeit zentrale Staatsaufgaben. Welche Bedrohung der inneren und äußeren Sicherheit ist für Sie derzeit am gravierendsten und auch am vordringlichsten zu bekämpfen? Was bedroht den Staat am meisten?

HABECK Perspektivisch ist es, glaube ich, der Klimawandel. Wenn wir das Zwei-Grad-Ziel nicht halten, werden wir 200 Tage in unserer unmittelbaren Nachbarschaft haben, an denen es über 40 Grad heiß ist, man nicht wirtschaften kann. Also nicht nur nicht landwirtschaften, sondern in Marokko, Tunesien, Algerien, Ägypten, der Türkei wird dann nicht gearbeitet werden. Das ökonomische System wird zusammenbrechen. Die Weltbank sagt vorher, dass bis 2030 – das ist in 13 Jahren, politisch faktisch morgen – 100 Millionen Menschen sich als Klimaflüchtlinge auf den Weg nach Europa machen werden. Das ist unvorstellbar. Das ist faktisch ein Kriegsszenario. Es scheint mir unmöglich, das in unser Wertesystem zu integrieren. Das ist dann eine Völkerwanderung und die stärkste Bedrohung von Stabilität, Staatlichkeit, Sicherheit, die sich perspektivisch abzeichnet. Möglicherweise kann man sie schon, wenn man genauer hinguckt, erkennen. Studien beschreiben dies selbst für Syrien. Die vier trockensten Jahre in Syrien seit 100 Jahren waren die Jahre vor Ausbruch des Bürgerkriegs. Nicht dass es ein Klimakrieg wäre, ein tolerantes und moderates Regime hätte sicherlich auch eine Million Flüchtlinge aus dem ländlichen Raum integrieren können, aber Klimaflüchtlinge sind ein Bedrohungsvervielfacher. Auch für unseren Staat. Es ist ja jetzt nicht völlig abstrakt, dass Menschen Bürgerwehren gegen Flüchtlinge gründen und damit das Gewaltmonopol des Staates nicht mehr akzeptieren. Der Klimawandel ist auch eine Bedrohung von Staatlichkeit.

SCHLIESKY Das, was Sie beschreiben, ist in Österreich noch deutlicher gewesen. Dort haben Bürgermeister mit Hilfe der Freiwilligen Feuerwehr Flüchtlingen den Zugang zu ihrer Gemeinde verweigert. – Zu den Voraussetzungen eines erfolgreichen Staates gehört ja immer Systemvertrauen, also das Vertrauen der Bürgerinnen und Bürger in das politische System. Darum ist es ja im Moment nicht ganz so gut bestellt. Staatliche Institutionen, Politik generell, aber auch gesellschaftliche Einrichtungen, von den Medien über den DFB, die FIFA bis zum ADAC haben eine Menge an Systemvertrauen eingebüßt. Wie lange halten der Staat und die Gesellschaft das aus? Und gibt es ein Rezept, das zu ändern?

HABECK Ich würde nicht alles in einen Topf werfen. Deutschland ohne ADAC – das ist lösbar. Und wenn der DFB korrupt ist, dann wird einem schon irgendwas einfallen, den Sport trotzdem attraktiv zu halten. Aber Korruption beim Staat, fehlendes Vertrauen in Unabhängigkeit, allein der Gedanke, dass man mit Unrecht behandelt werden würde, ist der Tod von bürgerlichem Engagement und Demokratie. Das hält kein demokratischer Staat aus. Das zu ändern geht vielleicht nur durch eine Revolution. Aber man kann dafür sorgen, dass es nicht so weit kommt.

SCHLIESKY Zu den Geheimnissen eines erfolgreichen demokratischen Staates gehört sicherlich auch ein ausgewogenes und befriedetes Verhältnis zwischen der Mehrheit und der Minderheit, oder den Minderheiten. Wie würden Sie ein solches beschreiben?

HABECK Noch intakt. Ich glaube aber, dass dies ein bisschen angekratzt wurde. Auch das ist ja vielleicht an der AfD-Geschichte zu sehen. Durch die beiden großen Koalitionen, die Mitteausrichtung der Merkel-CDU und weil die Grünen im Bundestag bei Eurorettung, Kriegseinsätzen und Flüchtlingspolitik in der Regel mit der Regierung stimmten, wurde der Eindruck evoziert, es ist eh alles egal und es gibt keinen Unterschied. Aber Demokratie handelt von knappen Mehrheiten und nicht von großen und breiten, sonst bräuchten wir ja kaum noch Wahlen, wenn sich sowieso alle einig sind. In dem Wort von der Alternativlosigkeit steckt viel Ermüdungsverdruss. Es ist gut für das demokratische System, wenn es wieder stärker zum Clinch kommt.

SCHLIESKY Sehen Sie Reformbedarf in unserem politischen System? Oder im Staat?

HABECK Ich sehe vor allem Bedarf an politischen Visionen und in dem Sinne konstruktiver, aber radikaler Oppositionsarbeit. Man kann einer Regierung ja schlecht vorwerfen, dass sie sich keine Opposition schafft. Darüber hinaus sorge ich mich um das mangelnde Vertrauen, dass staatliche Verfahren fair oder lauter sind. Menschen wollen ganz anders eingebunden werden und ganz anders kommunikativ abgeholt werden. Und selbst die beste Verwaltung ist darauf nicht vorbereitet. Prüfungen, Genehmigungen, Entscheidungen, Verordnungen, Netzausbau – selbst bei dem Management von Heulern im Nationalpark – zählt das Argument oft wenig. Und da muss man sich, wenn man nicht nur Recht haben, sondern auch Recht bekommen will, was anderes ausdenken. Man muss Menschen anders einbinden, man muss anders kommunizieren, Gutachter gemeinsam mit seinen Kritikern auswählen, Menschen von Betroffenen zu Beteiligten machen. Das wiederum zeitigt erstaunliche Ergebnisse. Wenn Menschen eingebunden sind, übernehmen sie auch Verantwortung. Wir haben das am erfolgreichsten beim Stromnetzausbau geschafft. Die ganzen Bürgerinitiativen sind alle weg, die Naturschutzverbände haben erklärt, nicht klagen zu wollen, und wir bauen das Netz doppelt so schnell wie geplant, während sonst in Deutschland alles doppelt so lange dauert. Aber das war ein riesiger Kraftakt, er war sehr personalintensiv. Das für alles zu machen, dafür habe ich nicht die Ressourcen. Aber hier sehe ich Reformbedarf. Wir müssen tatsächlich die Erklärung vom politischen Handeln und wie man zu Entscheidungen kommt, deutlich verbessern.

SCHLIESKY Müssen wir dann nicht in der Tat, Sie haben es eben ja eigentlich schon selber angedeutet, die Verwaltung grundlegend neu organisieren? Wenn ich jetzt allein an die Herausforderung der Digitalisierung, aber etwa auch die des demographischen Wandels denke, wie kann ich überhaupt Staatlichkeit, staatliche Verwaltung noch in sich entleerenden Räumen, wie z. B. an der schleswig-holsteinischen Westküste, sicherstellen? Mit unseren klassischen Formen sind wir vielleicht ein bisschen zu unflexibel?

HABECK Nach neusten Daten werden die Räume gar nicht so ganz leer, wie wir es gedacht haben. Trotzdem ist die Digitalisierung eine Riesenchance für eine bürgerfreundlichere Verwaltung. Aber sie hat eben auch einen exklusiven Charakter. Einige Leute werden daran nicht teilhaben. Geben Sie mal meinem Vater ein Handy und sagen Sie: Darüber machst du jetzt bitte deine Überweisungen bei der Bank. Das wird er nicht wollen noch können. Andererseits haben wir jetzt auf den Halligen das Projekt Telemedizin gestartet. Der Halligarzt ist schon deutlich im Rentenalter. Aber wir finden auch keinen neuen. Jetzt gibt es ein Modellprojekt mit dem Universitätsklinikum. Über einen Teleprompter werden Patienten ferndiagnostiziert. Aber das Ding zu bedienen ist für viele Leute ein Riesenproblem. Dennoch, wir können Infrastrukturen durch Digitalisierung aufrechterhalten, aber der ganze soziale Aspekt geht verloren. Da sitzt dann jemand und redet mit einem. Keine Ärzte, keine Apotheker mehr, die dir Hand auflegen, sondern alles wird irgendwie über Versandhäuser und Internet geregelt. Da habe ich auch noch nicht die letzte Antwort. Aber, ich meine, man spürt ja diese Entgrenzung. Das Exklusive ist ja selbst im Privaten so. Klar ist es super, dass man sein Handy auch ohne Kabel immer bei sich tragen kann. Man hat es aber auch immer dabei. Also kann man auch niemals den Sonnenuntergang ohne Handy genießen. Es ist immer eine große politische Tat, das Handy feierabends auf dem Schreibtisch liegen zu lassen. Bezogen auf Staatlichkeit: Ich glaube, es wird nicht reichen, das, was wir davor mit Menschen gemacht haben, in den digitalen Raum zu schieben. Das wird nicht funktionieren und das Gemeinwesen nicht herstellen können. Da fehlt die Empathie.

SCHLIESKY Ja, auch die Gesetzmäßigkeiten sind sicherlich andere, als wir sie bei physischer Anwesenheit und Schriftlichkeit kannten. Sie sind ja auch im Bundesrat unterwegs und erleben den deutschen Föderalismus. Ist der zukunftsfähig oder brauchen wir eine Reform des deutschen Föderalismus? Die Reichsreform war auch eine immerwährende.

HABECK Der Bundesrat könnte sich vor allem mal ein elektronisches Auszählsystem leisten. Im Moment wird da ausgezählt wie im Mittelalter. Der Föderalismus ist gelebte Einigungsfähigkeit und insofern das Instrument für die deutsche Konsensdemokratie. Aber er müsste reformiert werden. Der Bildungsföderalismus hat als Schutz vor autoritären Regimen sein Recht. Das erste, was die PIS-Regierung anschob, war, die Schulbücher neu zu normieren, um die Sprache und das Selbstverständnis der Polen zu beeinflussen. Trotzdem müssen nicht alle 16 Länder ein eigenes Benotungssystem haben. Und dass die Bundesebene die Schulen nicht finanzieren darf, ist ein Anachronismus. Aber der Föderalismus ist nicht das Hauptproblem des deutschen Staatswesens.

SCHLIESKY Wäre es denkbar, nicht mehr die Regierungsmitglieder zu entsenden, sondern wie in Österreich gewählte Abgeordnete, die ihre Basis in den Landesparlamenten haben und dann in den Bundesrat gehen?

HABECK Da habe ich nie drüber nachgedacht. Meine These ist, es würde sich gar nichts ändern. Der Bundesrat ist ein einziges Ringen um Kompromisse. Es gibt erst eine Koordinierung innerhalb der Regierungen. Dann die Koordinierungen zwischen den Regierungen. Und den Rest machen dann die Politiker am Donnerstagabend vor dem Bundesrat im so genannten Kamin. Das ist dann Politik als Live-Spiel. Das Asylpaket 2 ist natürlich in x Vorbereitungsrunden vorverhandelt worden, aber ob wir uns einigen, das ist um 23.45 Uhr in der Nachtsitzung in der Landesvertretung Baden-Württemberg entschieden worden. Wir hätten auch genausogut Nein sagen können. Aber das Entscheidende ist, es gibt einen Moment, den man nicht delegieren kann.

SCHLIESKY Zu einer anderen Zielrichtung von Staatsaufgaben, gegenüber der Wirtschaft. Was sind aus Ihrer Sicht die zentralen Aufgaben des Staates gegenüber der Wirtschaft?

HABECK Wir haben vorhin über Korruption in der Politik gesprochen und mangelndes Vertrauen in staatliche Entscheidungen. Und bestimmte Konzerne haben eine Machtkonzentration erreicht, die ungesund ist für eine Demokratie. Dann haben wir keine Marktwirtschaft mehr, sondern eine Machtwirtschaft. Nicht nur Banken haben eine solche Macht, auch Energiekonzerne. Das Atomgesetz hat seit 40 Jahren klipp und klar vorgesehen, es gibt eine Kostenverantwortung beim Verursacher, und dafür hat er Rücklagen zu bilden. Aber der Staat war dumm genug, das Geld nicht zu sichern. Es durfte wieder angelegt werden, unter anderem in Kohlekraftwerke, die auch nichts mehr wert sind. Und dann standen die Konzerne plötzlich da und sagten, ihr müsst uns mit Steuergeldern helfen. Und der Staat war erpressbar, weil ohne Hilfe die Konzerne endgültig insolvent gegangen wären, und dann wären alle Rücklagen futsch. Im Grunde haben die uns erpresst. Und das sind dabei keine großen Konzerne mehr, gemessen an IKEA, Google, Starbucks und Amazon. Die Daten- und Manipulationsmacht von Google und Facebook, die wirtschaftliche oder militärische Macht von privaten Rüstungsunternehmen, die ökonomische Macht von globalen Konzernen wie ExxonMobil ist zu groß für nationale Politik. Wenn Politik also demokratisches Vertrauen zurückgewinnen will, dann muss sie dafür sorgen, dass es keine Oligopole gibt, die die Politik selbst erpressbar machen.

SCHLIESKY Also wird der Staat seiner Verantwortung derzeit nicht gerecht?

HABECK Nicht ausreichend. Und als Nationalstaat wird er auch keine Chance haben, weil wir keine Nationalökonomien mehr haben.

SCHLIESKY Brauchen wir dann wieder eine ordnungspolitische Debatte über die richtige Wirtschaftsordnung? Es fällt auf, dass in letzter Zeit immer weniger von sozialer Marktwirtschaft gesprochen wird, sondern immer häufiger von Kapitalismus. Auch die Wortwahl deutet ja auf das hin, was Sie gerade beschrieben haben. Dass da also sehr marktmächtige Konzerne sind, die die Spielregeln für sich selber definieren.

HABECK Weil sie sich ja auch tatsächlich den sozialen marktwirtschaftlichen Prinzipien entzogen haben, wenn sie nirgendwo mehr Steuern zahlen. Aber wenn man so lange Tochtergesellschaften gründet, bis man in irgendeiner Abschreibungssituation bei 0% oder 0,1% Steuern landet, dann entspricht das ja tatsächlich einem wirtschaftlichen System, das vor der Einhegung durch Staatlichkeit oder soziale Gesetzgebung im Frühkapitalismus existierte.

SCHLIESKY In dem Zusammenhang: Wie beurteilen Sie die Rolle von Ratingagenturen? Die unterliegen auch keinerlei demokratischer Verantwortung, haben aber mit ihren Bewertungen großen Einfluss auf die politische Entwicklung.

HABECK Sie sind für mich Beweis dafür, dass die Politik selbst im Moment unfähig ist, das System zu steuern. Sie sind ein weiteres Indiz dafür, wo die Grenzen von politischer Handlungsfähigkeit im Moment liegen. Die Ratingagenturen sind Teil des Problems und nicht Teil der Lösung.

SCHLIESKY Zu den grundlegenden Staatsprinzipien: Auch nach dem Staatsnamen ist Deutschland ja eine Republik. Woran merkt man das, außer dem Verzicht auf einen Monarchen? Haben wir hier vielleicht noch Ausbaubedarf an republikanischen Elementen?

HABECK Ich selbst merke ganz persönlich, dass wir eine Republik sind, an Wahlen. Grad hab ich ja die Urwahl bei den Grünen knapp verloren. Für Politiker entscheiden Wahlen über die persönliche Lebenssituation, im Guten wie im Schlechten. Jetzt kommt die Landtagswahl, dann die Bundestagswahl, und danach ist vielleicht alles anders. Als Politiker kann man nicht für 10 oder für 20 Jahre planen. Und bin ich auch jemand, der diese Momente zum Innehalten und neu Nachdenken nimmt und dann sich bewusst für oder gegen etwas entscheidet. Wahlen machen einen Republikanismus stark. Ich finde es gut, dass immer mal wieder alles grundsätzlich in Frage gestellt wird oder man selbst grundsätzlich in Frage gestellt wird.

SCHLIESKY Dann kann man an der Republik ja noch ein bisschen arbeiten. Zum Sozialstaat. Der hat mit seinen konkreten Ausprägungen in der Bundesrepublik, zumindest finanziell, ein Rekordniveau erreicht. Damit sind auch zahlreiche Ideen, Konzepte und Forderungen des 19. und 20. Jahrhunderts längst umgesetzt worden. Im Grunde ein historisch einmaliger Vorgang. Welchen Beitrag zur Rechtfertigung unseres Staates leisten diese sozialstaatlichen Elemente?

HABECK Es gibt eben eine sich verfestigende Armut in Deutschland und es gibt einen fast feudalen Reichtum. Beides, meine ich, muss korrigiert werden. Aber insgesamt haben wir eine sozialstaatliche Sicherung in Deutschland, wie sie beispielgebend in der Welt ist. Das ist schon, jetzt weg von Wahlkampf und Parteilichkeit gesprochen, sehr groß, was durch die soziale Marktwirtschaft aufgebaut wurde in dieser Gesellschaft. Zukünftige Aufgaben werden definiert durch die Globalisierung, die Digitalisierung und die Roboterisierung. Wenn der Verlust von Arbeitsplätzen nicht mehr durch Faulheit selbstverschuldet ist, sondern einfach durch quasi anonym laufende kapitalistische Prozesse zustande kommt, muss man ein Sozialstaatssystem entwickeln, das Würde und Sicherheit neu gründet. Ich bin ein Verfechter des Grundeinkommens und würde zur Finanzierung eine Maschinensteuer befürworten. Außerdem brauchen wir eine viel stärkere Besteuerung des Umweltverbrauchs. Dafür müssen wir Arbeit entlasten, die Sozialabgaben senken, die unteren Einkommen entlasten.

SCHLIESKY Damit wäre die Frage „Wie ist der Blick in die Zukunft?“ auch schon beantwortet. Danke. Jetzt haben wir aber, wenn wir nochmal in die Gegenwart zurückkommen, eine wirtschaftlich hervorragende Lage in Deutschland. Der materielle Wohlstand, jedenfalls in großen Teilen der Gesellschaft, befindet sich auf einem historisch hohen Niveau. Dennoch wird zunehmend das Fehlen sozialer Gerechtigkeit beklagt, und es ist ja gerade ein großes Thema im Bundestagswahlkampf. Wie beurteilen Sie diesen Widerspruch? Oder nur scheinbaren Widerspruch?

HABECK Es ist ein echter Widerspruch. Dass für Banken Milliardenbeträge über Nacht zu mobilisieren sind, während die Schulklos in den Umkleidekabinen unserer Kinder seit Jahrzenten nicht renoviert sind, kann man einfach nicht begründen. Leute werden mit 55 Jahren entlassen, weil ein Hedgefonds die Firma aufkauft, und nach einem Jahr endet das Arbeitslosengeld I, und man muss sein lebenslang Erspartes aufzehren. Und dann kriegt man mit, dass Herr Winterkorn, der die Abgasmanipulation zu verantworten hat, 3.500,00 EUR Rente bekommt – pro Tag! Da muss man doch, egal wie gut die soziale Sicherung ist und ob man Flachbildfernseher und Auto hat, sagen, dass da was nicht stimmt. Die oben lässt man laufen, die unten werden getreten. Die Erzählung von Fleiß, Aufstieg und Gerechtigkeit stimmt nicht mehr.

SCHLIESKY Sie haben eben das Wort Erzählung genannt. Ist es das? Fehlt sozusagen eine große Erzählung für unsere Gesellschaft und unseren Staat?

HABECK Das ist sicher so. Politik ist eben nicht die Aneinanderreihung von lauter einzelnen Punkten, und Politik ist auch kein Zahlenspiel, sondern es ist immer auch ein Diskurs der Gesellschaft über die Gesellschaft. Wer wollen wir eigentlich sein? Der Merkelsche Satz „Wir schaffen das" hatte das eigentliche Problem nicht darin, dass sie nicht gesagt hat, was in welcher Zeit zu welchen Bedingungen geschafft werden sollte, sondern wer eigentlich Wir ist. Es ist unterstellt worden, dass es ein „Wir" gibt. Aber in den letzten zehn Jahren gab es keinen politischen Diskurs mehr, der das eingelöst hat. Das ist nicht mit Fingerzeigen formuliert, sondern es ist auch selbstkritisch gemeint, weil es ja so bequem ist, wenn man sich nicht mehr streiten muss. Aber eine Gesellschaft hält Diskurslosigkeit nur eine Zeit lang aus. Und entweder wird dann diese politische Energie, die wir alle in uns tragen, destruktiv, man wendet sich eben gegen den Staat, gegen das Staatswesen, gegen Solidarität, erfindet den Nationalismus des 19. Jahrhunderts neu. Oder es gibt das Bemühen, Politik wieder als Argumentieren, als Meinungsstreit, als alternativen Streit zu leben.

SCHLIESKY Generell attestierten manche Beobachter unserem Staat, unserer Gesellschaft, einen Bedeutungsverlust des Rechts. Können Sie das nachvollziehen?

HABECK Das Recht im Sinne von Gerichten, die Urteile sprechen, noch am wenigsten. Sie sind Institutionen, die über die Kritik derzeit noch erhaben sind. Während Politiker oder Journalisten zu den unbeliebtesten Berufsgruppen zählen, sind Richter meiner Beobachtung nach hoch akzeptiert. Die Rechtsprechung und die Souveränität der Gerichte ist unangefochten.

SCHLIESKY Ein Aspekt des Demokratieprinzips: Die Klagen über den Parteienstaat werden auch schon lange geführt. Es ist eine Debatte aus den 80er Jahren des letzten Jahrtausends. Aber geändert hat sich letztlich wenig. Entspricht die Rolle der Parteien aus Ihrer Sicht noch dem, was das Grundgesetz als Mitwirkung an der politischen Willensbildung des Volkes bezeichnet?

HABECK Ja und nein.
Es ist noch immer so, dass politischer Streit zwischen den Parteien den politischen Diskurs bestimmt und dominiert. Aber das System ist nach unten durchlässig geworden. Die Ablehnung von der CCS-Technologie oder von Fracking haben Bürgerinitiativen auf die politische Agenda gesetzt. Wir haben eine sehr wache Bürgergesellschaft jenseits von Parteien.

SCHLIESKY Jetzt haben wir aber in den letzten Jahrzehnten eine ständig sinkende Zahl von Parteimitgliedern. Im Moment gibt es gerade einen anderen Ausschlag, aber auf längere Sicht sinkt die Zahl erheblich. Damit gibt es ja auch eine Schwierigkeit, geeignetes Personal für Führungsämter zu rekrutieren. Weckt das nicht Zweifel an dem Funktionieren unseres Repräsentationsgedankens?

HABECK Nein, das ist eigentlich nicht meine Herleitung. Es sind schon noch genug. Ich meine, die Grünen haben 60.000 Mitglieder. Da wird ja irgendeiner darunter sein, der auch ministrabel ist oder einen Bundesvorsitz bekleiden kann. Und die CDU und die SPD haben noch viel mehr Mitglieder. Ich glaube es nicht, dass es ein numerisches Problem gibt. Wenn es ein Problem gibt, dann ein systemisches. Parteien wie jeder Verband funktionieren so, dass die am schnellsten aufsteigen, die das sagen, was schon die Mehrheitsmeinung ist. D.h. es werden eher die Leute Karrieren in Parteien machen, die innerhalb der Parteilogik angepasst sind. Das sind aber vielleicht gerade nicht die Menschen, die wir brauchen, die widerständig sind, die gegen den Stachel löcken, die mal moralisches Rückgrat haben, die den Gegner auch loben können. Man konnte das bei Winfried Kretschmann sehen, der hat im letzten Wahlkampf, den er dann ja so erfolgreich abgeschlossen hat, im Grunde alles entgegen den klassischen Parteistrategien gemacht und wurde dafür belohnt. Dadurch ist er zum Staatsmann geworden. Das Beten für Merkel, das Loben der CSU, das hat vielen Grünen das Messer in der Tasche aufgehen lassen, ich fand auch, dass es teilweise ein bisschen heftig war, aber er hat sich dadurch ja als widerständiger eigener Kopf profiliert. Das konnte er zwar nur in dieser singulären Rolle, die er hatte. Hätte er das auf einem Parteitag gesagt, wäre er nie gewählt worden. Und das ist kein Spezifikum grüner Parteitage, sondern von Parteitagen insgesamt.

SCHLIESKY Ein anderes Problem, das jedenfalls oft thematisiert wird, ist der Einfluss von Verbänden, Gewerkschaften und sonstigen Interessengruppen auf politische Entscheidungen. Aktuell wird nun in der EU, auf Bundes- und auch auf Länderebene über Lobbyregister und andere Instrumente zur Schaffung von mehr Transparenz diskutiert. Sind solche Transparenzverpflichtungen aus Ihrer Sicht sinnvoll? Oder wäre es auch ein Weg, den Einfluss gesellschaftlicher Interessengruppen gesetzlich zu regeln und dadurch dann vielleicht punktgenauer für eine politische Legitimation zu kanalisieren?

HABECK Also aus der Praxis heraus gesprochen, ist es umgekehrt. Ich brauche Gespräche mit Lobbygruppen, und zwar in beide Richtungen. Ich brauche sowohl den Bauernverband, wie die Ökoverbände. Ich brauche die chemische

Industrie, wenn es um Spritzmittel geht, und ich brauche die Naturschutzverbände, die sagen, dass zu viele Spritzmittel verbraucht werden. Erst durch den Widerstreit kann ich mir eine eigene Meinung bilden. Also Lobbyismus, Leute und Interessenverbände, die ihre Standpunkte vortragen, sind erwünscht. Es wird dann ein Problem, wenn Geld fließt. Wenn Macht jenseits von Argumenten ausgeübt wird, wenn eine Abhängigkeitssituation entsteht. Wenn Ronald Pofalla Chef der Bahn wird oder Matthias Wissmann Präsident des Verbandes der Automobilindustrie. Sobald der Verdacht aufkommt, dass Politiker Entscheidungen blockieren oder treffen, weil sie später einen eigenen Vorteil davon haben, delegitimieren diese Menschen die gesamte Politik.

SCHLIESKY Und wenn Gesetzentwürfe aus Anwaltskanzleien kommen, wie bei der Finanzmarktkrise und bei der Rettung?

HABECK Spricht es vor allem dafür, dass wir die Kernsubstanz des Staates ganz schön ausgehungert haben. Auch das kenne ich jetzt aus dem Amt heraus, dass bestimmte komplizierte Sachverhalte zwar politisch vorbereitet werden können, aber wir einfach nicht das Personal haben, um diese schreiben zu können. Bei Gesetzen kenne ich das nicht und das lehne ich auch ab, aber dass wir uns juristischen Beistand holen zu komplizierten Fragen, ist gang und gäbe. Müssten wir auch nicht tun. Hätte ich doppelt so viele Juristen in meinem Haus, würde ich sagen, keine Kanzlei kriegt noch einen Euro von uns, das machen wir alles schön selbst. Haben wir aber nicht. Die Antwort darauf kann nicht nur Verbot von externen Gutachten oder Prozessen sein, sondern muss auch die Stärkung des eigenen Apparates umfassen.

SCHLIESKY Wenn man die verschiedenen Problemlagen nimmt und wieder von der wirtschaftlich guten Lage in der Bundesrepublik Deutschland ausgeht, fällt dennoch auf, dass die Unzufriedenheit mit der Politik und auch mit dem demokratischen System derzeit so groß wie lange nicht ist. Das gilt für die europäischen Nachbarstaaten mindestens genauso. Ist unser demokratisches System denn auch bei innenpolitischen Schwierigkeiten krisenfest?

HABECK Ich würde sogar sagen, krisenfester als in den 80er Jahren, wo von linker Seite der Staat ja wirklich herausgefordert wurde. Und als Vertreter des Staates, der ich ja derzeit bin, würde ich sagen, der Staat ist krisenfest. Die Frage der Akzeptanz ist nicht mit objektiven Problemen zu begründen. Es gibt natürlich Fehler. Anis Amri ist auf freiem Fuß gelassen worden, was ein schwerer Fehler war. Aber insgesamt leben wir weder in einem Polizeistaat noch in einer Anarchie, sondern die Gratwanderung wird eigentlich ganz gut gehalten. Aber es gibt zu wenig Leidenschaft für Demokratie und Republikanismus.

SCHLIESKY Ist das dann aber besonders alarmierend, wenn die Systemzweifel heute von der Mitte der Gesellschaft ausgehen? In den 70er, 80er Jahren war es ja tatsächlich von den Rändern der Gesellschaft, jetzt gehen Systemzweifel durchaus auch verstärkt aus der Mitte der Gesellschaft aus.

HABECK Eher war es in den 70er, 80er Jahren so, dass die Kinder der Mitte der Gesellschaft revoltierten. Und jetzt ...

SCHLIESKY ... jetzt protestieren die Eltern.

HABECK Jetzt protestieren die Eltern oder sie selbst als Großeltern, richtig. Also der Protest heute ist eher grauhaarig und männlich, und häufig dann eben mit viel Zeit ausgestattet und auf einer Basis von profundem Halbwissen agierend. Also nicht dumm, aber eben auch nicht immer fachkundig, dafür sehr radikal und eben auch in der Argumentation sehr grundsätzlich. Und sie verfolgen einzelne, partikulare Interessen. Insofern ist es kein Protest gegen das System. Kluge Politik hat immer die Chance, den Protest aufzunehmen, die Argumente zu wägen und so in Verantwortung zu überführen.

SCHLIESKY Gleichzeitig wächst ja auch die Sehnsucht nach einfachen Lösungen, etwa im Amerika Trumps, aber auch in Europa und durchaus auch bei uns. Ihr Philosophenkollege Hermann Lübbe schreibt, ich zitiere: „Entsprechend nimmt generell die Anzahl der Fälle zu, in denen die Bürger sich mit Entwicklungen konfrontiert finden, auf die dominante Parteien, durch sakralisierte Populismen gesprächsunfähig geworden, antwortlos zu sein scheinen". Was antworten Sie solchen Menschen?

HABECK Parteien tun sich keinen Gefallen, wenn sie dem Populismus hinterherlaufen. Trump hat gesagt, „just talks, now is the time for action". Diese Verachtung von „Talks" ist eine Verachtung für das Wesen von parlamentarischer Demokratie. Sie bedeutet natürlich nicht, wir reden so lange, bis wir alle müde sind, aber dass Reden, Streiten und Argumentieren die Grundbedingung für Alternativenfindung und neue Lösungen ist, das sollte verteidigt und nicht aufgegeben werden. Wir müssen darauf beharren, dass durch Streiten, durch Argumentieren Idealismus wächst. Worauf bezieht sich das Zitat? Auf Flüchtlinge?

SCHLIESKY Die Flüchtlingskrise ist sicherlich der Anlass gewesen, aber es geht generell um die Frage, dass man gesprächsunfähig wird bei bestimmten Themen, weil man manche Dinge tabuisiert oder eben auch sakralisiert.

HABECK Wenn gemeint ist, dass Alternativlosigkeit einen Wahrheitsanspruch in die Politik trägt, dann würde ich ihm Recht geben. Wenn es um

Wahrheitsansprüche oder hier sakralisierte Populismen gehen würde, dann muss man entweder gar nicht reden, weil da die Wahrheit aus sich selbst heraus einfach nur aufscheinen muss und alle dann im Lichte ihrer Wunderbarkeit einfach überzeugt sein werden, oder man muss die anderen niederringen, niederbrüllen. Sie dürfen auf keinen Fall, noch nicht einmal zu Wort kommen, weil sie dann ja gegen die Wahrheit verstoßen. Das wäre dann ja quasi eine Art messianische Mission, die man dann hätte, und das ist zutiefst antidemokratisch und auch keine erstrebenswerte Gesellschaft. Also, Sprachlosigkeit und dann das Überhöhen von einfachen Wahrheiten sind zwei Seiten derselben Medaille.

SCHLIESKY Wenn wir über unsere Grenzen schauen, sehen wir, dass ja derzeit in beängstigend vielen Staaten rechtsstaatliche Prinzipien unter erheblichen Druck geraten sind oder auch offen abgeschafft werden, in der Türkei, aber eben auch in Polen und Ungarn. Hat das nicht zwangsläufig dann auch Auswirkungen auf die Demokratie?

HABECK Ja, offensichtlich.

SCHLIESKY Wie gehen wir damit um? Ist Art. 7 EU-Vertrag dafür das richtige und ausreichende Instrument?

HABECK Wenn die Anti-Demokraten an die Macht kommen, dann hat das auf die Demokratie trivialerweise Auswirkungen. Und mit Regimen, die einem nicht gefallen, wird man politisch umgehen müssen. Der Artikel 7 zeigt ja die formalen Handlungsmöglichkeiten von Rüge bis Sanktionen. Aber ich glaube nicht, dass er tatsächlich eine Krise lösen wird. Letztlich kommen wir um ein Europa verschiedener Geschwindigkeiten nicht herum. Joschka Fischer hat vorgeschlagen, dem Euro-Raum ein eigenes Parlament zu geben. Und zwar eines, das dem Raum verpflichtet ist, das also nicht nationalstaatlich gewählt wird. Das wäre ein nächster logischer Schritt.

SCHLIESKY Zu Herausforderungen für unseren Staat und unsere Gesellschaft: Sie haben das Thema Digitalisierung schon angesprochen. Das Wesen des Internets und auch von digitalen Räumen besteht ja gerade darin, dass sie grenzenlos vernetzt sind. Damit entziehen sie sich auch der Staatsgewalt, und der souveräne Staat scheint in digitalen Räumen relativ machtlos zu sein. Haben wir hier als Staat eine Entwicklung verschlafen oder gar schon kapituliert?

HABECK Wir sind jedenfalls hinter der Entwicklung. Das muss man eindeutig sagen. Das Internet wurde militärisch entwickelt und privat genutzt und wir haben im Umweltministerium 2013 eine E-Akte eingeführt, als erstes

Ministerium der Landesregierung. Also, die digitale Entwicklung wird technisch und wirtschaftlich vorangetrieben, und der Staat läuft hinterher. Facebook und Google wissen wahrscheinlich mehr über uns als der BND. Zwar sind viele Fortschritte der Industrialisierung privatwirtschaftlich entstanden. Aber diese Entwicklung verläuft als Exponentialkurve. Sie ist ja einfach dramatisch viel schneller als vorherige, und die Auswirkungen sind aus meiner Sicht prinzipiell andere. Das Zeitparadigma als kulturell bestimmendes wird abgelöst zugunsten einer Synchronizität von Ereignissen im virtuellen Raum. Auch die Selbstwahrnehmung von Menschen, die eigene Partizipation, die Organisationsfähigkeit verräumlichen sich, so dass auch unsere Wahrnehmungsform sich neu einjustieren muss. Es gibt keine regionalen Einschränkungen mehr, keine Zeit zum Nachdenken. Das überfordert im Moment vermutlich alle.

SCHLIESKY Sie haben Facebook angesprochen, die mehr wissen als ein Geheimdienst. Geht dann nicht größere Gefahr für unsere Grundrechte, für die Freiheit des Einzelnen, heute eher von privater Seite aus? Denn bisher haben wir einen Grundrechtsschutz gegenüber dem Staat, nicht gegenüber Privaten. Genügt der Staat insoweit dann noch seinen Schutzpflichten? Oder müssen wir hier neu nachdenken, um private Macht zu bändigen, damit unser Persönlichkeitsrecht, aber auch unsere Handlungsfreiheit, Eigentum, politische Bildung geschützt bleiben?

HABECK Ja, ohne Frage. Die EU-Datenschutz-Grundverordnung ist ja gerade verabschiedet worden und wird in nationales Recht übersetzt. Wenn Informationen der Rohstoff des 21. Jahrhunderts sind, dann brauchen wir Regeln zu seiner Nutzung. Es muss eben auch Räume des Privaten geben, so wie wir das in der analogen Welt hatten. In vielerlei Hinsicht wird unser Leben durch die neue Technik leichter oder bequemer, aber die Entgrenzung von öffentlichem Raum und beruflichem Leben und Privatheit, die ist sicherlich eine der großen philosophisch-politischen Herausforderungen der Zukunft. Natürlich ist es super, dass jetzt auch in meinem Ministerium Leute Heimarbeit machen können, aber man ist eben auch immer online.

SCHLIESKY Die ersten amerikanischen Konzerne gehen deswegen auch dazu über, Heimarbeit wieder einzustellen und die Leute wieder für eine bestimmte Zeit ins Büro zu holen, damit sie kreativer werden.

HABECK Und auch die Büroarbeit wird andere. Da wo früher still vor sich hin gearbeitet wurde, ist jetzt der kreative Austausch wichtiger. Arbeiten, ihre Excel-Tabellen ausfüllen oder irgendwelche Rechenprogramme schreiben, dass können die Leute auch zu Hause, am Strand oder sonst wo. Das Büro wird eher ein Ort zum Reden, zum Treffen, eher eine Lounge als ein Arbeitszimmer.

SCHLIESKY Sind wir denn als föderaler Staat gut aufgestellt, wenn die Zuständigkeit für IT-Sicherheit beim Bund, bei den Ländern, bei jeder Kommune für ihr eigenes System liegt? Wir erleben ja gerade, dass da möglicherweise staatlich unterstützte Hackerfabriken ganz anders organisiert sind.

HABECK Solange alles gut läuft, ist der Föderalismus eher ein Hemmnis. Vom Bildungsföderalismus bis zu den Geheimdiensten und sicherlich auch für den Datenschutz. Wenn es aber schlecht läuft, ist der Föderalismus das letzte Bollwerk der Demokratie.

SCHLIESKY Ist generell unsere Verfassung in der digitalen Welt noch zeitgemäß? Oder müssen wir eben, weil es eine ganz neue Welt ist, auch neue rechtliche Grenzen für neue Phänomene setzen?

HABECK Wir müssen die alten Grenzen und Rechte so übertragen, dass sie in die neue Welt reinpassen. Unsere Verfassung wird immer zeitgemäßer, habe ich das Gefühl. Gerade unter dem Druck von Populismus und Antidemokratie erkennt man eigentlich jetzt erst, wie klug das Grundgesetz gestaltet ist und klar, neue Herausforderungen, die 1950 noch nicht zu sehen waren, die müssen eben eingepasst werden, aber nicht als Aufgabe der Verfassung, sondern als ewige Erweiterung, was aber auch okay ist.

SCHLIESKY Wir erleben jetzt ja auch in einigen Bereichen unserer Gesellschaft eine neue Polarisierung, wenn man etwa an die Beispielsfelder Bildungspolitik, Familienpolitik, Gleichstellungspolitik denkt. Welche Auswirkungen hat das auf den Staat, auf eine Gesellschaft, wenn ein Teil der Gesellschaft den Staat möglichst aus den eigenen Angelegenheiten heraushalten will und der andere Teil den Staat zur Umerziehung nutzen will?

HABECK Freiheit ist weder der Verzicht auf Regeln noch der Versuch, alles regeln zu wollen. Deswegen sind meistens die beiden Pole, also ein Zurückdrängen wie Verabsolutieren von staatlicher Regelsetzung falsch. Das, was eine Demokratie ausmacht, ist der Streit um den Kompromiss, um die Grenzziehung. Das zu bejahen ist wohlverstandene Freiheit.

SCHLIESKY Sie haben die Meinungsfreiheit jetzt schon mehrfach angesprochen. Auch da haben wir eine aktuelle Herausforderung mit dem Stichwort politische Korrektheit. Das wird heute von vielen Menschen als Synonym für Denk- und Sprechverbote im gesellschaftlichen und politischen Diskurs verstanden. Und das reicht von Fragen der Zuwanderung über Kriminalitätsfragen bis zu vermeintlich rassistischen Diskriminierungen wie Negerkuss, Mohrenkopf oder Zigeunerschnitzel. Nun lebt Demokratie aber von praktizierter Meinungs- und Meinungsäußerungsfreiheit. Ist da ein Trend, der uns schon besorgt machen muss?

HABECK Sprache prägt Bewusstsein. Es gibt keine vorsprachliche Wahrheit, insofern entscheidet die Art wie wir reden, darüber, was wir denken. Die Inuit haben 20 verschiedene Begriffe für Schnee und sehen auch zwanzig verschiedene Arten. Wenn wir „Nigger" sagen, dann sehen wir auch jemanden, der weniger wert ist, und wenn wir „Afroamerikaner" sagen, sehen wir die kulturelle Herausforderung seit den Tagen der Sklaverei. Es ist nicht egal, wie wir reden. Aber man kann natürlich auch Begriffe umformen oder ihnen wieder Bedeutung zurückgeben. Familie war vor zehn Jahren ein konservativ besetzter Begriff. Das Wort Familie war nicht offen, liberal, anschlussfähig an eine progressive Gesellschaftssicht, in der Frauen gleichberechtigt sind und Männer sich um ihre Familie kümmern. Das hat sich geändert. Heimat, Verantwortung, Freiheit, Leistung – nirgendwo steht, dass sie alle für eine progressive Politik verloren sind. Man muss nicht „Frauen mit Kindern" sagen, man darf auch Mütter sagen, und das heißt nicht, dass man das Heimchen am Herd will. Also, sprachliches Bewusstsein ist richtig, von bestimmten Begriffen und Sprachbildern sollten wir uns auch verabschieden, aber genauso gut können wir auch mit alten Begriffen weiterarbeiten und sie mit anderer Bedeutung aufladen.

SCHLIESKY Zeitgemäß entwickeln. Jetzt kommen wir schon langsam zur Zielgeraden, und zwar zur Motivation Ihres eigenen Engagements für den Staat. Friedrich der Große hat gesagt, die erste Bürgerpflicht ist, seinem Vaterland zu dienen. Halten Sie den Satz heute noch für mehrheitsfähig?

HABECK Nein. Aber sich für die Gesellschaft zu engagieren, gibt ziemlich viel individuelles Glück.

SCHLIESKY Was bedeutet er Ihnen persönlich?

HABECK Der Satz? Der bedeutet mir gar nichts. Aber als ich die Eidesformel als Minister gesprochen habe, hat mir das auf einmal sehr viel bedeutet. Und das war eine merkwürdige Erfahrung. Die Eidesformel, die ja sehr formal und pathetisch ist – „Ich schwöre, meine Kraft dem Wohle des deutschen Volkes zu widmen." -, die Eidesformel war nämlich gar nicht für den Staat, sondern für den, der schwört, für mich. Das war überraschend. Diese Worte haben mir geholfen, das zu formulieren, was ich gespürt habe, aber noch nicht denken konnte, weil ich es nicht auszusprechen vermochte.

SCHLIESKY Es ist ja auch ein Statuswechsel. Das Versprechen hat ja sehr viel mit Amtswürde zu tun.

HABECK Genau, sie hat mich tatsächlich verpflichtet, und zwar über mein eigenes Leben hinaus.

SCHLIESKY Was motiviert Sie persönlich zu Ihrem Engagement für den Staat? Es gibt ja auch andere Berufe.

HABECK Wenn das Persönliche gemeint ist – wie fühlt es sich an, halb eins ins Bett zu gehen und halb sechs aufzustehen –, dann würde ich die Frage gern auslassen. Wenn das sinnhaft gemeint ist, bist Du zufrieden, mit dem was Du tust? – dann sage ich aus vollem Herzen ja. Ich bin im Amt idealistischer geworden. Und das ist das, was mich anspornt.

SCHLIESKY Welche Bedeutung hat Macht für Sie?

HABECK Die Insignien der Macht, wenn ich ehrlich zu mir bin, gar keine. Im Gegenteil, je üppiger Räume werden, je größer Dienstwagen oder was auch immer es ist, umso mehr sehne ich mich danach, auch mal daraus auszubrechen. Und die kleinen Glücksmomente im Amt sind eben, wenn man mal sein Handy im Auto liegenlässt. Mal zu Fuß vom Landtag zum Ministerium zu laufen und es nicht vorher anzukündigen, und tatsächlich weiß einer mal eine halbe Stunde nicht, wo man gerade ist. Und wenn man ganz mutig ist, setzt du dich noch zehn Minuten an den Strand. Macht als Gestaltungsoption ist wichtig, aber sie bekommt erst dann Schwingungen für mich, wenn es sich mit dem Wissen verbindet, dass daraus auch eine Verantwortung folgt. Die Demut vor der Macht macht die Macht attraktiv.

SCHLIESKY Der frühere Spiegel-Reporter Jürgen Leinemann hat die Schwierigkeiten prominenter Politiker mit dem Verlust von Macht beschrieben. Hat politische Macht auch Sie verändert?

HABECK Ja, da bin ich sicher. Ich weiß nur nicht genau wie, das müssten andere entscheiden. Die können es wahrscheinlich besser. Aber …

SCHLIESKY Eine Frage, die ich vermutlich Ihrer Frau stellen müsste …

HABECK Sie hat mich bewusster gemacht, das kann ich jedenfalls sagen. Die Dinge sind eben nicht mehr so leichtgängig, sondern man sieht immer mindestens zwei, drei Seiten, aber das habe ich eben schon gesagt. Aber das spornt mich dann umso mehr an. Ich bin halt politischer geworden, je länger ich in der Politik bin. Und zwar politischer im Ursinne des Wortes. Dass ich eine Leidenschaft dafür habe, mir Probleme zu suchen. In dem Sinne hat es mich verändert. Die Erfahrung hat zu einer größeren Leidenschaft geführt.

SCHLIESKY Wir hatten ja über Motivation gesprochen. Beim Philosophen ist es natürlich gefährlich, jetzt von Werten zu sprechen. Werte sind ja begrifflich eine relativ moderne Erscheinung. Bei den Klassikern der politischen Philosophie sind sie als Begriff nicht bekannt, bei den Kirchenvätern erst recht nicht. Trotzdem sind sie als Handlungsmaßstab, heute vielleicht auch als Sehnsuchtsziel in aller Munde. Woher nehmen Sie Ihre Werteorientierung? Welche sind Ihre Werte?

HABECK Werte wie Begriffe beweisen sich nur in der Wirklichkeit. Und meine Wirklichkeit, insofern mein Wertekompass, ist, denke ich, meine Familie, und zwar im ganz konkreten. In dem Moment, wo mir meine Familie sagen würde, du verrätst permanent, das, was du eigentlich bist, würde ich sagen: Okay, dann lasse ich es. In dem Moment, wo mir meine Kinder sagen, wie kannst du nur das oder das richtig finden, würde ich ins Stottern kommen. Ich kann das jetzt noch schnell mit einer Anekdote deutlich machen. Ich bin ja Landwirtschaftsminister, insofern auch für die Tierhaltung zuständig, und die Debatten über Tierwohl, Tierschutz, Nutztierhaltung, die habe ich rauf und runter geführt. Mein Sohn hat mich mal mit einer einzigen Frage völlig ausgehebelt, als er wissen wollte, warum töten wir eigentlich Tiere? Und es gibt, glaube ich, keine gute Antwort darauf. Es gibt Antworten: weil wir ein ökonomisches System haben, Bauern, die die Tiere halten, weil sie gut schmecken, weil wir eine Tradition haben, weil wir eine Kultur haben, die Schweinefleisch isst. Aber sind das ethisch überzeugende Argumente, Tiere industriell so zu halten, um sie zu töten? Nein. Seitdem habe ich aufgehört Fleisch zu essen. Also, wo kommen meine Werte her? Aus dem engsten privaten Raum.

SCHLIESKY Wir haben ganz viel über den Staat gesprochen. Das Ende des Staates oder von Staatlichkeit wird schon lange vorhergesagt, ohne dass diese Vorhersagen bisher jemals eingetreten wären. Auf der anderen Seite gibt es den Staat, den jedenfalls Juristen auch immer zeichnen, im Grunde seit dem 19. Jahrhundert nicht mehr. Jedenfalls nicht in der Reinform von Staatsgebiet, Staatsvolk, Staatsgewalt, Souveränität. Wir erleben gemeinsame Souveränität in der EU, wir erleben Globalisierung in Gestalt von internationalen Abkommen und auch Verpflichtungen. Wir erleben den Rückzug des Staates aus vielen früheren Bereichen, in denen er tätig war. Und wir erleben auch Funktionsverluste von Staatsgewalt. Wie ist Ihre Prognose für den Staat? In welche Richtung geht die Entwicklung?

HABECK Es wird immer eine Organisationsform von Gesellschaft geben, wenn es gut läuft, eine Organisationsform, die der individuellen Freiheit den maximalen Raum gibt, der immer da aufhört, wo die Freiheit des Anderen tangiert ist. Welche Formen wir dafür entwickeln, ist schwer vorherzusagen. Politik ist ein hochdynamischer Prozess. Für jetzt kann ich sagen, wir fahren gut mit den Institutionen, die wir im Moment aufgebaut haben, aber wir müssen sie internationalisieren. Wird es dann noch Deutschland geben? Ich weiß es nicht. Wäre das schlimm, wenn wir dafür ein geeintes Europa hätten oder eine Weltdemokratie? Eher nicht, oder?

SCHLIESKY Da sind wir schon ganz nah an der Glaskugel. Wenn ich Sie um eine Prognose bitten dürfte – wie wird unser Staat in 20 Jahren aussehen? Es kann auch die Glaskugel der Hoffnung sein.

HABECK Wir werden weniger Bundesländer haben, dafür größere. Wir werden Verantwortung an Europa delegiert haben. Wir werden die europäischen Institutionen durch europäische Wahlen wählen und nicht durch nationale Wahlen. Es wird keinen Europäischen Rat mehr geben, dafür aber ein gewähltes europäisches Kabinett. Wir werden die NATO überführt haben in eine Institution der UN. Das ist das positive Szenario, das darauf setzt, dass wir humanitäre Werte und Ideale der Aufklärung fortschreiben können. Das Alternativszenario dürfte auch klar sein: Zerfall von Europa, Deutschland wieder als renationalisierter Staat wie im 19. Jahrhundert, und die Bundeswehr ist keine Friedensarmee mehr, sondern wir haben einen heißen Konflikt – mindestens an den osteuropäischen Grenzen –, weil die Leute, die aus Syrien, Afrika zu uns kommen, nicht nur mit Gummibooten kommen und darauf warten, dass sie im Mittelmeer ertrinken, sondern einfach ihre Kalaschnikows mitnehmen und sagen, dann holen wir uns halt eine Insel, wenn die uns nicht rauflassen wollen.

SCHLIESKY Die letzte Glaskugel verhüllen wir dann lieber wieder schnell. Zum Schluss: Könnte in absehbarer Zeit etwas Neues an die Stelle des Staates treten?

HABECK Staatlichkeit wird es in einer Form immer geben, wenn wir nicht in Anarchie oder Stämmen leben wollen, irgendwas zwischen Neandertaler und Mad Max. Aber ist das besser? Nur im Kino. Solange wir uns mit unserer Gegenwart beschäftigen, müssen wir uns mit der Republik beschäftigen.

SCHLIESKY Ganz herzlichen Dank.

HABECK Es war mir eine große Freude.

Prof. Dr. Peter M. Huber

Geboren 1959, verheiratet, zwei Töchter; Jurastudium an den Universitäten München und Genf; nach dem Zweiten Staatsexamen 1987 Promotion an der Juristischen Fakultät der LMU München, dort 1991 auch Habilitation. 1991 Professur für Öffentliches Recht an der Universität Augsburg, 1992 Lehrstuhl für Staats- und Verwaltungsrecht, Europarecht, Öffentliches Wirtschafts- und Umweltrecht an der FSU Jena; 2001 Lehrstuhl für Öffentliches Recht und Recht der Europäischen Integration an der Universität Bayreuth, 2002 Lehrstuhl für Öffentliches Recht und Staatsphilosophie an der LMU München; 2003 bis 2004 Mitglied der Kommission von Bundestag und Bundesrat zur Modernisierung der bundesstaatlichen Ordnung; 2002 bis 2009 Mitglied der Kommission zur Ermittlung der Konzentration im Medienbereich (KEK) an, ab 2008 Vorsitzender; von 2007 bis 2009 Mitglied des Staatsgerichtshofes der Freien Hansestadt Bremen; von 2009 bis 2010 Innenminister des Freistaats Thüringen; seit 2010 Richter des Bundesverfassungsgerichts im Zweiten Senat.

GESPRÄCH MIT

Herrn Bundesverfassungsrichter Prof. Dr. Peter M. Huber

SCHLIESKY Was verstehen Sie unter dem Staat?

HUBER Unter dem Staat verstehe ich die Organisationsform, die sich eine Gesellschaft gibt. Es handelt sich dabei um eine juristische Person, die sich auf Mitglieder, die Staatsangehörigen, stützt.

SCHLIESKY Hat der Staat auch bestimmte Funktionen zu erfüllen, und ist er darüber hinaus mehr als ein funktionales System aus Ihrer Sicht?

HUBER Der Staat hat natürlich bestimmte Funktionen oder Zwecke zu erfüllen. Er ist kein Selbstzweck. Sein wichtigster Zweck ist es, die Sicherheit nach innen und außen zu gewährleisten.

SCHLIESKY Ist der Staat heute mehr als ein funktionales System?

HUBER Er ist jedenfalls Teil eines Systems, systemtheoretisch gesprochen eher ein Subsystem als das System selbst. Entscheidend ist dabei, dass dieses System bestimmte Zwecke zu erfüllen hat, von denen die Gewährleistung der Sicherheit nach innen und außen der wichtigste ist, aber natürlich auch die Wohlfahrtspflege und die Sicherung einer ökologischen Zukunftsfähigkeit der Gesellschaft. Da er dazu auch in andere Subsysteme übergreifen und deren Rationalitäten verändern kann, ist er mehr als ein funktionales System.

SCHLIESKY Die Idealisierung des Staates ist eine deutsche Eigenheit, wenn man nur an Hegel denkt, der den Staat als „die Wirklichkeit der sittlichen Idee“ definierte. Nach dem verbrecherischen Missbrauch von Ideen staatlicher Gemeinschaft durch die Nationalsozialisten betrachten wir den Staat der Bundesrepublik sehr viel nüchterner. Zu nüchtern?

HUBER In der Regel liegt die Wahrheit ja in der Mitte. Der Staat ist, so sollte es nach den Vorstellungen des Herrenchiemseer Konvents in Art. 1 GG heißen, um des Menschen willen da, nicht der Mensch um des Staates willen. Vor diesem Hintergrund ist weder eine Staatsverachtung noch eine Staatsvergottung angebracht. Man sollte ihn vielmehr nüchtern – sine ira et studio – betrachten und danach fragen, ob er die ihm zugedachten Funktionen, Zwecke und Aufgaben im Interesse seiner Angehörigen einigermaßen erfüllt. Dass sich mit der Erfüllung seiner Zwecke und Aufgaben auch die Verwirklichung des Gemeinwohls verbindet, dass Gemeinwohl einen besonderen ethischen Wert besitzt, und dass der Einsatz für das Gemeinwohl heute vielleicht nicht immer im gebotenen Umfang beachtet und wertgeschätzt wird, das kann man durchaus feststellen.

SCHLIESKY Könnte das an dem Bild vom Staat liegen, das wir haben? Denn bis zum 19. Jahrhundert hat man in Europa ein organisches Staatsverständnis zugrunde gelegt, mit dem man das heute ja auch gewollte Zusammenwirken von Staat und Gesellschaft wahrscheinlich besser erklären könnte. Jedenfalls hatte man ein Vorstellungsbild, dass der Staat als Organismus ähnlich dem Menschen mit Gliedern ausgestattet ist und nur das Zusammenwirken aller Glieder eben das Gemeinwohl verwirklicht. Brauchen wir zur besseren Erklärung eine Orientierung an alten Bildern, oder brauchen wir vielleicht ganz neue Bilder?

HUBER Zweifellos können Bilder auch dem Verständnis abstrakter und differenzierter Sachverhalte dienen und sie manchmal auch auf eine emotionale, symbolische Weise auf den Punkt zu bringen vermögen. Da wir uns wohl nicht mehr als Glieder unter einem Haupt oder als Untertanen unter einer Krone verstehen wollen, benötigen wir andere Bilder. Ein Vergleich mit Vereinen, Gesellschaften o. ä. läge mir näher; die Politik bedient sich insoweit erstaunlich oft des FC Bayern – aber vermutlich nicht in NRW.

SCHLIESKY Ob der FC Bayern bundesweit mehrheitsfähig wäre …

HUBER Gleichwohl ist die Vorstellung, dass der Staat mehr ist als eine abstrakte Größe, und dass er dazu dient, Zusammenhalt zu organisieren und die Zukunft im Interesse aller möglichst gut zu meistern, in der deutschen Identität tief verwurzelt. Als einzige der westlichen Nationen – das muss man sich auf der Zunge zergehen lassen – nennen wir den Staat „Vater". Mir persönlich ist das nicht sehr sympathisch, weil damit ein gewisser Untertanengeist mitschwingt, der bei uns auch 100 Jahre nach dem Ende der Monarchie noch weiter verbreitet ist, als bei den meisten unserer Freunde; aber ein anschauliches Bild ist es durchaus. Ein anderes Bild ist das des Bootes, das nicht nur von Guido Westerwelle bemüht wurde, sondern auch in der Privatisierungs- und Regulierungsdebatte der 1990er Jahre unter dem Schlagwort „steuern statt rudern" eine prominente Rolle gespielt hat.

SCHLIESKY Der Staat ist – Sie haben es ja mit der Verfasstheit angesprochen – sicher auch ein Instrument zur Einhegung politischer Macht. Welche Bedeutung kommt denn der Macht in einem demokratischen Verfassungsstaat wie dem unsrigen zu?

HUBER Der Staat und die ihn konstituierende Verfassung (!) dienen nicht nur der Einhegung, sondern auch der Begründung und Legitimierung politischer Macht. Ohne Macht, ohne glaubhafte Durchsetzungsbereitschaft, lassen sich weder das Gewaltenmonopol des Staates gegenüber den Bürgern noch die territoriale Integrität gegenüber Dritten behaupten. Ein Staat, der nicht in der Lage ist, seine Rechtsordnung durchzusetzen oder seine Grenzen – ggf. im Zusammenwirken mit anderen – zu verteidigen, wird zum „failed state". Die Ausübung von Macht ist allerdings kein Selbstzweck, sondern ein Vehikel, um Zwecke und Aufgaben des Staates zu erfüllen. Im Staat des Grundgesetzes hat alle Macht den Zweck, seinem zentralen Axiom, der Freiheit, Gleichheit und Selbstbestimmung des Einzelnen zu dienen.

SCHLIESKY Gerade wenn man bei diesem Machtaspekt bleibt: Caesar soll geäußert haben, dass der Staat ein Nichts sei, nur ein Name ohne Körper und Gestalt. Danach kommt es dann letztlich auf die Persönlichkeit und Dignität, vor allem aber wohl auch auf die Autorität des Machtinhabers an. Gilt diese Einschätzung in heutigen Zeiten des Wegfalls metaphysischer Staatsbegründung erneut? Gerade wenn man sich das aktuelle politische Umfeld anschaut?

HUBER Von dem Satz, dass (nur) Männer oder Frauen Geschichte machen, war ich nie so ganz überzeugt. Auch in der Vergangenheit konnten Personen nur in einem bestimmten politischen, ökonomischen und sozialen Umfeld agieren, war die Ausübung von Macht ein dialektischer Prozess zwischen Personen und Institutionen. Das galt offenkundig auch für Caesar und den römischen Senat. Im freiheitlichen und demokratischen Verfassungsstaat haben sich die Gewichte zugunsten der Institutionen verschoben. Werden seine Spielregeln respektiert, was, wie ein Blick auf die Türkei, Polen oder Ungarn zeigt, freilich keineswegs gewährleistet ist, so sind die Institutionen stärker als die Amtswalter. Insofern brauchen wir Menschen, die sich den staatlichen Funktionen in Loyalität und unter tendenzieller Hintanstellung des eigenen Egos widmen, dem Land m. a. W. „dienen." Der – ggf. auch langweilige – „Diener" ist wichtiger als die charismatische Persönlichkeit, auch wenn diese den medialen Erwartungen und Unterhaltungsbedürfnissen eher entgegenkommen mag. Ob sie auch bessere Wahlchancen hat, scheint mir keineswegs ausgemacht.

SCHLIESKY Was können wir denn insoweit aus den Entwicklungen jetzt in Polen, in Ungarn, in der Türkei oder auch in Russland lernen?

HUBER Ohne die genannten Länder für den freiheitlichen und demokratischen Verfassungsstaat schon verloren geben zu wollen, können wir aus den dramatischen Vorgängen, die dort in den letzten Jahren stattgefunden haben, für uns nur die Schlussfolgerung ziehen, dass wir die Integrität unserer Verfassungsordnung jeden Tag aufs Neue sichern und verteidigen müssen, dass sie nicht gottgegeben ist, dass auch die Inkraftsetzung einer Verfassung und ihre erfolgreiche Implementation über einen längeren Zeitraum hinweg nicht ausreicht, um sie unantastbar zu machen. Daraus folgt, dass man Ansätzen, wie sie in den genannten Ländern – in unterschiedlichem Umfang – zu beobachten sind, von Anfang an zu wehren ist. Principiis obsta – so früh wie möglich und im Rahmen der geltenden Verfassungsordnung. Wenn man diese nicht mehr ernst nimmt, werden wir andere Herrschaftsformen bekommen, die auf ein krudes Mehrheitsregime setzen oder schlicht auf die Macht. Das ist weder in unserem Interesse noch in dem unserer Kinder.

SCHLIESKY Mit Sicherheit nicht. In welchem Verhältnis stehen Staat und Menschen bzw. Staat und Gesellschaft zueinander?

HUBER Idealtypisch ist der Staat die rechtliche Verfassung einer Gesellschaft. Zwar stützt sich der Staat auf das Volk, und das ist als Summe der Staatsangehörigen natürlich nicht identisch mit der Summe der Menschen, die eine Gesellschaft ausmachen; idealtypisch macht das Staatsvolk den wesentlichen Teil der Gesellschaft aus. Dass es auf einem Territorium immer auch Personen gibt, die nicht dazu gehören – als Touristen, als Studenten oder Arbeitnehmer auf Auslandsaufenthalt, als Ausländer – ist klar. Jedoch sollte – so auch die Rechtsprechung des Bundesverfassungsgerichts – die Differenz zwischen Volk und Bevölkerung/Gesellschaft so gering wie möglich gehalten werden. Das ist eine Herausforderung für die Integration, das Ausländer- und Staatsangehörigkeitsrecht, aber auch für das Selbstverständnis und die Integrationskraft einer Gesellschaft. Darauf wollen wir ja noch näher eingehen.

SCHLIESKY Ich warte trotzdem noch, bevor ich es vertiefe. Ich bleibe auf der abstrakten Ebene, dem Verhältnis zwischen Staat und Gesellschaft. Der

Staat gewährleistet und schützt Freiheit, der Staat nimmt unbestrittenermaßen aber auch Freiheit. Wie sollte das Verhältnis zwischen Staat und persönlicher Freiheit beschaffen sein?

HUBER Es ist ein dialektischer Befund, dass der Staat nicht nur Freiheit garantiert, sondern sie auch gefährdet. Das ist gewissermaßen der cantus firmus der Staatsphilosophie des 17. und 18. Jahrhunderts. Im freiheitlichen und demokratischen Verfassungsstaat ist diese Dialektik in dem von Carl Schmitt sogenannten rechtsstaatlichen Verteilungsprinzip dauerhaft aufgehoben. Danach gilt: Im Zweifel für die Freiheit und für die Rechtfertigungsbedürftigkeit von Freiheitsbeschränkungen.

SCHLIESKY Das provoziert die Frage: Was war zuerst da … Freiheit oder Staat? Gibt der Staat die Freiheit, oder ist die Freiheit erst da, sich zum Schutz einen Staat zu gründen?

HUBER In rechtsphilosophischer Hinsicht lässt sich über diese Frage trefflich streiten, wie ein Blick auf Hobbes, Locke und Rousseau zeigt. In historischer Hinsicht war es zweifellos der existierende Staat, dem die Freiheit zunächst abgetrotzt werden musste, der mittels seiner Rechtsordnung aber auch allein in der Lage war, sie zu garantieren.

SCHLIESKY Das sehe ich genauso, deswegen schließt sich dann die Frage an: Kann es Freiheit ohne den Staat geben?

HUBER Auf Dauer nicht. Zwar mag es in wenigen Nischen einer Gesellschaft für eine begrenzte Zeit funktionierende Formen von Anarchie geben. Auf Dauer aber wird sich dort die Macht des Stärkeren, das Faustrecht durchsetzen. Da ein solcher Zustand der Natur des Menschen als zoon politikon widerspricht, werden die Betroffenen danach streben, diese Macht einzuhegen und zu organisieren und Strukturen schaffen bzw. sich Strukturen unterwerfen, die man jedenfalls in einem weiteren Sinne als staatlich bezeichnen kann und die für ein rechtlich geordnetes Maß an Freiheit sorgen. Letztlich kann es keine Freiheit ohne den Staat geben.

SCHLIESKY Wenn man jetzt das eigene Gesichtsfeld verlässt und sich unsere Gesellschaft und unsere Öffentlichkeit anschaut, passen dann der Staat, genauer: unser Staatsbild und unsere Gesellschaft noch zusammen? Hat unsere Gesellschaft noch eine konsentierte Vorstellung vom Staat?

HUBER Da bin ich mir nicht so sicher. Nach meinem Eindruck haben der Wohlstand und die glücklichen Lebensumstände der letzten Jahrzehnte dazu geführt, dass sowohl weite Teile der Bevölkerung als auch der politischen, ökonomischen, wissenschaftlichen und publizistischen Eliten die Bedeutung des Staates für das Funktionieren der Gesellschaft aus dem Auge verloren haben. Verführt durch die Vision eines „Endes der Geschichte", in der sich die westlichen Werte auf globalen Märkten und in weltumspannenden Kommunikationsbeziehungen durchsetzen, einer ideologischen Überhöhung der Leistungsfähigkeit Privater im Kontext der Privatisierungs- und Deregulierungsdebatten der 1980er und 1990er Jahre und der Vorstellung von einer vermeintlichen Dichotomie zwischen europäischer Integration und Nationalstaat sowie den praktischen Möglichkeiten, politische Verantwortung in Mehr-Ebenen-Systemen diffundieren zu lassen, gerieten der Staat und seine Funktionen aus dem Blick. In Deutschland hat das nachgerade zu einer Sinnkrise der Staatlichkeit geführt. So haben die Krisen der vergangenen Jahre gezeigt, dass es selbst unter den Amtswaltern keine konsentierten Vorstellungen über das gibt, was unsere spezifische Gesellschaft ausmacht und was sie zusammenhält, und erst recht nicht darüber, was die Zwecke sind, die der Staat im Interesse dieser Gesellschaft zu erfüllen hat. Das beginnt bei der Unwilligkeit bzw. Unfähigkeit, die eigenen Interessen zu definieren und endet in der Behauptung, dass man seine Grenzen nicht schützen könne oder wolle.

SCHLIESKY Auf der anderen Seite erleben wir eine zunehmende Bewegung, die aus dem Volk kommt und selbst entscheiden will. Der Ausgangspunkt der Verfassung ist: „Alle Staatsgewalt geht vom Volke aus." Der in Art. 20 Abs. 2 S. 1 GG verankerte Grundsatz der Volkssouveränität würde ja auch mehr oder überhaupt unmittelbare Demokratie auf Bundesebene erlauben, wie Art. 20 Abs. 2 S. 2 GG verdeutlicht. Sind wir eine so reife Demokratie, dass wir mehr Entscheidungen dem Volk selbst überlassen können? Oder zeigt uns der zunehmende politische Populismus in Deutschland und Europa, dass wir mit einer Fokussierung auf ein repräsentatives System gut oder vielleicht besser beraten sind? Hatte Bodin mit seiner Einschätzung Recht: „Das Volk ist unbeständig, wankelmütig und nicht urteilsfähig. Es dreht sich mit dem Wind."?

HUBER Ihre letzte Bemerkung trifft nach meiner Wahrnehmung auf die Repräsentanten des Volkes im selben Maße zu. Der Populismus ist ja durchaus auch ein Phänomen repräsentativer Demokratien. Die Umwandlung Russlands, der Türkei, Polens und Ungarns in mehr oder weniger autoritäre Regierungssysteme sind – von dem nicht gerade lupenreinen Verfassungsreferendum in der Türkei abgesehen – keine Produkte direkter Demokratie, ebenso wenig die Wahl Donald Trumps zum US-Präsidenten. Ich finde die Frage und den mit ihr verbundenen Ansatz zu paternalistisch. Weil die Obrigkeit mit den Ergebnissen hadert, soll dem Volk die politische Selbstbestimmung vorenthalten bleiben? Das hört sich eher nach 1817 als nach 2017 an. Es gehört zu den Axiomen einer Republik der Freien und Gleichen, dass niemand die staatsbürgerliche Reife des anderen beurteilt und bewertet. Im Schnitt ist das Volk nicht dümmer als seine Repräsentanten und genauso entscheidungsfähig wie diese. Da muss man gar nicht auf das Phänomen der Schwarmintelligenz zurückzugreifen. Im Übrigen ist es ja auch nicht so, dass Wankelmütige, aus dem Bauch heraus entscheidende Analphabeten auf der einen Seite abgeklärten, allein dem Gemeinwohl verpflichteten Sachwaltern der Rationalität auf der anderen Seite gegenüber stünden. Als Bayer lohnt es sich, die nord- und westdeutschen Brüder und Schwestern daran immer wieder zu erinnern.

SCHLIESKY Warum?

HUBER Im Freistaat Bayern haben wir, wie Sie wissen, eine besonders intensive Erfahrung mit der direkten Demokratie. Es ist wohl kein Zufall, dass alles, was man an Zusammenhalt, Akzeptanz, Gemeinwohlorientierung etc. für ein funktionierendes Staatswesen benötigt, bis zur Einstellung von Studierenden, deren höchste Berufung es ist, dem Staat zu dienen, in Deutschland durchaus unterschiedlich verteilt ist, und dass es hier ein sehr deutliches Nord-Süd-Gefälle gibt. Selbst die Wertschätzung der Institutionen des Bundes ist in Bayern mit Abstand am höchsten. Darin kommt eine Grundzufriedenheit mit dem politischen System zum Ausdruck, die etwas damit zu tun hat, inwieweit man sich mit dem System identifiziert. Nimmt man den Blick auf die Schweiz hinzu, so kann man feststellen, dass der Bürger in dem Maße, in dem er als Träger der Staatsgewalt ernst genommen wird, sich auch in die Verantwortung nehmen lässt, und dass dies positive mentale Konsequenzen hat.

SCHLIESKY Zur Ehrenrettung der Schleswig-Holsteiner: Seit 25 Jahren eifern wir dem bayerischen Vorbild nach, und zumindest hat noch kein Volksbegehren oder Volksentscheid das Land in Gefahr gebracht.

Aber zum Kreis der Abstimmungsberechtigten: Die Zugehörigkeit zum Staatsvolk und der Bürgerstatus werden immer noch von der am Nationsgedanken orientierten deutschen Staatsangehörigkeit bestimmt. Ist diese Verbindung ersetzungsfähig? Und gar ersetzungsbedürftig?

HUBER Dass hier ein Problem besteht, ist unbestreitbar. Genauso unbestreitbar ist freilich, dass keine Gemeinschaftsbildung ohne Inklusions- und

Exklusionsmechanismen vonstatten gehen kann. Das bedeutet zwangsläufig, dass man zwischen denen, die dazu gehören und denen, die nicht dazu gehören, unterscheiden muss, und dass es dafür Kriterien gibt. „No borders, no nation", bedeutet globale Anarchie und ist keine Option. Das gilt auch für diejenigen, die an der Konnexität von Staatsbürgerstatus und Partizipationsrechten rütteln wollen. Das Bundesverfassungsgericht hat in seinen beiden Urteilen zum Hamburgischen und Schleswig-Holsteinischen Ausländerwahlrecht ja deutlich gemacht, dass der Mechanismus, mit dem das Auseinanderfallen zwischen Volk und Gesellschaft, Staatsangehörigen und Ausländern begrenzt oder verhindert werden kann, die Reform des Staatsangehörigkeitsrechts ist. Mir scheint das ein ganz probater und nach wie vor gangbarer Weg zu sein, und wir haben ja im Jahre 2000 eine grundlegende Reform des Staatsangehörigkeitsrecht gehabt. Natürlich kann man auch Leuten nach 8 oder 10 Jahren das Wahlrecht geben; da stellt sich allerdings die Frage, ob man das nicht gleich Einbürgerung nennen sollte, weil Unterschiede zu den Staatsangehörigen dann nicht mehr bestehen. Es ist somit eher eine Frage der Begriffe als der Inhalte. Persönlich fände ich eine noch weitergehende Entwertung der Staatsangehörigkeit allerdings nicht wünschenswert. Wenn die Menschen ein Bewusstsein für die über die Funktionalität hinausgehende Bedeutung des Staates haben sollen, wenn sie bereit sein sollen, für den Staat, d. h. die Gemeinschaft, auch Opfer zu erbringen und Nachteile hinzunehmen, sollte man die Entleerung der mit der Staatsangehörigkeit verbundenen Rechte und Pflichten nicht noch weiter treiben. Schon die Abschaffung der Wehrpflicht war, unabhängig davon, dass verteidigungspolitische und gleichheitsrechtliche Gründe für sie gesprochen haben – für unser Staatsverständnis kein Vorteil, und das wird auch nicht durch die Pflicht, Steuern zu zahlen kompensiert. Man braucht schon klar identifizierbare Rechte und Pflichten, die mit dem spezifischen Status des Bürgers verbunden sind. Das haben wir bisher immer Staatsangehörigkeit genannt. Der Begriff ist mir relativ gleichgültig, aber auf ihn verzichten kann man nicht. Die bedingungslose Mitwirkung aller, die von den Entscheidungen, die sie mitverantworten, möglicherweise gar nicht mehr betroffen sein werden oder deren Folgen sie sich ohne weiteres entziehen können, scheint mir keine Option.

SCHLIESKY Wir haben es ja durch die Unionsbürgerschaft ein wenig relativiert. Die ausschließliche Bindung an den Staat im Sinne von Nation und Nationalstaat mit einem exklusiven Rechte- und Pflichtenstatus haben wir durch das europäische Recht schon etwas aufgebrochen. Aber das wäre dann hinnehmbar?

HUBER Die Relativierung in Art. 28 Abs. 1 Satz 3 GG ist eng begrenzt und stellt das Prinzip nicht in Frage. Auch tritt die Unionsbürgerschaft ja nicht an die Stelle der Staatsangehörigkeit, sondern ergänzt sie. Wenn ich die aktuelle Entwicklung betrachte, haben sich zudem nicht alle Erwartungen, die mit der Einführung der Unionsbürgerschaft verbunden waren, erfüllt. Das pathetische „Civis europaeus sum“ ist etwas für Generalanwälte und europhile Politikwissenschaftler, scheint unter dem Druck der Migrationskrise jedoch nicht sehr belastbar. Der unbeschwerte Elan des EuGH, Unionsbürgern anderer Mitgliedstaaten den Zugang zu Sozialleistungen zu öffnen, wie er seit der Rs. Grzelczyk zum Ausdruck kam, hat in letzter Zeit doch sichtlich nachgelassen. Das dürfte damit zu tun haben, dass es in der Europäischen Union zwar durchaus ein gewisses Maß an Zusammenhalt der Menschen gibt, an das (Um-)Verteilungsentscheidungen der Politik anknüpfen können; wie belastbar die Bereitschaft zu teilen ist, ist jedoch eine offene Frage. Der Brexit, die Forderungen aus Frankreich, Italien und anderen südeuropäischen Ländern nach deutlich größeren Transferleistungen werden uns hier bald Anschauungsmaterial liefern. In der Flüchtlingskrise haben sich diese Länder jedenfalls nicht als sonderlich solidarisch erwiesen.

SCHLIESKY Sie haben ja dieses besondere Band zwischen Staat und Staatsbürgern angesprochen. Wieviel Zuwanderung hält dann eine Nation aus?

HUBER Das kann man nicht in konkreten Zahlen ausdrücken. Die Aufnahmefähigkeit einer Gesellschaft hängt von ihrer Integrations- und Assimilationsfähigkeit ab, von ökonomischen, organisatorischen, aber auch von politischen und sozialpsychologischen Bedingungen. Integration kann nicht bedeuten, dass Angehörige unterschiedlichster Kulturen nebeneinander her leben und keine gravierenderen Straftaten begehen. Eine offene Gesellschaft muss natürlich für neue Einflüsse und ihre Weiterentwicklung offen sein, und das ist mehr als Spaghetti, Döner oder Falafel in den Speiseplan aufzunehmen. Kern von Integration ist jedoch, dass sie in eine den unterschiedlichen Milieus gemeinsame Gesellschaft hinein erfolgt. Deshalb müssen nicht alle Lederhosen tragen oder Seemannsshanties singen, obwohl beide in unserer Gesellschaft ihren Platz haben. Entscheidend ist, dass sich das gesellschaftliche Zusammenleben auf Werte, Verfahren, Traditionen und kulturelle Dimensionen wie die Sprache stützen kann, die ausreichend Bindekraft entfalten, um neu Hinzukommende zu integrieren. Man kann das Leitkultur nennen, aber auf den Begriff kommt es nicht an. Dass sich die Gesellschaft mit jedem neuen Mitglied verändert, liegt in der Natur der Sache, und je mehr hinzu kommen, um stärker verändert sie sich. Der Zusammenhalt der Gesellschaft, das Gemeinsame, darf darüber aber nicht verloren gehen.

SCHLIESKY Ich würde gern noch einmal auf den Gedanken zurückkommen, den Sie eben angesprochen haben. Viele unserer personenbezogenen staatlichen Grundkategorien wie Volk, Nation, Bürger basieren auf Ab- und Ausgrenzungen. Wie verträgt sich das mit einer „Integrationspolitik" in größerem Stil? Was kann das Ziel einer solchen Politik sein?

HUBER Das ist eine schwierige Frage. Sie kann aus meiner Sicht weder mit „Ja" noch mit „Nein" beantwortet werden, sondern mit der Bestimmung des richtigen Maßes. Auch wenn Grenzen Probleme bereiten – ohne Grenzen kann es keine Herrschaftsordnungen geben. Daher müssen Grenzen gegebenenfalls auch verteidigt werden. Ein Staat – aber auch ein Staatenverbund wie die EU – der seine Grenzen nicht schützen kann oder will, wird eher über kurz als über lang scheitern. Sowohl der Binnenmarkt als auch der Raum der Freiheit, der Sicherheit und des Rechts zielen ja auf eine Beseitigung der Binnengrenzen und ihre Ersetzung durch gemeinsame Außengrenzen. Das hat mit Schengen jahrelang ganz gut, mit dem Dublin-System dagegen von Anfang an nicht funktioniert. Denn die offenen Grenzen haben auch ihren Preis – Massenmigration und einen deutlichen Anstieg der Kriminalität. Beides berührt den wichtigsten Staatszweck, die Gewährleistung von Sicherheit nach innen und außen. Da der Staat und die EU hier nicht scheitern dürfen, wenn sie das Vertrauen der Menschen nicht verlieren wollen, müssen sie auch bereit und in der Lage sein, ihre Grenzen zu schützen, wenn der Preis offener Grenzen zu hoch wird. Für Deutschland bedeutet dies konkret: Da die Völker Europas auf absehbare Zeit vermutlich nicht in einer gemeinsamen europäischen Nation aufgehen werden, weil dafür die historischen, soziologischen, wirtschaftlichen, politischen, mentalen und kulturellen Voraussetzungen fehlen – persönlich hielte ich dies auch gar nicht für wünschenswert, weil das Schöne an Europa ja die Vielgestaltigkeit seiner Kulturen und Lebensarten ist – und alle Vergleiche mit den USA daher schon im Ausgangspunkt verfehlt sind, wird die deutsche Politik nicht umhin kommen, sich Gedanken über Sinn und Zweck deutscher Staatlichkeit zu machen und die Funktionen, die die deutschen Grenzen in diesem Zusammenhang spielen. So gut und erstrebenswert es unbestreitbar ist, dass nationale Grenzen in einem vereinten Europa so durchlässig und überbrückbar wie möglich sind und dass ihnen möglichst wenig Trennendes zu eigen ist, ist dies kein Selbstzweck.

Wenn der Preis offener Grenzen zu hoch wird, wenn sie die Legitimität des Staates oder der ihre Schließung verhindernden EU unterminieren, muss man sich von ihnen zumindest für einen gewissen Zeitraum verabschieden. Europa scheitert nicht, wenn es zeitweise auf offene Grenzen verzichten muss, so bedauerlich das auch ist; es scheitert aber, wenn das Vertrauen in seine politische Ordnung verloren geht.

SCHLIESKY Grenzen braucht man auch in anderer Hinsicht, denn Abgrenzungen sind ja auch wichtig für die Bildung einer eigenen Identität. Die moderne Psychologie bestätigt dies ja. Sind die zur Bildung der Eigenidentität notwendigen Abgrenzungen nicht die Ursache für das Unbehagen großer Teile der Bevölkerung mit Integrations- und Gleichstellungspolitik, Gender- und Queer- Politik etc.? Der Philosoph Byung-Chul Han spricht insoweit von der „Wucherung des Gleichen". Kümmert Politik sich noch genug um die „Mehrheitsbevölkerung"?

HUBER Ich weiß nicht, ob man das so pauschal sagen kann. Aber klar ist, Inklusion und Exklusion sind unverzichtbar für die Identitätsbildung. Schon der Einzelne braucht für seine Persönlichkeits- und Identitätsbildung Dinge, in denen er sich von anderen unterscheiden kann, und das gilt auch für Gruppen, Gesellschaften und Nationen. Bei letzteren kann das die Sprache sein, die Verfassung, Institutionen, Hymne, Fahne, Währung, Bauwerke, Landschaften, Bilder, der Lebensstil, Geschichte, Traditionen, Religionen u. a. m. Ohne derartige Kriterien, die idealtypisch auch eine appellative und emotionale Dimension aufweisen, gelingt Identitätsbildung wohl nicht. Für uns ist das wegen des langen Schattens des NS-Regimes noch immer ein Problem. Unser Umgang mit den für eine Identitätsstiftung geeigneten Merkmalen ist nach wie vor befangen, und wir sind auch nur bedingt in der Lage, sie in den Dienst einer guten Sache zu stellen. Migranten beklagen in großer Zahl, dass es ihnen schwer fällt, sich zu integrieren und mit Deutschland zu identifizieren, weil viele autochtone Deutsche dies selbst nicht täten, und gerade in den Eliten trifft die Frage auf Sinn und Zweck der Bundesrepublik Deutschland nicht selten auf eine Leerstelle. So hat etwa eine Jugendorganisation der Grünen – Vergleichbares wäre aber auch aus anderen Organisationen zu erwarten – bei der Europameisterschaft dazu aufgerufen, die Autos nicht mit schwarz-rot-gold zu schmücken. In der Sache ist dies nichts anderes als Ausdruck des Unwillens, sich überhaupt als Nation verstehen zu wollen, eine Art Identitätsstörung. Wie aber wollen die Deutschen gute und verlässliche Europäer sein, wenn sie unausgesetzt mit sich hadern? Umgekehrt gibt es – und das betrifft den zweiten Teil Ihrer Frage – eine Tendenz, die eigentlich als Einheit gedachte liberale Gesellschaft der Freien und Gleichen zu fragmentieren und in ein Konglomerat unterschiedlicher kompakter Minderheiten aufzulösen. Soweit es um die gesellschaftliche Rolle von Kirchen, Religionsgesellschaften und Tarifparteien geht, ist das nichts Neues; im Kontext der Frauenförderung (obwohl Frauen die Mehrheit der Gesellschaft ausmachen) oder der Inklusionsdebatte sind in den letzten Jahren jedoch neue Phänomene entstanden. Diese Entwicklung kann sich fortsetzen – mit Blick auf die sexuelle Orientierung, die Herkunft u. a. m. Manche Beobachter sehen hier bereits ein neoständisches System heraufziehen, in dem wir alle nicht mehr zu Freiheit und Selbstbestimmung befähigte und vor dem Gesetz gleiche Bürgerinnen und Bürger sind, sondern durch unsere multiplen Minderheitsvertreter mediatisierte Objekte von Fremdbestimmung. Das mag überzeichnet sein, aber ein Blick auf die Wahl von Donald Trump, der sich als Repräsentant der schweigenden und vernachlässigten weißen Mehrheit inszenieren konnte, zeigt, dass es sich dabei nicht um eine Chimäre handelt.

SCHLIESKY Nach alldem brauche ich die nächste Frage wohl nicht zu stellen. Ich tue es dennoch. Kann Identitätsbildung ohne Abgrenzung gelingen?

HUBER Nein.

SCHLIESKY Nation und Nationalstaat sind „Erfindungen" des 18. und 19. Jahrhunderts, die ihre Gestalt im heutigen Nationalstaat gefunden haben. Ihre Übersteigerung hat im 20. Jahrhundert zu zwei furchtbaren Weltkriegen, Verfolgung, Vernichtung und Zerstörung geführt. Die europäische Integration schien den europäischen Nationalstaat allmählich zu überwinden, doch nun schlägt das Pendel anscheinend zurück. Die Nation und der relativ abgeschlossene Nationalstaat sind offenbar die heimelige Alternative gegenüber entgrenzter Globalisierung und einer als „kalt" empfundenen funktionalen europäischen Herrschaftsgewalt. Wie beurteilen Sie die Entwicklung eines solchen „Neo-Nationalismus"?

HUBER Die Erwartung, dass man sich aus der eigenen ungeliebten nationalen Existenz nach Europa retten kann, Europa also eine Alternative zum Nationalstaat darstellt, war schon immer eine Fehlvorstellung. Sie mag in Deutschland angesichts der Lasten der NS-Verbrechen näher gelegen haben als woanders, aber sie war falsch. Das ändert nichts daran, dass der Zusammenschluss der europäischen Staaten und ihr Fortbestand unter dem Dach der Europäischen Union für die Zukunft des Frieden und für das Glück des Kontinents alternativlos ist. Gleichwohl hat man, vor allem seit dem Vertrag von Maastricht Fehler gemacht, die man wahrscheinlich erst heute, mit etwas Abstand, identifizieren kann. Dazu beigetragen hat sicher auch die seit den 1950er Jahren gewachsene Selbstgewissheit der europäischen Bürokratie, die lange Zeit davon ausging, die Bürgerinnen und Bürger Europas zu ihrem Glück zwingen zu können. Dieser paternalistische Grundansatz, eine zu große Zahl europäischer – auch mitgliedstaatlich beschickter – Entscheidungsträger sowie höchst effektive und kaum kontrollierbare Lobbyorganisationen haben uns inzwischen ca. 150.000 Rechtsakte beschert, die miteinander nicht ausreichend koordiniert sind und das politische Handeln vor Ort lähmen oder unmöglich machen. Beispiele dafür finden sich in nahezu allen Rechtgebieten von der Verkehrs- und Umweltpolitik über das Vergaberecht bis zur Flüchtlingsproblematik. An dieser Situation tragen natürlich auch die im Rat vertretenen Regierungen der Mitgliedstaaten ein gerütteltes Maß an Mitschuld, bei denen die linke Hand oft nicht weiß, was die rechte tut. Die Antwort auf diesen Befund ist jedoch nicht der Neo-Nationalismus, sondern eine Neukonfiguration der Europäischen Union, in der es möglichst überschaubare Zuständigkeiten und Verantwortlichkeiten auf allen Ebenen gibt. Die Politiker müssen erkennen, dass die Europäische Union als Rechtsgemeinschaft ad absurdum geführt wird, wenn ihr Recht so disparat ist, dass es seine Funktion nicht mehr erfüllen kann, und dass dies letztlich auch auf die Legitimität der Mitgliedstaaten durchschlägt. Auch für die EU gilt insoweit des Diktum Montesquieus, dass, wenn es nicht erforderlich ist, ein Gesetz zu erlassen, es erforderlich ist, das Gesetz nicht zu erlassen. Mit anderen Worten: Weniger ist Mehr.

SCHLIESKY Wäre es denn die richtige Lösung, nun wieder Kompetenzen zurück auf die Mitgliedstaaten zu übertragen und die Rolle der Regierungen der Mitgliedstaaten zu stärken? Denn das ist ja nicht nur im Vertrag von Lissabon mit der Stärkung des Rates geschehen, sondern man sieht es jetzt ja besonders, dass im Grunde bestimmte europäische Regierungschefs das Heft des Handelns in der Hand halten und die Kommission ja gar keine Rolle bei den großen Fragen spielt, die Europa im Moment existenziell angehen. Ist das der richtige Weg für die nächsten Jahre?

HUBER Auch die europäische Verfassung lebt von Voraussetzungen, die sie nicht selber gewährleisten kann,

SCHLIESKY Das kommt auch noch dazu.

HUBER ... und das bedeutet, dass die Akzeptanz europäischer Entscheidungen ohne die Bereitschaft der Mitgliedstaaten und ihrer Bürgerinnen und Bürger, ihnen Folge zu leisten, nicht gewährleistet werden kann. Die Europäische Union, die Europäische Kommission und der Gerichtshof, arbeiten heute noch mit den Axiomen und Theoremen, die in den 1960er und 1970er Jahren entwickelt worden sind, als es darum ging, eine sachlich begrenzte Wirtschaftsgemeinschaft ins Werk zu setzen. Die Verwirklichung des Binnenmarktes war für alle Europäer freilich eine „Win-Win-Situation". Sie hat uns ermöglicht, bei Rewe Cassis de Dijon zu kaufen, obwohl dieser nicht so viel Volumenprozent hat, wie dies bei deutschen Likören sonst der Fall ist. Das hat allen genutzt und niemandem geschadet. Mit dem Maastrichter Vertrag und der Währungsunion, mit dem Vertrag von Amsterdam und dem Raum der Freiheit, der Sicherheit und des Rechts hat sich die Europäische Union dann jedoch angeschickt, auch Eingriffs- und Verteilungsentscheidungen zu treffen, bei denen es Gewinner und Verlierer gibt. Und auf einmal stellt man fest, dass es dafür keine Akzeptanz gibt. Aus meiner Sicht müsste der Ausweg aus den aktuellen Schwierigkeiten der EU darin bestehen, Politikbereiche zu identifizieren, deren gemeinschaftliche Erledigung für alle wieder eine „Win-Win-Situation" ermöglicht. Das scheint mir weniger die Wirtschaftspolitik zu sein, weil die wirtschaftspolitischen Vorstellungen vor allem zwischen Frankreich und einigen südeuropäischen Ländern auf der einen und Deutschland sowie einer Reihe von west-, nord- und osteuropäischen Mitgliedstaaten auf der anderen Seite, wie die letzten Jahre gezeigt haben, doch sehr weit auseinanderliegen und dass es da keinen vernünftigen Brückenschlag geben wird. Im Bereich der Verteidigung kann man sich dagegen gut vorstellen, dass man die Beschaffung vereinheitlicht, auch wenn das – wie das Beispiel Airbus zeigt – auch kein Spaziergang werden dürfte. Man könnte sich auch einen weiteren Ausbau von Frontex zu einem europäischen Grenzschutz vorstellen, der vorrangig für die Sicherung der Außengrenzen zuständig wäre. Im Prinzip bewährt hat sich das unionale Kartellrecht oder Datenschutzrecht, weil Safe-Harbour-Abkommen mit den USA besser von der Europäischen Kommission verhandelt werden. Eher zurückfahren sollte man dagegen eingriffsrelevante und mit Umverteilungsmaßnahmen verbundene Politikbereiche, weil die Akzeptanz des Unionsrechts hier schnell an Grenzen stößt. Es ist schade, dass Europa in den Augen seiner Bürger heute schlechter dasteht als vor 20 Jahren, aber dabei muss es nicht bleiben.

SCHLIESKY Deswegen ist ja die Pendelbewegung zwischen mehr Zentralisierung, Europäisierung auf der einen und mehr nationalen Kompetenzen auf der anderen Seite wieder voll im Gange.

HUBER In der Tat. Daher gilt es genauer als früher zu identifizieren, was die Europäer verbindet und daher auch von der EU erledigt werden kann, andere Bereiche aber zu renationalisieren.

SCHLIESKY Wie steht es denn um die nationalen Identitäten der Mitgliedstaaten? Die „Verfassung" der Europäischen Union achtet die nationale Identität, die in ihren grundlegenden politischen und verfassungsmäßigen Strukturen einschließlich der regionalen und lokalen Selbstverwaltung zum Ausdruck kommt, Art. 4 Abs. 2 S. 1 EUV. Wie bewahrt man diese alte nationale Identität, wie schafft man möglicherweise eine nötige neue nationale Identität? Das Bundesverfassungsgericht übersetzt dies ja letztlich mit der in Art. 79 Abs. 3 GG verankert gesehenen Verfassungsidentität. Haben wir selbst in Deutschland erst einmal die Aufgabe, uns dieser nationalen Identität zu vergewissern?

HUBER EU-Vertrag und Grundgesetz, das sind insoweit in gewisser Weise zwei Seiten derselben Medaille, auch wenn beide Vorschriften – Art. 4 Abs. 2 EUV und Art. 79 Abs. 3 GG – nicht deckungsgleich sind. Ausgangspunkt sind freilich die Mitgliedsstaaten, die ja nicht nur Herren der Verträge sind, sondern, wie uns der Brexit lehrt, aus der EU auch austreten können. Die Mitgliedstaaten müssen in der Tat erst einmal wissen, was ihre nationale (Verfassungs-)Identität ist, und sie müssen auch in der Lage sein, ihre darüber hinausgehenden Interessen zu definieren. Die meisten Mitgliedstaaten scheinen mir ohne größere Schwierigkeiten in der Lage zu sein, das zu tun. Wir in Deutschland sind es auch, soweit es um unsere Verfassungsidentität geht, denn Art. 79 Abs. 3 GG gibt uns einen klaren Anhaltspunkt, dass die Grundsätze der Menschenwürde, der Demokratie, des Rechts-, Bundes- und Sozialstaats sowie der Republik unantastbar sind. Zwar ist es etwas schwieriger zu bestimmen, was das im Einzelfall konkret bedeutet; die letzten Jahre haben dem Bundesverfassungsgericht jedoch Gelegenheit gegeben, einzelne Punkte wie das strafrechtliche Schuldprinzip oder die haushaltspolitische Gesamtverantwortung des Bundestages als Teil der Verfassungsidentität herauszuarbeiten. Ist das geschehen, lässt sich diese, wie die Praxis zeigt, auch ohne weiteres verteidigen. Schwieriger ist es, was die weitergehende nationale Identität im weiteren Sinne anlangt, von der Art. 4 Abs. 2 EUV spricht. Dass wir mit unserer Identität Schwierigkeiten haben, haben wir bereits besprochen, und das zeigt sich auch hier im europarechtlichen

Kontext: Jahrzehntelang wurde von offizieller Seite behauptet, europäische und deutsche Interessen seien dasselbe. Mir hat das nie eingeleuchtet, weil es doch letztlich darauf ankommt, wer die europäischen Interessen definiert und wer sich dabei durchsetzt, ob es Kompromisse gibt u. a. m. Wenn sich die EU (theoretisch) etwa für Protektionismus und Staatsdirigismus entscheiden sollte, könnte es doch gleichwohl so sein, dass nicht das, sondern der Freihandel im deutschen Interesse liegen. Unser politisches System hat, wie man an zahlreichen Beispielen beobachten kann – von Fragen des Datenschutzrechts über das Lebensmittelrecht bis zum gewerblichen Rechtsschutz – oft Schwierigkeiten, im sekundär- und tertiärrechtlichen Bereich unsere Interessen zu definieren und durchzusetzen. Die intellektuelle und organisatorische Leistung, diese Interessen festzulegen, sich darüber Gedanken zu machen, wie und mit wessen Hilfe man sie durchsetzt, welche Instrumente man nutzt, welche Kompromisse man einzugehen bereit ist, scheint Deutschland häufiger als andere Mitgliedstaaten zu überfordern, so dass „German vote" zum Synonym für die Enthaltung im Rat werden konnte. Wenn die Politik aber Schwierigkeiten hat, nationale Interessen zu definieren, gilt das auch für die Interessen, die sogar identitätsstiftend sind. Hier ist in der Tat Selbstvergewisserung angesagt.

SCHLIESKY Es wären also zunächst bei uns Hausaufgaben zu machen, bevor wir daran gehen können, die EU zu reformieren.

HUBER Die Bundesrepublik Deutschland wird ein umso besserer europäischer Partner sein, je deutlicher sie weiß, was sie will.

SCHLIESKY Was im föderalen Staat nicht einfach zu definieren ist, wenn man jedenfalls sieht, wie kompliziert die Willensbildung in europäischen Angelegenheiten und die Durchsetzung von Interessen in Brüssel sind.

HUBER Das stimmt. Aus meiner Zeit in der Föderalismuskommission I wie auch aus eigener Erfahrung weiß ich allerdings auch, dass das Hauptproblem bei der unzureichenden Positionsbestimmung und die wichtigste Ursache für das „German Vote" nicht der Bundesrat und die Länder sind, sondern die mangelnde Einigungsfähigkeit und –bereitschaft jedweder Koalitionsregierung in Bonn oder Berlin.

SCHLIESKY Ja, es ist jedenfalls immer sehr mühselig, eine Position zu finden, und wenn man sie immer erst dann findet, wenn alle anderen sich festgelegt haben, erschwert es die Verhandlungen.

HUBER Oder es dazu gar nicht kommt.

SCHLIESKY Zur emotionalen Seite: Was bedeutet Ihnen Europa? Was bedeutet Ihnen die Europäische Union?

HUBER Das kommt sehr auf die Situation/Konstellation an, in der ich mich befinde. Wenn ich außerhalb Europas bin, fühle ich mich sehr stark als Europäer. Da ist fast mein europäisches Gefühl so stark wie mein deutsches. Wenn ich mich in anderen europäischen Ländern aufhalte, ist das nicht ganz so stark, aber ich habe doch das Gefühl, ein bisschen dazuzugehören und nicht wirklich im „Ausland" zu sein. Der Anblick einer europäischen Fahne in Italien, Dänemark oder Frankreich vermittelt mir eine irgendwie positive Empfindung. In Deutschland empfinde ich mich natürlich in erster Linie als Deutscher oder als Bayer.

SCHLIESKY Und die Europäische Union?

HUBER Die Europäische Union ist eine zivilisatorische Errungenschaft, die man schon um des Friedens willen bewahren muss. Wie wichtig diese Funktion nach wie vor ist, zeigt die Debatte um den Brexit und die erschreckende Eskalation in der Rhetorik auf beiden Seiten. Das schließt es nicht aus, dass man die Europäische Union weiterentwickelt und ihre vertraglichen Grundlagen ändert. So wie für die Kirche das „semper reformanda est" gilt, so gilt es auch für die Europäische Union. Man muss ihre Organisation den sich wandelnden Herausforderungen, Gegebenheiten, Erfordernissen und Möglichkeiten der Zeit anpassen. Das geht freilich nicht im Sinne der immer engeren Union der Völker Europas, sondern kann – wie in anderen föderalen Gebilden auch – ein Prozess von Trial and Error sein. Die lange Zeit vor allem bei uns gehegte Vorstellung, die EU werde am Ende eine mehr oder weniger gelungene Kopie des deutschen Bundesstaates auf europäischer Ebene werden, die ja auch in der Figur der „Spitzenkandidaten" und der Behauptung einer „politischen Kommission" ihren Niederschlag gefunden hat, scheint mir eher in die Irre zu führen. Wir brauchen eine EU, die die Mitgliedstaaten fördert, das Gemeinsame bewahrt, Europa loyal, aber nicht dominierend nach außen vertritt, eine EU, die Diener der Mitgliedstaaten und ihrer Bürger, nicht ihr Präzeptor ist.

SCHLIESKY Damit haben Sie schon die nächste Frage beantwortet: In welchem Verhältnis sehen Sie den Mitgliedsstaat Bundesrepublik Deutschland und die Europäische Union zueinander?

HUBER In einer Principal – Agent – Beziehung, wobei die Mitgliedstaaten natürlich der Prinzipal sind.

SCHLIESKY Ok. Ist das auch das Verhältnis, in dem die beiden zueinander stehen sollten? Oder welche Finalitätsvorstellungen – wie es immer so schön technokratisch hieß – hätten Sie? Diese Debatten über die Finalität Europas haben ziemlich abrupt geendet. Joschka Fischer, Wolfgang Schäuble und einige andere hatten noch Vorstellungen von einem fernen Ziel der Europäischen Union. Sie haben diese Ideen und auch die Wege dorthin beschrieben. Das ist aber seltener geworden.

HUBER Wenn man das so pessimistisch betrachtet, verkennt man, was schon alles erreicht worden ist. Ich denke mir oft, dass spätere Generationen die Europäische Union unserer Tage möglicherweise sogar als bundesstaatliches Gebilde beschreiben werden. So unitarisch wie das Heilige Römische Reich Deutscher Nation in seiner Spätphase ist sie auf jeden Fall. Eine lineare Geschichtsbetrachtung ist jedoch im Ansatz verfehlt. Die Europäiche Union wird sich genauso weit entwickeln wie es die Mitgliedstaaten tun. Wie jedes föderale Gebilde wird sie sich den Anforderungen der Zeit anpassen müssen, und dabei ist entscheidend, dass sie dazu beiträgt, die elementaren Staatszwecke Sicherheit nach innen und außen, Wohlfahrt und ökologische Zukunftsfähigkeit besser zu erfüllen, als die Mitgliedstaaten dies könnten. Insoweit spricht ziemlich viel dafür, dass 450 Mio. Europäer mehr Gewicht in der Welt haben werden als 80 Mio. Deutsche oder 600.000 Luxemburger. Das gilt natürlich nur, wenn sie auch dasselbe wollen. Viele Ameisen machen noch keinen Elefanten. Wenn die Europäer hinter einem Ziel vereint sind, es gemeinsam verfolgen, dann macht es auch Sinn, als Einheit nach außen aufzutreten. Wenn sie ihre Uneinigkeit nur durch mühsame Formelkompromisse kaschieren, kann es vorzugswürdig sein, allein zu agieren. Die Geschichte hat viele Beispiele, in denen relativ kleine Einheiten globale Macht und Bedeutung erlangt haben – von der Repubblica della Serenissima di Venezia bis zum British Empire. Vieles wird natürlich von der äußeren Situation abhängen. Wenn Europa militärisch bedrängt werden wird, was Gott verhüten möge, aber nicht völlig auszuschließen ist, gäbe es natürlich stärkere unitarische Zwänge, als wenn so etwas ausbleibt. Jedenfalls auf mittlere Sicht scheint mir die jetzige Form, die das Bundesverfassungsgericht Staaten-, Verfassungs-, Rechtsetzungs-, Verwaltungs- und Gerichtsverbund nennt, die richtige.

SCHLIESKY Sie haben ja zuletzt sehr viele funktionale Argumente angesprochen, dass eine grössere Einheit auf dem Weltmarkt oder auch sonst handlungsfähiger ist als ein Nationalstaat allein. Wir haben vorhin beim Staat auch über Nationen und die besondere Bindung und damit auch über die emotionale Seite gesprochen. Das ist ja ein Vorwurf, der der EU immer gemacht wird, dass die emotionale Seite fehle. Auf der anderen Seite habe ich am Tag nach der Brexit-Entscheidung viele Menschen erlebt, denen die Entscheidung des britischen Volkes emotional sehr nahe ging, weil sie das Ausscheiden Großbritanniens und die Schwächung der Europäischen Union sehr bedauern. Wie können wir diese Emotion für die Europäische Union nutzen?

HUBER Indem man es den Unionsbürgerinnen und –bürgern erleichtert, sich mit der EU zu identifizieren, indem man klare Verantwortlichkeiten und klare Ansprechpartner schafft und die Lücke zwischen Sein und Sollen so weit wie möglich schließt. Es lag ja nicht nur an der Ungeschicklichkeit von Herrn Cameron, der Unfähigkeit von Herrn Corbyn und der demagogischen Begabung von Herrn Johnson, dass die Entscheidung der Briten so ausgefallen ist, wie sie ausgefallen ist. Vielmehr hat auch all das, vielleicht unterbewusst, eine Rolle gespielt, was sich über Jahrzehnte im europäischen Institutionengefüge als Problem aufgebaut hat, bis zu der Befürchtung, dass man die Zusammensetzung der eigenen Bevölkerung nicht mehr steuern könne. „Take back control", der Slogan der Brexiteers, hat eben leider reale Gründe, und die bereiten nicht nur in Großbritannien Sorgen, auch wenn dies nach den Wahlen in den Niederlanden und Frankreich einstweilen wieder in den Hintergrund getreten sein mag. Wir haben in den letzten Jahren sehr intensive Verbindungen mit dem UK Supreme Court aufgebaut, der zu einem unserer besten Gesprächspartner geworden ist und – soweit ich es überblicke – keine Euroskeptiker in seinen Reihen hat. Gleichwohl haben die britischen Kollegen uns sehr glaubhaft vermittelt, dass der Kontrollverlust der rationale Kern dieser unglückseligen Entscheidung war. Das sollte die EU ernst nehmen. Im Übrigen weiß ich natürlich nicht so genau, woran die emotionale Betroffenheit bei den einzelnen Leuten festzumachen war. Aber ist es nicht immer so, dass diejenigen, die zurückbleiben, trauriger sind als die, die zu neuen bzw. alten Ufern aufbrechen? Wir kennen das doch aus der Universität, wenn eine Kollegin, ein Kollege einen auswärtigen Ruf annimmt.

SCHLIESKY Komischerweise waren die auch traurig.

HUBER Ja, die Klugen sehen ja auch, welche Nachteile mit diesem Schritt verbunden sind, und es gibt oder gab auch auf britischer Seite bei manchen ein Zusammengehörigkeitsgefühl. Zudem war die Mehrheit knapp und das Ergebnis ein bißchen zufällig. Ein Großteil der Jugendlichen ist gar nicht zur Abstimmung gegangen, weil es sie offensichtlich nicht interessiert hat. Aber man hat den Leidensdruck der Briten vielleicht auch unterschätzt. Insofern würde ich mich freuen, wenn es zu einem weichen Brexit käme und Großbritannien möglichst nah an der EU gehalten werden könnte. Die Zeit steht nicht still, und Europa könnte auch für die Briten wieder attraktiv werden, mit einer „Win-Win-Perspektive", wie ich sie oben beschrieben haben. Das würde mehr bringen als alle Fördermaßnahmen, Ziel 1-Gebiete oder Verbraucherschutzregelungen.

SCHLIESKY Oder der gleiche Eintrittspreis fürs Schwimmbad.

HUBER Oder der gleiche Eintrittspreis fürs Schwimmbad. Der folgt ja, wie wir gerade in der Entscheidung zur Watzmann-Therme festgestellt haben, schon aus dem Gleichheitssatz des Grundgesetzes.

SCHLIESKY Sie haben vorhin schon einen Punkt angesprochen, den letzten Europawahlkampf mit der Personalisierung des Spitzenkandidaten. Es besteht ja vermutlich Einigkeit bei allen, dass nicht nur britische Besonderheiten, sondern Unzufriedenheiten mit dem derzeitigen Erscheinungsbild der EU für das britische Abstimmungsergebnis maßgeblich waren. Diese Unzufriedenheit findet man auch bei allen anderen Mitgliedstaaten. Welchen Reformbedarf, kurz gesprochen, würden Sie jetzt aktuell sehen?

HUBER Institutionell? Ich würde jetzt zunächst einmal keine neue Vertragsdebatte beginnen und die Institutionen im Wesentlichen so lassen, wie sie sind. Die Eröffnung einer Vertragsdebatte würde die Büchse der Pandora öffnen, und es ist offen, was daraus folgen würde. Ein realistischer Blick auf die aktuelle Lage müsste dem Umstand Rechnung tragen, dass es auf mehreren Politikfeldern auch so etwas wie die berühmte „Echternacher Springprozession" (zwei Schritt vor, einer zurück) geben sollte, um die Europäische Union als solche intakt zu halten. Unter dem Dach der Verträge sollte daher ein wesentlich größeres Maß an Flexibilität eröffnet werden als dies bisher der Fall ist. So wäre es wünschenswert, wenn es Art. 50 EUV nachgestaltete Regelungen auch für die unterschiedlichen Formen verstärkter Zusammenarbeit gäbe, damit Schwierigkeiten in einem Politikbereich nicht dazu zwingen, gleich die Mitgliedschaft eines Staates in der Europäischen Union als solche in Frage zu stellen. Das müsste etwa für den Austritt aus der Währungsunion gelten, aber auch für Schengen. Katastrophische Szenarien, dass, wenn wir mit einer Seite nicht weiterkommen, gleich die gesamte Integration gescheitert ist, sollte man tunlichst vermeiden. Man sollte darüber hinaus das Verhältnis der Europäischen Union zu Drittstaaten klären, die an wesentlichen Teilen des sog. acquis, d. h.

des geltenden Integrationsprogramms, teilnehmen – den Staaten des EWR, der Schweiz etc. Ein System abgestufter Integration, das auch Nichtmitglieder an die EU bindet, könnte auch für die Bewältigung des Brexit hilfreich sein und das Vereinigte Königreich dann doch eng an uns binden. In den letzten 20 Jahren ist hier viel Wildwuchs entstanden. So arbeiten etwa die Norweger an einer europäischen Agentur mit, d. h. an einer der EU-Kommission nachgeordneten Verwaltungsbehörde, ohne dass etwa die Frage der demokratischen Legitimation und Verantwortung geklärt wäre.

SCHLIESKY Die aktuellen politischen Vorschläge deuten ja nicht daraufhin, dass man Ihrem Rat folgen will, wenn man an die Vorstöße denkt, jetzt neue Felder einer vertieften Integration zu finden. Nun mag die Geschichte der Europäischen Union dafür sprechen, dass sie immer gestärkt aus Krisen hervorgegangen ist und meist mit einer Vertiefung der Integration geantwortet hat. Aber kann das in der jetzigen Situation gelingen mit 27 Mitgliedstaaten – noch dazu 27 Mitgliedsstaaten, von denen einige eine sehr starke Rückbesinnung auf ihren Nationalgedanken aufweisen?

HUBER Also, die Geschichte ist nicht für alle Fragen die geeignete Lehrmeisterin. Die europäischen Gemeinschaften sind aus den Krisen, die sie hatten, als sie noch in den Kinderschuhen steckten – in den 1960er und 1970er Jahren – in der Tat gestärkt hervorgegangen. Beginnend mit der Einheitlichen Europäischen Akte 1986 wurde der Weg zu einer ganzen Serie von Schritten bereitet, in denen die Integration vertieft und die Europäische Union erweitert wurde – Maastricht, Amsterdam, Nizza, Lissabon, die Erweiterungen 2004 und 2007, um nur die wichtigsten Etappen zu nennen. Zugleich hat jedoch auch die Skepsis zugenommen. Keiner dieser Verträge ist auf Anhieb angenommen worden, der Verfassungsvertrag in den Niederlanden und Frankreich gescheitert, auch wenn man daraus mit ein bisschen Camouflage den Vertrag von Lissabon gemacht hat. Ob die Akzeptanz der EU dadurch verbessert worden ist, wird man bezweifeln können, da es nicht nur für den böswilligen Beobachter doch so wirken musste, dass sich die Politik um die mangelnde Akzeptanz dieser Vertiefungsschritte nicht wirklich kümmert. Das mag ein paar Mal gut gehen und in Vergessenheit geraten; es kann aber auch zu immer stärkeren Ressentiments führen, die sich eines Tages Bahn brechen und die Europäische Union als solche in Frage stellen werden, wie wir es bei der Volksabstimmung über den Brexit erlebt haben. Letztlich kommt kein Herrschaftssystem auf Dauer ohne die Akzeptanz seiner Bürger aus.

SCHLIESKY Von der europäischen Ebene zurück zum Staat und zur Frage nach der Rechtfertigung des Staates. Diese Frage ist ja schon uralt, aber immer wieder aktuell. Welches sind für Sie die tragenden Gründe der Legitimität des Staates und seiner Staatsgewalt?

HUBER Das hatten wir schon in der ersten Runde angesprochen: Sicherheit nach innen und außen, ökonomische Prosperität, Sozialstaatlichkeit und die Sicherung der natürlichen Lebensgrundlagen. Wenn der Staat diese Zwecke glaubhaft verwirklicht, schafft das Akzeptanz und die Bereitschaft, sich seinen Regeln zu unterwerfen und seine Gesetze zu befolgen. Wenn er das nicht tut, wird seine Legitimität in Frage gestellt, hören die Menschen auf, seine Gesetze zu beachten und Steuern zu bezahlen, entstehen Substrukturen, wird er zum „failed state".

SCHLIESKY Die europäische Ideengeschichte bestätigt dies. Insoweit kann man beobachten, dass es keine Debatten über die Legitimität des Staates und seiner Staatsgewalt gibt, wenn alles gut läuft. Auf der anderen Seite zeigt die Geschichte, dass Legitimitätsdebatten Alarmzeichen für den Untergang der alten Ordnung sind. So hat im 19. Jahrhundert die monarchische Legitimität als Legitimitätstitel gegenüber der Volkssouveränität verloren. Vor diesem Hintergrund: Wie beurteilen Sie dann den aktuellen Erfolg rechtspopulistischer und autokratischer Gruppierungen in Europa, aber auch in Deutschland, die ja mit einer ganz anderen Idee Menschen begeistern?

HUBER Die bedauerliche Emergenz autokratischer Regime in Ost- und Südosteuropa dürfte zum Teil auf einem Staatsversagen beruhen, das zu großer Unsicherheit und Unzufriedenheit in der Bevölkerung geführt hat. Das gilt insbesondere für Russland, wo sich in der Jelzin-Ära die Korruption ausgebreitet und der Staat seine Funktionen nicht mehr erfüllt hat. In der Türkei dürfte es dagegen eher um die Ambitionen eines Autokraten gehen, der eine durch zu schnelle Modernisierung verunsicherte, wenig gebildete und teilweise noch in archaischen Strukturen gefangene Landbevölkerung instrumentalisiert, um sich dauerhaft an der Macht zu etablieren. Modernisierungsverweigerung, zumindest -skepsis scheint mir auch der Humus, auf dem die Entwicklungen in Ungarn und Polen gedeihen. In Polen sind weite Teile der Bevölkerung von dem kulturellen Umbruch, dem die ursprünglich stark national-religiös geprägte, sehr homogene Gesellschaft durch Globalisierung und die europäische Integration ausgesetzt ist, schlicht überfordert. Die neue Ordnung bietet zu wenig Orientierung und zu wenig Zukunftsgewissheit. Das nutzen die Machthaber aus, in

Russland und Polen mit dem Segen der Kirche, in der Türkei unterstützt durch eine Renaissance des Islam. Orientierungslosigkeit, Verlustängste und Globalisierungsskepsis gibt es natürlich auch in anderen Ländern, auch in Deutschland. Begegnen kann man ihnen wohl nur dadurch, dass der Staat sein Friedens- und Wohlfahrtsversprechen möglichst überzeugend einlösen und dies auch für die Zukunft glaubhaft versprechen kann.

SCHLIESKY Reicht es dann, die alte Ordnung zu beschwören, an sie zu erinnern und auf die Einhaltung einer ordnungsgemässen Funktionserfüllung zu drängen? Oder besteht die Gefahr, dass der Charme von neuen Heilsversprechen doch mehr Anziehungskraft entfaltet?

HUBER Wenn der Staat seine Aufgaben ordentlich erfüllt und dies vielleicht mit etwas mehr Emphase und Emotionalität unter die Leute bringt, wäre viel erreicht. Rentenbescheide zu verschicken ist gut und eine Rentenerhöhung mag auch vor anstehenden Wahlen helfen. Sonst diskutieren wir typischerweise nur, dass die Sozialleistungen nicht ausreichend bemessen sind; dass dahinter eine wiederkehrende, grandiose Solidarleistung der deutschen Gesellschaft steht, die uns von fast allen anderen Ländern auf der Welt positiv unterscheidet, kommt praktisch nie zur Sprache. Mitunter braucht es aber auch Selbstvergewisserung und Schulterklopfen, um Vertrauen und Akzeptanz zu sichern. Zwei Beispiele: Zu meinen Lieblingsbeschäftigungen als Thüringer Innenminister gehörte die Verleihung bzw. Aushändigung des Bundesverdienstkreuzes. Für jeden Ordensempfänger gab es eine Pauschale von 50,00 EUR für die Bewirtung. Da man damit keine große Feier finanzieren kann, konnten die Betroffenen nie all ihre Freunde und Kollegen einladen, so dass nahezu jede Ordensverleihung mit mehr oder weniger großen Enttäuschungen und Missstimmungen einher ging. Eine Ehrung, die beim zu Ehrenden Verdruss erzeugt, ist absurd. Wir haben dann immer zehn Ordensträger zusammengefasst, das Polizeimusikkorps spielen lassen, das Deutschlandlied gesungen und für 500 EUR einen bescheidenen Empfang für alle gemacht. Die Leute waren glücklich, und einige haben mir später noch geschrieben, dass das der schönste Tag ihres Leben gewesen sei. Das zweite Beispiel: Die Universitäten haben die Doktorurkunden früher mit der Post verschickt, eine ziemlich prosaische, wenig erhebende Verfahrensweise, die auch kaum emotionale Bindungen zwischen Doktorand und Universität hat entstehen lassen. Heute gibt es in der Regel einen Festakt, zu dem die Betroffenen, ihre Familien und Partner kommen. In aller Regel stößt das auf viel Zuspruch. Auch für den Staat und seine Verwaltung gilt letztlich: Tu Gutes und rede darüber!

SCHLIESKY Sie haben die Akzeptanz staatlicher Maßnahmen bei den Bürgern und Bürgerinnen angesprochen. Nach der Rechtsprechung des Bundesverfassungsgerichts spielt die Akzeptanz keine Rolle bei der Legitimation von Staatsgewalt. Aus Sicht der Bürger scheint sie aber gerade der entscheidende Gradmesser zu sein, politikwissenschaftlich ohnehin, bei allen Schwierigkeiten sie zu messen. Muss die Akzeptanz staatlicher Maßnahmen eine größere Rolle im politischen und dann auch rechtlichen, staatsrechtlichen Alltag spielen?

HUBER Die Rechtsprechung des Bundesverfassungsgerichts geht davon aus, dass die notwendige Akzeptanz demokratisch getroffenen Mehrheitsentscheidungen inhärent ist, denn hinter der Entscheidung steht ja der Wille der Mehrheit. In der Regel ist das auch (noch) so. Probleme bereitet mitunter die Minderheit, die sich nicht immer auf die Inanspruchnahme ihrer Grundrechte beschränken lässt, sondern ein überproportionales Mitspracherecht für sich reklamiert. Da sind wir wieder an dem bereits vorhin behandelten Punkt der Diversität. Die Durchsetzung auch mehrheitlich getroffener bzw. legitimierter Entscheidungen funktioniert natürlich nicht, wenn in den sehr komplexen, über viele Jahre gestuften Verfahren Anfang und Ende aus dem Blick geraten. Hier können sich auch die Mehrheiten ändern. Im Verwaltungsverfahrenrecht hat man mit dem Gesetz zur Verbesserung der Öffentlichkeitsbeteiligung und Vereinheitlichung von Planfeststellungsverfahren (PlVereinhG) vor einigen Jahren ja den Versuch unternommen, akzeptanzfördernde Instrumente zu schaffen; auch die strategische Umweltplanung kann man hier nennen. Gleichwohl muss der Staat in der Lage sein, im Einzelfall Entscheidungen auch dann durchzusetzen, wenn sie nicht bei allen auf Akzeptanz stoßen. Nehmen Sie z. B. Stuttgart 21: Es mag ebenso gute Gründe für wie gegen das Projekt geben. Nachdem das Volk von Baden-Württemberg sich jedoch mehrheitlich dafür ausgesprochen hat, muss diese Entscheidung auch durchgesetzt werden, selbst wenn sie mit Lärm, Verkehrsbehinderungen u. Ä. verbunden ist. An dem Beispiel wird aber auch deutlich, welche Bedeutung der Faktor Zeit hat: Je geringer der Abstand zwischen Entscheidung und Umsetzung ist, desto größer ist auch die Akzeptanz. Das zeigt etwa der Gotthard-Tunnel. Die Schweizer haben innerhalb von nur sechs Jahren eine Alpendurchquerung geschafft; bei uns dauert manches Planfeststellungsverfahren länger.

SCHLIESKY Die Fehmarnbelt-Querung ist zwar auch ein Tunnelbau, dürfte aber in der Tat länger dauern …

HUBER Glaube ich auch. Das heißt, eine vernünftige Verwaltung wird ihre Verfahren und Entscheidungen so ausgestalten, dass sie beim überwiegenden Teil der Bevölkerung auf Akzeptanz stoßen. Durch Grundrechtsschutz durch Verfahren und weitergehende Partizipationsrechte kann Akzeptanz auch bei denen geschaffen werden, die sich in der Minderheit befinden, jedenfalls wenn sie offen und gutwillig sind. Das setzt natürlich voraus, dass man auf staatlicher Seite ernsthaft um Akzeptanz bemüht ist. Ein gestuftes Verfahren, in dem von Anfang an feststeht, welche Planalternative im Ergebnis verwirklicht werden soll und das nur die Funktion hat, alle Einwendungen wegzuwägen, erfüllt seinen Zweck nicht. Es muss daher schon ernsthaft um Alternativen gerungen werden, und das ist in Praxis der vergangenen Jahrzehnte nicht immer der Fall gewesen und einer der Gründe für die Akzeptanzprobleme bei der Verwirklichung von Großvorhaben. Wenn das Verfahren aber ordnungsgemäß durchgeführt worden ist, dann sollte das genehmigte Vorhaben auch umgehend realisiert werden. Allerdings haben unsere Planungsverfahren ein Maß an Komplexität erreicht, dass sie in der Praxis kaum noch bewältigt werden können. Zudem sind sie mit Folgeverfahren, etwa des Vergaberechts, nicht koordiniert.

SCHLIESKY Sie haben jetzt mehrfach die Funktionserfüllung des Staats angesprochen, und zwar auch im Kontext der Rechtfertigung des Staats. Das ist ja sicherlich auch, was die meisten Menschen zuerst mit dem Staat verbinden. In Ermangelung göttlicher oder sittlicher Legitimität haben wir heute doch wohl überwiegend eine eher funktionale Sicht auf die Rechtfertigung des Staates. Muss es einen da nicht mit Sorge erfüllen, wenn immer öfter – sicherlich übertrieben – von „Staatsversagen" gesprochen wird und wir tatsächlich Funktionsverluste von Staatlichkeit konstatieren müssen – in der Flüchtlingskrise, auf den Finanzmärkten, in digitalen Räumen usw.?

HUBER Ja. Wir müssen die vollziehende Gewalt und insbesondere die Verwaltung und ihre Aufgabenerfüllung wieder ernster nehmen und ihr auch mehr Aufmerksamkeit schenken.

SCHLIESKY Seit Machiavelli kennen wir die Staatsräson des Staates als Rechtfertigungszweck. Gibt es heute noch eine konsensfähige Staatsräson?

HUBER Ob es eine konsensfähige Staatsräson gibt, lässt sich nicht ohne weiteres beantworten, zumal wenn man das oben angesprochene Fremdeln von Teilen der Elite mit dem (National)Staat in Rechnung stellt. Dass es so etwas wie Staatsräson gibt, die etwa dazu zwingt, die Funktionsfähigkeit von Verfassungsorgangen oder ihre Handlungsfähigkeit für die Zukunft zu sichern, scheint mir sicher. Denken Sie etwa an den Fall des entführten Arbeitgeberpräsidenten Schleyer oder auch an den Afghanistan-Einsatz der Bundeswehr nach dem 11. September 2001. Einen vollständigen Konsens in der Gesellschaft gab es über keine der beiden Maßnahmen. Insofern scheint die Staatsräson die Verantwortlichen zu besonders schwierigen und grenzwertigen Entscheidungen ohne Rücksicht auf einen vorhandenen oder fehlenden Konsens zu zwingen – mit entsprechendem politischem Risiko.

SCHLIESKY Bundeskanzlerin Merkel hat die historische Verantwortung Deutschlands für die Sicherheit Israels als Teil der deutschen Staatsräson bezeichnet. Teilen Sie das? Wenn ja, was folgt daraus?

HUBER Aus den Verbrechen der NS-Diktatur folgt auch nach meiner Auffassung eine historische Verantwortung Deutschlands für Israel und eine besondere Nähe. Sie folgt aber aus dem Umstand, dass Israel bei allen Schwierigkeiten, die es intern hat, das einzige Land mit funktionierender Demokratie und Rechtsstaatlichkeit im Nahen Osten ist. Wenn die Berufung auf unsere Werte nicht nur leeres Gerede ist, dann sind wir Israel vor allem deshalb verpflichtet, weil es unsere Werte teilt und lebt. Auch wenn es das NS-Erbe nicht gäbe, hätten wir Deutschen und Europäer eine Verantwortung dafür, dass dieser Pfeiler der Freiheit nicht untergeht. Das ist unser strategisches, kulturelles und auch historisches Interesse, das man durchaus mit dem Begriff Staatsräson benennen kann. Was konkret daraus folgt, wird der jeweilige Amtsträger im Rahmen seiner Befugnisse entscheiden müssen. Gegenwärtig sind es ja vor allem Rüstungslieferungen, Kooperationen auf militärischem, kulturellem und wissenschaftlichem Gebiet und relativ intensive wirtschaftliche Beziehungen, die dies mit Leben füllen. Daran ist nichts auszusetzen.

SCHLIESKY Wenn man unter Staatsräson vielleicht auch die Staatsidee verstehen kann oder will, bietet sich bei unserem verfassungsgeprägten Staat nicht die freiheitlich-demokratische Grundordnung als Staatsidee oder als Staatsräson an?

HUBER Man kann die freiheitlich-demokratische Grundordnung in der Tat als Staatsidee bezeichnen. Man kann sie als solche auch propagieren – in der Schule, in der Arbeit der Bundes- und Landeszentralen für politische Bildung und in den Medien. In den 1970er Jahren gehörte die „FDGO" in der Auseinandersetzung um den sog. Radikalenerlass im öffentlichen Dienst sogar zum Argumentationsarsenal jeder halbwegs anspruchsvollen politischen

Diskussion. Man kann sie als Erziehungsziel in den Landesverfassungen festschreiben und als archimedischen Punkt im Parteiverbotsverfahren näher konturieren. Zur Staatsidee wird sie allerdings erst dann, wenn sie eine über ihren normativen Gehalt hinausreichende appellative Dimension erhält. Das erscheint durchaus möglich, etwa wenn wir in unseren Außenbeziehungen stärker danach differenzieren würden, ob unsere Partner diesen Grundsätzen entsprechen oder nicht. Zwar ist Außenpolitik immer auch Realpolitik, aber dass wir Menschenwürde, Demokratie und Rechtsstaat etwas emphatischer propagieren und unser Handeln noch klarer an ihnen ausrichten könnten, erscheint mir denkbar. Man könnte damit anfangen, den 23. Mai, den Tag des Grundgesetzes, nicht nur mit einer amtlichen Beflaggung zu begehen, sondern als gesamtgesellschaftliche Selbstvergewisserung über seinen Kern, die freiheitlich-demokratische Grundordnung. Ein bisschen mehr Emotionen würden der Idee gut tun.

SCHLIESKY Etwas mehr Strahlkraft wäre also möglich. Dadurch würde man im Grunde auch eine stärke Legitimationswirkung erzielen.

HUBER Ja. Das gilt auch für andere Symbole dieser Ordnung. So sollte man die Farben schwarz-rot-gold, die historischen Farben der Freiheit, nicht Extremisten und Populisten überlassen und sich in bohèmehaftem Dünkel darüber erheben, dass die Vermittlung von Werten auch auf Symbole angewiesen sein kann. Historisch ist das Fremdeln, ich wiederhole mich, zwar erklärbar. Die Farben schwarz-rot-gold waren insoweit aber immer schon das falsche Objekt. Seit über 150 Jahren stehen sie für eine freiheitlich-demokratische Ordnung.

SCHLIESKY Sie haben die Ausprägung der freiheitlichen-demokratischen Grundordnung als Topos der Wertedemokratie angesprochen. Müsste das nicht in Zeiten des Terrors wieder stärker in den Vordergrund gestellt werden?

HUBER Ich glaube, dass diese Diskussion beginnt, und das hängt mit den Herausforderungen von Migration und Integration zusammen. Nehmen Sie etwa das Beispiel der Vollverschleierung und die damit verbundene Rollenzuschreibung an die Frau oder andere kulturelle Spannungen zwischen moslemischen Einwanderern und der Mehrheitsgesellschaft. Eine abstrakte und schmallippige Berufung auf unsere Werte erreicht insoweit nichts. Vielmehr muss man glaubhaft vorleben und einfordern, dass die Gleichheit von Mann und Frau, die Diskriminierungsfreiheit von Homosexuellen, aber auch die Religionsfreiheit unverzichtbare Voraussetzungen unseres Zusammenlebens sind und wir ihre Infragestellung auch nicht tolerieren. Das beginnt beim Umgang von Behörden und Gerichten mit entsprechenden Herausforderungen und endet beim Zusammentreffen im öffentlichen Raum. Erstaunlicherweise sind die Kirchen in dieser Debatte abwesend, während sich kleine Minderheiten lautstark Gehör verschaffen. Seit 20 Jahren diskutieren wir über einen deutschen oder europäischen Islam. Da ist es doch sehr bedauerlich, dass wir es bis heute nicht geschafft haben, deutsche Islamgelehrte heranzuziehen, die einer liberalen Observanz folgen (wie es sie auch in arabischen Ländern früher durchaus gegeben hat) und eine moderne Interpretation von Bekleidungs- und Speisevorschriften, den Umgangsregeln mit Andersgläubigen etc. zu liefern imstande sind. Ich kann mich nicht erinnern, eine einzige vernehmbare Stimme gehört zu haben, dass der Islam es nicht geböte, in den Dschihad zu ziehen. Das ist jedenfalls ein Problem, das man nicht weiter ignorieren kann.

SCHLIESKY Eine Grundidee unserer deutschen Verfassung ist zweifelsohne die Menschenwürde, die Art. 1 Abs. 1 S. 1 GG für unantastbar erklärt. Die Würde des Menschen steht ja nicht nur aufgrund der spezifisch deutschen Historie im 20. Jahrhundert am Anfang des Grundgesetzes, sondern ist nach dem Bundesverfassungsgericht tragendes Prinzip und oberster Verfassungswert. Was macht für Sie heute die Menschenwürde aus?

HUBER Menschenwürde bedeutet für mich, in Freiheit und gleichberechtigt mit anderen mein eigenes Schicksal möglichst weitgehend selbst bestimmen zu können. Nicht nur in persönlichen und ökonomischen, sondern auch in politischen Belangen. Dass ich als Subjekt in dieser Gesellschaft meine „pursuit of happiness" auch mit Aussicht auf Erfolg und mit Anspruch auf Respekt durch den Staat und andere leben und meines Glückes Schmied sein kann.

SCHLIESKY Damit ist die Tür offen zu dem Thema Werte. Auch sonst ruht unser Staat auf einem Ideenfundament, das wir heute meist als Wertefundament bezeichnen. Dieses hat sich im Lauf von Jahrhunderten, wenn nicht im Grunde im Lauf von 2000 Jahren entwickelt und ist maßgeblich vom Christentum sowie dem Gegensatz zwischen weltlicher und geistlicher Macht geprägt. Ist dieses Ideenfundament noch zeitgemäß?

HUBER Dieses Fundament gründet ja letzten Endes in der Bergpredigt, und ich kann keinen Anhaltspunkt dafür erkennen, dass es irgendeine zivilisatorische Entwicklung gäbe, die dieses humanistische Erbe infrage stellen würde. Solange es Menschen gibt, dürfte es ein zivilisatorisch nicht zu überbietendes Niveau darstellen.

SCHLIESKY In welchen Bereichen dieser Ideen oder auch konkret in der Bergpredigt beobachten Sie Veränderungen? Oder wenn man im Bild des Fundaments bleibt – bröckelt da etwas?

HUBER Zunächst war dieses Ideal nie vollständig verwirklicht. Es war immer ein – wenn auch wirkmächtiges – Leitbild, so dass die Vorstellung, dass wir einen Gipfel erklommen hätten, von dem es jetzt wieder hinunter geht, den Sachverhalt nicht trifft. Aber es gab und gibt immer wieder Herausforderungen, die uns von diesem Ideal weiter entfernen: totalitäre Ideologien, ein entfesselter Kapitalismus ohne soziale Verantwortung, fundamentalistische Strömungen, sei es bei der Evangelikalen Bewegung in den USA, sei es im Islam. Eine Gefahr ist auch die zunehmende Säkularisierung oder Entkirchlichung unserer Gesellschaft, nicht weil ich finde, dass möglichst viele Menschen Mitglieder der Kirchen sein müssen, sondern weil durch den Rückzug der Kirchen aus der Gesellschaft (und ihre Neigung, dies mit tagespolitischem Aktionismus zu überspielen) das Bewusstsein um unser kulturelles Erbe verloren geht und die damit verbundenen Werte an Präsenz verlieren. Auch die Veränderung unserer Lebensgewohnheiten und die Glorifizierung des Konsums tragen dazu bei, dass das beschriebene Fundament bröckelt.

SCHLIESKY Nun liegt es ja in der Natur der Sache, dass der Staat Werte nicht gesetzlich dekretieren kann. Aber kann und sollte der Staat sich stärker um den Erhalt, Vermittlung und vielleicht sogar Schaffung neuer Werte bemühen?

HUBER Die meisten Landesverfassungen normieren Erziehungsziele, die auf diese Werte abheben und die ja nicht nur den Religionsunterricht betreffen, sondern den gesamten Unterricht. Wenn man Schule weniger als soziologisches Experimentierfeld, sondern als Charakter-Bildungsanstalt verstünde, könnte man durchaus etwas für die Vermittlung dieser Werte tun. Auch ein soziales Pflichtjahr – gleichgültig, ob man es bei der Bundeswehr, dem Technischen Hilfswerk, den Maltesern, Johannitern oder einer anderen NGO ableistet – ein Dienst an der Gemeinschaft, könnte etwas zur Stabilisierung dieses Wertesystems beitragen. Auch eine offensivere Propagierung der Werte durch die Amtswalter wäre hilfreich. Insofern sollte der Staat im Rahmen seiner Zuständigkeiten und im Bewusstsein um die fehlende Erfolgsgarantie solcher Aktivitäten in der Tat so etwas wie Verfassungsvoraussetzungspflege betreiben.

SCHLIESKY Sie haben es schon angesprochen: Kann die Vermittlung von Werten denn angesichts der tatsächlich ja sehr veränderten Rahmenbedingungen von Schule noch oder vielleicht mehr denn je Aufgabe von den Schulen sein, weil die Wertevermittlung zu Hause eben auch nicht mehr überall stattfindet?

HUBER Ja.

SCHLIESKY In manchen Familien gar nicht.

HUBER Letztlich bleibt nur die Schule übrig. Die Kirchen fallen zunehmend aus, die Bundeswehr auch. Die einzigen Einrichtungen, die alle durchlaufen müssen, sind die Schulen. Insofern ist es zwingend, dass die Schule sich um diese ethische Dimension mehr kümmert als etwa um die Frage, welche Abhängigkeitsstrukturen im Mittelalter zwischen unteren und oberen Lehnsherren bestanden haben etc.

SCHLIESKY Wäre auch schön, wenn man wüsste, wann das Mittelalter war.

HUBER Genau.

SCHLIESKY Im Zuge der der Flüchtlingskrise und der Integrationsaufgabe wird ständig über Werte gesprochen, aber über welche Werte besteht eigentlich heute noch Einigkeit? Wo finden wir diese? Finden wir im Grundgesetz konsensfähige Werte?

HUBER Werte, die auf keinen Fall zur Disposition stehen, sind jedenfalls die Grundrechte. Von der Menschenwürde angefangen bis zum Schutz der Staatsangehörigkeit und dem Asylrecht. Aber darin können sich die für das Zusammenleben notwendigen Werte, wir haben über die Leitkultur ja schon gesprochen, nicht erschöpfen. Vielmehr gibt es auch darüber hinaus Raum für Identität stiftende „Werte" wie die berühmt-berüchtigten Sekundärtugenden Zuverlässigkeit, Treue, Fleiß, Pünktlichkeit, Einsatzbereitschaft. Sie findet man manchmal auch in Schulgesetzen verankert. Sie ranken sich wie ein Kranz um die „harten" Werte der Verfassung, die gewissermaßen die Edelsteine unter unseren Werten sind. Aber als Werte würde ich – um Art. 131 Abs. 3 BV zu zitieren – auch den „Geist der Demokratie, die Liebe zur bayerischen Heimat und zum deutschen Volk im Sinne der Völkerversöhnung" durchgehen lassen.

SCHLIESKY Welche Rolle spielen Religionen für unsere Werte? Sie haben ja eben schon die Kirche angesprochen.

HUBER Als Quellen und Vermittler dieser Werte spielen sie eine sehr große Rolle, auch wenn sie sie in den vergangenen 2000 Jahren nicht immer überzeugend gelebt haben.

SCHLIESKY Dafür gab es die Reformation.

HUBER Auch die Protestanten hatten ja Probleme. Aber die Kirchen sind, ich wiederhole mich, für unsere kulturelle Identität und die Basis unserer Werte von entscheidender Bedeutung. Aus staatlicher Perspektive ist entscheidend, dass diese Werte die religiöse Sphäre transzendiert haben und zu gesellschaftlichen Werten geworden sind, unabhängig vom jeweiligen religiösen Bekenntnis. Man sollte in diesem Zusammenhang die Aufklärung nicht vergessen, die diesen Prozess befördert hat. Es bedurfte auch der Emanzipation von den Kirchen.

SCHLIESKY Aber welche Rolle können, sollten sie spielen? Oder haben wir eine Traditionslinie, die (mit) für das ethische Fundament unseres Staates gesorgt hat, unwiderruflich gekappt?

HUBER Das könnte sein. Wenn man die Werte von ihren ideengeschichtlichen Wurzeln kappt, können sie verdorren und verloren gehen. Deswegen haben wir auch als Staat ein Interesse daran, dass die Kirchen und das Judentum, die an der Wiege unserer Kultur stehen, vital bleiben – weniger als Herrschaftsorganisation, denn als „Wertlieferanten" für die Gesellschaft. Man kann darin auch die fortdauernde Rechtfertigung für das im Grundgesetz niedergelegte staatskirchenrechtliche Regime der freundlichen Neutralität sehen.

SCHLIESKY Ganz konkret: Welche Rolle sollten denn die beiden großen christlichen Kirchen spielen?

HUBER In erster Linie die der Sinnstiftung, der spirituellen und emotionalen Begleitung der Menschen von der Geburt bis zum Tod. Die Personalknappheit der Kirchen scheint sie allerdings eher in die Richtung gesellschaftlicher Großorganisationen oder politikähnlicher Verbände zu treiben, weil sie die Infrastruktur verlieren, die es in der Vergangenheit ermöglicht hat, dass sie nahe bei den Menschen waren. Die spirituelle Begleitung leidet darunter, was man etwa an Sammelgottesdiensten bei Beerdigungen beobachten kann. Für die tagespolitische Entscheidungsfindung bräuchten wir die Kirchen eher weniger, wohl aber für die nachhaltige und individuelle Wertevermittlung in unserer Gesellschaft. Da bleiben sie unverzichtbar.

SCHLIESKY Das spezifisch deutsche Verständnis von Religionsfreiheit einerseits und der Trennung von Staat und Religion andererseits, so wie es das Grundgesetz ja auch festschreibt, ist das Ergebnis eines Jahrhunderte dauernden historischen Prozesses mit einer besonderen deutschen Entwicklung. Jetzt kommen viele Menschen nach Deutschland, für die eine enge Verbindung zwischen Staat und Religion selbstverständlich ist. Wie ist damit umzugehen?

HUBER Denen müssen wir beibringen, dass es bei uns anders ist, und wir müssen – soweit das von staatlicher Seite möglich ist, durch den Staat und im Übrigen durch gesellschaftliche Aktivitäten – versuchen, den Islam möglichst leicht und möglichst vollständig in die staatskirchenrechtlichen Strukturen des Grundgesetzes zu überführen. Nur dann werden wir langfristig die wohlwollende oder freundliche Neutralität des Staates zu den Religionen erhalten und einen Laizismus à la française vermeiden können. Ich glaube nicht, dass die angelsächsische Art, die individuelle Religionsfreiheit sehr stark zu machen und im Prinzip indifferent gegenüber sämtlichen religiösen Bekundungen zu agieren, angesichts der sich immer weiter pluralisierenden und atomisierenden Gesellschaft ein gangbarer Weg sein wird. Unsere Ordnung hat sich bewährt, und wir sollten uns bemühen, dass der Islam seinen Platz in ihr findet. Diese Vorschläge hat man schon auf der Heidelberger Staatsrechtslehrertagung 1999 unterbreitet; viel passiert ist seitdem nicht. Zwar gibt es zwei bis drei muslimische Lehrstühle an Universitäten, aber die Zusammenarbeit mit dem – nicht sehr repräsentativen – Zentralrat der Muslime gestaltet sich schwierig. Man hat die DITIB machen lassen, was sie wollte, was man jetzt bereut. Wir haben geeignete Strukturen, und mit ein bisschen gutem Willen und Hilfestellungen aus dem gesellschaftlichen Bereich wird man sie nutzen können.

SCHLIESKY Voltaire hat formuliert, Toleranz sei „Menschlichkeit überhaupt". Wieviel Toleranz verträgt der Staat im Hinblick auf die Religionsfreiheit, wenn eine Religion ihrerseits viel weniger tolerant ist?

HUBER Toleranz kann es nur nach Maßgabe der allgemeinen Gesetze geben. Dabei mag auch das Selbstverständnis eine Rolle spielen, wenn es um die Interpretation von Berechtigungen geht. Letztlich muss der Staat jedoch auf eine möglichst gleichmäßige Beachtung der Spielregeln durch alle dringen. Einen Bonus für Intoleranz darf es nicht geben.

SCHLIESKY Damit sind wir bei der ersten Voraussetzung für einen erfolgreichen Staat. Welche sind denn Ihrer Meinung nach die zentralen Voraussetzungen eines erfolgreichen Staates?

HUBER Da kann ich mich nur wiederholen: die Erfüllung der Staatszwecke in einer Art und Weise, dass die Bürger damit zufrieden sind.

SCHLIESKY Frieden und Sicherheit ziehen sich wie ein roter Faden durch die Staatsgeschichte.

HUBER Frieden, Sicherheit nach innen und außen, Wohlfahrt und ökologische Zukunftsfähigkeit.

SCHLIESKY Welche Bedrohungen der inneren und äußeren Sicherheit sind für Sie am gravierendsten und am vordringlichsten zu bekämpfen? Welche aktuellen Gefährdungen bedrohen unseren Staat am meisten?

HUBER Die Bedrohung durch den islamistischen Terror scheint mir momentan die größte Gefahr. Wir haben aber auch Gefährdungen durch das Internet – denken Sie an Cyberattacken, den Amoklauf in München im Sommer 2016 (Stichwort „Darknet") oder Zeitgenossen, die das Internet für eine rechtsfreie Zone halten und meinen, dass das staatliche Recht dort nicht gelten würde (Hassmails etc.). Hier gibt es praktische Schwierigkeiten, weil man sich mit der Wahl des Serversitzes dem Regelungszugriff des Staates jedenfalls zunächst einmal entziehen kann. Auf Dauer gelingt das aber nicht, wie die effektive Verfolgung von Kinderpornografie zeigt. Es gibt schließlich eine latente militärische Bedrohung durch Russland, auf die die Nato, die EU und Deutschland reagieren mussten und reagiert haben. Die Konflikte werden sich hoffentlich nicht ausweiten, aber sicher sein kann man sich insoweit nicht. Aus den baltischen Staaten hört man jedenfalls von mitunter spürbaren Einschüchterungsversuchen Russlands.

SCHLIESKY Nun ist die Idee unserer freiheitlich-demokratischen Grundordnung dort nicht hoch im Kurs.

HUBER Ja, leider.

SCHLIESKY Wie kann man darauf reagieren?

HUBER Durch eine Stärkung der miltiärischen und zivilen Abwehrfähigkeiten. Die Bundeswehr erhält ja eine neue Teilstreitkraft, und auch in den überkommenen Teilstreitkräften gibt es Anzeichen für eine Kehrtwende. Die organisierte Kriminalität ist ein weiteres großes Problem, der man möglicherweise auch mit verstärkten Grenzkontrollen begegnen kann.

SCHLIESKY Eine weitere Voraussetzung eines erfolgreichen Staates ist zweifelsohne das Vertrauen der Bürger, das sich heute als Systemvertrauen darstellt. Um dieses ist es aber gerade nicht so gut bestellt. Staatliche Institutionen, Politik, aber auch gesellschaftliche Einrichtungen wie Medien, DFB, ADAC haben eine Menge an Systemvertrauen eingebüsst. Wie lange hält der Staat das aus? Und wie kann man diese Entwicklung wieder ändern?

HUBER Der Staat ist zunächst einmal nur für seine eigenen Institutionen und Stellen verantwortlich. Durch eine beherzte Führung, klare Zielvorgaben und eine möglichst weitgehende Deckung von Sollen und Sein, von Reden und Handeln ist es durchaus möglich, verloren gegangenes Vertrauen wieder zurückzugewinnen. Vielleicht muss man auch Kompetenzen und Verfahren so ändern, dass bestimmte Verwaltungsaufgaben effektiver vollzogen werden können. Bei den NGO's, – wenn DFB, IOC, FIFA und ADAC diesen Titel denn verdienen – wäre meine Besorgnis geringer. Auch wenn die meisten Menschen dem ADAC früher mehr vertraut haben als allen staatlichen Institutionen zusammen, würde unsere Gesellschaft, das sage ich als ADAC-Mitglied, natürlich auch ohne ihn auskommen. Andere Vereine und Versicherungen träten an seine Stelle. Bei den Medien ist es ein bisschen schwieriger, weil hier das Internet, wirtschaftliche und gesellschaftliche Umbrüche zusammen kommen, die auch auf Inhalte und Qualität der Berichterstattung zurückwirken. Hinzu kommt, dass Personalisierung, Emotionalisierung und Polarisierung angeblich im Zug der Zeit liegen und Dagmar Berghoff als Modell der Nachrichtensprecherin überholt sein soll. Ich halte das für einen falschen Weg. Zwar mag es auch im öffentlich-rechtlichen Rundfunk Raum für personalisierte, einseitige, und emotionalisierende Berichterstattung geben; dies mag auch dazu beitragen, dass man manche Zuschauer so davon abhält, zu noch extremeren Formaten abzuwandern. In einer neutralen, faktenbasierten, nicht präzeptoralen Berichterstattung fänden die öffentlich-rechtlichen Medien freilich nicht nur ihr Alleinstellungsmerkmal, sondern auch ihre genuine Daseinsberechtigung. Wie sonst sollte man die (der Demokratie) dienende Natur der Rundfunkfreiheit verstehen?

SCHLIESKY Nach dem berühmt gewordenen Satz von Ernst-Wolfgang Böckenförde lebt der moderne Staat von Voraussetzungen, die er selbst nicht garantieren kann. Er hat noch ergänzt: „Das ist das große Wagnis, das er, um der Freiheit willen, eingegangen ist." Falls Sie dem zustimmen: Welche Voraussetzungen sind dies?

HUBER Natürlich stimme ich dem zu. Nicht so sicher bin ich mir allerdings, ob es eine Entscheidung des demokratischen Verfassungsstaates war oder eine notwendige Voraussetzung seiner Existenz. Letztlich lebt nicht nur der moderne Staat, sondern jede Herrschaftsordnung von Voraussetzungen, die sie nicht selber gewährleisten kann. Schon Georg Jellinek hat erkannt, dass alle Staatsgewalt eigentlich nur „verwandelter Gehorsam" ist. Insoweit gibt es eigentlich nur eine Voraussetzung: Legitimität und Akzeptanz. Der Staat muss von seinen Bürgern als gerechte Ordnung empfunden werden, die ihre Erwartungen an ein glückliches Leben erfüllt. Dazu gehören nicht nur die Sicherung von Wohlstand, sondern zumindest heute auch Freiheit, Rechtssicherheit, Verlässlichkeit und bestimmte kulturelle Werte. Wenn er dies kann, wird der demokratische Verfassungsstaat gedeihen, wenn nicht, wird er zugrunde gehen.

SCHLIESKY So gesehen muss der Staat vielleicht doch auch selber Voraussetzungen schaffen, damit er überleben kann. Wenn das Vertrauen gesellschaftlich nicht da ist …

HUBER Darüber haben wir vorhin schon gesprochen. Er muss seine Aufgaben vor allem im Bereich der fundamentalen Staatszwecke überzeugend erfüllen und die Menschen dadurch an sich binden, dann sichert er Akzeptanz und Legitimität seiner Ordnung.

SCHLIESKY Ein weiteres Geheimnis eines erfolgreichen, zumindest demokratischen Staates ist sicherlich auch ein ausgewogenes und befriedetes Verhältnis zwischen Mehrheit und Minderheit – oder genauer gesagt: Minderheiten. Wie würden Sie so ein solches ausgewogenes und befriedetes Verhältnis beschreiben?

HUBER Ausgewogen ist das Verhältnis, wenn für die Minderheit die Chance besteht, selbst zur Mehrheit zu werden. Eine Verfassung, die einen Teil der Bevölkerung dauerhaft zur Minderheit „verdammt" und ihr damit die Chance nimmt, ihre politischen Vorstellungen durchzusetzen, wird, auf Dauer keinen Erfolg haben können. Nur wir Bayern haben mit der Perspektive zu leben gelernt, niemals den Bundeskanzler stellen zu können.

SCHLIESKY Dass Bayern schon so weit ist, war mir jetzt neu.

HUBER Die Hoffnung, dass sich das ändern könnte, stirbt natürlich nie. Aber das ist wie die Hoffnung auf die Wiederkehr des Kaisers Barbarossa (das ist natürlich nicht ganz ernst gemeint).

SCHLIESKY Hinsichtlich der guten Aufgabenerfüllung, auf die wir immer wieder zurückkommen: Sehen Sie irgendwelchen Reformbedarf im politischen System unseres Staates oder auch in Verwaltung, Justiz, wo eben die gute Funktionserfüllung möglicherweise in Gefahr gerät oder nicht mehr gewährleistet ist?

HUBER Eine klare Aufgabenbestimmung der Verwaltung, eine Rückführung hybrider Organisationsstrukturen, eine Rückführung von organisatorischer und funktioneller Privatisierung, eine weitgehende Verabschiedung von öffentlich-privaten Partnerschaften, um Transparenz und Zurechenbarkeit zu ermöglichen, würde Einiges verbessern. Im Vergaberecht würde ich die geltende Vepflichtung auf das wirtschaftlich günstigste Angebot streichen und durch die Schweizer Regelung ersetzen, wo das mittlere Angebot den Zuschlag erhält. Die aktuelle Regelung hat nicht nur zu einer Überbürokratisierung geführt, die in der Praxis nur mit Mühe bewältigt wird; sie zwingt de facto auch dazu, Subunternehmer und Subunternehmer der Subunternehmer mit erheblichen Insolvenzrisiken zu akzeptieren, was immer wieder zum Scheitern von Großprojekten führt. Was die Justiz angeht, könnte man einerseits über eine Straffung der Rechtszüge nachdenken, den Einsatz von Schiedsgerichten andererseits so gering wie möglich halten. Überhaupt sollte der Justiz ein höherer Grad an Aufmerksamkeit und eine größere Wertschätzung der Politik zuteil werden, auch wenn die Gerichte der Politik immer wieder in den Arm fallen; das ist im gewaltenteiligen Staat nun einmal ihre Aufgabe. Ressortzuschnitte für Justiz und Verbraucherschutz, Tourismus, Migration etc. signalisieren eine Geringschätzung dieser Staatsgewalt und haben unausgesprochen auch Einfluss auf die Leistungsfähigkeit der Dritten Gewalt. Also zurück zum Bundesminister oder (Staats-)Minister der Justiz; das reicht.

SCHLIESKY Zum Stichwort Verwaltung: Müssen wir unsere Verwaltung grundlegend neu organisieren, wenn man an die Phänomene der Digitalisierung einerseits und des demographischen Wandels andererseits denkt? Stellen sie unsere Raumorientierung der Verwaltung vor neue Herausforderungen?

HUBER Das kann man nicht so pauschal beantworten. Räumliche Strukturen, wie man sie heute in Mecklenburg-Vorpommern, aber auch in Sachsen-Anhalt antrifft, mit Großkreisen, in denen die Bürger 50–100 km in die Kreisstadt fahren müssen, konterkarieren die Entscheidung des Grundgesetzes für einen auf den Kommunen aufbauenden Staatsaufbau von unten nach oben (Art. 28 Abs. 1 und 2 GG). Das heißt nicht, dass sie deswegen schon verfassungswidrig sind; der Idee kommunaler Selbstverwaltung werden sie aber nicht gerecht. Das hat verheerende Folgen für die Akzeptanz des Staates und seiner Institutionen. Man wird daher intelligentere Lösungen brauchen, bei denen eine Mischung aus Digitalisierung, Versorgung mit schnellem Internet, aber auch die Verkehrsinfrastruktur von zentraler Bedeutung sind. Ein vollständiger

Umstieg auf Digitalisierung wie das im kleinen Estland möglich war, dürfte in Deutschland bis auf weiteres nicht darstellbar sein. Es ist auch wichtig, dass sich Menschen und Entscheidungsträger persönlich begegnen und dass es zu einer zwischenmenschlichen Kommunikation kommen kann. Es geht insoweit um eine Balance zwischen demokratiegebotener Ortsnähe, Effektivität und Wirtschaftlichkeit. Was den demografischen Wandel angeht: Als ich zu studieren begonnen habe, hat man prognostiziert, dass Deutschland im Jahr 1990 noch 45 Mio. Einwohner haben würde. Jetzt sind wir bei über 82 Mio. Einwohner. Wir werden zwar nicht jedes Jahr eine Mio. Flüchtlinge aufnehmen können, aber auch die Bevölkerungsforschung deutet ja darauf hin, dass die einheimische Bevölkerung wieder wächst bzw. weniger schrumpft als angenommen. So ist die Reproduktionsquote von unter 1, 2 Kindern je Frau in den letzten Jahren teilweise auf 1,8 angestiegen. Insoweit geht es beim demographischen Wandel vielleicht eher um das Management einer längeren Zwischenphase als um einen definitiven Rückbau. Dabei hängt es nicht zuletzt von der Infrastruktur ab, ob wir die Entvölkerung des ländlichen Raumes mit einem lakonischen Achselzucken hinnehmen oder durch vernünftige Anbindungen an das Schienennetz dafür sorgen, dass man in Neumünster oder Schleswig gleichwertige Lebensverhältnisse hat wie in Hamburg oder Hannover.

SCHLIESKY Brauchen wir auch eine weitere oder überhaupt mal eine grundlegende Reform des deutschen Föderalismus? Vor allem: Wie könnte eine solche gelingen?

HUBER Für den Föderalismus gilt das, was wir schon für die EU festgestellt haben: Nach der Reform ist vor der Reform. Zwei Föderalismusreformen haben wir in den letzten Jahren ja schon miterlebt, und die dritte steht vor der Tür. Meine persönliche Meinung ist, dass die Grundideen der Förderalismusreform I von 2006 mit ihrem Versuch einer klareren Trennung der Zuständigkeiten von Bund, Ländern und Kommunen, der Zuschreibung von Verantwortlichkeiten etwa durch die Reduzierung der Mitwirkungsrechte des Bundesrates oder das Kooperationsverbot richtig gewesen sind, weil sie der bundesstaatlichen Ordnung Sinn gegeben haben. Aber schon drei Jahre später hat die Politik dies wieder in Frage gestellt, und jetzt geht man noch einen Schritt weiter. Die Gemeinschaftsaufgaben explodieren, die Ingerenzrechte des Bundes steigen, die Selbständigkeit der Länder wird geschwächt. Das halte ich jedenfalls nicht für den Ausdruck einer konzeptionell überzeugenden Grundhaltung.

SCHLIESKY In der Tat. Welches sind die zentralen Aufgaben des Staates gegenüber der Wirtschaft?

HUBER Ordnungspolitik im klassischen Sinne, also die Setzung eines Rahmens, innerhalb dessen sich die grundrechtlich verbürgte Freiheit der Wirtschaftsteilnehmer entfalten kann. Punktuelle Interventionen durch Beihilfen, kartellrechtliche Genehmigungen, Auftragsvergaben sind zwar nicht unzulässig und können im Interesse einer vernünftigen Industriepolitik im Einzelfall auch sinnvoll sein, um strukturbedeutsame Bereiche wie die Roboterproduktion, die IT-Branche, Start ups o. Ä. zu ermöglichen oder zu erhalten. In der Regel aber sollte die Wirtschaft in der Wirtschaft stattfinden und insoweit über einen möglichst verlässlichen Rahmen verfügen.

SCHLIESKY Da kann man ja schon sehr deutlich heraushören, dass der Staat seiner Verantwortung insoweit nicht gerecht wird.

HUBER Die Wirtschaftspolitik in Deutschland und Europa ist schwer kalkulierbar, sprunghaft und folgt keinem erkennbaren Gesamtkonzept.

SCHLIESKY Stichwort Ordnungspolitik: Vor einigen Jahrzehnten führte man in Deutschland eine Diskussion über „die Wirtschaftsverfassung“ und über „das Wirtschaftssystem“. Die soziale Marktwirtschaft als bundesdeutsche Entwicklung hat sich durchgesetzt und auch die Wiedervereinigung geprägt. Seit einiger Zeit mehren sich aber die Debatten über die richtige Ordnung der Wirtschaft; man kann dies auch daran ablesen, dass immer seltener von „sozialer Marktwirtschaft“ und stattdessen immer öfter von „Kapitalismus“gesprochen wird. Ist angesichts der Veränderungen des Wirtschaftslebens eine ordnungspolitische Debatte über die „richtige“ Wirtschaftsordnung erforderlich?

HUBER Ein Problem ist, dass unsere Wirtschaftsverfassung heute im Wesentlichen durch das Unionsrecht bestimmt wird, so dass eine nationale Diskussion über die Ordnungspolitik wenig Sinn macht. Auf EU-Ebene sind wir zwar mit einer Wirtschaftsverfassung gestartet, die der deutschen sehr ähnlich war. Diese ist aber durch die Hintertür, wenn ich etwa an den „more economic approach“ denke, durch eine stärker dirigistische, interventionistische Handhabung abgelöst worden, in der Wirtschaftspolitik stärker durch Einzelfallentscheidungen bestimmt wird – durch Entscheidungen der EU-Kommission über Beihilfen, Fusionen, Kartellverstöße etc. Auf europäischer Ebene gibt es zudem keinen Konsens über die Wirtschaftsverfassung. Die Franzosen hängen im Grunde immer noch Colbert nach, auch wenn dieses Modell seit 250 Jahren nicht so richtig überzeugend funktioniert hat. Wir haben nicht den Mumm, das Erbe Ludwig Erhardts zu verteidigen. Die Diskussion muss geführt werden. Ich habe aber Zweifel, ob wir nach dem Austritt Großbritanniens eine Chance haben, das, was die grundgesetzliche Wirtschaftsverfassung ausgemacht hat, auf europäischer Ebene wieder durchzusetzen. Dass in der Folge der Thatcher und Reagan-Jahre von „sozial" in der Marktwirtschaft nicht viel die Rede war, und dieses Modell auch durch eine Fülle von sozialen Mißständen im Niedriglohnsektor, bei Teilzeitbeschäftigen, Ich-AGs etc. unterminiert wurde, stimmt allerdings auch.

SCHLIESKY Wenn man dabei an Art. 14 Abs. 2 GG denkt, dann hat ja auch die Wirtschaft, genauer: der Unternehmer Verantwortung für den Staat zu übernehmen. Wird die Wirtschaft ihrer Verantwortung gerecht? Sie haben ja gerade schon ein Beispiel genannt, bei dem einzelne Unternehmer eben dieser Verantwortung nicht gerecht werden.

HUBER Früher, in der guten alten Zeit des „rheinischen Kapitalismus", war es gang und gäbe, dass Unternehmer nicht auf den „shareholder value" und die Börsenkurse fixiert waren, sondern auch eine gesellschaftliche Verantwortung trugen. Institutionen wie die konzertierte Aktion künden noch heute davon. Davon ist nicht mehr viel geblieben. Blickt man etwa auf die Flüchtlingskrise, so haben die Wirtschaftsverbände sehr laut und sehr werbewirksam eine weitgehend ungebremste Immigration gefordert. Nun war neulich zu lesen, dass alle Dax-Unternehmen zusammen ganze fünf Flüchtlinge (!) beschäftigen. Soziale Verantwortung stelle ich mir anders vor. Als Thüringer Innenminister habe ich zweimal an konzertierten Aktionen teilgenommen, in denen sich die Vertreter der Arbeitgeber in Thüringen immer dafür stark gemacht haben, Arbeitskräfte aus Drittstaaten zuzulassen. Dass – wie ein Blick auf die A9 zeigt – hunderttausende von Sachsen und Thüringern jede Woche nach Bayern und Baden-Württemberg auspendeln, weil sie dort ein paar Euro mehr verdienen, Gehälter die vermutlich auch die Thüringer Wirtschaft hätte bezahlen können, wollten ihre Vertreter nicht gelten lassen. Soziale Verantwortung in der Wirtschaft wird, insbesondere bei großen Unternehmen, heute offenbar eher klein geschrieben. Man kann sie aber auch nicht dekretieren. In dieses Bild passt, dass nicht wenige Stars und Sternchen ihre Wohnsitze in Kitzbühel oder Monaco haben, obwohl sie von deutschen Fernsehbeiträgen, Werbeeinnahmen oder Ähnlichem alimentiert werden. Dieses Verhalten ist unter individuellen Gesichtspunkten zwar rational; verantwortungsvoll gegenüber der Gesellschaft ist es nicht.

SCHLIESKY Und das partielle Versagen und unkontrollierte Agieren der Finanzmärkte hat die Diskussionslage ja auch nicht verbessert.

HUBER Im Gegenteil: es spricht ja auch ziemlich viel dafür, dass deren Interessen in erster Linie bedient werden.

SCHLIESKY Ist denn, wenn ich das gleich aufgreifen darf, der Staat, sind die europäischen Staaten in dem Fall ihrer Verantwortung für die Finanzmärkte und die Rahmenbedingungen der Wirtschaft gerecht geworden? Immerhin hat schon Bodin das Münzrecht und die Festlegung des Geldwerts als die zentralen Souveränitätsattribute verstanden, aber wenn man den Eindruck hat, jeder kann da agieren, wie er möchte, aber das Verlustrisiko trägt der Steuerzahler, dann ist zum einen Marktwirtschaft außer Kraft gesetzt, zum anderen hat der Staat sich aus seiner Regelungshoheit begeben.

HUBER Die Finanz- und Eurokrise ist bislang jedenfalls nicht vollständig bewältigt, wie die monatlichen Statements der EZB, ihre Nullzinspolitik und das Extended Assets Purchase Program (EAPP) zeigen, auf dessen Grundlage mehr als 1, 5 Billionen Euro in den Markt gepumpt worden sind. Eine Reihe von Instrumenten hat man allerdings geschaffen, der EZB die Bankenaufsicht übertragen und den ESM gegründet. Gleichwohl sind sich die Staaten der Eurozone in vielen Punkten nicht einig über die Regulierungsdichte, die Regulierungsinstrumente und den Regulierungsumfang. Eine zu starke Regulierung könnte Rezessionen auslösen oder verstärken oder das Bankensystem gefährden. Dass die Politiker das scheuen, ist verständlich. Hinzu kommt, dass vor allem die Briten bislang den Standort London sichern wollten.

SCHLIESKY Wie beurteilen Sie in diesem Zusammenhang die Rolle von Ratingagenturen, die ja keiner demokratischen Verantwortung unterliegen, aber angesichts ihrer Bewertung nun auch von Staaten großen Einfluss auf politische Entwicklungen haben?

HUBER Sie werden inzwischen ja immerhin strafrechtlich verfolgt, wenn sie Schaden anrichten. Vorzugswürdig wäre es, es gäbe bei der Weltbank oder der WTO angesiedelte pluralistisch zusammengesetzte öffentlich-rechtlich organisierte Ratingagenturen.

SCHLIESKY Laut Verfassung und Staatsname ist Deutschland eine Republik. Woran merkt man das eigentlich außer dem Verzicht auf einen Monarchen? Gibt es da Ausbaubedarf?

HUBER Republik heißt auf Deutsch Freistaat. Wir haben ja drei Freistaaten, die die Republik mit besonderer Emphase im Namen führen, und für die Freien und Hansestädte Hamburg und Bremen gilt das in gewisser Weise auch. Nach dem materiellen, auf Cicero zurück gehenden Begriff der Republik, erschöpft sich diese nicht im Monarchieverbot, sondern impliziert eine Verpflichtung der Amtswalter auf das Gemeinwohl. Das ist den meisten Amtsträgern in Deutschland sehr wohl präsent. Zwar kann man immer darüber streiten, was dem Gemeinwohl im konkreten Fall dient; eine krude Durchsetzung von Partikularinteressen, wie wir sie aus anderen Ländern kennen, wo Nepotismus gar positiv konnotiert ist, erlebt man bei uns nicht. Auch das könnte man selbstbewußter kommunizieren, macht es doch einen wesentlichen Unterschied zu vielen anderen Staaten aus. Aber auch bei uns ist noch Luft nach oben, wie etwa der Korruptionsindex von Transparency International zeigt. Lobbyisten, die in Bundesministerien an der Abfassung von Gesetzgebungsentwürfen mitwirken, sind hier ebenso zu nennen wie Anwaltskanzleien, die ganze Gesetzentwürfe fertigen, die von staatlichen Stellen dann weitgehend ungeprüft übernommen werden. Eine stärke Rechenschaftslegung und mehr Transparenz wäre hier hilfreich und könnte Missverständnisse vermeiden helfen.

SCHLIESKY Der Sozialstaat, eines unserer anderen grundlegenden Staatsprinzipien, hat mit seinen konkreten Ausprägungen in der Bundesrepublik ja zumindest finanziell ein Rekordniveau erreicht. Damit sind zahlreiche Ideen, Konzepte und Forderungen des 19. und 20. Jahrhunderts umgesetzt worden – historisch ein einmaliger Vorgang. Welchen Beitrag zur Rechtfertigung unseres Staates leisten diese sozialstaatlichen Elemente?

HUBER Dass ein funktionierender Sozialstaat die Legitimität des Staates erhöht, hat ja schon Bismarck erkannt und war bekanntlich der Grund für die Einführung der modernen Sozialversicherung ab 1881. Daran hat sich nichts geändert. Der Sozialstaat erspart einem großen Teil der Bevölkerung weitgehende Armut und sichert ihr besonders im Alter ein Auskommen. Über Art und Umfang sozialstaatlicher Umverteilung muss sich die Gesellschaft zwar stets aufs Neue verständigen und dabei auch streiten. Gleichwohl gehört der Sozialstaat zu den großen Erfolgsgeschichten gerade des deutschen Nationalstaats.

SCHLIESKY Wie können wir den zukünftig sichern bzw. diese Errungenschaften zukünftig sichern?

HUBER Wahrscheinlich durch ein größeres Maß an Flexibilität.

SCHLIESKY Oder auch am Ende durch neue Leistungen?

HUBER Auf das aktuelle Leistungsniveau wird man sicher nicht mehr unbegrenzt draufsatteln können. Schon die Pflegeversicherung ist wohl an die Grenze des Möglichen gegangen. Da jedenfalls die nächsten zwei Generationen deutlich kleiner werden und diese sich einerseits um ihre Kinder kümmern und andererseits die Alten versorgen müssen, muss man sich schon darüber im Klaren sein, dass man diese Generationen – die Sandwichgenerationen – nicht grenzenlos belasten darf. Es ist eine Frage der Gerechtigkeit, auch ihnen genügend Bewegungsspielraum zu erhalten. Der Gesetzgeber hat insoweit ja Abschmelzungen des Rentenniveaus vorgesehen, die auch nicht unbegrenzt fortgesetzt werden können. Zugleich ist der steuerfinanzierte Anteil gestiegen, sowohl bei der Renten- als auch bei der Krankenversicherung. Aber auch da wird es zwangsläufig Grenzen geben. Die Ergänzung durch kapitalgedeckte private Versicherungen hat sich, wie die Riesterrente zeigt, jedenfalls unter den Bedingungen der Geldpolitik der Europäischen Zentralbank als problematisch erwiesen. Also: den Königsweg gibt es nicht. Man sollte den aktiven Generationen möglichst viel Freiraum lassen, etwa Eigenkapital zu bilden und für das Alter vorzusorgen und dafür Anreize schaffen. Das wird den Sozialstaat in der Zukunft entlasten.

SCHLIESKY Wie wir eben schon festgestellt haben, sind ja die wirtschaftliche Lage und auch der materielle Wohlstand in großen Teilen der Gesellschaft auf einem geschichtlich einmalig hohen Niveau. Dennoch wird zunehmend das Fehlen sozialer Gerechtigkeit beklagt. Wie beurteilen Sie diesen Widerspruch oder vielleicht ja auch nur scheinbaren Widerspruch?

HUBER Das ist nicht wirklich ein Widerspruch, weil die Einkünfte aus Kapital stärker steigen und weniger besteuert werden als die Einkünfte aus selbstständiger/nicht selbstständiger Arbeit. Diejenigen, die über Unternehmen, Immobilien etc. verfügen, konnten relativ starke Wohlstandszuwächse verzeichnen, während die abhängig Beschäftigten, die die große Mehrheit der Bevölkerung ausmachen, bestenfalls ihr Niveau halten konnten. Nicht nur in den Dax-Konzernen hat sich die Schere zwischen dem, was der Facharbeiter verdient, und dem, was der Vorstandsvorsitzende/CEO verdient, mindestens verzehnfacht. Das gilt auch für Showgrößen, Fussballer und Rennfahrer. Besondere Probleme bereitet diese Entwicklung für den öffentlichen Dienst, der an Attraktivität eingebüßt hat und die Konkurrenz um die besten Köpfe häufiger als früher verliert. Angesichts der Freizügigkeit von Personen und Kapital, die in der EU herrscht, wird es allerdings nicht einfach sein, diese Schere zu schließen.

SCHLIESKY Anderes Stichwort: Rechtsstaat. Manche Beobachter attestieren unserem Staat und unserer Gesellschaft einen Bedeutungsverlust des Rechts. Können Sie das nachvollziehen?

HUBER Ja. Dem liegt allerdings in der Regel kein böser Wille im Sinne eines vorsätzlichen Rechtsbruchs zugrunde, als vielmehr eine Reihe ungünstiger Strukturbedingungen: Seit den 1980er Jahren hat sich die Ökonomie zu einer „imperial science“ aufgeschwungen, die andere Disziplinen, auch die Rechtswissenschaft, an den Rand gedrängt hat. Hinzu kommt, dass – gefördert durch eine Neigung zur Ämterpatronage – das Juristenmonopol in den Verwaltungen immer weiter aufgeweicht worden ist, so dass immer mehr Beamte keinen genuinen Zugang zum Recht mehr haben, obwohl das ihr Handwerkszeug ist. Ferner hat die Trägheit unseres Berufsstandes dazu geführt, dass die Juristen aus vielen Berufsfeldern – Wirtschaftsprüfer, Steuerberater, Unternehmensvorstände – weitgehend verschwunden sind und ihre Sicht der Dinge nicht mehr einbringen können. Noch gewichtiger sind die großen Privatisierungen der vergangenen Jahrzehnte, deren rechtliche Einhegung bisher kaum geleistet wurde, vor allem aber die Europäisierung unserer Rechtsordnung, die zu einem vielfach unkoordinierten Nebeneinander von Regelungen ganz unterschiedlicher Provenienz geführt hat, so dass die Identifizierung des anwendbaren Rechts heute schwieriger ist als die Auslegung. Rechtsunsicherheit und ein Verlust der Steuerungsfähigkeit des Rechts sind die unweigerliche Folge.

SCHLIESKY Es ist ja zu beobachten, dass eine wachsende Zahl von Streitigkeiten an nicht-staatliche Gerichte ausgelagert wird. Wenn man an Schiedsgerichte im Bereich von Freihandelsabkommen denkt, an Sportgerichte, aber auch an muslimische Friedensrichter, wo jedenfalls eine bestimmte Gruppe ein staatliches Rechtsprechungsmonopol nicht mehr akzeptiert. Welche Gefahr droht unserem Rechtstaat dadurch?

HUBER Relativ große. Zwar hat es solche Phänomene schon immer gegeben, aber nicht in dem Umfang und der Tragweite, wie dies heute der Fall ist. Wenn Sportgerichte Sperren für Eisschnellläufer verhängen, hat dies ja die Qualität einer Berufszulassungsregelung. Und was die Friedensrichter angeht: das hat es der Sache nach auch früher schon gegeben, etwa wenn katholische Geistliche auf die Durchführung von Scheidungsverfahren Einfluss genommen haben. Entscheidend ist meines Erachtens, dass die Tätigkeit solcher Stellen die Wertentscheidungen des staatlichen Rechts nicht unterlaufen darf und dass es notfalls auch einen Zugang zu einem staatlichen bzw. öffentlich-rechtlich organisierten Gericht gibt.

SCHLIESKY Bedeutet das nicht, wie im Übrigen ja auch die vom Gesetzgeber in immer mehr Vorschriften zwingend vorgesehene Mediation, auch eine Gefahr für die Einheit oder Einheitlichkeit der Rechtsprechung?

HUBER Ja.

SCHLIESKY Zum Parteiensystem. Klagen über den Parteienstaat werden schon lange geführt, wenn man etwa nur an die Parteienkritik Richard von Weizsäckers denkt. Geändert hat sich aber wenig. Entspricht die Rolle der Parteien noch dem, was das Grundgesetz als Mitwirkung an der politischen Willensbildung des Volkes bezeichnet?

HUBER Das Grundgesetz hat jedenfalls Ernst gemacht mit der Realität und die Parteien als Akteure des Verfassungslebens anerkannt. Es ist ehrlicher als die Reichsverfassungen von 1871 und 1919. Parteien sind als Intermediäre zwischen dem Volk und den Staatsorganen unverzichtbar, und sie haben der Demokratie insgesamt auch gut getan. Das Aufkommen der Grünen, die Etablierung der Linken und die ansatzweise Etablierung der AfD zeigen, dass der Parteienstaat des Grundgesetzes kein verkrustetes Kartell etabliert hat, sondern hinreichend entwicklungsoffen ist. Zwischen den konkurrierenden Parteien geht es um die Macht, und da wird auch einmal über die Stränge geschlagen. Dafür gibt es Gerichte. Das größte Problem an der gegenwärtigen Gestalt des Parteienstaates scheint mir, dass die Parteiführungen zu mächtig geworden sind und dass sie über zu viele Instrumente verfügen, vor allem die Abgeordneten gefügig zu machen. Das reicht von Anreizen wie dem Parlamentarischen Staatssekretär bis zur Intervention in die Kreisverbände, wenn es um die Listen- und Kandidatenaufstellung geht. Natürlich funktioniert das nicht immer, und bestätigen Ausnahmen die Regel. Das ändert jedoch nichts daran, dass der Parteienstaat zu einer Hierarchisierung von Parlament und Parteien geführt hat, die die Willensbildung weniger von unten nach oben denn von oben nach unten laufen lässt und dies auch durchzusetzen weiß. Die Eurokrise hat hier einige Beispiele geliefert. Das Bundesverfassungsgericht hat dem Rechnung getragen, als es den Oppositionsfraktionsführungen sog. Oppositionsfraktionsrechte vorenthalten hat. Insoweit bedroht die konkrete Ausprägung des Parteienstaates jedenfalls das in Art. 38 Abs. 1 Satz 2 GG niedergelegte Leitbild des unabhängigen und nur seinem Gewissen unterworfenen, das ganze Volk repräsentierenden Abgeordneten.

SCHLIESKY Besteht vielleicht ein weiteres Problem auch in der immer kleineren Zahl von Parteimitgliedern und dann auch in der damit zusammenhängenden zunehmenden Schwierigkeit der Rekrutierung von geeignetem Personal für Führungsämter im Staat? Weckt das dann nicht auch Zweifel an dem Funktionieren des Repräsentationsgedankens mit Hilfe der Parteien?

HUBER Die Repräsentation erfolgt durch die Abgeordneten, nicht durch die Parteien. Es ist nicht zwingend, dass die Parteien bei der Bereitstellung von Personal nur auf eigene Mitglieder zurückgreifen. Im Gegenteil, bei den kleineren Parteien passiert es durchaus, dass sie auch Leute nominieren, die der Partei nicht angehören, und das kann sich durchaus als Vorteil erweisen. Die Größe der Parteien scheint mir deshalb nicht unmittelbar mit ihrer Funktionsfähigkeit im Sinne der von Art. 21 GG formulierten Erwartungen zu korrelieren. Ein Problem wird es erst dann, wenn die Parteien so klein werden, dass ihre bonapartistische Führung weiter erleichtert wird. Davon sind die deutschen Parteien jedoch weit entfernt. SPD und CDU haben ca. 400.000 Mitglieder, die CSU ca. 63.000. Da werden sich geeignete Kandidaten schon finden.

SCHLIESKY Aber in den Ländern ist die Mitgliederzahl zum Teil doch schon so niedrig, dass die Rolle der Parteien schon fragwürdig wird.

HUBER Selbst in dem kleinen Land Thüringen war die CDU groß genug, dass Parteitage nicht ohne weiteres vororchestriert werden konnten. Wenn es Widerspruch gab und Mitglieder, die widersprechen wollten, war die Parteiführung machtlos.

SCHLIESKY Der Einfluss von Verbänden, Gewerkschaften und sonstigen Interessengruppen auf politische Entscheidungen ist schon lange ein Streitthema – aktuell wird in der EU, auf Bundes- und Länderebene über „Lobbyregister" und andere Instrumente zur Schaffung größerer Transparenz diskutiert. Sind solche Transparenzverpflichtungen aus Ihrer Sicht sinnvoll? Oder sollte man den Einfluss gesellschaftlicher Interessengruppen gesetzlich regeln und dadurch kanalisieren, um zusätzliche gesellschaftliche Legitimation zu erlangen?

HUBER Also Rückkehr zum Ständestaat? So etwas wird man nicht regeln können, und man sollte es auch nicht. Die Interessenten finden Wege, Entscheidungsträger zu beeinflussen, in und jenseits formalisierter Verfahren. Sanktionen kann ich mir in diesem Zusammenhang nur schwer vorstellen. Man muss letztlich damit leben und darauf vertrauen, dass die Vielfalt der Interessen sich schon irgendwie ausmendeln wird. Transparenz hilft dabei. Insofern ist ein Transparenzregister eine gute Sache. Noch besser wäre es, wenn man bei Gesetzentwürfen angeben müsste, auf wessen Initiative sie eingebracht werden und wer an ihrer Erstellung beteiligt war.

SCHLIESKY Es ist ja vielleicht auch eine Frage, inwieweit Funktionsträger standhaft sind und sich zwar Meinungen und Vorschläge anhören, sie aber nicht unbedingt eins zu eins übernehmen.

HUBER Für Abgeordnete, aber auch die Regierung und ihre Beamten kann es attraktiv sein, sich mit Entwürfen von dritter Seite zu profilieren. Das ist gar nicht verwerflich, wenn es einer guten Sache und dem Gemeinwohl dient. Das Problem besteht darin, dass es in diesen Fällen keine Gewähr für einen fairen Interessenausgleich gibt und dass man sich nicht darauf verlassen kann, dass die dermaßen motivierten Amtswalter den Sachverhalt auch in allen Verästelungen überblicken.

SCHLIESKY Es sind ja vielleicht auch gesamtgesellschaftliche Interessen …

HUBER Das kann auch gut sein.

SCHLIESKY Trotz wirtschaftlich guter Lage in der Bundesrepublik ist die Unzufriedenheit mit „der Politik" und mit dem demokratischen System derzeit so groß wie selten – und das gilt auch für die europäischen Nachbarstaaten. Ist unser demokratisches System denn auch bei innenpolitischen Schwierigkeiten krisenfest?

HUBER Es gibt natürlich zahlreiche Instrumente, um Krisen zu begegnen und sie zu bewältigen. Aber es gibt in allen westlichen Staaten das, was Luhmann Abschottungstendenzen genannt hat, d.h. dass die Politik selbstreferenziell um sich selbst kreist und die Realität nicht hinreichend zur Kenntnis nimmt. In Deutschland ist diese Gefahr besonders groß, weil der Vollzug der Gesetze nach der eigentlich guten Idee des Exekutivförderalismus überwiegend in den Händen der Länder liegt und der Bund wenig Vollzugserfahrung hat. Entsprechend langsam und schwerfällig reagiert er auf Veränderungen. Insoweit kann ich verstehen, dass Teile der Bevölkerung mitunter das Gefühl haben, dass ihre Ängste, Wünsche und Erwartungen von der Politik nicht ausreichend zur Kenntnis genommen werden. Kriminalitätsbelastung und Flüchtlingskrise sind zwei Stichworte, aber das gilt letzten Endes auch für die Eurokrise und die Angst um die Altersversorgung. Obwohl die Abgeordneten mit Wahlkreisbüros vor Ort präsent sind, dauert es lange, bis es den Wahrnehmungshorizont der Regierung erreicht. Wenn man sich in diesem Zusammenhang vorstellt, dass die großen Fraktionen 200-300 Abgeordnete umfassen, versteht man auch, dass es für den einzelnen Abgeordneten nicht so einfach ist, in die Willensbildung seiner Fraktion einzuspeisen, was er aus seinem Wahlkreis mitgenommen hat.

SCHLIESKY Anders als in der Weimarer Republik gehen die Systemzweifel an unserer Demokratie aber nicht von den politischen Rändern der Gesellschaft, sondern von der Mitte der Gesellschaft aus.

HUBER Ich glaube nicht, dass es sich ernsthaft um Systemzweifel handelt, sondern um eine punktuelle und temporäre Unzufriedenheit mit der Responsivität der repräsentativen Demokratie. Das wird sich demokratisch ausmitteln: Entweder werden die Ursachen für die Unzufriedenheiten beseitigt oder es wird eben andere Mehrheitsverhältnisse geben. Aber das System sehe ich gar nicht in Gefahr.

SCHLIESKY Gleichzeitig wächst die Sehnsucht nach einfachen Lösungen, aber vielleicht auch nur nach überzeugenden Lösungen. Das gilt sicherlich für Deutschland wie für Europa. Hermann Lübbe hat dazu geschrieben: „Entsprechend nimmt generell die Anzahl der Fälle zu, in denen die Bürger sich mit Entwicklungen konfrontiert finden, auf die dominante Parteien durch sakralisierte Populismen gesprächsunfähig geworden sind und antwortlos zu sein scheinen." Was antworten Sie?

HUBER Diese Sakralisierung von Tabus ist jedenfalls ein Fehler. Wenn es Probleme gibt, lässt sich ihre Benennung nicht auf Dauer unterdrücken. Auf Dauer sucht sich ein reales Bedürfnis, Anliegen zu thematisieren, Probleme anzusprechen seinen Weg. Deswegen ist die Demokratie gut beraten, von der Sakralisierung bestimmter Themen Abstand zu nehmen. Nehmen wir den Euro: Natürlich ist es alles andere als willkommen, über das Ausscheiden einzelner Mitgliedstaaten nachzudenken oder gar zu sprechen, und ich verstehe jeden Verantwortlichen, der diese Diskussion schon im Keim zu ersticken versucht. Allein, das wird nicht auf Dauer funktionieren. Seit amerikanische Nobelpreisträger empfohlen haben, dass Deutschland die Eurozone verlassen sollte, mehren sich die wissenschaftlichen Publikationen, die das ebenfalls propagieren. Das Tabu bröckelt. Wir haben erlebt, dass es fast eine Woche gedauert hat, bis die Ereignisse in der Silvesternacht 2015/16 in Köln und anderswo öffentlich thematisiert wurden. Am Ende ist es aber geschehen. Zwar macht es keinen Sinn, wenn die Verantwortlichen auf jede kurzfristige Erregung eingehen, vor allem dann, wenn sich die Dinge nach 14 Tagen erledigt haben. Bei ernsthaften

Problemen – diese zu identifizieren ist Aufgabe und Risiko der politisch Verantwortlichen – hilft eine Sakralisierung jedoch nichts. Wem es um adäquate Lösungen geht, muss man die Dinge so zur Kenntnis nehmen, wie sie sind.

SCHLIESKY In welchem Verhältnis sehen Sie Rechtstaat und Demokratie zueinander? Halten Sie das Verhältnis derzeit für ausgewogen?

HUBER Zwischen beiden Verfassungsprinzipien besteht ein Spannungsverhältnis, und man kann sie durchaus unterscheiden. Während es bei der Demokratie um politische Selbstbestimmung nach dem Willen der Mehrheit geht, hat der Rechtstaat die Aufgabe, die Risiken der Mehrheitsherrschaft einzuhegen und für die Minderheit erträglich zu machen. Deswegen sprechen wir auch vom demokratischen Rechtsstaat. Ich sehe bei uns insoweit im Moment keine strukturellen Defizite.

SCHLIESKY Anders als in den Staaten, in denen rechtsstattliche Prinzipien ja doch unter erheblichen Druck geraten sind, ja zum Teil auch offen abgeschafft werden, wenn man an die Türkei, an Polen, an Ungarn denkt. Hat das dann nicht auch zwangsläufig Auswirkungen auf die Demokratie, und wie gehen wir damit um?

HUBER Die Beeinträchtigung oder Beseitigung einer freien Gesellschaft, des freien Meinungsaustausches, der freien Herausbildung von Alternativen, also der rechtsstaatlichen Bedingungen der Demokratie, kann nicht ohne Rückwirkungen auf diese bleiben. Wenn es nur noch eine Presse gibt, nur noch gelenkte Medien, staatliche Desinformationen usw., ist eine freie politische Selbstbestimmung nicht mehr möglich. Das Problem stellt sich in den von Ihnen genannten Ländern leider in besonderer Schärfe. Reagieren können wir mit Akten der Solidarität, öffentlichen Äußerungen, Berichten der Venedig-Kommission und dem Verfahren nach Art. 7 EUV. Daneben haben Parlamente, Regierungen und Gerichte auch eine Fülle von kleineren Reaktionsmöglichkeiten im Rahmen der jeweiligen Kooperation, aber der eigentliche Umschwung muss von innen kommen. Das ist die übereinstimmende Auffassung aller meiner polnischen Freunde.

SCHLIESKY Äußerer Druck ist dann wohl eher kontraproduktiv.

HUBER Ja.

SCHLIESKY Genügt der Art. 7 EU-Vertrag, damit die EU auch auf solche Entwicklungen vorbereitet ist?

HUBER Mein Eindruck ist nicht, dass die EU die Kraft hat, mit diesem Instrument, das auch noch an sehr hohe verfahrensrechtliche Hürden geknüpft ist, Substanzielles zur Sicherung der rechtsstaatlichen und demokratischen Verfassung in den betroffenen Staaten zu bewirken. Allerdings gab es in Ungarn nach Aufforderungen durch die EU-Kommission und nach einer Entscheidung des EuGH durchaus Korrekturen; in Polen scheint das abzuprallen. Auf die Türkei, die kein Mitgliedstaat der EU ist, findet Art. 7 EUV keine Anwendung, und was den Abbruch der Beitrittsverhandlungen angeht, so tut sich die EU schwer.

SCHLIESKY Im Rahmen der europäischen Perspektive: Was macht aus Ihrer Sicht eine Demokratie aus? Welche Essentials sind nicht verhandelbar?

HUBER Die gleichberechtigte Bestimmung der politischen Institutionen und ihrer Agenda durch die Bürgerinnen und Bürger. One man, one vote bei der Bestellung desjenigen Organs, das die politische Leitentscheidungen trifft.

SCHLIESKY Das Wesen des Internets und von digitalen Räumen besteht in grenzenloser Vernetzung. Sie entziehen sich damit häufig eben der örtlich radizierten Staatsgewalt, ein souveräner Staat scheint in digitalen Räumen machtlos zu sein. Sie haben das vorhin ja auch schon erwähnt. Hat der Staat hier eine Entwicklung verschlafen oder gar schon kapituliert? Oder ist alles noch lösbar, hat man bisher nur falsche politische Prioritäten gesetzt?

HUBER Der auf das Instrument des Rechts angewiesene Staat konnte schlecht antizipieren, was sich da entwickeln würde, insofern musste er wie auch im Fall der Eisenbahn auf erste Fehlentwicklungen warten. Im Übrigen kann man, wenn auch um den Preis freier Kommunikation und vielleicht auch wirtschaftlicher Nachteile, aufgrund einer validen Abwägung im Internet auch zu notwendigen räumlichen Begrenzungen kommen. Diktaturen machen dies; das ist kein Vorbild, zeigt aber, dass es geht. Technisch läuft das Internet ja entweder über Kabel oder über Richtfunkstrecken. Beide sind staatlicher Kontrolle nicht entzogen.

SCHLIESKY Das wäre schon die nächste Frage: Wie können das staatliche Gewaltmonopol, das staatliche Recht auch in digitalen Räumen durchgesetzt werden? Indem man Recht schafft?

HUBER Indem man Recht schafft und indem das bestehende Recht durchsetzt, also etwa dem Strafrecht entsprechend ermittelt, Regulierungsvorgaben oder zivilrechtliche Ansprüche durchsetzt. Da es technisch möglich ist, Webseiten zu sperren, kann es Konstellationen geben, in denen dies auch nötig wird, etwa um Herstellung und Einsatz von Massenvernichtungswaffen auf unserem Territorium zu verhindern.

SCHLIESKY Geht denn im Zeitalter der Digitalisierung, das ja auch von großen Konzernen geprägt und beherrscht wird, die eigentliche Gefahr für die Freiheit des Einzelnen nicht eher von privater Seite aus als vom Staat? Nun haben wir nach unserer herrschenden Grundrechtsdogmatik einen Grundrechtsschutz vor allem gegenüber dem Staat. Die klassische Abwehrfunktion schützt aber gerade nicht gegenüber privaten Akteuren. Genügt der Staat hier noch seinen Schutzpflichten für Persönlichkeitsrecht, Eigentum, Handlungsfreiheit?

HUBER Das Problem ist damit richtig beschrieben. Da die meisten anderen Staaten Europas unsere Differenzierung zwischen den Grundrechten als Abwehrrechten und ihrer mittelbaren Drittwirkung gegenüber Privaten nicht teilen, wird man auf der Basis unserer Konzeption entweder praktikable Formen einer „regulativen Grundrechtsdogmatik" entwickeln müssen (dazu betreue ich eine Habilitationsschrift), oder auf die Linie der anderen Rechtsordnungen einschwenken müssen. Die Praxis wartet darauf nicht, sondern packt zu wie die Treffen des Bundesjustizministers und des Bundesinnenministers mit Google und Facebook zeigen oder die vergleichbaren Aktivitäten der Europäischen Kommission.

SCHLIESKY Ist unsere föderale Kompetenzordnung z. B. mit der jeweiligen Zuständigkeit für IT-Sicherheit bei Bund, Ländern und Kommunen denn geeignet, den Bedrohungen der virtuellen Welt Stand zu halten?

HUBER Im Rahmen der jeweiligen Zuständigkeiten kann jeder Verwaltungsträger zunächst eigene Standards für die IT-Sicherheit erlassen. Man kann das Grundgesetz über den schon bestehenden Art. 91c GG hinaus aber auch ändern und dem Bund weiterreichende Gesetzgebungs- und Verwaltungszuständigkeiten einräumen. Vermutlich bedarf es eines großen Hackerangriffs, um beurteilen zu können, ob der Status quo ausreichend ist. Beim Bundestag hat die Cybersicherheit jedenfalls nicht funktioniert, obwohl es die Zuständigkeit gegeben hat. Vieles liegt freilich auch am Verhalten der Nutzer, weil höhere Sicherheitsstandards die Nutzung erschweren. Man muss insoweit gar nicht Hillary Clinton und ihre E-Mail-Affäre bemühen, jeder weiß das auch aus eigener Selbstbeobachtung.

SCHLIESKY Ist denn unsere Verfassung in der digitalen Welt noch zeitgemäß oder müssen wir auf eben dieses neue Phänomen digitaler Räume reagieren? Neue Grenzen ziehen, neue Phänomene überhaupt erst einmal benennen, damit wir sie verfassungsrechtlich einhegen können?

HUBER Veraltet ist die Verfassung nicht. Wenn man sie grundlegend revidieren wollte, würde man vermutlich im Grundrechtsteil über die Bindung Privater nachdenken, so wie dies bei der Tarifautonomie in Art. 9 Abs. 3 GG auch heute schon der Fall ist. Im Übrigen dürfte es weniger um Fragen der Verfassung als des einfachen Rechts gehen – des Datenschutz- oder des Kartellrechts.

SCHLIESKY Andere Beispielfelder: Bildungspolitik, Familienpolitik, Gleichstellungspolitik. Ist ein Staat auf Dauer lebensfähig, wenn ein Teil der Gesellschaft den Staat sowohl aus den eigenen Angelegenheiten heraushalten als auch zur „Umerziehung" des anderen Teils nutzen will, während der andere Teil der Gesellschaft ein traditionelles gesellschaftspolitisches System bewahren bzw. mittlerweile wieder zu diesem zurückkehren will?

HUBER Das ist Politik, und Mehrheit entscheidet. Problematisch wäre es nur, wenn wir zu einer neokorporatistischen Fragmentierung der Gesellschaft kämen. Darüber haben wir schon gesprochen.

SCHLIESKY Die Minderheit hat die Chance, die Mehrheit zu werden.

HUBER Genau.

SCHLIESKY „Erziehende Eltern passen nicht mehr ins zeitgemäße Familienbild", hat Walter Schmitt Glaeser prägnant behauptet. Hat der Staat bei der Förderung von Erwerbstätigkeit von Frauen und Männern sowie der Kinderbetreuung überzogen oder sind nur Qualitätsstandards und Angebotsquantität noch nicht ausreichend?

HUBER Es gibt in der Tat eine Allianz von Politik, Arbeitgeberverbänden, Gewerkschaften und Lobbygruppierungen, die das traditionelle Familienbild – Vater arbeitet, Mutter bleibt zu Hause und kümmert sich um die Kinder – beseitigen wollen. Bisher wird dieses Modell steuerrechtlich immerhin noch ein wenig privilegiert, durch das Ehegattensplitting. Und unser Senat hat in der Entscheidung zum Ehegattensplitting bei Lebenspartnerschaften ja auch ein paar Ausführungen dazu gemacht, dass der Staat die Rollenbilder, die sich die Eheleute in freier Selbstbestimmung wählen, zu respektieren hat und dass er sie steuerlich nicht behindern darf, sondern fördern muss. Dies gilt auch für das Alleinverdienermodell. Zwar ist das Doppelverdienermodell nicht weniger legitim. In einem freiheitlichen Staat können es aber weder der Staat noch

Interessengruppen sein, die (faktisch) bestimmen, welches Modell der oder die Einzelne für seine/ihre Familie wählt.

SCHLIESKY Wir haben vorhin schon in anderem Zusammenhang über Integration gesprochen. Integration von Zuwandern ist sicherlich sowohl eine staatliche als auch eine gesellschaftliche Aufgabe. Das erleben wir auch derzeit. Aber was ist falsch gelaufen, wenn, wie jüngst zu lesen war, die große Mehrheit der in Deutschland lebenden Türken immer noch die Hauptloyalität zum türkischen Staat hat? Da reden wir über einige Jahrzehnte von Integration.

HUBER Es ist wohl nicht die Mehrheit der Türken und türkischstämmigen Deutschen, aber es sind erschreckend viele. Nimmt man die Abstimmungsergebnisse des Verfassungsreferendums, dann sind es ca 15 % der türkischstämmigen Bevölkerung, d.h. immerhin ca. 420.000 Menschen. Falsch gelaufen ist sicher, dass wir einem Teil dieser Menschen nicht das Gefühl vermittelt haben, dazuzugehören. Der Satz der Kanzlerin, sie ist auch die Kanzlerin der türkischstämmigen Deutschen, ist richtig, hätte aber spätestens von Helmut Kohl gesprochen und immer wieder wiederholt werden müssen. Auf der anderen Seite haben wir Fraktionsvorsitzende, Minister, Unternehmer, Rechtsanwälte, Richter, Ärzte u. v. a. Türkischstämmige, die vollkommen integriert sind. Als Hochschullehrer merke ich dies oft nur am Namen. Mehr als die Hälfte der türkischstämmigen Bevölkerung hat sich einbürgern lassen, viele haben die türkische Staatsangehörigkeit aufgegeben. In der CDU gibt es eine deutsch-türkische Union. Wo wir versagt haben ist, dass wir das Bedürfnis an emotionaler Bindung unterschätzt haben, die gerade in einem Einwanderungsland unerlässlich ist. Gingen wir mit unseren Nationalfarben nicht so verkrampft um, täten sich auch die Einwanderer leichter, sich ihrer zu bedienen. Das haben wir ja schon besprochen. Verglichen mit unseren Nachbarländern, verglichen mit den Banlieus in Frankreich, Birmingham oder Brüssel, ist es in Deutschland bisher allerdings gar nicht so schlecht gelaufen.

SCHLIESKY Gerade an den Beispielen Belgien und Frankreich wird ja sehr offensichtlich, dass Integration eben nicht gelungen ist. Man könnte auf die Idee kommen, dass es auch an der vom Islam geprägten Kultur liegt, die einer erfolgreichen Integration im Wege stehen. Verhindern oder behindern bestimmte kulturelle Prägungen und Religionen eine erfolgreiche Integration?

HUBER Sicher. Das gilt für Italiener aus Sizilien aber genauso. Vielleicht ist das nicht so spürbar, weil sie katholisch sind. Aber wenn man sich die Gastarbeiterschicksale der heute 70jährigen Italiener ansieht und ihre Deutschkenntnisse, dann ist auch dies vielfach kein Ruhmesblatt gelungener Integration. Auch der Umfang, in dem die Mafia in diesen Kreisen Fuß fassen konnte, stimmt nicht glücklich. Ja, die traditionelle Prägung behindert die Integration, weil sie sich von unserer unterscheidet. Deswegen muss man dafür sorgen, dass die moslemischen Einwanderer Aufnahme in unserer Kultur gemäße Institutionen und Angebote finden.

SCHLIESKY Das ist sicherlich eine Hausaufgabe für uns. Sie haben vorhin schon einmal die Medien und ihre Berichterstattung angesprochen. „Politische Korrektheit" wird heute von vielen Menschen als Synonym für Denk- und Sprechverbote im gesellschaftlichen und vor allem politischen Diskurs verstanden – die Beispiele reichen von den Grenzen der Zuwanderung über Kriminalität bis zu vermeintlich rassistischen Diskriminierungen wie Negerkuß, Mohrenkopf oder Zigeunerschnitzel. Demokratie lebt aber von praktizierter Meinungs- und Meinungsäußerungsfreiheit. Muss uns dieser Trend besorgt machen?

HUBER Er kommt wohl aus den USA, aus einem Land, das sich auch nach 150 Jahren immer noch sehr schwer damit tut, die Diskriminierung der Farbigen abzustellen. Anderseits sind die USA ja der große Bruder, von dem wir jedenfalls seit 1918 über kurz oder lang alles übernommen haben.
Eine robuste Tabuisierung ruft Gegenreaktionen hervor, und Leute auf den Plan, die sich als mutige Tabubrecher feiern lassen. Insofern tut man dem Anliegen keinen Gefallen. Wenn die Betroffenen – nicht ihre selbst ernannten Fürsprecher – bestimmte Begriffe jedoch als abwertend empfinden, sollte man auf sie auch verzichten. Negerkuß und Zigeunerschnitzel hatten meine Wissens nie eine rassistische Konnotation, so wie auch die Bezeichnung „Neger" im Deutschen eigentlich nur die Übersetzung des lateinischen Wortes „schwarz" war. Mittlerweile hat sich durch die permanente Thematisierung einer angeblich negativen Konnotation jedoch unseren Sprachgebrauch verändert, so dass man diese Begriffe heute nicht mehr ohne weiteres verwenden sollte. Es ist so ein bisschen wie mit dem Kruzifix. Bis zum Kruzifix-Beschluss von 1995 hat sich kaum jemand an den Kreuzen, die in Klassenzimmern und Gerichtssälen hingen, gestört. Man hat sie in der Regel gar nicht wahrgenommen. Danach war alles anders, und heute löst das Kruzifix in öffentlichen Gebäuden bei nicht wenigen Irritationen aus. Insofern sind wir Kinder unserer Zeit und können uns ihr nicht entziehen.

SCHLIESKY Noch einmal zurück zur Menschenwürde: In jüngster Zeit gehen zumindest auch in Deutschland die größten Gefahren für die Menschenwürde weniger vom Staat als vielmehr von privaten Akteuren aus, wenn man an Fernsehformate mit herabwürdigenden Beurteilungen oder Verhaltensaufforderungen, aber eben auch haßerfüllte Kommentare von Internetnutzern denkt. Ist der Staat hier gefordert? Genügt er hier seiner Schutzpflicht?

HUBER Da habe ich noch keine endgültige Meinung. Allerdings ist die Enthemmung, die unter der vermeintlichen Anonymität des Internets ermöglicht wird, nicht nur Ausdruck eines zivilisatorischen Verfalls, sondern auch schädlich für das Zusammenleben. Man wird wohl noch mehr Erfahrungen sammeln müssen, aber wenn die Entwicklung so weitergeht, könnte ich mir vorstellen, dass man auch die De-Anonymisierung für Private erleichtert. Das hängt letztlich von den Rechtsgütern ab, die auf dem Spiel stehen.

SCHLIESKY Jetzt möchte ich gerne noch auf Ihr persönliches Verhältnis zum Staat eingehen. „Die erste Bürgerpflicht ist, seinem Vaterlande zu dienen", so hat Friedrich der Große sein „Politisches Testament" eingeleitet. Halten Sie den Satz heute noch für mehrheitsfähig?

HUBER Nein.

SCHLIESKY Was bedeutet er Ihnen persönlich?

HUBER Ich halte ihn für richtig.

SCHLIESKY Was motiviert Sie persönlich zu Ihrem Engagement für den Staat?

HUBER Die Überzeugung, dass die Orientierung am Gemeinwohl und sein tendenzieller Vorrang vor dem Eigennutz eine unverzichtbare Voraussetzung für ein geordnetes Zusammenleben sind sowie das Bestreben, dazu beizutragen, meinen Kindern und (hoffentlich) Enkeln eine gedeihliche Zukunft zu sichern.

SCHLIESKY Welche Bedeutung hat Macht für Sie?

HUBER Sie fasziniert, schüchtert ein, lässt einen oft nicht ruhig schlafen, und es macht nicht wirklich Spaß sie auszukosten.

SCHLIESKY Der frühere Spiegel-Reporter Jürgen Leinemann hat die Schwierigkeiten prominenter Politiker mit dem Verlust von Macht sehr einprägsam beschrieben. Hat politische Macht auch Sie verändert?

HUBER Das kommt darauf an. Für die kurze Phase, in der ich Politiker war, würde ich das bejahen. Meine Familie meinte hier schon nach einem Jahr Veränderungen an mir zu erkennen, die dadurch hervorgerufen werden, dass man einem Apparat vorsteht und von diesem stabilisiert und bespiegelt wird. Die Macht als Richter ist deutlich stärker mediatisiert. Sie ist auf lange Sicht vielleicht größer als die eines Ministers, aber man kann sie nie allein ausüben. In der Regel ist es die Macht der Acht. Da muss man zunächst zumindest die Mehrheit der Kollegen, am besten natürlich alle, von einer bestimmten Lösung überzeugen, und das erfordert so viel emotionale und intellektuelle Anspannung, dass man doch ein Werbender und kein Machthaber ist.

SCHLIESKY Auch über Werte haben wir gesprochen, aber jetzt noch einmal persönlich: Werte sind ja an sich eine relativ moderne Erscheinung. Bei den Klassikern der politischen Philosophie sind sie als Begriff so wenig bekannt wie bei den Kirchenvätern. Dennoch sind sie als Handlungsmaßstab, vielleicht auch als Sehnsuchtsziel, derzeit in aller Munde. Woher nehmen Sie Ihre Werte oder Orientierungen?

HUBER Ich nehme sie in erster Linie aus meinem christlichen Glauben und aus meiner Sozialisierung in einem relativ behüteten bürgerlichen Umfeld. Elternhaus und Schule – ich war 9 Jahre in einer Klosterschule – haben mir Selbstbewusstsein vermittelt und mich Respekt und Toleranz vor anderen Menschen gelehrt, sowie ein – nicht unkritisches – Vertrauen in staatliche wie kirchliche Institutionen. Sie haben mir auch beigebracht, dass es wichtig ist, seinem Land zu dienen. Patriotismus habe ich schließlich dadurch gelernt, dass ich als einziger Ausländer in einem Kindergarten in Italien meine ganz eigenen Minderheitenerfahrungen machen durfte.

SCHLIESKY Das ist das persönliche Fundament, vielen Dank.
Das Ende des Staates, vielmehr der Staatlichkeit, wird ja nun schon lange vorhergesagt, ohne dass die Vorhersage bisher eingetreten wäre. Auf der anderen Seite gibt es die drei Elemente von Staatlichkeit, Staatsgebiet, Staatsvolk, Staatsgewalt, die in der gängigen Lehre von Jellinek den Staat kennzeichnen sollen, in dieser Reinform aber schon lange nicht mehr exklusiv vorhanden sind. Gemeint sind Souveränität in der Europäischen Union, Globalisierung in Gestalt internationaler Abkommen, Verpflichtungen und der Rückzug des Staats aus so manchem Regulierungsbereich. Wie ist Ihre Prognose für den Staat?

HUBER Optimistisch. Er ist bislang die rationalste und belastbarste Form eine Gesellschaft zu organisieren. Allein der Staat hat es bisher vermocht, seinen Angehörigen, Freiheit, Gleichheit und Selbstbestimmung zu ermöglichen. Auch wenn er durch die Globalisierung, Europäisierung und Privatisierung zeitweise an Bedeutung verloren hat, rechtfertigt dies keinen Abgesang. Im Gegenteil: Sein Rückzug hat Gegenreaktionen ausgelöst, wie wir sie etwa an der Rekommunalisierung der Energieversorgung oder an der Rolle der Mitgliedstaaten in den jüngsten Krisen der EU beobachten konnten. Unser Kollege Schuppert ist schon vor 10 Jahren, in der Abendröte der Privatisierungseuphorie mit dem Slogan „bring the state back in again“ durch die Lande gezogen. Der Mann hatte Recht.

SCHLIESKY Man sieht ja doch, dass es weltweit immer mehr „failed states“ gibt, die dann regelmäßig im Chaos versinken und mitursächlich für Terrorismus als auch Flüchtlingsströme sind. Belegt das die Alternativlosigkeit des Staats entgegen der kommunistischen Annahme vom Absterben des Staates? Und wenn ja, wie kann man solche Staaten retten oder stabilisieren? Oder kann man es gar nicht? Das kann ja auch sein.

HUBER Der Staat ist als Ordnungsfaktor alternativlos. Wo er nicht funktioniert, braucht es ein „nation building“ – in Afghanistan, Südsudan, Somalia, Libyen etc. etc. Häufig geschieht das auch, mit Unterstützung der Vereinten Nationen, der Staatengemeinschaft oder anderer Institutionen. Meist geht es dabei um sehr lange Prozesse, die auch die Helfer an den Rand ihrer Leistungsfähigkeit bringen können: Ein langfristiges Engagement, eine Mischung aus militärischen und zivilen Hilfen, sukzessive Konsolidierungsmaßnahmen u. a. m. Zudem benötigen sie ein großes Maß an interkultureller Kompetenz, um die Mechanismen zu verstehen, die einen Staat haben scheitern lassen und die das friedliche Zusammenleben unter Rechtsgesetzen verhindern. Der Westen, allen voran die USA, haben dem in den letzten Jahrzehnten leider nicht das notwendige Gewicht zugemessen. Anders als nach dem II. Weltkrieg, wo sie entscheidend mit dazu beigetragen haben, Europa eine im Wesentlichen seit 70 Jahre andauernde Friedensperiode zu sichern, sind sie in den jüngeren Auseinandersetzungen im Nahen Osten häufig nach der Devise „hit and run“ verfahren. Aber auch das deutsche Engagement in Kundus war leider nicht nachhaltig, wenn man bedenkt, dass dort inzwischen wieder die Taliban das Sagen haben. Woran das gelegen hat, kann ich nicht beurteilen. Gleichwohl scheint mir der dort gewählte Ansatz richtig und verallgemeinerungsfähig.

SCHLIESKY Mögen Sie eine Prognose wagen: Wie wird unser Staat in 20 Jahren aussehen?

HUBER Nicht wesentlich anders als heute. Die Bevölkerung wird sich verändern, sie wird größer und noch bunter. Deutschland wird gleichwohl besser als viele andere Staaten in der Lage sein, die kommenden Herausforderungen zu bewältigen. Allen Einwänden zum Trotz ist uns doch ein relativ großes Maß an gesellschaftlichem Zusammenhalt zu eigen, der sich etwa bei Naturkatastrophen immer wieder bewährt, ein im internationalen Vergleich hohes Vertrauen in die staatlichen Institutionen, eine grundsätzliche Bereitschaft, sich auf den Staat zu verlassen und für ihn einzusetzen. Unser politisches System zeichnet sich durch Wandelbarkeit und Offenheit aus, und – das sollte man nicht gering schätzen – der Föderalismus eröffnet uns die Möglichkeit zu dezentralen Lösungen. Das wird auch für Europa gelten. Ich hoffe und bin mir sicher, dass es die Europäische Union als Ordnungsrahmen und Kern der politischen und wirtschaftlichen Ordnung unseres Kontinents noch geben wird.
Nein sage ich zur letzten Frage.

SCHLIESKY Also zu der Frage, ob in absehbarer Zeit etwas Neues an die Stelle des Staates treten könnte. Vielen Dank für das Gespräch!

© Deutscher Bundestag/
Lichtblick/Achim Melde

Prof. Dr. Norbert Lammert

Geboren am 16. November 1948 in Bochum, katholisch, verheiratet, vier Kinder; Studium der Sozialwissenschaften, Diplom 1972, Promotion 1975. Mitglied der CDU seit 1966; seit 1986 Mitglied des Landesvorstandes der CDU Nordrhein-Westfalen, 1986 bis 2008 Vorsitzender des CDU-Bezirksverbandes Ruhr. Mitglied des Bundestages seit 1980. Von 1989 bis 1998 Parlamentarischer Staatssekretär. Von 2002 bis 2005 Vizepräsident, seit dem 18. Oktober 2005 Präsident des Deutschen Bundestages.

GESPRÄCH MIT

Herrn Präsidenten des Deutschen Bundestages Prof. Dr. Norbert Lammert

SCHLIESKY Herr Präsident, was verstehen Sie unter dem Staat?

LAMMERT Die politische Verfassung einer Gesellschaft.

SCHLIESKY Ist unser Staat heute mehr als nur ein funktionales System?

LAMMERT Ganz sicher, was man spätestens dann bemerkt, wenn er tatsächlich oder vermeintlich nicht funktioniert. Die Wahrnehmung ist nicht dieselbe, wie wenn ein Auto nicht funktioniert oder das Internet oder das Telefon.

SCHLIESKY Nun haben wir Deutschen auch dazu geneigt, den Staat zu idealisieren, also wenn man etwa an Hegel denkt, der den Staat die „Wirklichkeit der sittlichen Idee" genannt hat. Nach dem verbrecherischen Missbrauch von Ideen staatlicher Gemeinschaft durch die Nationalsozialisten betrachten wir den Staat der Bundesrepublik doch sehr viel nüchterner. Zu nüchtern, vielleicht gerade in der heutigen Zeit?

LAMMERT Nach den offensichtlichen Übertreibungen sowohl in der Philosophie wie in der praktischen Politik empfinde ich das nüchterne Verhältnis, das die meisten Deutschen zu diesem deutschen Staat haben, als ziemlich gut ausbalanciert.

SCHLIESKY Bis zum 19. Jahrhundert hat man den Staat eher organisch verstanden, bei dem dann das Zusammenwirken von Staat und Gesellschaft sehr leicht und gut zu erklären war. Und dieses Zusammenwirken wollen wir heute auch. Benötigen wir da vielleicht eine Orientierung an alten Bildern, oder brauchen wir auch neue Bilder, um vernetzte Gesellschaften und Ähnliches zu erklären?

LAMMERT Die Frage habe ich, offen gestanden, nicht verstanden.

SCHLIESKY Die Frage geht in Richtung des organischen Staatsdenkens. Als man sich den Staat über Jahrhunderte hinweg als Organismus vorgestellt hat, mit einem politischen Kopf, und so kann man alle Organe durchgehen.

LAMMERT Ja gut, aber das ist mir tatsächlich, obwohl ich durchaus eine gewisse Freude an Theorien habe, zu verkopft, und ich habe vorhin schon nicht interveniert, was Hegel angeht, dessen Bedeutung in der Philosophie mit Sicherheit um Längen ausgeprägter ist als in der öffentlichen Vorstellung vom Staatswesen. Und für Hobbes würde man ganz gewiss das gleiche sagen können. Ich vermute sogar in Großbritannien.

SCHLIESKY Dann betrachten wir den Staat nüchtern als Instrument zur Einhegung von Macht. Welche Bedeutung kommt der Macht denn in einem demokratischen Verfassungsstaat zu?

LAMMERT Prinzipiell derselben, wie in jeder anderen politischen Verfassung. Nur geht eben der demokratische Staat mit der Legitimation und Kontrolle von Macht anders um. Aber es ist nicht eine andere Macht. Das sind nur andere Rahmenbedingungen für Machtausübung.

SCHLIESKY Nun ist die Macht in der Regel mit Personen verbunden. Caesar soll geäußert haben, dass der Staat ein Nichts sei, nur ein Name ohne Körper und Gestalt. Danach käme es letztlich nur auf die Persönlichkeit und die Integrität, vor allem aber wohl auch auf die Autorität des Machthabers an. Gilt diese Einschätzung aus Ihrer Sicht in den heutigen Zeiten des Wegfalls metaphysischer oder eben idealisierter, ideologischer Staatsbegründung erneut?

LAMMERT Dass jedenfalls am Ende Personen den Unterschied machen, das ist auch meine, über die Jahre immer stärkere Wahrnehmung. Allerdings nicht nur in politischen Zusammenhängen. Das Gleiche gilt für Kunst, das Gleiche gilt für Wirtschaft, die Wissenschaft, auch für Kirchen. Es sind am Ende die jeweiligen Personen, die die jeweiligen Ämter in einer besonderen Weise prägen, positiv oder negativ oder mit einer Mischung aus dem einen wie dem anderen. Allerdings ist die zugrunde liegende Frage wieder eine der vielen liebenswürdigen Übertreibungen: Die meisten derjenigen, die auch mit ihrer Person das jeweilige Amt prägen, wären ohne das Amt fast nichts – jedenfalls in der öffentlichen Wahrnehmung.

SCHLIESKY Es gibt vielleicht immer historische Pendelbewegungen, aber Sie sagten gerade, Sie beobachten auch den Trend zu einer größeren Bedeutung der Persönlichkeit. Wenn man jetzt die Entwicklungen, etwa in der Türkei, in Polen, in Ungarn oder auch Russland betrachtet, was können wir daraus lernen oder müssen wir daraus lernen?

LAMMERT Wenn dies denn ein Trend sein sollte, was ich ausdrücklich nicht hoffe, aber auch immer weniger ausschließen kann, dann kommt darin eine erschreckende Bereitschaft zum Ausdruck, Freude an autoritären Lösungen zu gewinnen.

SCHLIESKY Dann geht es auch immer um die Rolle, die die Gesellschaft in solchen Staaten noch spielen kann. In welchem Verhältnis stehen Staat und Gesellschaft aus Ihrer Sicht zueinander?

LAMMERT Na gut, das ist jetzt gewissermaßen die 1000-Dollar-Frage für eine eigene oder weitere Staats- und Gesellschaftstheorie. Mir reicht eigentlich der Hinweis, dass weder der Staat in der Gesellschaft aufgeht noch die Gesellschaft umgekehrt im Staat.

SCHLIESKY Also ist eine Trennung schon noch notwendig?

LAMMERT Ja, absolut.

SCHLIESKY Auch um Freiheit zu gewährleisten. Wesentliche Rolle des Staates ist, Freiheit zu schützen, zu gewährleisten, aber auf der anderen Seite nimmt er sie auch. Sehen Sie ganz abstrakt eine Grenze? Oder eine Leitlinie, wie das Verhältnis zwischen Staat und persönlicher Freiheit beschaffen sein sollte? Gibt es einen Grundsatz, im Zweifel für die Freiheit oder im Zweifel für die Sicherheit der Gemeinschaft?

LAMMERT Die Beantwortung der Frage hängt nicht unwesentlich davon ab, ob wir jetzt von irgendeinem oder von unserem Staat reden.

SCHLIESKY Von unserem.

LAMMERT Jedenfalls wird diese Frage in der Regel durch die Verfassung beantwortet, die möglicherweise, wie bei uns, bestimmte Dinge von ansonsten ermöglichten Veränderungsoptionen befreit, sie jedenfalls davon ausnimmt, und insofern ist dieses Verhältnis nie ein ein für alle Mal bestimmtes, sondern ein prinzipiell gestaltungsfähiges, wobei wir in unserem Staats- und Gesellschaftsverhältnis eben die besondere Verfassungslage haben, dass die Verfassungsväter und Verfassungsmütter eine Reihe von Festlegungen getroffen haben, die sie aus guten Gründen der ansonsten üblichen Dispositionsmöglichkeit, auch des Gesetzgebers, entziehen wollten.

SCHLIESKY Ich bitte um Nachsicht, dass es am Anfang noch staatstheoretisch ist: Was war zuerst da aus Ihrer Sicht, die Freiheit oder der Staat?

LAMMERT Ganz sicher die Freiheit. Der Staat ist ein artifizielles Gebilde und kein natürliches. Die Freiheit ist eine vitale Grundausstattung des Menschen.

SCHLIESKY Also kann es Freiheit auch ohne den Staat geben?

LAMMERT Für Personen ja, für Gesellschaften nie.

SCHLIESKY Passen denn aus Ihrer Sicht heute der Staat oder auch unser Staatsbild und unsere Gesellschaft noch zusammen? Meinen Sie, dass unsere Gesellschaft noch eine konsentierte Vorstellung vom Staat hat und auch davon, was er tun soll?

LAMMERT Nein. Aber ob das früher je anders war, halte ich für mindestens so offen.

SCHLIESKY Art. 20 Abs. 2 Satz 1 GG lautet: „Alle Staatsgewalt geht vom Volke aus." Das würde auch unmittelbare Demokratie erlauben, wie Art. 20 Abs. 2 Satz 2 GG auch verdeutlicht. Sind wir aus Ihrer Sicht schon eine so reife Demokratie, dass wir mehr Entscheidungen dem Volk selbst überlassen können oder auch sollten? Oder zeigt der zunehmende Populismus in Deutschland und Europa gerade, dass wir mit einer Fokussierung auf das repräsentative System nicht nur gut beraten waren, sondern auch weiterhin sind?

LAMMERT Mich überzeugt die Rückführung auf einen vermeintlichen Reifegrad nicht. Weder in die eine Richtung, dass eine Demokratie erst dann reif sei, wenn sie ihre wesentlichen Entscheidungen durch Plebiszite herbeiführe noch umgekehrt, dass sie zunächst eine gewisse Reife erreichen müsse, um sich das erlauben zu dürfen. Für mich hat die Beantwortung dieser Frage eine ganz prinzipielle und eine eher praktische Dimension. Die ganz prinzipielle ist: Handelt es sich hier um gleiche und gleichwertige oder unterschiedliche Formen der Legitimation von Entscheidungen. Und die praktische: Mit welchen Risiken und Nebenwirkungen ist die Herbeiführung solcher Art von Entscheidungen verbunden. Was die Grundsatzfrage angeht, halte ich beides für gleich legitime und auch gleichwertig legitime Entscheidungsprozesse. Was im Übrigen auch

bedeutet, dass ich nicht erkennen kann, dass Volksentscheidungen eine höhere Legitimation gegenüber repräsentativen Entscheidungen hätten. (Deswegen hat mich die Hasenfüßigkeit des britischen Parlamentes zum „Brexit" ebenso überrascht wie enttäuscht. Das Ergebnis eines Referendums, für das es mangels einer Verfassung in Großbritannien ohnehin keine Zwangsläufigkeit gegeben hat, als unverrückbare Vorgabe für eigene Entscheidungsverantwortung zu nehmen – schon gar nach einer Kampagne, bei der eines der wesentlichen Argumente für das Verlassen der Europäischen Union die Wiederherstellung der Souveränität von Westminster sein sollte.) Unter praktischen Gesichtspunkten fallen mir zugegebenermaßen mehr Einwände als Vorzüge gegenüber plebiszitären Verfahren auf. Wobei ich ausdrücklich bekräftige oder bestätige, dass repräsentative Entscheidungen selbstverständlich genauso falsch sein können wie plebiszitäre. Das weiß man immer erst mit gehörigem zeitlichen Abstand und manchmal weiß man es nie, weil darüber halt unterschiedliche Einschätzungen bestehen. Aber das Risiko von Fehlentscheidungen ist strukturell in Parlamenten geringer als in Plebisziten, weil es erstens eine professionellere Beschäftigung mit dem jeweiligen Gegenstand gibt, in der Regel auch eine längere, in der die jeweils an dem Entscheidungsprozess Beteiligten sich alternativen Konzepten bzw. Einwänden gegenüber einer Absicht gar nicht entziehen konnten. Allesamt Voraussetzungen, die für die allermeisten an Plebisziten Beteiligten nicht zutreffen. Deswegen finde ich auch nicht überraschend, dass Parlamentsentscheidungen selten genial und auch selten voll daneben sind. Was bei Plebisziten schon sehr viel eher passieren kann.
Schließlich bleibt, was wiederum fast mehr ein grundsätzliches als ein praktisches Argument ist: Wenn schon Entscheidungen der Natur der Sache nach richtig oder falsch sein können, empfiehlt es sich eigentlich, Verantwortlichkeiten identifizieren zu können. Die sind aber bei Plebisziten nie identifizierbar und bei Parlamenten immer.

SCHLIESKY Ich kann auch niemanden zur Rechenschaft ziehen.

LAMMERT Ja.

SCHLIESKY Aus aktuellem Anlass, jetzt unabhängig von der Sachentscheidung, wäre denn die Direktwahl des Bundespräsidenten durch das Volk denkbar?

LAMMERT Denkbar, aber im Rahmen unserer Verfassung nicht nur nicht vorgesehen, sondern auch hochgradig unzweckmäßig. Denn man würde mit der Direktwahl des Bundespräsidenten die Architektur des politischen Systems nachhaltig verändern, und es ist bestenfalls treuherzig anzunehmen, dass ein direkt gewählter Bundespräsident gegenüber einem indirekt gewählten Bundeskanzler oder einer jeweils weiblichen Besetzung in dem einen oder anderen Amt, nicht eine gründlich veränderte Erwartungshaltung der jeweiligen Wahlkörper und der damit verbundenen Entscheidungskompetenzen nach sich ziehen müsste. Im Übrigen auch mal nur nachrichtlich: Mit an Sicherheit grenzender Wahrscheinlichkeit wäre unter den Bedingungen einer Direktwahl keiner der bisherigen Bundespräsidenten auch nur Kandidat geworden, geschweige denn Präsident.

SCHLIESKY Man hätte auf andere Kriterien abgestellt.

LAMMERT Ja.

SCHLIESKY Um überhaupt mitwirken zu können an Wahlen, an Abstimmungen, muss man ja Staatsbürger sein. Vorausgesetzt wird also die Zugehörigkeit zum Staatsvolk, woraus dann der Bürgerstatus folgt. Beide werden immer noch von der am Nationsgedanken orientierten deutschen Staatsangehörigkeit bestimmt. Ist diese Verbindung ersetzungsfähig und vielleicht heute auch schon ersetzungsbedürftig?

LAMMERT Ganz grundsätzlich betrachtet, ist das änderbar. Ich sehe auch hier kein offenkundiges verfassungsrechtliches Hindernis, das dem abschließend im Wege stehen würde. Ich persönlich würde es allerdings nicht empfehlen, weil mein Verständnis des Verhältnisses von Staat und Gesellschaft nun genau diese Staatsangehörigkeit konstitutiv macht, und da wir ja unser Gesellschafts- und Staatsverständnis eben nicht hermetisch begreifen und für Interessenten öffnen, finde ich es nicht zu viel verlangt, das eigene politische Partizipationsbedürfnis auch und gerade bei der Bestellung von Staatsorganen dann durch den Erwerb der Staatsangehörigkeit zu beglaubigen.

SCHLIESKY Wieviel Zuwanderung hält so eine Nation, so ein Staatsvolk dann aus? Zumal dann ja zumindest auch der Kreis der Legitimationssubjekte dann geringer wird, rein numerisch.

LAMMERT Das weiß niemand wirklich genau. Deswegen wird darüber ja auch zurecht gestritten. Ich habe zu diesem Thema und der Schwierigkeit hier eine Festlegung zu finden, häufig in Vorträgen gesagt, wir müssen uns selbst zwei zentrale Fragen beantworten. 1. Was wollen wir eigentlich? Und 2. Was können wir wirklich? Und die jeweils eine Frage kann die andere nicht ersetzen.

SCHLIESKY Im Grunde sind ja all die Kategorien, auf die wir den Staat stützen, also etwa Volk, Nation, Bürger, das Ergebnis von Abgrenzung und letztlich auch Ausgrenzung. Wie verträgt sich so etwas mit einer Integrationspolitik im größeren Stil? Denn Nation ist ja vielleicht auch mehr als nur der Pass. Es gibt ja auch eine kulturelle Identität eines Staates.

LAMMERT Also, auch hier ist die Öffnung ja längst nicht nur theoretisch, sondern auch praktisch vollzogen. Dass in Nationalmannschaften, die immer noch so heißen und an deren Begrifflichkeit sich im Übrigen interessanterweise auch niemand stößt, zunehmend Menschen mitwirken, die auf den ersten Blick als Ausländer erscheinen, aber selbstverständlich keine sind, weil sie durch Erwerb der deutschen Staatsangehörigkeit entweder durch Geburt oder durch entsprechende erfolgreiche Antragsverfahren ihre eigene Zugehörigkeit zu diesem Staat und dieser Nation begründet haben, macht deutlich, dass das ein zugegebenermaßen kompliziertes, aber eben nicht hermetisches Verhältnis ist.

SCHLIESKY Aber kann Identitätsbildung ohne Abgrenzung gelingen? Oder setzt Identität nicht immer eine Abgrenzung voraus, um sich selbst zu vergewissern?

LAMMERT Ja, in einem ganz prinzipiellen Sinne glaube ich schon. Wenn die Identifikation mit irgendwas sich von nichts mehr unterscheiden würde, wäre sie eigentlich keine Identifikation mehr. Also insofern ist Identität immer auch der Hinweis auf etwas, was anders ist als es sonst vorkommt oder anderswo zu beobachten ist. Ich zucke natürlich auch bei der Frage nach Abgrenzung, weil dahinter leicht ein demonstratives Abgrenzungsbedürfnis vermutet wird, das ich nicht in gleicher Weise bestätigen würde.

SCHLIESKY Es muss nicht die mexikanische Mauer von Donald Trump sein.

LAMMERT Nein, das hat auch schon nichts mehr mit Identifikation zu tun, sondern das wäre dann das Bedürfnis nach Abgrenzung, und deswegen ist es gut, dass Sie noch mal nachgefragt haben. Zwischen dem Bedürfnis nach Identifikation, das ich ausdrücklich bestätigen würde, und dem Bedürfnis nach Abgrenzung besteht jedenfalls ein erheblicher Unterschied.

SCHLIESKY Man kann jetzt in der Politik der letzten Jahre ja auch gewisse Tendenzen beobachten …

LAMMERT Abgrenzung vor allem im Sinne von Ausgrenzung. In manchen Ländern mehr, in anderen weniger, aber im Ganzen offensichtlich stärker.

SCHLIESKY Die Politik der letzten Jahre ist in Europa, aber auch in Deutschland dadurch gekennzeichnet, weniger den Grundgedanken des Grundgesetzes, Chancengleichheit, Gleichheit vor dem Gesetz, zu gewährleisten, als stärker zu einer Gleichheit im Ergebnis kommen zu wollen. Nehmen wir die Beispiele Gleichstellungspolitik, Genderpolitik, Queerpolitik. Der Philosoph Byung-Chul Han spricht von der „Wucherung des Gleichen". Kümmert Politik sich noch genug um die Mehrheitsbevölkerung?

LAMMERT Also üblicherweise wird schon gar in funktionierenden Demokratien eher und oft auch zu Recht der Vorwurf erhoben, dass Minderheiten übersehen werden. Dass wir jetzt mit dem erstaunlichen Verdacht konfrontiert sind, wir nähmen die Mehrheiten nicht mehr wahr und kümmern uns nur um Minderheiten, hat Gründe. Dieser Verdacht entsteht ja nicht zufällig. Aber er ist schon die Folge eines Versäumnisses der Vergangenheit, der sich vielleicht in einem besonderen Eifer zur Kompensation dieser Versäumnisse niederschlägt. Und richtig ist, dass man wie immer der Versuchung zu Übertreibungen tapfer widerstehen sollte.

SCHLIESKY Ich würde dann gern zu dem Thema „Europa und Staat" kommen. Europa und gerade die Europäische Union schienen ja den klassischen Nationalstaat und damit auch ein übersteigertes Nationsdenken zu überwinden, auch vielleicht überwinden zu sollen. Jetzt erleben wir gerade eher eine Tendenz, dass das Pendel zurückzuschlagen scheint, und die Nation und auch der abgeschlossene Nationalstaat als heimelige Alternative zu der europäischen Integration, zu einem Binnenmarkt, zu offenen Grenzen gesehen werden. Wie beurteilen Sie die Entwicklung eines solchen „Neo-Nationalismus"?

LAMMERT Dieser Trend ist leider überhaupt nicht zu übersehen, und ich halte ihn für verheerend, weil ich ihn für einen schieren Anachronismus halte, im wörtlichen Sinne: Das ist eine Rückbesinnung auf eine verloren gegangene Souveränität, die buchstäblich aus der Zeit gefallen ist. Unter den Bedingungen der Globalisierung, auf einem Globus, auf dem mehr als 7 Milliarden Menschen leben, von denen die Europäer alle zusammen nicht einmal mehr 10% ausmachen, die allesamt mehr als jemals zuvor voneinander abhängig sind, ist die Vorstellung, man könne noch Herr seiner eigenen Angelegenheiten sein, und unabhängig von anderen bestimmen, unter welchen Bedingungen man leben wolle, schlicht aus der Zeit gefallen.

SCHLIESKY Dennoch gibt es in der Politik ja Vorschläge, man solle wieder mehr Kompetenzen auf die Nationalstaaten übertragen.

LAMMERT Da verweise ich auf das, was ich gerade gesagt habe: Als generelle Empfehlung voll daneben. Über jeden konkreten Vorschlag kann man und muss man reden, und dass vieles auf Ebenen geregelt wird, die da drunter vermutlich treffergenauer anzusiedeln wären, ist nicht zu bestreiten, allerdings kein spezifisch europäisches Problem. Das soll sogar im Verhältnis von kreisangehörigen Kommunen zu Landkreisen zu beobachten sein.

SCHLIESKY In der Tat. Ein Gedanke könnte ja sein, die nationale Identität, die Art. 4 EU-Vertrag ja garantiert, vielleicht nicht mehr so statisch und in einem rückwärtsgewandten Sinne zu definieren, sondern sich darum zu bemühen, eine modernere nationale Identität zu definieren. Aber da beobachte ich, dass es solche Bemühungen nicht gibt. Man könnte ja mal eine Diskussion führen, was eigentlich die nationale Identität ist, die wir vor Brüssel geschützt wissen wollen. Wäre das ein Weg?

LAMMERT Europa ist unter vielerlei Gesichtspunkten historisch ein Sonderfall, und der europäische Integrationsprozess ist beispiellos: Er ist der präzedenzlose Vorgang, dass immer mehr Staaten immer mehr Zuständigkeiten, die sie als Staaten zweifellos haben, auf eine Gemeinschaft übertragen, die kein Staat ist, in der Erwartung, in dieser Gemeinschaft überzeugender wahrgenommen zu werden als in eigener prinzipiell unbestreitbarer Zuständigkeit.

SCHLIESKY Es ist ja schon angeklungen, dass Sie die Europäische Union schätzen. Noch einmal ganz konkret gefragt: Was bedeutet Ihnen Europa? Was bedeutet Ihnen die Europäische Union?

LAMMERT Historisch betrachtet ist sie für mich die wichtigste Errungenschaft des 20. Jahrhunderts. Politisch ist sie die Bedingung unserer Selbstbehauptungsfähigkeit, politisch und ökonomisch wie kulturell.

SCHLIESKY Ist das Verhältnis, in dem die EU und die Mitgliedstaaten zueinander stehen, aus Ihrer Sicht jetzt in Ordnung?

LAMMERT Nein, erkennbar nicht. Denn die Neigung, auch und gerade auf die großen Herausforderungen nicht mit gemeinsamen Antworten zu reagieren, sondern mit nationalen Alleingängen, mit ausdrücklicher Reklamierung der eigenen Zuständigkeit, ist aus den genannten Gründen anachronistisch.

SCHLIESKY Sie sprachen den Brexit schon an. Am Tag nach der Brexit-Entscheidung hat man viele Menschen erlebt, gerade in Großbritannien, aber auch hier in Deutschland, denen die Entscheidung des britischen Volkes emotional sehr nahe ging, weil sie das Ausscheiden und die Schwächung der EU bedauern. Wie können wir denn solche Emotionen für die Europäische Union nutzen, denn es fehlt doch angeblich immer an der Emotionalität oder an der Zuneigung?

LAMMERT Ob es beim Brexit an Emotionalität gefehlt hat, oder ob es zu viel an Emotionalität gab, um diese rational schwer nachvollziehbare Entscheidung zu erklären, dass will ich jetzt mal Historikern überlassen. Aber es führt natürlich auf die vorhin diskutierte Frage der Zweckmäßigkeit dieser oder jener Art legitimer politischer Entscheidungen zurück. Nach allen Untersuchungen wissen wir, dass das Interesse an der Zugehörigkeit Großbritanniens zur EU umso größer ist, je jünger die Leute sind, und spiegelbildlich umso geringer wird, je älter die betreffenden Jahrgänge sind. Mit anderen Worten: Die riesige Mehrheit der jungen Generation zwischen 18 und 30 Jahren ist für die Mitgliedschaft Großbritanniens in der EU, die große Mehrheit der über 65-Jährigen nicht. An der Entscheidung teilgenommen haben überproportional die Älteren. Die junge Generation, die von dieser Entscheidung am längsten betroffen ist, hat zu einem signifikant unterdurchschnittlichen Maß von ihrem Wahlrecht Gebrauch gemacht, stand allerdings unmittelbar nach der Entscheidung mit vielen Tausenden in London und anderswo auf der Straße, um gegen eine Entscheidung zu demonstrieren, die gar nicht gefallen wäre, wenn sie sich selbst daran beteiligt hätte.

SCHLIESKY Ein schwer korrigierbarer Fehler, leider. Die meisten politischen Beobachter waren sich nach dem Brexit einig, und dazu gehört ja auch keine prophetische Gabe, dass es in der EU nun so nicht weitergehen könne. Welchen Reformbedarf sehen Sie in der EU?

LAMMERT Das bringt jetzt nun spätestens …

SCHLIESKY Es ist schwierig, darauf kurz zu antworten.

LAMMERT … dieses Format durcheinander.

SCHLIESKY Ich mache es mal ganz konkret. Müsste man die nationalen Egoismen dadurch wieder etwas zurückfahren, dass man die Kompetenzen des Rates, die ja durch den Lissabon-Vertrag gestärkt wurden, zugunsten der Kommission und des Parlaments wieder etwas zurückfährt?

LAMMERT Es hat ja mindestens so viel Elend wie Glanz, jetzt einen Wunschzettel einer künftigen Weiterentwicklung der Europäischen Union vorzulegen, wenn man weiß, dass die Situation so ist, wie sie ist. Und alle relevanten Veränderungen erfordern Vertragsänderungen, die, gerade weil die Situation so ist, wie sie ist, ganz sicher nicht zustande kommen. Da können jetzt wiederum in philosophischen, politikwissenschaftlichen und rechtstheoretischen Seminaren die schönsten Szenarien gemalt werden, die allesamt weit von jeder erkennbaren Realisierungschance sind. Und deswegen verkneife ich mir jetzt auch eigenes Schwärmen über denkbare Weiterentwicklungen und plädiere vielmehr dafür, dass wir die begrenzten, aber vorhandenen Möglichkeiten bei gegebener Vertragslage nutzen: Da, wo es Möglichkeiten der Zusammenarbeit von Staaten gibt, auf die sich die Gemeinschaft im Ganzen aber nicht verständigen kann, von dieser Möglichkeit Gebrauch zu machen, und es in einer Weise zu tun, wie sie auch die Kanzlerin vor einiger Zeit in Warschau nochmal erläutert hat. In meinen Worten: Wir sollten nichts tun, von dem irgendjemand von vornherein ausgeschlossen ist. Aber keiner der Mitgliedstaaten sollte andere Staaten daran hindern dürfen, gemeinsam zu tun, was alle miteinander nicht machen wollen.

SCHLIESKY Also könnte am Ende die EU wieder einmal gestärkt aus der Krise hervorgehen wie bisher?

LAMMERT Das ist so sympathisch prinzipiell gefragt, dass ich schon aus logischen Gründen nicht erkennen kann, warum das nicht das Ergebnis sein könnte. Ich bin nur nicht so treuherzig, um das mit der Vermutung zu verbinden, es wird auch sicher wieder so sein, und das gehört jetzt wiederum zu den Kuriositäten der aktuellen Lage. Je ausgeprägter gemeinsame Lösungen verweigert werden und je heftiger deshalb die Krise geworden ist, desto lieber wird auf diese Erfahrung verwiesen, dass Europa bisher noch aus jeder Krise gestärkt hervorgegangen sei.

SCHLIESKY Aber dass Sie an Hegels Weltgeist nicht glauben, haben Sie vorhin schon deutlich gemacht.

LAMMERT Das ist wahr. Es wird ihn auch nicht mehr wirklich irritieren. Weder den Weltgeist noch seinen Autor.

SCHLIESKY Zu den materiellen Gehalten und zur Legitimation von Staatlichkeit: Die Frage nach der Rechtfertigung des Staates ist uralt und doch auch immer wieder aktuell, auch in Wahlkämpfen. Was sind für Sie die tragenden Gründe der Legitimität des Staates und seiner Staatsgewalt?

LAMMERT Für jede beliebige Gesellschaft gilt, dass sie die Unterschiedlichkeit ihrer Mitglieder nur aushält, wenn es ein Mindestmaß an Verbindlichkeiten für alle gibt, und diese auch rechtlich durchsetzbaren Verbindlichkeiten werden politisch definiert, also durch den Staat. In einem wiederum sehr prinzipiellen Sinne ist der Staat gewissermaßen die Organisation zur Identifizierung dessen, was eine Gesellschaft an Verbindlichkeiten braucht und gleichzeitig die Organisation zur Umsetzung dieser Verbindlichkeiten.

SCHLIESKY Wenn alles gut läuft in einem Staat, das haben Sie vorhin ja auch schon angesprochen, gibt es auch keine Debatten über die Legitimität des Staates. An sich diskutiert man über Legitimität ja nur in Krisenzeiten, wenn eine Ordnung die andere ablöst. Das war im 19. Jahrhundert mit dem Wettstreit zwischen monarchischer Souveränität und Volkssouveränität so. Wie beurteilen Sie vor dem Hintergrund jetzt den Zulauf zu Ideen rechtspopulistischer, autokratischer, nationalistischer Gruppierungen in Europa, aber eben auch in Deutschland?

LAMMERT Ich sehe hier jedenfalls keinen Kausalzusammenhang zu unseren Staats- und Gesellschaftsbetrachtungen, sondern für mich hat das mit der ganz aktuellen inneren Verfassung der jeweils betroffenen Gesellschaften, auch unserer eigenen, zu tun und insbesondere mit den nicht verfassungsrechtlich notwendigen, sondern eher nicht zufälligen, aber doch irgendwo zeitgebundenen Strukturen, in denen die Verfassungsorgane arbeiten. Ganz praktisch, wenn in einer Zeit, in der es viele große Herausforderungen gibt, für die die möglichen Lösungen allesamt eher unpopulär sind, in Parlamenten und Regierungen, die diese Entscheidungen finden und durchsetzen müssen, es nicht nur ganz breite Mehrheiten gibt, sondern wie in Zeiten der Großen Koalition unter den Bedingungen beispielsweise jetzt hier des Bundestages, regelmäßig mit noch breiteren Mehrheiten auch unter Beteiligung großer Teile der Opposition so befunden wird, wie befunden wird, dann ist es nicht wirklich erstaunlich, dass der Teil der Bevölkerung, der genau diese getroffenen Entscheidungen aus welchen Gründen auch immer nicht will und nur schwerlich akzeptiert, sich in diesem Parlament nicht und schon gar nicht hinreichend vertreten fühlt. Und dann sucht sich dieses Bedürfnis nach Repräsentanz neue Adressen. Das hat jedenfalls nichts mit einem alternativen Staatsverständnis zu tun und auch nicht mit einer wild gewordenen gesellschaftlichen Entwicklung. Sondern das ist die gefühlte und auch nicht eingebildete Diskrepanz zwischen einer Vertretungserwartung und einer Vertretungsrealität. In dieser Vermutung fühle ich mich jedenfalls durch die Wahlanalysen bestätigt, die ausnahmslos bei den bisherigen Landtagswahlen und großen AfD-Erfolgen zu dem Ergebnis kamen, dass 2/3 und mehr der Wähler sie nicht gewählt haben, um deren politische Ziele zu unterstützen, sondern um genau die Enttäuschung zum Ausdruck zu bringen, die sie gegenüber den vorgefundenen Strukturen und den von ihnen angebotenen Lösungen zum Ausdruck bringen wollten.

SCHLIESKY Sie haben eben die Akzeptanz angesprochen. Nach der Rechtsprechung des Bundesverfassungsgerichts spielt diese aber überhaupt keine Rolle. Demokratische Legitimation wird dadurch bewirkt, dass wir Verfahren durchlaufen und eine Mehrheit jemanden legitimiert, der Entscheidungen trifft. Akzeptanz spielt keine Rolle bei diesem Konzept, obwohl sie aus Sicht der Bürger – so habe ich es eben auch verstanden – ja doch durchaus der entscheidende Gradmesser zu sein scheint und bei vielen Menschen jedenfalls derzeit fehlt. Müsste die Akzeptanz eine stärkere Rolle spielen im rechtlichen, aber auch politischen Alltag?

LAMMERT In jedem Fall muss man beide Perspektiven voneinander unterscheiden. Für die rechtliche Beurteilung der Geltung einer Entscheidung kommt es in der Tat im Kern auf die korrekten Verfahrensabläufe an. Bei unserem Verfassungsverständnis übrigens nicht komplett, weil es auch materielle Vorgaben gibt, die selbst bei korrekter Verfahrensabwicklung zur Unzulässigkeit einer gefundenen Lösung führen könnten. Das ist die hier nicht weiter erläuterungsbedürftige Verbindung zum Grundrechtsteil, der substantiell nicht dispositionsfähig ist und auch bei modellhaft schönen parlamentarischen Verfahren nicht zu einer Akzeptanz führen würde. Übrigens selbst dann nicht, wenn – das bringt mich jetzt auf die andere Betrachtungsperspektive – diese gefundene Lösung eine breite öffentliche Akzeptanz hätte. Umgekehrt wird ein politisches System, dessen Repräsentanten ausschließlich zeitlich begrenzte Wahlämter wahrnehmen, ohne die Akzeptanz derjenigen die es vertreten soll, diese nicht erfolgreich wahrnehmen können. Und damit ist ein Spannungsverhältnis angelegt, für das es glücklicherweise keine Auflösung gibt, sondern mit dem die Wähler wie die Gewählten umgehen müssen.

SCHLIESKY Aber die Balance stimmt möglicherweise dann im Moment nicht ganz.

LAMMERT Jedenfalls für eine beachtlich große Minderheit nicht.

SCHLIESKY So ist es. Ich komme noch mal zurück auf die eher funktionale Sicht auf den Staat, über die wir am Anfang gesprochen haben und die ja auch bei der Rechtfertigung unseres Staates eine große Rolle spielt. Muss es einen da mit Sorge erfüllen, wenn immer öfter, wenn aus meiner Sicht auch übertrieben, von Staatsversagen gesprochen wird, wir aber tatsächlich bestimmte Funktionsverluste von Staatlichkeit konstatieren müssen? Ich denke dabei an die Flüchtlingskrise, an die Rettungsmaßnahmen auf den Finanzmärkten, an digitale Räume, in denen wir bisher rechtlich nichts geregelt haben. Gibt das schon Anlass zur Sorge oder …?

LAMMERT Dass wir im Bereich der digitalen Welt nichts geregelt haben, trifft natürlich nicht zu. Und auch hier befinden wir uns politisch in einer Situation, wo die einen uns Überregulierung vorwerfen und die anderen einen mangelnden Mut überfälliger Regulierung. Für beides gibt es übrigens Indizien. Was das generelle Thema Staatsversagen angeht, ist meine Empfehlung, nicht kategorisch zu behaupten, so etwas gäbe es gar nicht, um gleichzeitig unbefangen genug zu bleiben, den Generalvorwurf zurückzuweisen, dieser Staat funktioniere nicht. Das eine ist so übertrieben wie das andere. Und dass im Übrigen bei einer Reihe von nicht eingebildeten, sondern tatsächlichen Vorgängen der jüngeren Vergangenheit oder auch der Gegenwart, NSU oder auch das kurzfristige staatliche Handeln im Umgang mit allerdings nicht absehbaren Flüchtlingsgrößenordnungen, sich für viele als Versagen staatlicher Handlungsfähigkeit bei diesen staatlichen Zuständigkeiten ausdrücklich zugestandener und ihnen zugebilligter Kompetenz darstellt, ist schwer zu bestreiten.

SCHLIESKY Seit Machiavelli gibt es auch die Staatsräson als Rechtfertigungszweck des Staates. Sehen Sie heute noch eine konsensfähige Staatsräson?

LAMMERT Nochmal bitte.

SCHLIESKY Die Staatsräson hat vor allem Machiavelli seinerzeit als Rechtfertigung des Staates in die Diskussion eingebracht. Gibt es so etwas heute noch? Frau Merkel hat einmal die historische Verantwortung Deutschlands für die Sicherheit Israels als Teil der deutschen Staatsräson bezeichnet.

LAMMERT Ja, und ist dafür auch ebenso oft beschimpft wie gelobt worden, beides mit beachtlichen Argumenten. Ich könnte mir jedenfalls den Begriff der Staatsräson, wie er im 18. und 19. Jahrhundert weit verbreitet war und von zwei so unterschiedlichen Figuren wie den Zeitgenossen Montesquieu und Friedrich dem Großen repräsentiert wird, als Orientierungsmarke für einen demokratischen Rechtsstaat des 21. Jahrhunderts so nicht zu eigen machen. Aber dass es so etwas wie historisch gewachsene Bestandteile des Selbstverständnisses eines Staates gibt und dieses jeweils historisch gewachsene und deswegen wiederum nicht identische Staatsverständnis sich von dem auch von Nachbarstaaten unterscheidet, finde ich wiederum ziemlich plausibel, und zugleich offenkundig, und deswegen kann ich mit einer solchen, natürlich behaupteten und nicht einklagbaren Behauptung wie der von Angela Merkel gut leben, dass die Sicherheit Israels Teil der deutschen Staatsräson sei.

SCHLIESKY Man könnte Staatsräson ja auch als Staatsidee definieren und dann inhaltlich an unsere freiheitlich-demokratische Grundordnung denken. Teilen Sie das? Und sehen Sie da vielleicht auch eine größere Strahlkraft, die wir bisher noch nicht nutzen?

LAMMERT Ja, ich finde jedenfalls interessant, wie sich die Wahrnehmung dieser freiheitlich-demokratischen Grundordnung in den letzten Jahrzehnten verändert hat. Ich bin biografisch 68er, auch wenn ich aus der Perspektive der damaligen Aktivisten auf der falschen Seite der Barrikade gestanden habe, aber ich habe in hinreichend lebhafter Erinnerung, wie die „FDGO“ gewissermaßen das Kürzel für die Distanzierung gegenüber diesem Staat war. Heute wird die gleiche freiheitlich-demokratische Grundordnung, für die das Kürzel völlig außer Gebrauch gekommen ist, beinahe von ganz links bis ganz rechts als der Mindeststandard reklamiert, auf den sich gefälligst alle einigen können. Wobei die einen es eher als Anspruch an Dritte formulieren und andere wiederum als Begrenzung von darüber hinaus gehenden Ansprüchen verstehen und sagen, mehr als das kann aber auch von niemanden erwartet werden.

SCHLIESKY Eine andere Grundidee unserer Verfassung ist zweifelsohne die Menschenwürde, die der Art. 1 Abs. 1 GG auch gleich zu Beginn der Verfassung für unantastbar erklärt. Sie ist tragendes Konstitutionsprinzip, oberster Verfassungswert, so sagt das Bundesverfassungsgericht. Was macht für Sie heute Menschenwürde aus?

LAMMERT Das ist wohl die schwierigste Frage. Schließlich handelt es sich um eine objektive Norm, die in der Realität immer eine zutiefst subjektive Realität findet oder auch nicht findet. Jedenfalls der Sinn dieser Norm besteht in einer Wirklichkeit, die immer mit konkreten Personen zu tun hat. Und die Schwierigkeit, das nun vermeintlich ein für alle Mal zu bestimmen, wird auch daraus deutlich, dass es Verletzungen der Menschenwürde geben kann, die die unmittelbar Betroffenen gar nicht als solche empfinden, ohne damit gerechtfertigt zu sein. So wie eben auch umgekehrt dies als Anspruch für alles und jedes reklamiert werden kann, ohne dass sich aus diesem Anspruch gewissermaßen ein Rechtsanspruch herleiten ließe. Ich persönlich neige dazu, dies eher für einen Vorzug dieses Artikels zu halten als für ein Problem. Auch wenn ich gerne einräume, es ist natürlich beides. Aber ich würde auf diese Unschärfe ungern verzichten wollen.

SCHLIESKY Das ist ja schon ein Teil unseres Wertefundaments. Unser Staat ruht ja auch auf einem Ideenfundament, heute nennen wir es häufig Werte, das sich letztlich in gut 2000 Jahren entwickelt hat und maßgeblich auch vom Christentum sowie dem Gegensatz zwischen weltlicher und geistlicher Macht geprägt ist. Ist dieses Ideenfundament noch zeitgemäß?

LAMMERT Ich denke schon, weil es ja nicht dieses Ideengerüst wiederum als hermetisch abgeschlossenen Kanon gibt, vielmehr haben wir mit dieser ideengeschichtlichen Perspektive über Jahrhunderte ein Verständnis westlicher Zivilisation und unseres Staates mit einer ganz bestimmten Verfassung entwickelt, die sich nicht nur über die Jahrhunderte hinweg, sondern auch in der sehr viel kleineren Betrachtungsperspektive von mehr als 65 Jahren Grundgesetz doch in erstaunlicher Weise weiterentwickelt hat. Das, was uns heute beispielsweise als Familienbild passend erscheint, unterscheidet sich gründlich von dem, was auch noch die Verfassungsväter und Verfassungsmütter sich darunter hätten vorstellen können. Man kann beinahe sagen, außer dem Begriff hat sich unterhalb dieses Begriffs nahezu alles verändert, jedenfalls sehr, sehr viel. Deswegen finde ich auch das Argument nicht überzeugend, man dürfe eine solche Vorgabe Menschen nicht zumuten, die mit anderer Sozialisation, möglicherweise auch aus einem anderen Kulturkreis, in unsere Gesellschaft kommen. Sie sind eingeladen, sich an diesem ständigen Diskurs einer Gesellschaft über ihr eigenes Selbstverständnis und den sie prägenden Wertekanon zu beteiligen. Wobei es nicht zu viel verlangt ist, dass sie sich dabei an die Regeln halten, die für alle gelten. Nicht nur für sie, aber auch für sie.

SCHLIESKY Das finde ich spannend, weil der Begriff des Fundamentes dann im Grunde ja falsch ist und weil es eben, wie Sie sagen, ein Prozess ist, eine ständige Entwicklung.

LAMMERT Das Fundament ist ein Boden, der beackert wird.

SCHLIESKY Welche Rolle sollte der Staat denn einnehmen? Sollte der Staat sich selbst um den Erhalt, die Vermittlung, vielleicht auch die Schaffung von Werten bemühen? Ist das Aufgabe von staatlichen Schulen?

LAMMERT Der Staat kann sich aus dieser Aufgabe nicht ausklinken. Das hat im Übrigen auch das Bundesverfassungsgericht bei einschlägigen Urteilen hinreichend verdeutlicht. Aber der Staat hat hier keinen Monopolanspruch auf die Definition des Wertegerüsts einer Gesellschaft, nicht einmal das Verfassungsgericht. Gerade weil zur Orientierung einer Gesellschaft und ihrer Mitglieder manche Einflüsse legitim sind, darunter auch die von Religionen, die sich historisch als die bislang wohl mit Abstand wirkungsmächtigsten Agenturen zur Vermittlung von Wertvorstellungen herausgestellt haben, muss in der sinngemäßen Wiedergabe einschlägiger Verfassungsurteile der Staat mit diesen sinnstiftenden Agenturen behutsam umgehen.

SCHLIESKY Welche Rolle spielen denn Religionen und auch unsere großen christlichen Kirchen? Welche Rollen sollten sie spielen für die Weiterentwicklung unserer Werte?

LAMMERT Die Kirchen und die Religionen, was ja auch wieder nicht dasselbe ist, haben nicht die originäre Aufgabe, die sinnstiftenden Orientierungen für einen Staat zu liefern. Aber sie haben für das, was eine Gesellschaft und die staatlich politische Verfassung einer Gesellschaft ausmacht, eine unverzichtbare Rolle in der Vermittlung von Zusammenhängen, von Orientierungen, von Überzeugungen, die den inneren Zusammenhalt einer Gesellschaft ermöglichen.

SCHLIESKY In Deutschland ist ja aufgrund der historischen Entwicklung ein Verständnis von Religionsfreiheit einerseits und auch der Trennung von Staat und Religion andererseits kennzeichnend. Nun kommen viele Menschen nach Deutschland, für die eine enge Verbindung von Staat und Kirche, jedenfalls von Staat und Religion selbstverständlich ist. Wie sollten wir damit umgehen?

LAMMERT Zunächst habe ich auch hier den Eindruck, dass uns die Balance zwischen Unabhängigkeit und Verbindung eher besser gelungen ist als manchen anderen Gesellschaften und deren Staaten in unserer Nachbarschaft. Zweitens hat sich auch in Deutschland nachweislich das Verhältnis von Staat und Kirchen und Politik und Religion durchaus verändert. Es kann keine Rede davon sein: Nehmen wir mal nur jetzt die berühmten 500 Jahre an, an die wir in diesem Jahr aus gegebenem Anlass besonders erinnern, als hätte es in der Zeit keine Veränderungen gegeben, ganz im Gegenteil, sie haben sich grundlegend verändert, und natürlich spricht manches dafür, dass auch der jetzige Zustand nicht ein Endzustand sein wird. Im Übrigen schon gar nicht dann, wenn sich in der Mobilisierung privater religiöser Überzeugungen für gesellschaftliches Verhalten und vielleicht auch für politische Ambitionen zwischen verschiedenen Religionsgemeinschaften signifikante Unterschiede erkennen lassen. Wobei es wiederum zu den auffälligen Merkmalen der zeitgenössischen Diskussion gehört, dass sich zunehmend christlich sozialisierte Staatsbürger über den wachsenden Einfluss nicht christlich sozialisierter Zuwanderer beklagen, der, wenn überhaupt, nur deswegen gestiegen ist, weil das eigene Engagement signifikant zurückgegangen ist – und vielleicht auch die eigenen Überzeugungen.

SCHLIESKY Außer an Weihnachten.

LAMMERT Da ist es für viele weder ein Engagement noch eine Überzeugung, sondern eine Gewohnheit.

SCHLIESKY Wieviel Toleranz verträgt der Staat im Hinblick auf die Religionsfreiheit, wenn eine Religion ihrerseits viel weniger tolerant ist? Auch hier stellt sich ja die Balancefrage.

LAMMERT Eine freiheitliche Gesellschaft erträgt Intoleranz nicht, und ein Staat darf organisierte Intoleranz nicht dulden.

SCHLIESKY Herr Präsident, welches sind Ihrer Meinung nach die zentralen Voraussetzungen für einen erfolgreichen Staat?

LAMMERT Wenn ich das mal so genau wüsste. Ich glaube, die lassen sich nicht abstrakt, sondern immer nur unter Berücksichtigung der konkreten historischen und politischen Umstände beschreiben. Jedenfalls haben wir Staaten scheitern sehen, bei denen man nachträglich nach den Gründen sucht, und umgekehrt sind Staatsgründungen erfolgreich gewesen, wie etwa in den beiden prominenten Fällen Deutschland nach dem Zweiten Weltkrieg, Israel als Staatsgründung nach den schrecklichen Ereignissen. Wobei offensichtlich beide nicht in der Kategorie günstige Rahmenbedingungen für einen neuen Staat rangiert hätten.

SCHLIESKY Kann man vielleicht an Frieden und Sicherheit denken, die ziehen sich ja zumindest als ein roter Faden des Daseinszwecks von Staaten durch die Jahrhunderte? In Zeiten zunehmender Unsicherheit durch terroristische Bedrohung und auch neue Formen der Kriminalität könnte man ja diese zentralen Staatsaufgaben bestätigt sehen.

LAMMERT Ja, aber sie sind unverzichtbare Aufgaben jedes ernstzunehmenden Staates, aber erkennbar nicht seine Gründungsvoraussetzungen. Auch das, was es an Staatenbildung nach dem Zerfall Jugoslawiens gegeben hat, hat leider unter den Voraussetzungen eines militärisch umkämpften Zerfallsprozesses stattgefunden. Und deswegen glaube ich, werden hier Ziele mit Bedingungen verwechselt.

SCHLIESKY Wenn wir dann zu diesen Zielen noch einmal kommen, welche Bedrohung der inneren und äußeren Sicherheit sind für Sie heute am Gravierendsten und dementsprechend am Vordringlichsten zu bekämpfen?

LAMMERT Auch auf die Gefahr hin, dass es jetzt langweilig wird. Auch da sehe ich für verschiedene Staaten unterschiedliche Dringlichkeiten. Für viele Staaten im Nahen und Mittleren Osten und in Afrika ist die Herstellung eines Mindestmaßes an Sicherheit ganz sicher die herausragende einzelne Aufgabenstellung und umgekehrt, das Nichtvorhandensein eines solchen Mindestmaßes an verlässlicher Sicherheit die größte einzelne Herausforderung. Für einen Staat in dem Zustand, in dem sich die Bundesrepublik Deutschland befindet, würde ich die Neigung zur Bequemlichkeit für die größere Herausforderung halten. Die Einbildung, dass all das glücklicherweise gesichert sei, was anderswo offenkundig nicht gesichert ist, und die sich daraus ergebende Mischung aus Großzügigkeit, Oberflächlichkeit und Bequemlichkeit.

SCHLIESKY Kann der Staat das beeinflussen? Es gibt ja den berühmten Satz von Ernst-Wolfgang Böckenförde, dass der freiheitliche Staat von Voraussetzungen lebt, die er selbst nicht garantieren kann. Muss der Staat darauf vertrauen, dass die Gesellschaft in dem Sinne, wie Sie es gerade beschrieben haben, die Bequemlichkeit ablegt, oder kann der Staat letztlich doch etwas für seine Existenzvoraussetzung tun?

LAMMERT In dem logischen Sinne dieses hochstrapazierten Böckenförde-Zitats muss er sich tatsächlich darauf verlassen, weil er selbst jedenfalls unter vertretbaren Bedingungen diese Orientierungen nicht selber schaffen kann. Aber dass er nicht nur legitimiert, sondern wohl auch verpflichtet ist, sich selbst dafür mitverantwortlich zu fühlen, dafür gibt es eine Reihe interessanter Quellen. Zum einen das Bundesverfassungsgericht selbst, das etwa in seinem Kruzifix-Urteil einschlägige Selbstverpflichtungen postuliert hat – aber auch etwa die jüngeren Reden und Essays von Jürgen Habermas, der selber von einem dezidiert areligiösen Standpunkt ausdrücklich die Notwendigkeit, jedenfalls die

Legitimation bestätigt, sich den Quellen nicht zu versperren, aus denen der Staat und seine Institutionen die eigenen Prinzipien und Orientierungen bezieht.

SCHLIESKY Diese Quellen kann man ja durchaus in Gefahr sehen. Sie haben den religiösen Kontext schon angedeutet, aber vielleicht sind ja auch die Voraussetzungen, wie wir Demokratie konkret leben, also auch die ganzen Habermas'schen Annahmen eines politischen Diskurses, die Herstellung einer Öffentlichkeit etc. in Zeiten einer digitalen Segmentierung von Meinungen und Öffentlichkeiten in Gefahr?

LAMMERT Sie sind aus den genannten Gründen eigentlich prinzipiell in Gefahr, weil eben die Demokratie eine ebenso überzeugende wie fragile Versuchsanordnung ist, die im Unterschied zu anderen Systemen mit dem Engagement und mit dem Bewusstsein der Verletzlichkeit dieses Systems seiner eigenen Bürgerinnen und Bürger steht und fällt. Mit den modernen Kommunikationsmitteln hat sich das Selbstgespräch einer Gesellschaft und ihrer Mitglieder in einer spektakulären Weise verändert. Aber dass damit nur neue Gefahren und nicht auch neue Chancen verbunden wären, wird man nicht ernsthaft behaupten können. Und dass es bis zur Einführung dieser Medien eigentlich alles bestens bestellt gewesen sei, seitdem aber alles drunter und drüber gehe, gehört wieder zu den Vereinfachungen, die der Entwicklung nicht wirklich gerecht werden.

SCHLIESKY Zu den weiteren Geheimnissen eines erfolgreichen demokratischen Staates gehört sicherlich ein ausgewogenes und auch befriedetes Verhältnis zwischen Mehrheit und Minderheiten. Wie würden Sie ein solches beschreiben? Und vor diesem Maßstab: Wie bewerten Sie den Zustand, den wir in der Bundesrepublik derzeit haben?

LAMMERT Das Grundmissverständnis von Demokratien, die an das Mehrheitsprinzip gewöhnt sind, ist die Versuchung von Mehrheiten, ihr Vorhandensein für den Nachweis der Richtigkeit ihrer Meinung zu halten – gelegentlich noch mit der verschärften Variante einiger junger Demokratien in Mittel- und Osteuropa, die unter freien Wahlen zustande gekommene Mehrheit gleich für die Legitimation zur exklusiven Durchsetzung der eigenen Überzeugung und zur Vermeidung des Risikos künftiger anderer Mehrheiten einsetzen zu dürfen. Tatsächlich beruht aber die Logik von Mehrheitsentscheidungen auf der Einsicht, dass es zweifellos richtige Positionen im Unterschied zu falschen gar nicht gibt, denn wenn man diesen Nachweis hätte führen können, hätte man nicht wählen oder abstimmen müssen. Und deswegen ist das eigentliche

Gütesiegel einer Demokratie nicht die Anwendung des Mehrheitsprinzips, sondern die Sicherung von Minderheitsrechten, die auch nicht zur Disposition einer Mehrheit stehen.

SCHLIESKY Und wie bewerten Sie da unseren Zustand der Bundesrepublik?

LAMMERT Besser als an manchen anderen angedeuteten Stellen, aber eben natürlich auch erkennbar nicht frei von dieser Versuchung, vor, während und nach Wahlkämpfen.

SCHLIESKY Immerhin haben wir keinen Wahrheitsanspruch, wie eine Mehrheit ihn in manchen Ländern im Moment geltend macht. Sehen Sie Reformbedarf im politischen System unseres Staates oder auch in Justiz und Verwaltung?

LAMMERT Die Frage nach Reformbedarf beantwortet sich eigentlich von selbst, weil unter allen denkbaren Vorstellungen die am wenigsten wirklichkeitsnahe die schlichte Festschreibung des Status quo ist. Veränderungsbedarf gibt es immer, die Frage ist eigentlich nicht, ob es ihn gibt, sondern wo es ihn gibt, in welcher Richtung man ihn für notwendig und zweckmäßig hält und in welchem Tempo er jeweils stattfinden soll. Da könnte und müsste man jetzt vieles diskutieren, auch und gerade was das Verhältnis der drei politischen Ebenen Bund – Länder – Kommunen zueinander und miteinander betrifft, die damit verbundene Finanzausstattung, das Missverhältnis zwischen Aufgaben und Finanzen, die Selbstenthauptung der Länder gegenüber dem Bund, wann immer eine eigene Zuständigkeit für Bundesmittel verkauft werden kann – also da fällt mir im Zusammenhang mit Reformbedarf eher zu viel als zu wenig ein. Und dass es diesen Reformbedarf dann natürlich auch auf der Bundesebene, auch da im Verhältnis der Institutionen zueinander, insbesondere auch in den Institutionen selbst gibt, etwa auch im Parlamentsbetrieb, das habe ich auch, glaube ich, so hinreichend häufig öffentlich dargestellt, dass ich mich jetzt nicht gegen den Verdacht wehren muss, ich sehe Reformbedarf nur anderswo, nur nicht im eigenen Umfeld.

SCHLIESKY Vielen Dank. Damit haben Sie die Fragen nach der Reform des Föderalismus auch schon eindeutig beantwortet. Zu einem anderen Bereich: Welche zentralen Aufgaben hat der Staat gegenüber der Wirtschaft?

LAMMERT Ich beginne mal mit dem Satz, dass der Staat die Wirtschaft weder steuern kann noch sich selbst überlassen darf. Mit dem Versuch der

Steuerung einer komplexen Volkswirtschaft hat sich bisher noch jeder Staat übernommen, unter welchen Bedingungen auch immer dieser Versuch unternommen worden ist. Die umgekehrte Schlussfolgerung, am besten halte sich die Politik und der Staat mit Regelungsansprüchen völlig aus der Wirtschaft raus, führt zu völlig unvertretbaren Wettbewerbs- wie Verteilungsergebnissen. Also wird man vom Staat erwarten müssen, dass er die Rahmenbedingungen setzt und durchsetzt, unter denen Wirtschaften stattfindet. Das ist aber ein ständiges Justierungsproblem, das sich in den letzten 20 bis 30 Jahren noch einmal dramatisch ausgeweitet hat, seitdem sich nämlich die Proportionen zwischen Gütermärkten auf der einen Seite und Finanzmärkten auf der anderen Seite in einer bis dahin unvorstellbaren Weise verschoben haben. Und da wir inzwischen unter Bedingungen leben, in denen das Volumen der Finanzmärkte das Volumen der traditionellen Güter- und Dienstleistungsmärkte um ein Vielfaches übersteigt, die ersteren aber mit Hilfe von Computerklicks an beliebig gewählten Standorten ausgeführt werden und damit die Möglichkeit haben, die vorteilhaftesten gesetzlichen oder keine gesetzlichen Rahmenbedingungen für diese Transaktionen zu wählen, steht staatliche Regulierung da vor einer völlig neuen und offenkundig bisher auch nicht bewältigten Aufgabe. Dass jedenfalls der allgemeine Regulierungsbedarf, der aus den genannten Gründen ohnehin besteht, für Finanztransaktionen mit den Mitteln des Nationalstaates und damit nationaler Gesetzgebung gar nicht bedient werden kann, ist ebenso offenkundig wie die Unfähigkeit der Staatengemeinschaft, darauf gemeinsame Antworten zu finden.

SCHLIESKY Wie kann der Staat seiner Verantwortung dann aber gerecht werden, die er ja auch in grundrechtlicher Perspektive und auch im Hinblick auf das Sozialstaatsprinzip für seine Bürgerinnen und Bürger hat? Müssen wir erst einmal wieder eine gesellschaftliche Debatte über die richtige Wirtschaftsordnung und Wirtschaftsverfassung führen, wie wir es ja mal zu Zeiten des Mitbestimmungsurteils, dann auch zur Zeit der Wiedervereinigung getan haben? Danach ist es ja ruhig geworden, und jetzt fällt mir auf, dass wir gar nicht mehr über soziale Marktwirtschaft in medialen und gesellschaftlichen Debatten sprechen, sondern nur über Kapitalismus – und das halte ich schon für ein Alarmzeichen.

LAMMERT Da habe ich eine etwas andere Wahrnehmung. Ich finde die Wiederentdeckung der sozialen Marktwirtschaft in den letzten Jahren schon fast ein bisschen inflationiert, jedenfalls ein bisschen zu preiswert, und an Generaldebatten mangelt es eigentlich auch nicht, aber an Umsetzung von inzwischen längst vorhandenen Einsichten in angemessene Regulierung. Ich will mal zwei Stichworte nennen. Wir haben gerade in der laufenden Wahlperiode des Deutschen Bundestages ein Finanzdienstleistungsaufsichtsgesetz verabschiedet, bei dem sehr plausibel die Koalition darstellt, warum sie das, was sie regelt, nun so regelt, wie sie es regelt, und die Opposition mit beachtlichen Argumenten das für unzureichend erklärt. Und wo sich natürlich der naheliegende klassische Interessenkonflikt wieder auf's Schönste zeigt, dass das, was hier der Staat regelt, den betroffenen Banken an Regulierungsehrgeiz entschieden zu weit geht, während aus der Perspektive von Verbrauchern bzw. von Risikomanagement für denkbare neuerliche Fehlentwicklungen verrückt gewordener Finanzmärkte der Regulierungsaufwand eher größer als kleiner sein müsste. Zweites Thema: Wir diskutieren jetzt schon mindestens im dritten Jahr über eine europäische Finanztransaktionssteuer, die genau diesen ambulanten Prozess des Auswanderns in die geringstregulierten und niedrigstbesteuerten Standorte korrigieren oder mindestens kompensieren soll. Und nachdem sich mühsam genug die Mindestzahl von Ländern gefunden hat, die nach den Regelungen des Lissaboner Vertrages rechtlich die Möglichkeit hätte, eine gemeinsame Regelung auch ohne EU-weite Wirkung zu beschließen, können sich diese untereinander nun wiederum nicht auf die Konditionen im Konkreten einigen, unter denen sie eingeführt werden sollte. Also auch hier besteht zwischen der allgemeinen Einsicht, dass man es international machen muss, der konkreten Einsicht, dass man es über eine Finanztransaktionssteuer tun sollte und den Schwierigkeiten, dafür gemeinsame Mechanismen zu finden, ein erhebliches Übersetzungsproblem.

SCHLIESKY Wenn man die andere Perspektive nimmt, die Perspektive der Unternehmer, wobei das natürlich auch sehr pauschal ist, haben wir ja in Art. 14 Abs. 2 GG einen an sich sehr schlichten Satz, demzufolge Eigentum verpflichtet und sein Gebrauch zugleich dem Wohle der Allgemeinheit dienen soll. Das gilt sicherlich für viele mittelständische Unternehmer nach wie vor in Deutschland, aber für viele große Konzerne, die Sie gerade auch beschrieben haben, sicherlich weniger. Wird die Wirtschaft aus Ihrer Sicht noch ihrer Verantwortung gerecht?

LAMMERT Ja, ich fürchte, dass auch diese Unterscheidung nicht wirklich treffergenau ist, die Sie gerade vorgenommen haben. Denn das, was in gigantischen Größenordnungen heute auf Finanzmärkten stattfindet, kann mit relativ kleinen Stäben hochprofessioneller Leute und übrigens unter Zuhilfenahme von computergesteuerten Ordersystemen in Gang gesetzt werden, so dass die

Vermutung, dass wir auf der einen Seite verantwortungsbewusste familiengeführte Unternehmen und auf der anderen Seite gigantische anonyme Aktiengesellschaften mit 5-Jahres-Managern haben, die neue Wirklichkeit auch nicht mehr abbildet.

SCHLIESKY Ein Akteur, der in diesem Kontext auch immer eine große Rolle spielt, sind Rating-Agenturen. Auch Staaten, unterstaatliche Gebietskörperschaften werden von denen bewertet. Wie beurteilen Sie die Rolle dieser Rating-Agenturen?

LAMMERT Am liebsten gar nicht. Ich verstehe es zu wenig. Und ich verstehe, offen gestanden, auch nicht, warum wir auch an der Stelle eine amerikanische Dominanz haben, für die es vergleichbare, jedenfalls vergleichbar einflussreiche, akzeptierte europäische Alternativen nicht gibt.

SCHLIESKY Das führt zurück zum Anfang unseres Gesprächs. Eine Lösung könnte dann ja allenfalls auf europäischer Ebene gefunden werden, wenn Europa so stark wäre, der amerikanischen Dominanz etwas entgegenzustellen und im Übrigen auch versuchen würde, andere Bereiche zu regulieren.

LAMMERT Deswegen sage ich, ich verstehe es nicht. Ich kann es Ihnen nicht beantworten. Mir ist nur in Erinnerung, oder ich meine mich daran zu erinnern, dass als vor einigen Jahren diese Frage schon einmal aufgetaucht ist, die aus meiner Sicht naheliegende Überlegung, dann lasst uns doch eine relevante europäische Rating-Agentur aufbauen, als niedlich treuherzige Wunschvorstellung charakterisiert worden ist. Aber warum das so sein soll, weiß ich nicht.

SCHLIESKY Schade, dass wir da keine Lösung finden – es wäre schön, wenn es eine gäbe …

LAMMERT Doch – ich habe sie nur nicht.

SCHLIESKY Ich auch nicht, deswegen hatte ich ja die Hoffnung … – Ich würde gerne noch einmal zu unseren Staatsprinzipien zurückkommen. Laut Verfassung und Staatsname ist Deutschland eine Republik. Woran merkt man das eigentlich – außer dem Verzicht auf einen Monarchen? Haben wir da vielleicht etwas Nachholbedarf? Wir sprechen meist nur über Demokratie, Rechtsstaat und Sozialstaat.

LAMMERT Letzteres ist sicher richtig, aber mit den Prinzipien des Rechtsstaates wie des Sozialstaates, übrigens auch des Bundesstaates, verbinden sich doch relativ konkrete Erwartungen und Ansprüche, die sich nicht nur bedienen, sondern auch enttäuschen lassen. Während das Staatsprinzip der Republik ein vergleichsweise schlichtes, steiles, simples Prinzip der Regelung des Staatsoberhauptes als Wahlamt ist und dass sich das nicht in gleicher Weise als Streitgegenstand oder Diskussionsgegenstand herausstellt, ist unter diesem Gesichtspunkt eigentlich nicht wirklich erstaunlich. Jedenfalls habe ich noch zu keinem Zeitpunkt auch nur Spurenelemente einer nostalgischen Sehnsucht nach solchen vorrepublikanischen Zuständen in dieser Gesellschaft gespürt.

SCHLIESKY Das Prinzip ist wahrscheinlich dann zu erfolgreich.

LAMMERT Ja, es ist eher noch unumstrittener als die anderen.

SCHLIESKY Zum Sozialstaat. Den haben Sie kurz angerissen. Der Sozialstaat hat ja mit seinen konkreten Ausprägungen in unserem Staat finanziell ein Rekordniveau erreicht, damit … –

LAMMERT Man kann darüber diskutieren und es wird auch darüber diskutiert, ob wir zu viel oder zu wenig Bundesstaat haben – zu viel oder zu wenig Sozialstaat. Aber man kann nicht sinnvoll über zu viel oder zu wenig Republik debattieren. Und insofern fällt eigentlich eine naheliegende Streitfläche oder Projektionsfläche aus, die es bei anderen Staatsprinzipien gibt.

SCHLIESKY Und vielleicht ist auch die Fraglosigkeit so groß, dass deswegen auch nicht darüber gesprochen wird …

LAMMERT Ja.

SCHLIESKY Der Sozialstaat hat finanziell ein Rekordniveau erreicht, aber gleichzeitig ist er natürlich auch ein Erfolgsmodell, weil ganz viele zentrale politische Forderungen des 19., auch 20. Jahrhunderts heute umgesetzt worden sind. Historisch ein fast einmaliger Vorgang. Welchen Beitrag zur Rechtfertigung unseres Gemeinwesens leisten aus Ihrer Sicht diese sozialstaatlichen Elemente?

LAMMERT Ganz sicher einen beträchtlichen. Das Modell einer neuen politischen Ordnung, das in Deutschland nach dem Zweiten Weltkrieg entwickelt und umgesetzt worden ist, wäre weder so erfolgreich und ganz sicher nicht so allgemein akzeptiert, wenn es nicht diese sozialstaatliche Dimensionierung hätte.

SCHLIESKY Können wir das zukünftig sichern?

LAMMERT Wir müssen es sichern, was aber bei nüchterner Betrachtung bedeutet, wir müssen uns um die Balance kümmern, ohne die ein Sozialstaat am Ende seine eigenen Versprechen nicht mehr einlösen kann. Und da kommen wir natürlich in den konkurrierenden Ansprüchen – beispielsweise zwischen der Seniorengeneration und den nachwachsenden Generationen, allein schon aufgrund der jeweils ganz unterschiedlichen Populationen, über die wir hier reden – in erhebliche Anpassungsprobleme. Der Bundesfinanzminister hat bei der Einbringung des letzten Bundeshaushaltes mal dezent darauf aufmerksam gemacht, dass jetzt mehr als die Hälfte des Bundeshaushaltes direkt und indirekt in Sozialleistungen gehen, und das mit dem Hinweis versehen, dass mit zunehmender Annäherung an die 100%-Grenze die Verteilungsspielräume kleiner werden.

SCHLIESKY Mehr als 100 würde schwierig werden ... Das führt mich zu einer Folgefrage: Wir haben ein hohes sozialstaatliches Niveau erreicht, wir haben im Moment eine sehr gute wirtschaftliche Lage, wir haben zumindest in großen Teilen der Bevölkerung einen materiellen Wohlstand auf einem historisch hohen Niveau. Trotzdem nehmen die Klagen über fehlende soziale Gerechtigkeit zu. Ist das ein Widerspruch? Oder ist es nur ein Lamentieren auf hohem Niveau?

LAMMERT Vielleicht beides. Das im internationalen Vergleich beispiellos oder beispielhaft hohe Niveau an sozialer Sicherung und an Rechtsansprüchen auf Sozialleistungen schließt nicht aus, dass es Fälle von unzureichender sozialer Absicherung gibt. Auch von unverschuldeter unzureichender Absicherung. Deswegen ist die Frage nicht nur erlaubt, sondern ein notwendiger Bestandteil eines sich ernsthaft so verstehenden Sozialstaates, ob er seinen Ansprüchen genügt. Die allgemeine Klage, die es gelegentlich gibt, halte ich tatsächlich für eine luxuriöse Variante eines Problems, das andere gerne hätten.

SCHLIESKY Zum Rechtsstaatsprinzip: Unserem Staat und unserer Gesellschaft wird von manchen Beobachtern ein Bedeutungsverlust des Rechts attestiert. Sehen Sie das auch so?

LAMMERT Nein, nicht wirklich. Mir geht es bei dieser Frage ein bisschen ähnlich wie kürzlich bei einer Diskussion über die Frage, ob es die westliche Wertegemeinschaft eigentlich noch gäbe oder ob diese Werte nicht zunehmend an Bedeutung verlören. Und ich habe dann den diese Frage aufwerfenden großen deutschen Historiker Heinrich August Winkler an seine eigenen luziden Ausführungen erinnert, dass dieses Selbstverständnis der westlichen Zivilisation, das im Wesentlichen in den letzten 250 Jahren seit der Aufklärung und den manifesten Dokumentationen in der amerikanischen Unabhängigkeitserklärung, in der Menschenrechts- und Bürgerrechtserklärung der Französischen Revolution entstanden ist, in den darauf folgenden mehr als 200 Jahren durch eine Serie regelmäßiger Verletzungen dieser Prinzipien gekennzeichnet war, ohne dass zu irgendeinem Zeitpunkt irgendjemand daraus ernsthaft den Schluss des Bedeutungsverlusts dieser Prinzipien gezogen hätte. Und ich glaube, so ähnlich ist das auch mit dem Rechtsstaat. Ja, es gibt die berechtigte Klage, dass an dieser oder jener Stelle es entweder einen Mangel an klaren Rechtsvorschriften gebe oder trotz hinreichend klarer rechtlicher Vorschriften es einen zu großzügigen Umgang damit – entweder von Seiten öffentlicher Verwaltungen oder von Seiten der Gerichte oder von beiden. Diese Klagen werden leider zu Recht insbesondere mit Blick auf europäische Vertragssysteme geführt, wo rechtliche Vorschriften viel zu oft zum Gegenstand politischer Verhandlungen gemacht werden, weil es an den durchsetzbaren Rechtsaufsichten offenkundig fehlt. Aber auch hier hat noch niemand, der ernstgenommen werden will, daraus die Schlussfolgerung der Verzichtbarkeit dieser Rechtsvorschriften hergeleitet, sondern regelmäßig das mit der Aufforderung nach stärkerer Konsequenz verbunden. Und insofern glaube ich, dass man hier den Befund bestätigen muss, der der Frage zugrunde liegt, aber die Schlussfolgerung glücklicherweise nicht, dass es einen Schwund an Rechtsbewusstsein gibt.

SCHLIESKY Eine andere Facette von Bedrohung für den Rechtsstaat könnte daran liegen, dass das Rechtsprechungsmonopol des Staates aufgeweicht wird. Da fallen einem Schiedsgerichte bei Freihandelsabkommen ein, Sportgerichte, muslimische Friedensrichter, wir haben heute in allen Prozessordnungen Mediationen vorgeschaltet, so dass es also immer seltener das klassische staatliche Urteil gibt. Droht dem Rechtsstaat dadurch Gefahr?

LAMMERT Es ist alles eine Frage der Dosierung und weniger des entweder so oder so. Man kann das eine wie das andere übertreiben. Die deutsche Neigung, ein Problem prinzipiell erst dann für geregelt zu halten, wenn es dafür gesetzliche Vorschriften gibt, gehört sicher genauso zu diesen Übertreibungen, wie die umgekehrte Neigung, sich rechtliche Vorschriften gewissermaßen prinzipiell zu verbitten und alles für verhandlungsfähig oder für mediationsfähig zu erklären. Es ist wahrscheinlich auch ein Ausdruck dieser Unsicherheit, dass es andere Formate gibt, in denen Streit geschlichtet oder Konflikte gelöst werden und da, wo das mit Blick auf das jeweilige Anliegen zumutbaren Bedingungen außergerichtlich geht, finde ich das mindestens legitim, in vielen Fällen wohl auch vernünftig.

SCHLIESKY Zum Demokratieprinzip: Seit Jahrzehnten werden Klagen über den Parteienstaat geführt. Geändert hat sich wenig. Entspricht die Rolle der Parteien aus Ihrer Sicht noch dem, was das Grundgesetz als „Mitwirkung an der politischen Willensbildung des Volkes" formuliert hat?

LAMMERT Jedenfalls kann ich nicht erkennen, auch mit Blick auf das vorhin angesprochene, aber nicht weiter vertiefte Thema neuer gesellschaftlicher Kommunikationsformen, dass die Parteien ein Meinungs- und Willensbildungsmonopol in Deutschland hätten. Das haben sie heute noch weniger als in den Gründungszeiten der Republik. Sie haben einen sehr starken Einfluss auf die Finalisierung von solchen Meinungsbildungsprozessen, die in verbindliche Entscheidungen münden sollen. Aber sie sehen sich auch in diesem Willensbildungsprozess einer eher gestärkten wachsenden öffentlichen Konkurrenz und Kontrolle ausgesetzt, die in Einzelfällen, wie etwa die unter jedem Gesichtspunkt beachtliche öffentliche Beteiligung an europäischen Handelsverhandlungen mit den Vereinigten Staaten zeigt, bis zur ausdrücklichen Zielsetzung der Aushebelung von öffentlichen Instanzen in angekündigten Regelungsabsichten führen kann.

SCHLIESKY Ist das Problem vielleicht eher ein umgekehrtes, dass wir gar nicht mehr dem Parteienstaat entgegenlaufen, sondern eher die Parteien Probleme haben, überhaupt noch ihre Rolle zu erfüllen, wenn man an die in den letzten Jahrzehnten immer geringere Zahl von Parteimitgliedern denkt? Daraus resultiert ja eine zunehmende Schwierigkeit, noch geeignetes Personal für Führungsämter in Parteien und im Staat zu rekrutieren. Müssen wir uns da schon Sorgen um den Repräsentationsgedanken machen?

LAMMERT Jedenfalls ist auch diese Sorge nicht unbegründet. Wir haben, was die großen Trends angeht, nach einem starken Anstieg von Parteimitgliedschaften in den 70er und frühen 80er Jahren eine extrem rückläufige Entwicklung in den letzten Jahren erlebt. Interessanterweise hat sich auch das erstaunlich breite und intensive bürgerschaftliche Engagement im Kontext der DDR-Bürgerrechtsbewegung und der Wiedervereinigung nicht in parteipolitisches Engagement umgesetzt: für viele, die damals nun zweifellos in hohem Maße politisiert waren, und nicht nur im Sinne von „interessiere mich für", sondern „nehme teil an", war mit Erreichen des Ziels die Operation auch beendet. Und ob jetzt die jüngere Entwicklung des Wiederanstiegs von Parteimitgliedschaften eine dritte Trendwende darstellt, das können wir alle noch nicht hinreichend beurteilen. Was die Rekrutierung angeht, finde ich am

Auffälligsten, dass es immer schwieriger oder beinahe aussichtslos geworden ist, Leute mit Führungsfunktionen in der Wirtschaft auch nur zeitweise für die Wahrnehmung politischer Mandate zu gewinnen. Das war früher deutlich anders. Im Übrigen hat dazu sicher auch beigetragen, dass damals die Tätigkeit von prominenten Verbandsvertretern der Wirtschaft, der Arbeitgeberverbände wie der Gewerkschaften in Parlamenten für problemlos gehalten wurde, während es heute für inakzeptabel gehalten wird, was ich wiederum für eine der Übertreibungen halte, die dann zu den Folgewirkungen führt, die man anschließend lautstark beklagt.

SCHLIESKY Auf diese Übertreibung würde ich gerne auch zu sprechen kommen. Auch das ist ja – wie Sie betonen – eine schon lange geführte Klage, dass angeblich der Einfluss von Lobbyisten, Verbänden, Interessengruppen auf politische Entscheidungen ständig zunähme. Aktuell werden jetzt ja nun auf EU-Ebene, Bundesebene, auch auf Länderebene Lobbyregister und andere Instrumente zur Schaffung von möglichst völliger Transparenz diskutiert. Sind solche Transparenzverpflichtungen aus Ihrer Sicht sinnvoll? Oder wäre auch darüber nachzudenken, den zulässigen Einfluss gesellschaftlicher Interessengruppen – der deutschen Neigung entsprechend alles perfekt gesetzlich zu regeln – in einer Art Verbändegesetz einmal gesetzlich niederzulegen?

LAMMERT Ich bin da sehr zurückhaltend, weil ich fürchte, dass der Aufwand einer solchen Regelung in keinem vernünftigen Verhältnis zur tatsächlich erreichbaren Wirkung steht, und dass wir uns da wieder in einen Aktionismus verrennen, der allen Beteiligten das gute Gefühl vermittelt, eine ganz wichtige Sache nun aber besonders konsequent geregelt zu haben, während die absehbaren und nicht absehbaren Umgehungsmechanismen schon jeder solcher Regelung gewissermaßen voraus und nach eilen. Es gibt allerdings auch hier wieder tatsächliche Übertreibungen, die ich für inakzeptabel halte. Dass beispielsweise Ministerien relevante Gesetzesentwürfe outsourcen und von Anwaltskanzleien schreiben lassen, und das nicht im extremen einzelnen Ausnahmefall, für den man vielleicht dann auch bei einem hochprofessionellem Ministerium den notwendigen eigenen fachlichen Sachverstand nicht voraussetzen kann, sondern beinahe regelmäßig, jedenfalls nicht in Einzelfällen, das halte ich für vollständig indiskutabel und stellt im Übrigen auch die Selbstabdankung einer öffentlichen Behörde gegenüber ihrem eigenen Auftrag dar.

SCHLIESKY Woran liegt das Ihrer Meinung nach – daran, dass manche Entscheidung von den eigenen Beamten nicht vorgeschlagen werden würde, die man von außen eben bekommt, oder …?

LAMMERT Da will ich jetzt gar keine Motivationsforschung anstellen. Da wird es vermutlich auch in dem einen und dem anderen Fall jeweils unterschiedliche Gründe gegeben haben – ändert aber an meiner Schlussfolgerung nichts, dass ich das – wenn überhaupt – in ganz wenigen Sondersituationen für hinnehmbar halte, aber als neuen Weg der Erstellung von Gesetzentwürfen von Regierung für völlig indiskutabel.

SCHLIESKY Die im Grundgesetz vorgesehenen Wege reichen vermutlich auch … Der Einfluss von Verbänden ist sicherlich eine Facette, die zu dem Thema Systemvertrauen der Bevölkerung gehört. Es gab Ende vergangenen Jahres eine Allensbach-Umfrage auf Seite 1 der Zeitung „Das Parlament", der zufolge nur noch 14% der Bundesbürger den Politikern vertrauen. Das muss in einer repräsentativen Demokratie natürlich schon als Alarmzeichen gelten, so dass sich aus meiner Sicht schon die Frage aufdrängt, wie es um dieses Systemvertrauen steht. Das betrifft zum einen staatliche Institutionen – aber wir haben natürlich auch erlebt, dass vom ADAC über den DFB, die FIFA bis hin zu den Medien viele Institutionen, die beim Bürger Vertrauen erweckt haben, ins Wanken geraten sind.

LAMMERT Da muss man allerdings doch unterscheiden zwischen dem, was ich jetzt unter Systemvertrauen und Institutionenvertrauen bzw. Personenvertrauen oder -glaubwürdigkeit verstehen möchte. Wir haben, was das politische System der Bundesrepublik Deutschland angeht, also das, was den Kern unserer Verfassungsordnung ausmacht, ein erstaunlich stabil hohes Maß an Vertrauen. Über die Jahre und Jahrzehnte hinweg bis in die allerjüngste Vergangenheit sagen haushohe Mehrheiten von regelmäßig Dreiviertel und mehr aller Befragten, dass sie das im Grundgesetz verankerte System einer parlamentarischen Demokratie nicht nur für akzeptabel, sondern für allen denkbaren oder verfügbaren Alternativen erkennbar überlegen halten. Und gleichzeitig finden die Institutionen, durch die sich dieses System repräsentiert und organisiert, ein signifikant niedrigeres Vertrauen als das System selbst. Die Regierung, die Parlamente, die Parteien – und der fast noch interessantere dritte Punkt ist, dass bei der Personalisierung von solchen Systemfragen, also etwa der schlichten Frage, was halten sie von Politikern, der Wert extrem niedrig wird, und gleichzeitig dieselben Leute, befragt nach ihrem konkreten

Bürgermeister oder Abgeordneten, zu wiederum extrem hohen Prozentzahlen sagen, den kenne ich, der ist in Ordnung. Es gibt also ein mehrfach komplexes Missverhältnis zwischen Vertrauen und Misstrauen. Das Vertrauen für das System ist sehr hoch. Das Vertrauen in die Institutionen ist deutlich niedriger, und das Vertrauen für das Personal ist im Allgemeinen miserabel und im Konkreten hoch. Übrigens ein Effekt, der nicht nur für die Politik gilt. Wenn Sie die Leute fragen, was sie von Banken halten oder von Bankern, sind die Werte nicht besser als bei Politikern.

SCHLIESKY Genau. Mittlerweile noch schlechter.

LAMMERT So, das wollte ich hören – kommt auch hoffentlich ins Protokoll!?

SCHLIESKY Ja.

LAMMERT Wenn Sie die gleichen Leute fragen, und was ist mit Ihrem Kundenberater bei der Sparkasse? – Dann sagt der Kunde, der ist in Ordnung, den kenne ich.

SCHLIESKY Dem vertraue ich, der ist nett …

LAMMERT So, und dass es offenkundig nicht mehr gelingt, zwischen dem Vertrauen in individuelle Personen und den durch sie vertretenen Institutionen eine plausible Brücke herzustellen, das gehört zu den großen Herausforderungen, glaube ich, der inneren Verfassung unserer Gesellschaft.

SCHLIESKY Ich möchte jetzt auf die Zielgerade einbiegen und noch ein paar Fragen zu Ihrer Motivation, sich für den Staat zu engagieren, stellen. Friedrich der Große hat in seinem Politischen Testament formuliert, die erste Bürgerpflicht ist, seinem Vaterlande zu dienen. Halten Sie diesen Satz heute noch für mehrheitsfähig?

LAMMERT Nein, schon der Sprachduktus lässt ihn für einschlägige Befragungen nicht mehr zu. Er stammt auch nicht zufällig aus einer Zeit, wo sich diese Frage ohnehin nur für eine ganz kleine Minderheit der Bevölkerung gestellt hat, weil die große Mehrheit den Zugang zu dieser Frage und den damit verbundenen Ämtern gar nicht gehabt hätte. Und im Übrigen gilt für einen funktionieren demokratischen Staat, dass er alle im engeren Sinne politischen Ämter und schon gar alle politischen Spitzenämter jeweils nur auf Zeit vergibt, so dass wiederum für die allermeisten derjenigen, die im Sinne dieses Zitats dem Staat dienen, dies keine Lebensaufgabe ist, sondern eine zeitlich befristete Aufgabe, der eine zivile Tätigkeit vor- und nachläuft.

SCHLIESKY Bedeutet der Satz Ihnen persönlich etwas?

LAMMERT Ja, ich gehöre zu der wiederum kleinen Minderheit von Abgeordneten, die beinahe die gesamte Zeit der Erwerbsfähigkeit und Erwerbstätigkeit hauptberuflich in der Politik verbracht haben. Da wird – und schon gar in Verbindung dann mit Ämtern, die man übertragen bekommt – der Bezug schon enger zum Staat und seinen Institutionen, aber dieses Zitat könnte von mir auch nicht stammen.

SCHLIESKY Was motiviert Sie denn persönlich zu Ihrem Engagement für den Staat? Sie haben ja gerade gesagt, dass Sie anders, als vielleicht einmal geplant, Ihr ganzes Berufsleben nun doch mit Engagement für den Staat verbracht haben?

LAMMERT Nach meinem Verständnis, wenn man eine solche Möglichkeit hat – und die ist nicht programmierbar, viel weniger programmierbar als für beinahe alle anderen zivilen Berufe – ist es eine der kompliziertesten, aber auch gleichzeitig privilegiertesten Tätigkeiten, die man sich überhaupt vorstellen kann. Und ein beachtlicher Teil mindestens meiner Motivation ist zum einen die extreme Bandbreite von Themen, von Anliegen, von Aufgaben, mit denen sich übrigens kein Mensch vollständig befassen kann, aber die eben auch eine solche prinzipielle Fülle von Angeboten enthalten, auf die man sich da, wo man besondere Interessen, vielleicht auch Begabungen hat, selber konzentrieren kann, mal abgesehen von dem Umstand, dass wir immer mal wieder von Themen überrascht werden, die niemand in der Planung hatte, auch nicht und gar nicht in der eigenen, und die dann auf einmal vorrangig werden. Und neben dieser extremen Bandbreite von Themen bieten politische Ämter, schon gar Spitzenämter die Möglichkeit, mit außergewöhnlich interessanten Persönlichkeiten zu tun zu bekommen, und zwar eben nicht nur im politischen System selbst. Das ist dann wieder der Vergleichsfall dazu, dass Sportler Spitzensportler kennen oder Künstler kennen andere Künstler, Manager kennen andere Manager, und Bischöfe kennen andere Kirchenfürsten, aber ich glaube, es gibt kein anderes Berufsfeld, das so sehr in beinahe alle anderen gesellschaftlichen Bereiche hineinversetzt ist, wie die Politik. Und diese Chance, immer wieder mit herausragenden Persönlichkeiten aus dem kulturellen Leben, aus Kirche, aus Wirtschaft, aus Kunst, aus Sport zusammenzukommen, das ist schon eine privilegierte Situation.

SCHLIESKY Welche Bedeutung hat Macht für Sie?

LAMMERT Die Bedeutung ist offenkundig. Die Vorstellung, man könnte Politik machen, ohne Macht ausüben oder haben oder nutzen zu können, ist niedlich. Politik machen heißt Optionen suchen, finden, behaupten, mit denen man eigene Gestaltungsabsichten auch realisieren kann. Aber, dass ich das persönlich besonders reizvoll fände, in diesem Sinne mit oder ohne Anführungszeichen, mächtig zu sein, kann ich eigentlich nicht sagen. Also insofern habe ich, bilde ich mir mindestens ein, ein sehr instrumentelles Verhältnis dazu, und es würde mich auch unangenehm überraschen, wenn ich nach Ausscheiden aus politischen Ämtern unter einem Machtverlust litte. Also ich kann mir schon vorstellen, dass ich manches vermisse – aber Macht verloren zu haben, glaube ich nicht.

SCHLIESKY Die nächste Frage müsste ich vermutlich Ihre Frau fragen, aber – hat politische Macht Sie verändert?

LAMMERT Das weiß ich natürlich auch nicht, außer, dass ich die strenge Vermutung habe, dass jede anspruchsvolle Aufgabe, die man über eine lange Zeit wahrnimmt, Spuren hinterlässt, und deswegen glaube ich auch, dass ich dann, wenn ich statt Politiker Musiker geworden wäre, was ja mal eine treuherzige Vorstellung zu Pennälers Zeiten war, nicht der gleiche Mensch wäre, wie ich es jetzt bin.

SCHLIESKY Wir haben auch schon am Rande über Werte gesprochen. Sie sind ja eine relativ moderne Erscheinung – bei den Klassikern der politischen Philosophie gab es sie noch genauso wenig wie bei den Kirchenvätern. Dennoch sind sie ja heute als Handlungsmaßstab, vielleicht auch als Sehnsuchtsziel in aller Munde. Woher nehmen Sie persönlich Ihre Wertorientierung?

LAMMERT Ganz sicher aus den Erziehungs- und Bildungsprozessen, die in meiner Wahrnehmung zwischen dem 10. und 25. Lebensjahr stattgefunden haben und davor sicher wichtiger waren, als sie mir bewusst sind, und danach scheinbar abgeschlossen, was sicher auch nicht zutrifft. Aber dass das, was einen Menschen konditioniert, im Kern in einer erschreckend kurzen Zeit stattfindet oder nicht stattfindet, und danach gar nicht mehr oder nur noch mit extremem Aufwand erweiterbar und veränderbar ist, davon bin ich schon überzeugt.

SCHLIESKY Noch einmal zurück zum Staat. Das Ende des Staates oder auch der Staatlichkeit ist schon oft vorhergesagt worden, wahrscheinlich solange es den Staat gibt, aber ohne dass die Vorhersage eigetreten wäre. Wir haben über viele Veränderungen gesprochen, die Europäische Union, die Teilung oder gemeinsame Ausübung von Souveränität, Globalisierung in Gestalt von internationalen Abkommen, Verpflichtungen. Das sind alles neue Formen, neue Phänomene, die aber auch den Staat selber ja nicht in seiner Existenz in Frage gestellt haben. Wie ist Ihre Prognose für den Staat?

LAMMERT Ja, der Staat scheint eine unverwüstliche Institution zu sein, ist es aber bei genauem Hinsehen eben doch nicht. Wenn wir alleine die komplizierte deutsche Geschichte mit ihren ganz unterschiedlichen Anläufen zur Staatlichkeit bis hin zum späten Nationalstaat und seinen wiederum schrecklichen Verirrungen betrachten, und gleichzeitig den Herausforderungen des Nationalstaates weniger durch die klassische Sicherheitsbedrohung der Vergangenheit, als vielmehr durch die Hebelwirkung einer globalisierten Welt, in denen die Nationalstaaten zunehmend genau das verlieren, was jahrhundertelang ihr Kerngeschäft war, nämlich Herren ihrer eigenen Angelegenheiten zu sein, dann muss man sich um die Hülle weniger Gedanken machen, aber um die Substanz schon.

SCHLIESKY Wenn Sie eine Glaskugel hätten, was meinen Sie, wie wird unser deutscher Staat in 20 Jahren aussehen? Wir haben ja über die ganzen Veränderungen und Prozesse, die auch manches bedrohen, gesprochen, aber können Sie in kurzen Worten ein Bild von unserem Staat in 20 Jahren zeichnen?

LAMMERT Nein, nicht wirklich. Mir fällt immer wieder auf, dass Politiker den Historikern gut erklären können, wie es in der Vergangenheit wirklich war. Und dafür erklären die Historiker dann, wie es in Zukunft voraussichtlich sein wird. Dass dieser deutsche Staat in absehbarer Zukunft mit Grenzveränderungen zu tun haben könnte, kann ich mir nicht vorstellen, dass sein inneres Gefüge einer Systemreform ausgesetzt sein könnte, wäre mit Blick auf die Ewigkeitsgarantie in unserer Verfassung eigentlich nur über einen Putsch vorstellbar. Dass sich das Verhältnis dieses Staates zu den anderen Mitgliedstaaten der Europäischen Union in den nächsten 20 Jahren noch einmal deutlich weiter entwickeln muss, halte ich für offenkundig, aber in welche Richtung es sich tatsächlich weiter entwickeln wird, scheint heute noch ungewisser als vor fünf oder zehn Jahren.

SCHLIESKY Könnte in absehbarer Zeit etwas Neues an die Stelle des Staates treten?

LAMMERT Nein. Für mich erkennbar jedenfalls nicht.

SCHLIESKY Ganz herzlichen Dank!

Prof. Dr. Edzard Schmidt-Jortzig

Geboren 1941. Nach den juristischen Staatsexamina und Promotion Berufseinstieg in der Kommunalverwaltung. 1976 Habilitation an der Universität Göttingen, 1977–1982 Univ.-Professor in Münster, danach in Kiel (Lehrstuhl für Öffentliches Recht), 2007 dort pensioniert. Im Zweiten Hauptamt seinerzeit Richter an verschiedenen höheren Gerichten. 1994–2002 Mitglied des Deutschen Bundestages, 1995–1998 Bundesminister der Justiz. Seither Vorsitz resp. Mitglied in diversen Fachkommissionen des staatsrechtspolitischen, parlamentarischen oder gesellschaftlichen Sektors. Heute u. a. Of-Counsel in einer Hamburger Anwaltskanzlei.

GESPRÄCH MIT

Herrn Bundesminister a. D.
Prof. Dr. Edzard Schmidt-Jortzig

SCHLIESKY Was verstehen Sie unter dem Staat?
Ist er heute noch mehr als ein funktionales System?

SCHMIDT-JORTZIG Der Staat ist für mich eine Einbindungsinstitution für die Menschen:
Identifikationssubjekt für ihre überpersonalen affektiven Bedürfnisse, Organisationseinheit für ihre Leitungs-, Regelungs- und Versorgungsbedarfe, Handlungsgröße für ihre internationale, globale Interessenvertretung. Der Staat ist also eine Zweckschöpfung zum Nutzen der Menschen, die sich in ihm zusammenschließen – nicht mehr, aber auch nicht weniger.

SCHLIESKY Die Idealisierung des Staates ist eine deutsche Eigenheit, wenn man nur an Hegel denkt, der den Staat als „die Wirklichkeit der sittlichen Idee“ definierte. Nach dem verbrecherischen Missbrauch von Ideen staatlicher Gemeinschaft durch die Nationalsozialisten betrachten wir den Staat der Bundesrepublik sehr viel nüchterner. Zu nüchtern?

SCHMIDT-JORTZIG Eine Idealisierung des Staates wäre mithin ganz unangebracht. Auch gleich der erste Präambelsatz unserer Verfassung („In Verantwortung vor Gott und den Menschen ...“) weist ja unmissverständlich darauf hin, dass der Staat unterhalb höherer Instanzen steht, also nichts Vor- oder Übermenschliches ist. Ob eine solche Sicht „zu nüchtern“ sein könnte, glaube ich nicht. Eine Stilisierung zu irgendetwas Affektivem, Höherem trüge vielmehr stets die Gefahr zur Verabsolutierung des Staates in sich und also zum Aus-dem-Blick-Geraten seiner Drittnützlichkeit.

SCHLIESKY Bis zum 19. Jahrhundert hat man in Europa ein organisches Staatsverständnis zugrunde gelegt, mit dem man das heute gewollte Zusammenwirken von Staat und Gesellschaft viel besser erklären könnte. Brauchen wir hier eine Orientierung an alten Bildern – oder ganz neue Bilder?

SCHMIDT-JORTZIG Nein. Das Bild vom organischen Staatsgebilde vermittelt zu sehr Vorstellungen von naturhaften Strukturen und Abläufen. Es verstellt zu leicht die Einsicht, dass alles staatliche Geschehen von Menschen gemacht ist und man sich deshalb tagtäglich um dessen Normkonformität und Fehlentwicklungsvermeidung bemühen muss.

SCHLIESKY Der Staat ist sicher auch ein Instrument zur Einhegung von (politischer) Macht. Welche Bedeutung kommt der Macht in einem demokratischen Verfassungsstaat zu?

SCHMIDT-JORTZIG „Macht" bedeutet in einem demokratischen Verfassungsstaat ja von vornherein nur das Innehaben der Möglichkeiten (durch die Kompetenzzuweisung wird das aber ohnehin auch gleich Pflicht) zur Festsetzung und Durchsetzung von Gemeinwohlmaßnahmen, die von vornherein rechtlich gebunden sind und unter steter parlamentarischer Kontrolle ablaufen. Deshalb kommt hier weniger dem Staat als seiner Verfassung und ihrer effektiven Verwirklichung die entscheidende Rolle bei der Einhegung politischer Macht zu.

SCHLIESKY Caesar soll geäußert haben, „daß der Staat ein Nichts sei, nur ein Name ohne Körper und Gestalt". Danach kommt es letztlich auf Persönlichkeit und Dignität, vor allem wohl auch auf die Autorität des Machtinhabers an. Gilt diese Einschätzung in heutigen Zeiten des Wegfalls metaphysischer Staatsbegründungen erneut?

SCHMIDT-JORTZIG Caesar übertreibt zwar, aber im Grundansatz hat er Recht. Gerade unter einem Staatsverständnis reiner Zweckhaftigkeit und alleinigem Menschennutzen muss die Berechtigung des Staates tagtäglich neu bewiesen und vermittelt werden. Und hierfür kommt es auch auf „Persönlichkeit, Dignität und Autorität des Machtinhabers" (im demokratischen Parteienstaat wichtiger wohl: **der** Machtinhaber) an. Rudolf Smend hat das als „persönliche Integration" bezeichnet, neben der funktionellen und der sachlichen, die vom Staat erfahrbar gemacht werden müsse: „Der Staat ist nur, weil und sofern er sich dauernd integriert".

SCHLIESKY Was können wir aus den Entwicklungen in Polen, Ungarn, in der Türkei oder in Russland lernen?

SCHMIDT-JORTZIG … dass es eine wohl austarierte Balance der im gewaltenteiligen Staat einander begrenzenden und kontrollierend verschiedenen Funktionen geben muss, und wenn die verloren geht bzw. einzelne Staatsfunktionen überbetont werden, es zu Unwuchten, Störungen im Innern wie im Äußeren kommen kann.

SCHLIESKY In welchem Verhältnis stehen Staat und Menschen bzw. Gesellschaft zueinander?

SCHMIDT-JORTZIG Die Menschen bzw. die Gesellschaft sind der ideelle Ausgangspunkt und das Fundament. Der Staat stellt dafür den Überbau, die zu deren Interessenverwirklichung eingerichtete Handlungsgröße dar.

SCHLIESKY Der Staat gewährleistet und schützt Freiheit, der Staat nimmt aber auch Freiheit. Wie sollte das Verhältnis zwischen Staat und persönlicher Freiheit beschaffen sein?

SCHMIDT-JORTZIG Begrenzung und Einschränkung persönlicher Freiheiten darf nur erfolgen, soweit es für das Gemeinwohl zwingend nötig ist oder es der verhältnismäßige Ausgleich mit der Freiheit anderer erfordert.

SCHLIESKY Was war zuerst da: Freiheit oder Staat?

SCHMIDT-JORTZIG Für mich unzweifelhaft: Die Freiheit. Freilich nicht als Abstraktum, als theoretisches Konstrukt, sondern als Eigenschaft, als Grundanlage der einzelnen, autonomen Person.

SCHLIESKY Kann es Freiheit ohne den Staat geben?

SCHMIDT-JORTZIG Rein theoretisch kann es deshalb Freiheit sehr wohl ohne den Staat geben. Aber in der Wirklichkeit wohl kaum, denn die persönliche Freiheit ist im realen Leben viel zu gefährdet, um ohne starken, nämlich vom Staat zu erbringenden Schutz zu existieren.

SCHLIESKY Passen der Staat – genauer: unser Staatsbild – und unsere Gesellschaft noch zusammen? Hat unsere Gesellschaft noch eine konsentierte Vorstellung vom Staat?

SCHMIDT-JORTZIG Bezüglich letzterem bin ich oft skeptisch, denn allzu oft verschwinden die Grundlagen unseres Gemeinwesens unter den täglichen Ärgernissen, Defizitfeststellungen, Patentlösungsvorschlägen, öffentlichen Schnellkommentaren und medialer Skandalisierung, und selten wird über den Gesamtzusammenhang noch gesondert nachgedacht. Zu ersterem sodann: Ob „**unser** Staatsbild" heute noch zu den gesellschaftlichen Verhältnissen passt, kann ich nicht ermessen, denn ich weiß gar nicht, ob es das so gibt. **Mein** Staatsbild bzw. der Staat in meinem Verständnis passt auf jeden Fall zur Realität.

SCHLIESKY „Alle Staatsgewalt geht vom Volke aus." Der in Art. 20 Abs. 2 S. 1 GG verankerte Grundsatz der Volkssouveränität würde auch (mehr) unmittelbare Demokratie erlauben, wie auch Art. 20 Abs. 2 S. 2 GG verdeutlicht. Sind wir eine so reife Demokratie, dass wir mehr Entscheidungen dem Volk selbst überlassen können? Oder zeigt uns der zunehmende politische Populismus in Deutschland und Europa gerade, dass wir mit einer Fokussierung auf ein repräsentatives System gut beraten sind und dass Bodin mit seiner Einschätzung Recht hatte: „Das Volk ist unbeständig, wankelmütig und nicht urteilsfähig. Es dreht sich mit dem Wind."?

SCHMIDT-JORTZIG Die Grundfrage ist, ob man die Bedingungen des gesellschaftlichen Zusammenlebens nur so für gedeihlich erreichbar hält, wie es die Menschen selber wollen (egal, wie die Güte ihrer Entscheidung objektiv zu beurteilen wäre), oder ob man ihr subjektives, emotionales Urteil als immer noch rational optimierbar, ja, optimierungsbedürftig ansieht, namentlich wenn die reale Problemkompliziertheit einen Einzelnen überfordert. Ich bekenne mich deutlich zu Letzterem und wüsste dafür auch keine besser geeignete Letztentscheidungsinstanz als ein demokratisch berufenes Repräsentativorgan. Freilich gehören dazu dann auch dessen feste Gemeinwohlbindung und das bei ihm präsente jederzeitige Bewusstsein seiner verantwortungsschweren Führungsrolle.

SCHLIESKY Die Zugehörigkeit zum Staatsvolk und der Bürgerstatus werden immer noch von der am Nationsgedanken orientierten deutschen Staatsangehörigkeit bestimmt. Ist diese Verbindung ersetzungsfähig? Und gar ersetzungsbedürftig?

SCHMIDT-JORTZIG Konstitutive und ausschließliche Staatsangehörigkeit wäre m. E. heute in der Tat zu rigide als alleinentscheidendes Kriterium für die Zugehörigkeit zum Staatsvolk und für den Bürgerstatus (tatsächlich wird die Rolle der Staatsangehörigkeit im geltenden deutschen Recht aber auch längst vielfach relativiert). Als Maßstab sollte vielmehr der feste, definitive und dauerhafte Wohnsitz in dem betreffenden Staat gelten, denn er vermittelt am ehesten die notwendige ernsthafte Identifizierung mit diesem Gemeinwesen.

Der klassische Nationbegriff erscheint dafür zu eng, zu spröde und wohl auch zu emotionsbefrachtet, um unter den Zeichen von Mobilität und Globalisierung die Basisfunktion der Bürgergemeinschaft für einen Staat zu beschreiben.

SCHLIESKY Wie viel Zuwanderung hält eine Nation aus?

SCHMIDT-JORTZIG … so viel, wie das Identitätsbewusstsein ihrer Bürger, ihr Zusammengehörigkeits- und Heimatgefühl zulässt. In absoluten Zahlen lässt sich das kaum fixieren. Der Staat verlöre jedenfalls ohne eine solche Begrenzung das Vertrauen seiner Bürger, seine Konsistenz, seine Handlungsfähigkeit und damit letztlich überhaupt seine Legitimation.

SCHLIESKY Viele unserer personenbezogenen staatlichen Grundkategorien wie Volk, Nation, Bürger basieren auf Ab- und Ausgrenzungen. Wie verträgt sich das mit einer „Integrationspolitik" in größerem Stil?

SCHMIDT-JORTZIG Nur in Maßen. Die Bezeichnung „Integration" geht ja schon sprachlogisch auch davon aus, dass man sich in eine andere und engere als die allgemeine, universelle Gemeinschaft einbringt, in der man sich ohnehin befindet.

SCHLIESKY Sind die zur Bildung der Eigenidentität notwendigen Abgrenzungen nicht die Ursache für das Unbehagen großer Teile der Bevölkerung mit Integrations- und Gleichstellungspolitik, Gender- und Queer- Politik etc.? Der Philosoph Byung-Chul Han spricht insoweit von der „Wucherung des Gleichen". Kümmert Politik sich noch genug um die „Mehrheitsbevölkerung"?

SCHMIDT-JORTZIG In Deutschland womöglich zu wenig. Hier zeigt sich m. E. deutlich, wie wichtig die Unterscheidung von Politik und Moral ist. Ziel des Staates muss sein, das Wohl der ihn ermächtigenden Menschen zu schützen und zu mehren; hierauf muss sich also die Politik ausrichten. Moral hingegen zielt darauf ab, das sittlich Gebotene zu erreichen, und hierum hat sich nach seinem Gewissen der einzelne Mensch zu bemühen. Beides ist zwar vielfältig miteinander verschränkt, darf aber nicht zu einer Moralisierung des Politischen führen. Der Staat ist kein moralisches Subjekt. Sich um Minderheiten zu kümmern, um Flüchtlinge, Schwächere, Behinderte, ist zuvörderst moralische Pflicht, der sich allerdings als ausdrücklicher „Sozialstaat" auch unser Gemeinwesen nicht entziehen darf. Nur darf darüber die Grundverpflichtung des Staates, die eben auch seine Legitimation erbringt, nicht aus den Augen geraten, sie muss immer das staatliche Hauptanliegen bleiben.

SCHLIESKY Gelingt Identitätsbildung auch ohne Abgrenzung?

SCHMIDT-JORTZIG Leider nein.

SCHLIESKY Nation und Nationalstaat sind „Erfindungen“ des 18. und 19. Jahrhunderts, die ihre Gestalt im heutigen Nationalstaat gefunden haben. Ihre Übersteigerung hat im 20. Jahrhundert zu zwei furchtbaren Weltkriegen, Verfolgung, Vernichtung und Zerstörung geführt. Die europäische Integration schien den europäischen Nationalstaat allmählich zu überwinden, doch nun schlägt das Pendel anscheinend zurück. Die Nation und der relativ abgeschlossene Nationalstaat sind offenbar die heimelige Alternative gegenüber entgrenzter Globalisierung und einer als „kalt“ empfundenen funktionalen europäischen Herrschaftsgewalt. Wie beurteilen Sie die Entwicklung eines solchen „Neo-Nationalismus“?

SCHMIDT-JORTZIG Mir gefällt in der Frage eigentlich der Begriff „Neo-Nationalismus“ nicht, weil er gleich eine Einordnung als Verabsolutierung oder Radikalisierung hinein bringt und damit das Geschehen von vornherein negativ konnotiert. Die beschriebene Entwicklung selber braucht m. E. vielmehr eine zwar vielleicht kritische, aber unvoreingenommene Betrachtung. Kein europäischer Staat ist heute tatsächlich „in sich abgeschlossen“ und allein auf die (seine) Nation fixiert. Aber eine Vernachlässigung seiner eigenen, auf sich selber bezogenen Aufgaben, Pflichten und Interessen zugunsten supranationaler Wünsche und Ideen darf eben auch nicht erfolgen. Und dies wieder ins Gedächtnis zu rufen, könnte durchaus hilfreich sein.

SCHLIESKY Nach vielen Jahren einer Stärkung der Europäischen Union durch die Übertragung von Kompetenzen der Mitgliedstaaten erleben wir derzeit eine Renaissance der Nationalstaaten in Europa. Sollten Kompetenzen in nennenswertem Umfang wieder auf die Nationalstaaten zurückübertragen werden?

SCHMIDT-JORTZIG In Fragen und Belangen des täglichen Lebens der Menschen sicherlich (auch wenn es da systematisch weniger um Rückübertragung als um ein Wieder-Freigeben geht). Nur das, was Europa als Ganzes betrifft – die von der Sache her überstaatlichen Angelegenheiten (die im Zuge realer Entwicklung auch zunehmen können), und die Garantie eines europaweiten freien Austausches von Ideen, Leistungen, Chancen – sollte von der EU wahrgenommen werden. Eine 'weitere Vertiefung' der Europäisierung darf jedenfalls nicht betrieben werden, sondern müsste sich aus Basisbedürfnissen ergeben. Das Subsidiaritätsprinzip, wie es sich aus Art. 5 III EUV ergibt, ist absolut richtig, wäre aber nun endlich auch effektiv zu verwirklichen.

SCHLIESKY Die „Verfassung" der Europäischen Union achtet die nationale Identität, die in ihren grundlegenden politischen und verfassungsmäßigen Strukturen einschließlich der regionalen und lokalen Selbstverwaltung zum Ausdruck kommt (Art. 4 Abs. 2 S. 1 EUV). Wie bewahrt man diese alte nationale Identität, wie schafft man möglicherweise eine nötige neue nationale Identität?

SCHMIDT-JORTZIG Was soll diese „neue nationale Identität" sein? Eine europäische oder globale? Sie „schaffen" zu wollen, wenn die Bürger sie so nicht selber spüren, wäre weder europaförderlich noch erfolgversprechend.

SCHLIESKY „Demokratie braucht Grenzen" sagt Peter Graf Kielmansegg. Er führt weiter aus: „Die Normen für den Umgang mit Migration, die uns derzeit vorgegeben sind, sind nicht für die Welt, in der wir leben, gemacht." Sehen Sie das auch so? Welche Grenzen benötigen wir, welche sollten wir überwinden?

SCHMIDT-JORTZIG Zu mentalen, emotionalen Grenzen verweise ich auf das bereits oben zur Überforderung des Bürgerempfindens und zur schädlichen Moralisierung der Politik Gesagte. Und bezüglich der geographisch-hoheitlichen Grenzen sind es die innereuropäischen für Europäer, die abgeschafft bzw. keinesfalls wiedereingerichtet werden dürfen. Beibehalten und strikter zu bewachen wären m. E. hingegen die EU-Außengrenzen. Gern gesehene Zuwanderung sollte definitiv geregelt werden.

SCHLIESKY Was bedeutet Ihnen Europa, was bedeutet Ihnen die Europäische Union?

SCHMIDT-JORTZIG Eine wunderbare Überwölbung meiner staatlichen Zugehörigkeit, eine schöne Perspektiverweiterung und einen Gewinn rein praktischer Nutzen und Vorteile. Leider erlebt diese Neuformierung aber auch manche Hypertrophie, und viele sinnvolle europäische Regelungen werden nicht wirksam genug wahrgenommen.

SCHLIESKY In welchem Verhältnis sehen Sie den Mitgliedstaat Bundesrepublik Deutschland und die Europäische Union zueinander?

SCHMIDT-JORTZIG Deutschland (neben den anderen Mitgliedstaaten) als unbestrittene Basisinstanz so wie im Übrigen als souveräner Mitgestalter der europäischen Ebene.

SCHLIESKY In welchem Verhältnis sollten die beiden zueinander stehen?

SCHMIDT-JORTZIG Im Verhältnis der Subsidiarität. D. h. die EU wird nur aufgrund der ihr grundvertraglich ausdrücklich zugewiesenen Eigenkompetenzen und dort tätig, wo es um genuin überstaatliche, um staatsergänzende oder ausgleichende (die aber ohnehin nur sehr begrenzt) Regelungsaufgaben geht. Keinesfalls darf die einzelstaatliche Primärverantwortung für das Wohl der Bürger modifiziert oder verschüttet werden.

SCHLIESKY Am Tag nach der Brexit-Entscheidung habe ich viele Menschen erlebt, denen die Entscheidung des britischen Volkes emotional sehr nahe ging, weil sie das Ausscheiden Großbritanniens und die Schwächung der Europäischen Union sehr bedauern. Wie können wir diese Emotion für die Europäische Union nutzen?

SCHMIDT-JORTZIG Indem die EU sich demonstrativ wieder auf ihre Grundlagen besinnt und neu zu beleben sucht. Das müsste beispielsweise durch eine sichtbare, ernsthafte Bestätigung des Subsidiaritätsprinzips (d. h. Rücknahme überschießender Regelungen, symbolhaft etwa die Sommerzeit) erfolgen, durch Aufgabe bestimmter Kompetenzen und durch Rückbau bzw. Straffung ihres bürokratischen Apparats.

SCHLIESKY Die meisten Politiker und politischen Beobachter waren sich nach dem Brexit aber auch einig: So kann es in der EU nicht weitergehen. Welchen Reformbedarf sehen Sie in der Europäischen Union?

SCHMIDT-JORTZIG Selbst wenn ein wirklicher Brexit noch längst nicht als ausgemacht gelten kann (das in Art. 50 EUV angelegte Austrittsverfahren, die allseitige parlamentarische Zustimmungsbedürftigkeit und innerbritische Politmechanismen sprechen m. E. eher dagegen), sollte man auf jeden Fall ambitioniert eine EU-Reformierung betreiben, und zwar in der Richtung, wie ich sie soeben skizziert habe.

SCHLIESKY In ihrer bisherigen Geschichte ist die Europäische Union aus Krisen gestärkt und mit einer Vertiefung der Integration hervorgegangen. Kann dies angesichts von 27 Mitgliedsstaaten und der aktuellen Renaissance des Nationalgedankens auch diesmal gelingen?

SCHMIDT-JORTZIG Ich bezweifle, dass eine weitere „Vertiefung der (unionseuropäischen) Integration“ hilfreich wäre. Und Gleiches gilt m. E. übrigens auch für eine weitere Mitgliedervermehrung.

SCHLIESKY Die Frage nach der Rechtfertigung des Staates ist uralt und doch immer wieder aktuell. Welches sind für Sie die tragenden Gründe der Legitimität des Staates und seiner Staatsgewalt?

SCHMIDT-JORTZIG Die entscheidenden Legitimationsfaktoren sind m. E. Schutzbedürftigkeit und Ordnungssehnsucht der Menschen. Sie sind die anthropologischen Grundursachen für eine Notwendigkeit des Staates.

SCHLIESKY Wenn alles „gut" läuft, gibt es keine Debatten über die Legitimität des Staates und der Staatsgewalt. Auf der anderen Seite zeigt die Geschichte, dass Legitimitätsdebatten Alarmzeichen für den Untergang der alten Ordnung sind, da neue Ordnungen und Legitimationen dann oftmals eine größere Anziehungskraft entfalten. So hat beispielsweise die monarchische Legitimität gegen die Volkssouveränität als Legitimationstitel im 19. Jahrhundert verloren. Wie beurteilen Sie vor diesem Hintergrund den aktuellen Erfolg rechtspopulistischer, autokratischer und/oder neo-nationalistischer Gruppierungen in Europa, aber auch in Deutschland?

SCHMIDT-JORTZIG Ich halte das Erstarken solcher Gruppierungen – noch jedenfalls – nicht für eine Gefährdung der geltenden, also demokratischen Staatslegitimation. Auch sie sind immerhin durch demokratisches Bürgervotum in ihre Position gerückt. Ich hoffe vielmehr, dass die Präsenz dieser Gruppierungen von den anderen Kräften, die sich ja für die wahren Demokraten halten, als Anstoß zur Rückbesinnung auf den primären Auftrag von Staatspolitik und möglicherweise zu eigener Reform begreifen.

SCHLIESKY Welche neuen oder zusätzlichen Rechtfertigungsideen und Legitimationsquellen können wir derartigen Bestrebungen entgegensetzen? Für die Europäische Union? Und für den Staat Bundesrepublik Deutschland?

SCHMIDT-JORTZIG Entgegensetzen sollte man ein erkennbares, wieder stärkeres Abheben auf die originären Belange der sich im Staat (und über ihn in Europa) zusammenfindenden eigenen Bürger. Sehr deutlich kommt das ja auch im Amtseid der deutschen Staatsvertreter zum Ausdruck. Sie nämlich haben feierlich zu versprechen, ihre Kraft „dem Wohle des deutschen (und nicht eines anderen) Volkes" zu widmen und von ihm (und keinem anderen) „Schaden wenden" zu wollen. Eigene Ideologien, subjektive Moralvorstellungen oder überhaupt Drittinteressen zu verwirklichen, sind nicht das verfasste Staatsziel. Es geht für den Staat zu allererst um die eigenen Bürger, um ihre

Entfaltungschancen, um die Wohlfahrt ihres Lebens, ihre Kulturambitionen und ihre Sicherheitsinteressen.

SCHLIESKY Nach der Rechtsprechung des Bundesverfassungsgerichts bewirkt die einseitig durch Wahl und Gesetzgebung vermittelte demokratische Legitimation eine ausreichende demokratische Legitimität. Die Akzeptanz spielt bei diesem Konzept keine Rolle, obwohl sie aus Sicht der Bürger der entscheidende Gradmesser zu sein scheint und bei vielen Menschen derzeit fehlt. Muss die Akzeptanz staatlicher Maßnahmen eine größere Rolle im politischen und dann auch rechtlichen Alltag spielen?

SCHMIDT-JORTZIG Für den rechtlichen Alltag – und die entscheidenden Maßnahmen des Staates kommen ja in rechtlicher Form daher – spielen Akzeptanzfragen m. E. keine Rolle, denn die Rechtssätze müssen grundsätzlich unabhängig von der Billigung durch die Adressaten angewendet werden. Rücksichtnahmen auf das Echo im Publikum würden sonst Rechtsstaat und Rechtsgleichheit gefährden. Das setzt jedoch voraus, dass die Rechtssätze nicht nur verfassungskonform sind, sondern bei ihrem Erlass auch die Akzeptanzfrage intensiv mitbedacht wurde. Von vornherein unsinnige, am Rechtsgefühl der Bürger oder ihren wirklichen Bedürfnissen vorbeigehende Normen zu erlassen, kann m. E. staatliche Solidität, Stabilität und Wertbeständigkeit im Endeffekt noch mehr gefährden.

SCHLIESKY Wie ist es derzeit um die Akzeptanz von Herrschafts- bzw. Staatsgewalt bestellt?

SCHMIDT-JORTZIG Tatsächlich gefährdet sehe ich die staatliche Akzeptierung in Deutschland auf keinen Fall. Vage Gefahrensymptome lassen sich aber doch ausmachen, so etwa das offenbar zunehmende moralisierende Hineinwirken in die private Lebenssphäre der Menschen, das Unvermögen, individuell-egoistische bzw. einseitig-parteimäßige Interessenbedienung verlässlich auszuschalten, oder gewisse hoheitliche Durchsetzungsschwächen.

SCHLIESKY Gilt dies auch für europäische Verteilungsentscheidungen?

SCHMIDT-JORTZIG Für die EU gelten die angedeuteten Symptome erst recht. Hier schlägt aber nach meiner Beobachtung der sicherlich vorhandene allgemeine Unmut noch nicht so leicht in veritablen Akzeptanzverlust um, weil und soweit EU-Maßnahme, nicht zuletzt die angesprochenen „europäischen Verteilungsentscheidungen", den Einzelnen nicht unmittelbar berühren.

SCHLIESKY In Ermangelung göttlicher oder sittlicher Legitimität haben wir heute doch wohl überwiegend eine eher funktionale Sicht auf die Rechtfertigung des Staates. Muss es einen da nicht mit Sorge erfüllen, wenn immer öfter – sicherlich übertrieben – von „Staatsversagen" gesprochen wird und wir tatsächlich Funktionsverluste von Staatlichkeit konstatieren müssen – in der Flüchtlingskrise, auf den Finanzmärkten, in digitalen Räumen usw.?

SCHMIDT-JORTZIG Sorgen machen kann einem ganz allgemein, dass viele Probleme der Welt sich von ihrer Substanz und ihrem Zuschnitt her offenbar einer Regulierung entziehen. Sowohl faktisches Marktgeschehen als auch internationale Interessenpolitik lassen sich immer weniger von den einzelnen Staaten und überhaupt von ihrem bewährten, kontrollierten Handlungsmittel, dem Recht, erreichen, geschweige denn wirksam bändigen.

SCHLIESKY Seit Machiavelli kennen wir die Staatsräson als rechtfertigenden Zweck des Staates. Gibt es heute noch eine konsensfähige Staatsräson?

SCHMIDT-JORTZIG In diesem Kontext steht „Staatsräson" augenscheinlich für staatliche Selbstbehauptung. Die aber ist nicht Zweck eines Staates, sondern Existenzvoraussetzung und Vitalitätsausweis für ihn, so dass er sich zwar nicht zweckhaft, aber rein institutionell darum zu kümmern hat.

SCHLIESKY Bundeskanzlerin Merkel hat die historische Verantwortung Deutschlands für die Sicherheit Israels als Teil der deutschen Staatsräson bezeichnet. Teilen Sie das? Was folgt daraus?

SCHMIDT-JORTZIG Hier meint „Staatsraison" offenbar so viel wie staatliches Grundanliegen, gewissermaßen 'Geburtsmerkmal'. Das indessen ist keine juristische Kategorie, sondern eine politische. Sie könnte also verändert werden oder sich verflüchtigen. Für Gegenwart und absehbare Zukunft der Bundesrepublik Deutschland teile ich das politische Bekenntnis aber vollauf.

SCHLIESKY Wenn man unter Staatsräson die Staatsidee versteht, dann bietet sich bei unserem verfassungsgeprägten Staat die freiheitlich-demokratische Grundordnung an. Stimmen Sie dem zu?

SCHMIDT-JORTZIG Als deutsche Staatsidee scheint mir die Verwirklichung einer freiheitlich-demokratischen Grundordnung durchaus zustimmungsfähig. Es kommt m. E. aber noch etwas dazu, nämlich die Menschenbezogenheit, das Friedlichkeitsversprechen und der absolute Rechtsvorrang.

SCHLIESKY Welche Strahlkraft, welche Legitimationswirkung kann die freiheitlich-demokratische Grundordnung entfalten?

SCHMIDT-JORTZIG Staatsrechtlich und staatstheoretisch bietet die freiheitlich-demokratische Grundordnung eigentlich alles, was für eine tragende Staatsidee nötig ist. Aber um „Strahlkraft" zu entwickeln, scheint mir das zu wenig, zu formal oder technokratisch, was sich ja auch in dem abschätzigen, polemisch verwendeten Kürzel „FDGO" widerspiegelt. Da muss dann schon etwas Materielles, etwas inhaltlich Leuchtendes hinzukommen.

SCHLIESKY Muss nicht in Zeiten des Terrors die Idee der „wehrhaften Demokratie" wieder stärker in den Vordergrund treten und mit Leben gefüllt werden?

SCHMIDT-JORTZIG Da scheint mir weniger die Demokratie als die staatliche Selbstbehauptung ihre „Wehrhaftigkeit" erweisen zu müssen, und daran – so habe ich den Eindruck – wird eigentlich (wieder) hinreichend gearbeitet. Im Übrigen ist diese staatliche Ausstattung für mich in Deutschland auch nicht nur eine „Idee", sondern eine verfassungsrechtlich fest vorgegebene Kompetenz.

SCHLIESKY Eine Grundidee unserer deutschen Verfassung ist zweifelsohne die Menschenwürde, die Art. 1 Abs. 1 S. 1 GG für unantastbar erklärt. Die Würde des Menschen steht aufgrund der spezifischen deutschen Historie im 20. Jahrhundert nicht nur am Anfang des Grundgesetzes, sondern ist auch „tragendes Konstitutionsprinzip und oberster Verfassungswert". Was macht für Sie heute die Menschenwürde aus?

SCHMIDT-JORTZIG Die hohe Verbürgung des Menschenwürdeschutzes wird heutzutage leider viel zu oft in kleine Münze gewechselt. Wie das Schlagwort „soziale Gerechtigkeit" ist sie zu einer diskursiven Allzweck-Chiffre geworden. Man müsste die unverwechselbare, angeborene Würde des Menschen, deren unbedingtem Schutz sich der deutsche Staat verschreibt, um ihr den gebührenden Nimbus als die höchste und stärkste Garantie zu bewahren, wieder auf ihre spezifischen Gehalte reduzieren. Und das wären in meiner Sicht der sittliche Anspruch, das habituelle Wesen und die Ehrenhaftigkeit des Menschen.

SCHLIESKY Unser Staat ruht auf einem Ideenfundament – heute oft als Wertefundament bezeichnet – das sich im Laufe von Jahrhunderten, wenn nicht gar in gut 2000 Jahren entwickelt hat und maßgeblich auch vom Christentum sowie dem Gegensatz zwischen weltlicher und geistlicher Macht geprägt ist. Ist dieses Ideenfundament noch zeitgemäß?

SCHMIDT-JORTZIG Es ist dieses Ideenfundament, auf dem unser heutiger Staat steht, nicht ein schlicht tradiertes, fest übernommenes. Es hat sich vielmehr aus seinen geistigen Ursprüngen beständig fortentwickelt und tut dies auch in Zukunft. Deshalb steht seine Zeitgemäßheit für mich außer Frage und wäre nur gefährdet, wenn es erstarren, seine Anpassungsfähigkeit verlieren würde.

SCHLIESKY In welchen Bereichen dieser Ideen beobachten Sie Veränderungen? Oder – um im Bild des Fundaments zu bleiben – bröckelt dieses Ideenfundament gar?

SCHMIDT-JORTZIG Nein, von „bröckeln" würde ich noch nicht sprechen. Aber ein Schwächerwerden ist in manchen Bereichen doch vielleicht spürbar, etwa bezüglich Freiheitsbewusstsein, Toleranz, sittlicher Verantwortung, Gemeinsinn.

SCHLIESKY Kann und sollte der Staat sich um den Erhalt, die Vermittlung oder ggf. die Schaffung von Werten bemühen?

SCHMIDT-JORTZIG Ein solches Bemühen müsste vor allem durch reale Vorbildlichkeit erfolgen, durch das eigene Auftreten und Wirken seiner Repräsentanten also. Menschen dürften sogenannte „Werte" jedenfalls nur begrenzt einfach lernen können, sondern müssen sie tagtäglich vorgelebt und vermittelt bekommen, um sie als fest und selbstverständlich in sich aufzunehmen. Hierfür sind all seine Bezugspersonen entscheidend. Und insofern hat Ernst-Wolfgang Böckenförde völlig Recht: Der Staat lebt hier von „Voraussetzungen, die er selber nicht garantieren kann".

SCHLIESKY Kann dies heute noch Aufgabe von Schulen sein?

SCHMIDT-JORTZIG Ganz gewiss gehört solches Bemühen heute auch zur Aufgabe der Schulen, wahrscheinlich mehr denn je. Aber man darf Schule damit auch nicht überfordern. Wo nicht vor- und außerschulisch Grundlagen gelegt bzw. Folgerungen praktiziert werden, kann auch die Schule nichts Grundstürzendes mehr bewerkstelligen.

SCHLIESKY Über welche Werte besteht heute noch (weitest gehende) Einigkeit?

SCHMIDT-JORTZIG Einigkeit besteht m. E. nach wie vor über Meinungsfreiheit, Gleichberechtigung und wohl grundsätzlich auch Rechtsgehorsam. Alle „Werte", für deren Bestand man selber etwas investieren muss, haben es da schwerer.

SCHLIESKY Welche Rolle spielen Religionen für unsere Werte?

SCHMIDT-JORTZIG Selbst wenn religiöse Prägungskraft insgesamt nachlassen dürfte, kann Religion durch ihre Inhalte und ihre Lehrautorität Werte bzw. Überzeugungen verstärken, anderenfalls aber auch behindern (Beispiel ist das Frauenbild im Islam, das Gleichberechtigungsvorstellungen offenbar gar nicht erst aufkommen lässt).

SCHLIESKY Welche Rolle können, sollten sie spielen? Oder haben wir eine Traditionslinie, die (mit) für das ethische Fundament unseres Staates gesorgt hat, unwiderruflich gekappt?

SCHMIDT-JORTZIG Eine eindeutige, stringente Antwort ist da – glaube ich – nicht möglich. „Unwiderruflich gekappt" sehe ich zwar nichts, aber sicherlich ausgedünnt und geschwächt. Und das ist mit der verfassungsmäßigen Trennung von Staat und Kirche, dem staatlichen Heraushalten aus Religion und Religionsausübung sowie der strikten Subjektivierung des Glaubens ja ausdrücklich auch gewollt. Eine Rückkehr zu wieder stärkerer Staatsinteressen-Berücksichtigung in der Religion oder eine Parteiergreifen des Staates für eine bestimmte Religion kann ich mir deshalb nicht vorstellen, und würde es mir auch nicht wünschen.

SCHLIESKY Welche Rolle sollten die beiden großen christlichen Kirchen spielen? Welche Erwartungen haben Sie?

SCHMIDT-JORTZIG Bezüglich der katholischen Kirche will ich mir kein Urteil erlauben. Bei der evangelischen Kirche habe ich mitunter den Eindruck, man zieht sich zu sehr in die eigene Gutmenschlichkeit zurück und vernachlässigt dabei die Gemeinschaftseingebundenheit jedes, auch des gläubigen Menschen, d. h. seinen notwendigen Tribut nicht nur dem Nächsten gegenüber, sondern gleichermaßen für das gedeihliche Funktionieren des Gemeinwesens. Manch kirchliche Politikeinmischung atmet mir daher zu viel Realitätsverdrängung und Selbstgerechtigkeit.

SCHLIESKY Unser deutsches Verständnis von Religionsfreiheit einerseits und der Trennung von Staat und Religion andererseits, wie das Grundgesetz es festschreibt, ist das Ergebnis eines Jahrhunderte dauernden historischen Prozesses, einer besonderen deutschen Entwicklung. Nun kommen viele Menschen nach Deutschland, für die eine enge Verbindung zwischen Staat und Religion selbstverständlich ist. Wie ist damit umzugehen?

SCHMIDT-JORTZIG Hierauf gebe ich eine schlicht juristische Antwort (die aber wohl auch eine rechtspolitische ist): Ernstnahme, stete Akzeptierung und Umsetzung von Art. 140 GG, 136 I WRV. „Die bürgerlichen und staatsbürgerlichen Rechte und Pflichten werden durch die Ausübung der Religionsfreiheit weder bedingt noch beschränkt".

SCHLIESKY Voltaire hat formuliert, Toleranz sei „Menschlichkeit überhaupt". Wieviel Toleranz verträgt der Staat im Hinblick auf die Religionsfreiheit, wenn eine Religion ihrerseits viel weniger tolerant ist?

SCHMIDT-JORTZIG Soweit Grundlagen der konkreten Verfassungsordnung in Frage gestellt werden, kann es staatlicherseits keine Toleranz geben. Der Einzelne, der sich aus fester Glaubensüberzeugung außerhalb stellt, kann dann nur noch auf Schuldmilderung und Gnadenerweis hoffen: „Hier stehe ich und kann nicht anders".

SCHLIESKY Welches sind Ihrer Meinung nach die zentralen Voraussetzungen eines erfolgreichen Staates, der von Dauer ist?

SCHMIDT-JORTZIG Voraussetzung eines erfolgreichen Staates ist kontinuierliche, gelingende Integrationsbewerkstelligung im Sinne Smends, indem alle staatlichen Lebensäußerungen, Gesetze, Urteile, Verwaltungshandlungen, Erklärungen als Betätigung eines ideellen Gesamtzusammenhangs (nämlich seiner Staatsidee) erkennbar sind und vermittelt werden. Das erfordert tagtäglich angestrengte Selbstprüfung, Konzentration, persönliche Zurücknahme und Inpflichtnahme aller im Namen des Staates tätig werdenden Personen und Einrichtungen.

SCHLIESKY Frieden und Sicherheit ziehen sich seit Jahrhunderten wie ein roter Faden durch die Staatsgeschichte – als zentrale Staatsaufgaben. Nach wie vor entscheidet also die Sicherheitslage über den Erfolg eines Staates. Dies sah schon Jean Bodin so: „Ist ein Staat entstanden und hat er gute Grundlagen, so sichert er sich gegen Gefährdungen von außen und gegen innere Krankheiten. Nach und nach nimmt er an Macht zu, bis er den Zustand der Vollendung erreicht." In Zeiten zunehmender Unsicherheit durch terroristische Bedrohungen und neue Formen der Kriminalität (z. B. Cyber Crime) finden wir diese zentralen Staatsaufgaben doch bestätigt, oder?

SCHMIDT-JORTZIG Die als zentral genannten Staatsaufgaben Frieden und Sicherheit zeigen gerade in Zeiten zunehmender Verunsicherung der Menschen ihre unveränderte, ja, noch größere Wichtigkeit. Und es ist nur die Frage, inwieweit ihnen der freiheitsverpflichtete Rechtsstaat nachkommen kann. Die Gewährleistung von Frieden und Sicherheit darf jedenfalls die Freiheit im Staat nicht unangemessen einschränken. Die Kunst liegt in der richtigen Austarierung.

SCHLIESKY Welche Bedrohungen der inneren und äußeren Sicherheit sind für Sie am gravierendsten und am vordringlichsten zu bekämpfen? Welche aktuellen Gefährdungen bedrohen unseren Staat am meisten?

SCHMIDT-JORTZIG Da gibt es manche, und das meiste davon hängt auch vielfältig mit den anderen zusammen: Grenzüberschreitende organisierte Kriminalität, Terrorismus, Internetkriminalität, Unkontrollierbarkeit digitaler Unrechtsverabredung, abnehmende Hemmschwellen vor Gewaltanwendung usw.

SCHLIESKY Eine weitere Voraussetzung eines erfolgreichen Staates ist sicherlich das Vertrauen der Bürger, das sich heute als „Systemvertrauen" darstellt. Um dieses ist es aber gerade nicht so gut bestellt: Staatliche Institutionen, Politik, aber auch gesellschaftliche Einrichtungen wie Medien, DFB oder ADAC haben eine Menge an Systemvertrauen eingebüßt. Wie lange hält der Staat das aus? Wie kann man die Entwicklung wieder ändern?

SCHMIDT-JORTZIG Ein Staat hält das so lange aus, wie nicht der Eindruck entsteht, dass er gegenüber solchen Vorkommnissen hilflos ist oder sie gar deckt und für die Bürger also sein reales Erscheinungsbild davon bestimmt wird. Notwendig ist daher effektive, konsequente Rechtsdurchsetzung, überzeugende, strikte Verfolgung entsprechenden Fehlverhaltens, Unterlassung unerfüllbarer Heilsversprechen.

SCHLIESKY Nach einem berühmt gewordenen Satz von Ernst-Wolfgang Böckenförde lebt der moderne Staat von Voraussetzungen, die er selbst nicht garantieren kann." Er ergänzt noch: „Das ist das große Wagnis, das er, um der Freiheit willen, eingegangen ist." Falls Sie dem zustimmen – welche Voraussetzungen sind dies?

SCHMIDT-JORTZIG Böckenförde hat völlig Recht. Darauf ist ja auch schon oben, hinsichtlich Wertebewusstsein, Wertevermittlung und Wertpflege, Bezug genommen worden. Auch hier würde ich jetzt zuvörderst Gemeinsinn, Verantwortungsgefühl, Rücksichtnahme und Toleranz, Freiheitsüberzeugung, Gemeinschaftsvorbehalt eigener Ansprüche nennen.

SCHLIESKY Falls nein: Muss auch der Staat in der Gesellschaft Voraussetzungen schaffen, damit er überleben kann? Welche sind dies?

SCHMIDT-JORTZIG Auch wenn der Staat viele seiner Validitätsvoraussetzungen nicht selbst herbeiführen, sondern nur pflegen und bestärken kann, sollte er viel Anstrengung darauf verwenden, gewisse Grundlagen ihres Bestands sicherzustellen. Dazu gehören etwa eine funktionierende Gewährleistung von Chancengleichheit oder ein nachhaltiges, effektives Angebot an Erwerb und Vervollkommnung von Bildung.

SCHLIESKY Ein „Geheimnis“ eines erfolgreichen demokratischen Staates ist sicherlich ein ausgewogenes und befriedetes Verhältnis zwischen Mehrheit und Minderheit(en). Wie würden Sie ein solches beschreiben?

SCHMIDT-JORTZIG Wichtig scheint vor allem die penible Einhaltung all jener Verfahrensregeln, die einer Minderheit die Möglichkeit eigener Mehrheitserringung sichern. Zum anderen ist sicher die Akzeptanz von Mehrheitsentscheidungen durch die unterlegene Minderheit unerlässlich. Und allemal gilt es, ein ausgewogenes Regelwerk zur Balancierung von Mehrheitsansprüchen und Minderheitenschutz zu finden.

SCHLIESKY Welchen Reformbedarf sehen Sie im politischen System unseres Staates, und welchen in Verwaltung und Justiz?

SCHMIDT-JORTZIG Immer ist an einem Abbau von Kompliziertheit, Unübersichtlichkeit, Umständlichkeit, Abgehobenheit und Schwerverständlichkeit der staatlichen Entscheidungen, aber auch aller im Staatsnamen getätigten Äußerungen zu arbeiten, damit Akzeptanz und Identifikation bei den Bürgern möglich bleibt. Für Verwaltung und Justiz würde ich mir insoweit noch eine Verringerung der Behörden- und Instanzenvielfalt wünschen sowie ein einfacheres Verfahrensregime.

SCHLIESKY Müssen wir unsere Verwaltung nicht grundlegend neu organisieren, wenn man allein an die Herausforderungen der Digitalisierung einerseits und des demographischen Wandels andererseits denkt? Verlieren wir sonst den Anschluss an andere Staaten?

SCHMIDT-JORTZIG Dass die Verwaltung alle Möglichkeiten digitaler Informationsgewinnung, Sachbearbeitung und Kommunikation nutzen muss, halte ich für eine Selbstverständlichkeit. Allerdings muss dabei unbedingt vermieden werden, dass Verfahrensbeteiligte, die sich nicht am digitalen Verkehr beteiligen können oder wollen, benachteiligt werden. Insofern geht es also – glaube ich – nicht um eine „grundlegende Neuorganisation", sondern um ein Breiter-Aufstellen, um eine modale Pluralisierung und digitale Arbeitserleichterung in der Verwaltung.

SCHLIESKY Brauchen wir eine (weitere) Reform des deutschen Föderalismus? Wie kann eine solche gelingen?

SCHMIDT-JORTZIG Im bestehenden Mehrebenensystem, also im Zwischenbereich zwischen EU und Ortsgemeinde, angesichts der vergrößerten Mobilität der Menschen und infolge ihres Anspruchs auf überall gleiche Grundversorgung erscheint manch vorhandene hoheitliche Zwischenebene überholt, jedenfalls ineffektiv und oft hinderlich. Sachgerechter wäre m. E. eine maximal zweistufige Regionsgliederung ohne eigene Gebietshoheit, nur mit Dekonzentrationsaufgabe sowie landschaftsspezifischer Moderationskompetenz ausgestattet. Eine Herausnahme oder auch nur Reduzierung einer der überkommenen Ebenen ist jedoch in unserer Aufregungsdemokratie heute schlechterdings undurchführbar.

SCHLIESKY Welche sind die zentralen Aufgaben des Staates gegenüber der Wirtschaft?

SCHMIDT-JORTZIG Gegenüber der Wirtschaft muss sich der Staat auf die Bereithaltung und Überwachung einer fairen Marktordnung beschränken. Die allerdings hat dann gemeinschaftsschädliche Auswüchse auch wirksam zu unterbinden.

SCHLIESKY Wird der Staat seiner Verantwortung gerecht?

SCHMIDT-JORTZIG Im Großen und Ganzen wird der Staat m. E. diesem Auftrag gerecht. Einzelne Ingerenzübertreibungen und gelegentliches Aufsichtsversagen ändern daran nichts. Auf jeden Fall hat sich der Staat strikt aus eigenen Wirtschaftsambitionen herauszuhalten.

SCHLIESKY Vor einigen Jahrzehnten führte man in Deutschland eine Diskussion über „die Wirtschaftsverfassung" und über „das Wirtschaftssystem". Die soziale Marktwirtschaft als bundesdeutsche Entwicklung hat sich durchgesetzt und auch die Wiedervereinigung geprägt. Seit einiger Zeit mehren sich aber die Debatten über die richtige Ordnung der Wirtschaft; man kann dies auch daran ablesen, dass immer seltener von „sozialer Marktwirtschaft" und stattdessen immer öfter von „Kapitalismus" gesprochen wird. Ist angesichts der

Veränderungen des Wirtschaftslebens eine ordnungspolitische Debatte über die „richtige" Wirtschaftsordnung erforderlich?

SCHMIDT-JORTZIG Eine neue, grundstürzende Debatte über die Wirtschaftsordnung halte ich für unnötig. Wirkliche Kapitalismusauswüchse kann das bestehende Marktaufsichtssystem durchaus unterbinden. Darüber hinausgehende Kapitalismuskritik, oft ja Vorwurf einer „Verfehlung sozialer Gerechtigkeit", erweist sich meist als recht einseitige Sichtweise, als Polemik oder gar offene Politagitation. Im internationalen Zusammenhang allerdings sind m. E. die Regulierungsmöglichkeiten wirklich begrenzt oder ineffektiv, auf jeden Fall reformbedürftig.

SCHLIESKY Wenn man allein an Art. 14 Abs. 2 GG denkt, dann hat auch die Wirtschaft, genauer: der Unternehmer, Verantwortung für den Staat zu übernehmen. Wird die Wirtschaft ihrer Verantwortung gerecht?

SCHMIDT-JORTZIG Nicht nur das wirtschaftliche, sondern jedes Eigentum wird von Art. 14 Abs. 2 GG an seine genuine Gemeinschaftsverantwortung erinnert. Für „die Wirtschaft" gilt das nur insofern besonders, als ihr Eigentumsanteil hier ein größeres Volumen und stärkere Gemeinschaftsbedeutung hat. Ich glaube aber auch, ihrer damit verbundenen Verpflichtung wird „die Wirtschaft" insgesamt durchaus gerecht.

SCHLIESKY Welche Auswirkungen hat das partielle Versagen und unkontrollierte Agieren der Finanzmärkte auf diese Diskussion?

SCHMIDT-JORTZIG Die hier ins Bild rückenden Finanzakteure sind m. E. etwas gänzlich Anderes als „die" Wirtschaft. Sie bilden eine Sonderspezies, weil sie eben nicht in den allgemeinen Wertschöpfungsprozess, also den von Menschen bewegten Zusammenhang von Ideen, Arbeit und Organisation eingebettet sind. Für den Finanzsektor würde ich die reale Wahrnehmung von Sozialverantwortung auch völlig anders sehen als für die Wirtschaft, nämlich äußerst defizitär. Wenn es hier zu einer konkreten Gemeinschaftsschädigung kommt, muss von Seiten des Staates jedenfalls entschieden eingeschritten werden. Anfügen möchte ich allerdings auch einen für Viele wahrscheinlich schockierenden Satz: Nach meinem Dafürhalten wird Manches am Finanzmarktgeschehen auch zu wichtig genommen; die Auswirkungen auf die Realwirtschaft sind begrenzter als einfach wegen der großen Summen, die da bewegt werden, und der enormen Votalität, die sich spannend beobachten lassen, suggeriert wird.

SCHLIESKY Ist der Staat, sind die europäischen Staaten ihrer Verantwortung für die Finanzmärkte und die Rahmenbedingungen der Wirtschaft gerecht geworden? Immerhin hat schon Bodin „das Münzrecht und die Festsetzung des Geldwerts“ als zentrale Souveränitätsattribute verstanden.

SCHMIDT-JORTZIG Insgesamt glaube ich, dass unser Staat, die anderen europäischen Staaten und die EU da genug tun. Nur muss gesehen werden, dass ein Staat für entsprechende Regulierungsinitiativen massiv auf internationale Kooperation angewiesen ist (zu der offenbar nur geringe Neigung besteht) und die globalen Finanzströme auch von der Sache her nur begrenzt normativ einzufangen sind.

SCHLIESKY Wie beurteilen Sie die Rolle von Rating-Agenturen, die keiner demokratischen Verantwortung unterliegen, aber angesichts ihrer Bewertungen von Staaten und unterstaatlichen Gebietskörperschaften großen Einfluss auf die politische Entwicklung haben?

SCHMIDT-JORTZIG Die Rolle der Rating-Agenturen ist natürlich unerfreulich und störend. Ursache für das Unbehagen scheint mir aber eher das allgemeine Hinterherlaufen hinter ihren jeweiligen Einstufungen und Bewertungen zu sein. Einem privaten Finanzanleger sei das unbenommen. Von Staaten oder internationalen Organisationen ist kraft ihrer Legitimation aber zu verlangen, dass sie sich selber ein Urteil bilden.

SCHLIESKY Laut Verfassung und Staatsname (Art. 20 Abs. 1, Art. 22 Abs. 1 Satz 1 GG) ist Deutschland eine Republik. Woran merkt man das außer dem Verzicht auf einen Monarchen? Gibt es hier „Ausbaubedarf“?

SCHMIDT-JORTZIG Die republikanische Gesinnung, die sich in der Absage an jede Staatsüberhöhung, der strikten Verpflichtung zum Dienst am Gemeinwohl und der gelebten Verantwortung des Einzelnen für das Gesamtwerk ausdrückt, ist leider nur begrenzt dekretierbar. Die Politik könnte sich aber bei der Normierung aller möglichen Sozialverhältnisse und der damit verbundenen Substituierung individueller Verantwortung zurückhalten und eben versuchen, dem Privatengagement wieder mehr Raum zu geben und diesem Einsatz auch mehr zu vertrauen.

SCHLIESKY Der Sozialstaat hat mit seinen konkreten Ausprägungen in der Bundesrepublik zumindest finanziell ein Rekordniveau erreicht. Damit sind zahlreiche Ideen, Konzepte und Forderungen des 19. und 20. Jahrhunderts umgesetzt worden – ein historisch einmaliger Vorgang. Welchen Beitrag zur Rechtfertigung unseres Staates leisten diese sozialstaatlichen Elemente?

SCHMIDT-JORTZIG Dem „sozialstaatlichen Element" kommt m. E. nicht nur ein ganz wesentlicher Anteil an der staatlichen Rechtfertigung zu. Der diesbezügliche staatliche Wirkungsbereich darf aber auch nicht überdehnt werden, weil sonst auch Eigeninitiative, Selbstverantwortung und damit Freiheit zu ersticken drohen.

SCHLIESKY Wie können wir dies zukünftig sichern?

SCHMIDT-JORTZIG ... indem weniger Klientelbeglückung als vielmehr Unterstützung bei wirklichen Bedürftigkeiten betrieben wird (auch wenn für sie keine wesentliche Lobby besteht).

SCHLIESKY Die wirtschaftliche Lage und der materielle Wohlstand in großen Teilen der Gesellschaft befinden sich in Deutschland auf einem historisch hohen Niveau – dennoch wird zunehmend das Fehlen sozialer Gerechtigkeit beklagt. Wie beurteilen Sie diesen (scheinbaren?) Widerspruch?

SCHMIDT-JORTZIG Schwächen im Sozialsystem können sich immer auftun, und sie müssen dann ausgeräumt werden. Die ständige Beschwörung „sozialer Gerechtigkeit" aber (schon weil jeder darunter vorwiegend seine eigene Besserstellung versteht) scheint mir da eher ein Störfaktor zu sein. Sie wird m. E. nicht nur in ihrem politischen Werbenutzen überschätzt, weil heute nahezu alle Seiten diese Formel im Programm haben, die lauthalsige Propagierung ruft vielmehr auch Ansprüche hervor, die realiter gar nicht erfüllt werden können und eher zu Frustration führen.

SCHLIESKY Manche Beobachter attestieren unserem Staat und unserer Gesellschaft einen Bedeutungsverlust des Rechts. Können Sie das nachvollziehen?

SCHMIDT-JORTZIG Einen solchen Bedeutungsverlust sehe ich ebenfalls, und zwar weil Recht – sprich: gesetzliche Anordnung – vielfach für politische Demonstrationszwecke, für Showeffekte und zur Volkspädagogik eingesetzt wird und andererseits dann häufig die Einhaltung von Rechtsvorschriften auch gar nicht mehr kontrolliert bzw. durchgesetzt wird. Von der abnehmenden handwerklichen Qualität mancher Regelungen will ich noch gar nicht reden.

SCHLIESKY Wie kann man gegensteuern?

SCHMIDT-JORTZIG Reduktion der allfälligen Rechtsproduktion, sowohl gegenständlich-sachlich wie inhaltlich und sprachlich.

SCHLIESKY Eine wachsende Zahl von Streitigkeiten wird an nicht-staatliche Gerichte ausgelagert, wenn man etwa an Schiedsgerichte im Bereich von Freihandelsabkommen, Sportgerichte oder muslimische Friedensrichter denkt. Welche Gefahr droht unserem Rechtsstaat dadurch?

SCHMIDT-JORTZIG Grundsätzlich ist m. E. gegen außergerichtliche Streitschlichtung überhaupt nichts einzuwenden, soweit die Streitbeteiligten sich frei darauf einlassen. Nur wenn bei solcher Mediation Regeln benutzt, Mittel eingesetzt oder Ziele erreicht werden, die unseren verfassungsrechtlichen Grundsätzen widersprechen, müsste dagegen vorgegangen werden.

SCHLIESKY Bedeutet dies – wie im Übrigen auch die vom Gesetzgeber zunehmend zwingend vorgesehene Mediation – nicht auch eine Gefahr für die Einheit(lichkeit) der Rechtsprechung, die juristische Dogmatik und damit letztlich für die materielle Gerechtigkeit?

SCHMIDT-JORTZIG Eine rechtsstaatliche Gefahr sehe ich insoweit nicht, weil Rechtsprechung und Rechtsdogmatik ja kein Selbstweck sind, sondern lediglich Diener rechtsgebundener Sozialregulierung. Und materielle Gerechtigkeit ist hier gar nicht der entscheidende Maßstab, weil es allein um eine beiderseits akzeptierte Streitbereinigung geht und die Zustimmung der Beteiligten auch ganz anderen Interessen folgen kann als der Gerechtigkeitsverwirklichung.

SCHLIESKY Klagen über „den Parteienstaat“ werden schon lange geführt. Geändert hat sich wenig. Entspricht die Rolle der Parteien noch dem, was das Grundgesetz als „Mitwirkung an der politischen Willensbildung des Volkes“ bezeichnet?

SCHMIDT-JORTZIG In einer Massendemokratie gibt es m. E. zur Parteienstaatlichkeit keine Alternative, schon aus organisatorischen Gründen. Irgendeine Plebiszitromantik ist ohnehin nicht angebracht, denn auch dort würden sich ja sogleich bestimmte (nun aber auch unkontrollierbare) Gruppierungen auf jede entsprechende Initiative setzen. Dass der Parteienstaat zu Verkrustung, Ideologisierung, Patronage etc. verführen kann, muss durch Transparenz und vor allem durch Offenhalten der Parteienkonkurrenz bekämpft werden.

SCHLIESKY Sowohl die immer geringere Zahl von Parteimitgliedern als auch die – damit durchaus zusammenhängende – zunehmende Schwierigkeit der Rekrutierung von geeignetem Personal für Führungsämter im Staat weckt Zweifel an dem Funktionieren des Repräsentationsgedankens mit Hilfe der Parteien. Sehen Sie darin (schon) ein Problem? Wie könnte man es lösen?

SCHMIDT-JORTZIG Ja, das ist ein Problem. Gegenstrategie könnte aber nur eine Veränderung der parteienkritischen Grundstimmung unter den Bürgern sein. Da würde es beispielsweise um einen Wandel im wohlfeilen journalistischen Bedienen und Schüren von Vorurteilen gehen, um verstärkte Aufklärung über die wahren Abläufe oder ein engagiertes Sachbemühen um die öffentliche Meinungsbildung, aber das ist quasi „auf Befehl" kaum zu schaffen. Hilfreich wäre gewiss auch ein wirksamerer Schutz für politisch sich exponierende Menschen.

SCHLIESKY Der Einfluss von Verbänden, Gewerkschaften und sonstigen Interessengruppen auf politische Entscheidungen ist schon lange ein Streitthema – aktuell wird in der EU, auf Bundes- und Länderebene über „Lobbyregister" und andere Instrumente zur Schaffung größerer Transparenz diskutiert. Sind solche Transparenzverpflichtungen aus Ihrer Sicht sinnvoll? Oder sollte man den Einfluss gesellschaftlicher Interessengruppen gesetzlich regeln und dadurch kanalisieren, um zusätzliche gesellschaftliche Legitimation zu erlangen?

SCHMIDT-JORTZIG Eine Transparenzverbesserung ist immer unterstützenswert. Von gesetzlichen Regulierungsversuchen halte ich aber wenig. Denn sie führen bei den Adressaten unweigerlich zu Ausweichstrategien, weil erfolgversprechende Beratung entspannte Atmosphäre, Informalität und Ungezwungenheit braucht. Lobbyismus ist für mich auch keineswegs etwas a priori Negatives, sondern gehört bei einer Meinungsbildung, namentlich einer so wichtigen wie der parlamentarischen, zur Überzeugungsarbeit hinzu, und dass sich ein Abgeordneter seine Meinung gerade im Strom der verschiedenen (auch eben durch Beratung erst einmal zu erschließenden) Argumente bilden muss, gehört zu seinem demokratischen Repräsentativauftrag. Insofern muss m. E. statt Einengung und Regulierung eher etwas für eine Stärkung der notwendigen Kritikfähigkeit, Eigenkompetenz und Selbstentscheidungskraft der Mandatsträger getan werden.

SCHLIESKY Trotz wirtschaftlich guter Lage in der Bundesrepublik ist die Unzufriedenheit mit „der Politik" und mit dem demokratischen System derzeit so groß wie selten – und das gilt auch für die europäischen Nachbarstaaten. Ist unser demokratisches System denn auch bei innenpolitischen Schwierigkeiten krisenfest?

SCHMIDT-JORTZIG Überall finden sich ja für derartige Unzufriedenheit in einer lebendigen Demokratie auch neue Politikwege und Parteiungen. Die AfD, vorher die Piraten, ebenso wie NGOs und alle möglichen Beteiligungsforen oder Demonstrations- und Petitionsformen sind dafür schlagende Beispiele. Nur darf man die dann nicht als Fehlentwicklung, Systemstörung oder Destruktion verteufeln, sondern muss sie als möglichen Gedankenanstoß und Reformimpuls oder als Herausforderung und anspornende Konkurrenz begreifen, mit denen man sich auseinandersetzt.

SCHLIESKY Anders als in der Weimarer Republik gehen die Systemzweifel an der Demokratie nicht von den politischen Rändern der Gesellschaft, sondern von der Mitte der Gesellschaft aus. Wie soll man damit umgehen?

SCHMIDT-JORTZIG Ich halte schon eigentlich den vorgefassten Einordnungs- oder Lokalisierungsansatz mit „Rand" und „Mitte" für fragwürdig. Nimmt man damit nicht von vornherein seine eigene, subjektive Bewertung zum Maßstab? Und ignoriert man so nicht auch die stets möglichen geistigen Wanderungsprozesse, die eine vorher abseitige Idee zum nachmaligen Gemeinplatz werden lassen? Als allgemeine Feststellung kann man m. E. nur formulieren: Wenn sich sogenannte „bürgerlichen Kreise" (falls die so etwas wie die „gesellschaftliche Mitte" gewesen sein sollten) vom Politikengagement zurückziehen, begeben sie sich an den vom System her bestimmten Rand, und wenn bisher Abseitsstehende sich wieder für Politik einsetzen, rücken sie in den 'Maschinenraum' des Systems, die „Mitte" also.

SCHLIESKY Die Sehnsucht nach einfachen Lösungen – oder überzeugenden Lösungen – wächst in Europa, aber auch in Deutschland. So schreibt der Philosoph Hermann Lübbe: „Entsprechend nimmt generell die Anzahl der Fälle zu, in denen die Bürger sich mit Entwicklungen konfrontiert finden, auf die dominante Parteien, durch sakralisierte Populismen gesprächsunfähig geworden, antwortlos zu sein scheinen." Was antworten Sie diesen Menschen?

SCHMIDT-JORTZIG Mein Appell wäre auf jeden Fall: „Engagiert euch selber! Bringt eure eigenen Überzeugungen zum jeweiligen Thema auf den überall gegebenen Diskussionswegen mit ein oder macht eigene, neue auf und versucht, andere Menschen von euren Vorstellungen zu überzeugen!" Nur so entstehen letztlich Meinungs- und Entscheidungsmehrheiten. Das Mitmachen mag mühsam sein, aber es ist in einer Demokratie alternativlos. Denn wer abseits bleibt oder sich schmollend zurückzieht, darf dann auch nicht meckern.

SCHLIESKY In welchem Verhältnis sehen Sie Rechtsstaat und Demokratie zueinander? Ist das Verhältnis derzeit ausgewogen?

SCHMIDT-JORTZIG Der Rechtsstaat bringt Demokratie in feste Formen und sorgt für ihre Berechenbarkeit, notfalls auch Bändigung. Bei allfälliger Reaktionsfähigkeit und Reaktionsbereitschaft der Akteure gegenüber faktischen wie gesellschaftlichen Neuentwicklungen und Veränderungen sehe ich kein aktuelles Missverhältnis zwischen den beiden Vektoren unseres Staates.

SCHLIESKY In beängstigend vielen Staaten sind derzeit rechtsstaatliche Prinzipien unter erheblichen Druck geraten, ja werden offen abgeschafft (z. B. Türkei, Polen, Ungarn). Hat das nicht zwangsläufig auch Auswirkungen auf die Demokratie? Wie gehen wir damit um?

SCHMIDT-JORTZIG Auswirkungen auf unsere, also die deutsche Demokratie gibt es jedenfalls nicht zwangsläufig. Ohnehin scheint mir da mehr Gelassenheit angebracht. Denn die Umgewichtungen in den genannten Staaten wurden zweifellos ja demokratisch legitimiert, und wie das Verhältnis von Demokratie und Rechtsstaat austariert wird, ist zunächst einmal Sache des jeweiligen Staates selber; unsere eigenen Maßstäbe sind nicht per so allgemeinverbindlich. Einmischen sollte sich Deutschland daher nur, wenn und soweit unsere eigenen Strukturen in Mitleidenschaft gezogen werden, und natürlich, wenn Essentials gemeinsamer Organisation (das wären bezüglich Polens und Ungarns die Grundwerte der EU) betroffen sind. Gegenüber Beitrittskandidaten zu solcher Gemeinschaft müsste ggf. ein Beitrittsverfahren gestoppt oder beendet werden.

SCHLIESKY Ist die Europäische Union mit ihrem Art. 7 EUV-Verfahren hinreichend auf diese Entwicklungen vorbereitet?

SCHMIDT-JORTZIG Das Sanktionsverfahren von Art. 7 EUV erscheint mir ausreichend zu sein, schon auch, weil strengere Verfahren angesichts der Souveränität der Mitgliedsstaaten schwer vorstellbar sind. Niedrigere Hürden für die Sanktionseinleitung bergen die Gefahr einseitiger Ausnutzung durch die anderen Staaten, und viel stärkere Mechanismen bei einer Prinzipienverletzung wären nur bei weit engerer EU-Integration denkbar, sie noch jedenfalls nicht besteht.

SCHLIESKY Auch und gerade in europäischer Perspektive: Was macht aus Ihrer Sicht eine Demokratie aus? Welche „Essentials" sind nicht verhandelbar?

SCHMIDT-JORTZIG Die Abhängigkeit jeder Hoheitsentscheidung von einer Legitimation durch die Bürger, in welchem Verfahren und welcher Vermittlung sie auch immer erfolgen mag. Und diese Bedingung ist auch nicht disponibel.

SCHLIESKY Das Wesen des Internets bzw. von digitalen Räumen besteht in grenzenloser Vernetzung. Sie entziehen sich damit häufig örtlich radizierter Staatsgewalt, der souveräne Staat scheint in digitalen Räumen machtlos zu sein. Hat der Staat hier eine Entwicklung verschlafen – oder gar schon kapituliert?

SCHMIDT-JORTZIG Ich kann nicht beurteilen, ob und inwieweit technisch überhaupt eine effektive, sprich: vollständige, Kontrolle der digitalen Kommunikation möglich ist bzw. wiedererlangt werden könnte. In der vermuteten, jedenfalls relativen Unkontrollierbarkeit liegt nach meiner Sicht allerdings auch eine Chance für die Freiheit der Menschen. Denn dann erhalten neue Ideen selbst in abgeschotteten Räumen Zugang, und gesellschaftliche Missstände können trotz strenger Informationssperren bekannt werden. Auf jeden Fall muss der Staat auch auf eine sich entgrenzende Information und Kommunikation seiner Bürger reagieren können, d. h. aus entsprechender Vernetzung resultierenden Handlungen ggf. unterbinden, ahnden oder regulieren können.

SCHLIESKY Wie können das staatliche Gewaltmonopol und das staatliche Recht auch in digitalen Räumen durchgesetzt werden?

SCHMIDT-JORTZIG Wie gesagt: Ein Staat muss auch in der digitalen Welt unbedingt seine Reaktionsfähigkeit bei Normverstößen bewahren. Und das bedeutet ganz handfest, dass er sich informationstechnologisch auf mindestens gleichem Stand wie seine Bürger zu halten hat, mit allen auch haushaltsmäßigen Konsequenzen, die das hat. Systembedingt problematisch wird es für den Staat freilich in der Gefahrenbekämpfung und erst recht bei der Gefahrenvorsorge; hier sehe ich definitive Grenzen.

SCHLIESKY Geht im Zeitalter der Digitalisierung, das bislang von großen Konzernen geprägt und beherrscht wird, die eigentliche Gefahr für die Freiheit des einzelnen nicht eher von privater Seite aus? Nach unserer herrschenden Grundrechtsdogmatik kommt ein Grundrechtsschutz in der Regel nicht in Betracht, da die Grundrechte primär Abwehrrechte gegenüber dem Staat, aber nicht gegenüber privaten Akteuren sind. Genügt der Staat hier noch seinen Schutzpflichten – für Persönlichkeitsrecht, Eigentum, Handlungsfreiheit etc.?

SCHMIDT-JORTZIG Hinsichtlich der digitalen Gefahr von Seiten Privater stimme ich dem in Frage gekleideten Befund vollauf zu – ob „eigentlich" oder nur „gleich stark", lasse ich hierbei dahingestellt. Mit dem dogmatischen Konstrukt der staatlichen Schutzpflicht für Grundrechte ist die Verfassung aber hinreichend gerüstet. Wie weit der Staat ihr aber dann auch real gerecht werden kann, bleibt das Problem. Erneut – so scheint mir – ist da der Hinweis auf die personeneigene Schutzvorkehrung und Verantwortung wichtig und auf die Staatsaufgabe, die Bürger darin bewusster zu machen und zu unterstützen.

SCHLIESKY Ist unsere föderale Kompetenzordnung mit der jeweiligen Zuständigkeit z. B. für IT-Sicherheit bei Bund, Ländern und Kommunen geeignet, den Bedrohungen der virtuellen Welt standzuhalten?

SCHMIDT-JORTZIG Nein. Selbst eine gesamtstaatliche Zuständigkeit stieße hier an ihre Grenzen. Da es sich bei der IT-Sicherung um eine Querschnittsaufgabe handelt, die bei jeder Wahrnehmung einer Kompetenz zu beachten ist, muss auch ein jeder Sachzuständige dafür einstehen, dass bei ihm notwendige Vorkehrungen zur digitalen Sicherheit getroffen werden. Freilich sollte auf diesem Feld jede Doppelung und gegenseitige Behinderung oder Neutralisierung entsprechender Bemühungen unterbleiben. Zu fordern ist daher, dass alle Zuständigen sich hier unbedingt koordinieren, gemeinsame Programme entwickeln und den Vollzug vereinheitlichen.

SCHLIESKY Ist generell unsere Verfassung in der digitalen Welt noch zeitgemäß? Oder müssen wir neue Grenzen ziehen, neue Phänomene rechtlich einhegen?

SCHMIDT-JORTZIG Ohne das im Einzelnen nachprüfen zu können, scheint mir unsere Verfassung – soweit man die digitale Entwicklung überhaupt verfassungsrechtlich regulieren kann – hinreichend vorbereitet zu sein. Erneut würde ich, statt auf staatliche Normierungsversuche zu setzen, eher auf intensive Aufklärung über das Selbstgefährdungspotential eines Jeden und die Ertüchtigung seiner eigenen Vorsorge- und Abwehrmöglichkeiten setzen wollen. Der Staat sollte auf jeden Fall einem weiteren Abhängigmachen des Einzelnen von der IT-Nutzung entgegentreten, beispielsweise nicht eine Abschaffung des Bargelds zulassen.

SCHLIESKY Beispielsfelder Bildungspolitik, Familienpolitik, Gleichstellungspolitik: Ist ein Staat auf Dauer lebensfähig, wenn ein Teil der Gesellschaft den Staat sowohl aus den eigenen Angelegenheiten heraushalten als auch zur „Umerziehung" des anderen Teils nutzen will, während der andere Teil der Gesellschaft ein traditionelles gesellschaftspolitisches System bewahren bzw. mittlerweile wieder zu diesem zurückkehren will?

SCHMIDT-JORTZIG Zur Schädlichkeit jeder Moralisierung der Politik und einer sog. „Ethisierung des Rechts" habe ich das Notwendige bereits gesagt. Entsprechende Versuche einer Volkspädagogik führen nahezu zwangsläufig zu gesellschaftlichen Abkoppelungen und damit zur Schwächung staatlicher Legitimation.

SCHLIESKY „Erziehende Eltern passen nicht mehr ins zeitgemäße Familienbild" hat Walter Schmitt Glaeser prägnant behauptet. Hat der Staat bei der Förderung von Erwerbstätigkeit von Frauen und Männern sowie bei der Kinderbetreuung überzogen – oder sind nur Qualitätsstandard und Angebotsquantität noch nicht ausreichend?

SCHMIDT-JORTZIG Die betreffenden Förderungsanstrengungen sind m. E. überhaupt nicht zu kritisieren, solange jede Schlechterstellung „erziehender Eltern" unterbleibt und sie auch im öffentlichen Diskurs, in Gesetzbegründungen oder den Politäußerungen maßgeblicher Politiker nicht diffamiert werden.

SCHLIESKY Integration von Zuwanderern ist sowohl eine staatliche als auch eine gesellschaftliche Aufgabe. Was ist falsch gelaufen, wenn die große Mehrheit der in Deutschland lebenden Türken immer noch die Hauptloyalität zum türkischen Staat hat?

SCHMIDT-JORTZIG Die (vom seine innere Stabilität achtenden Staat eigentlich selbstverständliche) Alternative „Entweder Integration oder Aufenthaltsbegrenzung" wurde nicht bzw. nicht früh genug klargestellt. Und man hat nie die Einflussnahme von Drittstaaten auf die aus ihrem Gebiet nach

Deutschland emigrierten Menschen unterbunden; ich erinnere nur an große Propagandaauftritte türkischer Politiker in deutschen Arenen oder an die via DITIB erfolgende Glaubensbeeinflussung hiesiger Muslime durch den türkischen Staat.

SCHLIESKY Die Beispiele Belgiens und Frankreichs, aber auch eines Großteils der in Deutschland lebenden Türken könnten doch auch ein Beleg dafür sein, dass die vom Islam geprägte Kultur einer erfolgreichen Integration im Wege steht. Verhindern oder behindern bestimmte kulturelle Prägungen und Religionen eine erfolgreiche Integration?

SCHMIDT-JORTZIG Ganz sicher beeinflussen auch religiöse oder allgemein kulturelle Prägungen die Integrationsfähigkeit und -bereitschaft von Menschen. Aber ob man entsprechende Faktoren abstrakt-generell einer bestimmten Religion, Weltanschauung oder Kultur zuschreiben kann, erscheint mir doch zweifelhaft. Es kommt immer auf den Einzelfall an, die individuelle Persönlichkeitsstruktur des Probanden und seine Zugänglichkeit für solche Einflüsse.

SCHLIESKY „Politische Korrektheit" wird heute von vielen Menschen als Synonym für Denk- und Sprechverbote im gesellschaftlichen und vor allem politischen Diskurs verstanden – die Beispiele reichen von den Grenzen der Zuwanderung über Kriminalität bis zu vermeintlich rassistischen Diskriminierungen wie Negerkuß, Mohrenkopf oder Zigeunerschnitzel. Demokratie lebt aber von praktizierter Meinungs- und Meinungsäußerungsfreiheit. Muss uns dieser Trend besorgt machen?

SCHMIDT-JORTZIG Bedenklich wird der Sachverhalt m. E. nur (dann aber auch wahrlich), wenn die staatlich offizielle oder informelle Sprache und Argumentation den Eindruck erweckt, hier Zensur auszuüben, beispielsweise durch amtliche Sprachregelung in schulischem Lernmaterial. Das hat deshalb unbedingt zu unterbleiben. Wenn Presseorgane oder Gesellschaftsgruppen so vorgehen, ist das zwar gleichfalls unerfreulich, hier können (aber müssten wohl auch) die Bürger nur mit mutiger Gegenartikulation reagieren, und die Staatsseite hat das jedenfalls mit wirksamem Meinungsäußerungsschutz zu flankieren.

SCHLIESKY In jüngster Zeit gehen zumindest in Deutschland die größten Gefahren für die Menschenwürde weniger vom Staat als vielmehr von privaten Akteuren aus, wenn man an Fernsehformate mit herabwürdigenden Beurteilungen oder Verhaltensaufforderungen, aber auch hasserfüllte Kommentare von Internetnutzern denkt. Genügt der Staat hier seiner Schutzpflicht?

SCHMIDT-JORTZIG Im Großen und Ganzen genügt der Staat m. E. seiner Schutzpflicht gegenüber möglichen Grundrechtsgefährdungen seiner Bürger durch private Dritte, seien es Einzelpersonen, Verbände oder Konzerne. Aber vielleicht müsste angesichts der neuen Entwicklung und Gewichtsverschiebung auch das Bundesverfassungsgericht einmal seine Grenzziehung zwischen Kommunikationsfreiheit (Meinungsäußerung, Kunst Wissenschaft) und Schutz von Persönlichkeitsrecht neu justieren, denn auf dieser Festlegung basiert auch alle einfachrechtliche und fachgerichtliche Schutzbemühung.

SCHLIESKY „Die erste Bürgerpflicht ist, seinem Vaterlande zu dienen." Halten Sie diesen Satz heute noch für mehrheitsfähig?

SCHMIDT-JORTZIG Nein.

SCHLIESKY Was bedeutet er Ihnen persönlich?

SCHMIDT-JORTZIG Ich würde das eigene Engagement nie als Pflicht, sondern immer als Anliegen einordnen, und auch nicht dem Vaterland gegenüber, sondern aus der eigenen Verbandszugehörigkeit heraus, aus Mitgestaltungsimpuls und Sozialinteresse.

SCHLIESKY Was motiviert Sie persönlich zu Ihrem Engagement für den Staat?

SCHMIDT-JORTZIG Für mich kam zu der zuvor beschriebenen Motivation zweifellos noch etwas Weiteres hinzu. Als Staatsrechtler wie Politikkenner durchschaut man ja die Mechanismen ziemlich gut, und das erzeugt dann auch den starken Reiz, die Dinge einmal selber zu erproben. Ich erinnere bei der Ernennung zum Minister noch gut den Kommentar eines befreundeten Staatsrechtlerkollegen: „Jetzt erhalten Sie die unbezahlbare Gelegenheit eines Praktikums in Staatsrecht".

SCHLIESKY Welche Bedeutung hat Macht für Sie?

SCHMIDT-JORTZIG Wie ich „Macht im Staate" verstehe, habe ich schon zu Beginn erläutert, nämlich lediglich als von vornherein rechtlich eingebundene und demokratisch kontrollierte Möglichkeit zur Festlegung und Durchsetzung bestimmter Gemeinwohlmaßnahmen, und das heißt, keinesfalls als persönliche Beherrschungsgewalt anderer oder ein irgendwie Frei-und-selbstherrlich-bestimmen-Können. Dieses apriorische, zwingende Begrenztsein von Staatsgewalt und Amtsauftrag wird in der Öffentlichkeit, wenn von politischer Macht die Rede ist, viel zu oft und gern ignoriert, selbst eben leider auch unter unserer jetzigen Staatsverfassung.

SCHLIESKY Der frühere Spiegel-Reporter Jürgen Leinemann hat die Schwierigkeiten prominenter Politiker mit dem Verlust von Macht sehr einprägsam beschrieben. Hat (politische) Macht auch Sie verändert?

SCHMIDT-JORTZIG Das können richtigerweise natürlich nur andere beurteilen. Ich selbst vermute aber, dass mich diese Arbeitsphase (bzw. ihre Beendigung) nicht sonderlich verändert hat, außer, dass sie mir einen unschätzbaren Zuwachs an Kenntnissen, Einsicht und Erfahrung, auch Selbsteinschätzung, brachte. Wenn von Problemen mit dem „Verlust von Macht" die Rede ist, scheint es mir häufig viel mehr um die äußeren Insignien von Macht zu gehen, um Dienstwagen, eindrucksvolles Body-Guarding oder überhaupt das öffentliche Wichtig-genommen-Werden. Und auch an das vielfältige Nicht-mehr-selbst-machen-Müssen kann man sich gewöhnen. Ich selbst habe es eher als Freiheitsgewinn empfunden, als diese Begleitumstände wegfielen.

SCHLIESKY Werte sind eine (relativ) moderne Erscheinung – bei den Klassikern der politischen Philosophie sind sie als Begriff so wenig bekannt wie bei den Kirchenvätern. Dennoch sind sie als Handlungsmaßstab, vielleicht auch als Sehnsuchtsziel, in aller Munde. Woher nehmen Sie Ihre Wertorientierung?

SCHMIDT-JORTZIG Meine „Wertorientierung" (die sprachliche Verwendung des Nomens „Wert" und die sich daraus ergebende Argumentation mit „Werten" finde ich eigentlich problematisch, will das hier aber dahingestellt sein lassen) hat sich aus einer Sequenz vieler Einflüsse ergeben. Man kann sie sich ja wohl auch nicht „nehmen", sondern zehrt von dem, was sich da im Lauf der eigenen Entwicklung in einem gebildet hat, herangewachsen ist. Herkunft, Erziehung, Vorbilder und, wie sich der eigene Lebensweg ergab, haben bei mir sicher die maßgebende Rolle gespielt, Selbstreflexion und Gebotenheitsüberzeugung traten dann hinzu.

SCHLIESKY Das Ende des Staates bzw. der Staatlichkeit wird schon lange vorhergesagt, ohne dass die Vorhersage eingetreten wäre. Auf der anderen Seite gibt es die drei Elemente von Staatlichkeit (Staatsgebiet, Staatsvolk,

Staatsgewalt), die seit Jellinek den Staat kennzeichnen, in dieser Reinform schon lange nicht mehr. Gemeinsame Souveränität in der Europäischen Union, Globalisierung in Gestalt internationaler Abkommen und Verpflichtungen, der Rückzug des Staates aus so manchem Regulierungsbereich u.v.m belegen mindestens Funktionsverluste der Staatsgewalt. Wie ist Ihre Prognose für den Staat?

SCHMIDT-JORTZIG Der Staat wird trotz aller Gefährdungen und Herausforderungen (oder gerade ihretwegen) nicht untergehen. Voraussetzung ist freilich, dass sich seine Bedingungen und Formen stets den gewandelten Verhältnissen anpassen können und tatsächlich anpassen. Aber dass dies geschieht, hat die Staatsgeschichte ja hinreichend bewiesen.

SCHLIESKY Weltweit gibt es immer mehr „failed states", die regelmäßig im Chaos versinken und mitursächlich für Terrorismus als auch Flüchtlingsströme sind. Belegt dies die „Alternativlosigkeit" des Staates – entgegen den kommunistischen Annahmen vom Absterben des Staates? Und falls ja – wie können wir solche Staaten retten bzw. stabilisieren?

SCHMIDT-JORTZIG Da die Unvollkommenheit des Menschen, seine Schutz- und Führungsbedürftigkeit nun einmal vorgegeben ist, halte ich eine institutionelle Zusammenbindung und organisatorische Einfassung der notwendigen Bewältigungsanstrengungen, wie sie eben vom Staat erbracht wird, für schlechterdings unersetzlich. Allerdings muss er sich immer reformfähig erweisen, darf sich also nie als dem realen Sozialleben der Menschen vorgegeben, als Institution per se verstehen. Von außen einem Staat zu solcher Voraussetzung zu verhelfen, ist nur begrenzt möglich. Eine Aufoktroyierung unserer eigenen Lebensform und verfassten Grundordnung darf jedenfalls nicht stattfinden. Aber Beratungsangebote, Entwicklungshilfe und Ressourcenzuführung sollten (im Rahmen der eigenen Möglichkeiten) unbedingt sein.

SCHLIESKY Wagen Sie bitte eine Prognose: Wie wird unser Staat in 20 Jahren aussehen?

SCHMIDT-JORTZIG Der deutsche Staat wird in 20 Jahren jedenfalls nicht in einem weiter etatisierten Europa aufgegangen sein, sondern – hoffentlich von einem effektiv zusammenarbeitenden Europa gedeihlich unterstützt – eigenständig, prinzipienbewusst und valide dastehen.

SCHLIESKY Könnte in absehbarer Zeit etwas Neues an die Stelle des Staates treten?

SCHMIDT-JORTZIG Nein.

SCHLIESKY Haben Sie vielen Dank für das Gespräch.

Prof. Dr. Andreas Vosskuhle

Geb. 1963, Studium der Rechtswissenschaft in Bayreuth und München, 1992 Promotion zum Dr. jur. (LMU München), 1998 Habilitation (Universität Augsburg). Seit 1999 Professor an der Albert-Ludwigs-Universität Freiburg und Direktor des Instituts für Staatswissenschaft und Rechtsphilosophie, 2004-2006 Dekan der Rechtswissenschaftlichen Fakultät der Universität Freiburg. 2006/2007 Fellow am Wissenschaftskolleg zu Berlin. Seit 2007 Mitglied der Sozialwissenschaftlichen Klasse der Berlin-Brandenburgischen Akademie der Wissenschaften. Juli 2007 Wahl zum Rektor der Universität Freiburg. Seit Mai 2008 Vizepräsident des Bundesverfassungsgerichts. Seit März 2010 Präsident des Bundesverfassungsgerichts.

GESPRÄCH MIT

Herrn Präsidenten des Bundesverfassungsgerichts Prof. Dr. Andreas Voßkuhle

SCHLIESKY Herr Präsident, was verstehen Sie unter dem Staat?

VOSSKUHLE Der Staat ist eine Gemeinschaft von Bürgerinnen und Bürgern auf einem abgegrenzten Gebiet mit einer Herrschaftsorganisation. Sie sehen, dass der juristische Staatsbegriff wie ihn Georg Jellinek geprägt hat, in meiner Vorstellung noch sehr dominant ist. Ich glaube tatsächlich, dass wir Staatlichkeit so weiterhin am besten begreifen können. Wir müssen allerdings berücksichtigen, dass alle drei Elemente des klassischen Staatsbegriffs, also Staatsgebiet, Staatsvolk und Staatsgewalt, Veränderungsprozessen ausgesetzt sind, die wir vielleicht im Laufe des Gesprächs noch reflektieren werden.

SCHLIESKY Darauf komme ich garantiert noch zurück. Ist unser Staat heute mehr als nur ein funktionales System?

VOSSKUHLE Es erscheint mir hilfreich, den Staat zunächst einmal als funktionales System zu begreifen und ihn nicht metaphysisch aufzuladen. Dass auch funktionale Systeme einen überschießenden Gehalt haben können und durch ein inneres Band stabilisiert werden, ist damit freilich nicht ausgeschlossen.

SCHLIESKY Diese Metaphysik ist ja durchaus eine typisch deutsche Erscheinung gewesen, etwa in Gestalt der Idealisierung des Staates bei Hegel. Nun haben wir auch eine Phase der Geschichte erlebt, in denen eben genau solche Ideen staatlicher Gemeinschaft missbraucht worden sind. Jetzt betrachten wir den Staat ja nach der Zeit des Nationalsozialismus viel nüchterner. Dann schon zu nüchtern?

VOSSKUHLE Das würde ich so nicht sagen. An die Stelle der Wirklichkeit der sittlichen Idee sind andere Vorstellungen getreten, insbesondere die Verfassung. Wir können uns einen Staat ohne Verfassung, d. h. ohne das normative Versprechen von persönlicher Freiheit und Gleichheit, Demokratie, Gewaltenteilung usw. heute kaum noch vorstellen. Dass die Verfassung auch eine emotionale Qualität besitzt, zeigt der von Dolf Sternberger geprägte Begriff des Verfassungspatriotismus.

SCHLIESKY Aber genügt den Menschen heutzutage diese Beschreibung? Oder haben Sie den Eindruck, dass man doch vielleicht auch wieder andere Bilder braucht, dass wir unseren Bürgerinnen und Bürgern den Staat wieder etwas anschaulicher machen müssten, etwa im Sinne der organischen Staatstheorie, die ja über Jahrhunderte sehr eindrucksvoll den Menschen beschrieben hat, was der Staat eigentlich ist?

VOSSKUHLE Ich verstehe das Bedürfnis nach Bildern. Wir leben in einer Zeit des Iconic Turns, wir sehen in Bildern eine neue Erklärungsdimension. Nun haben Bilder aber immer etwas Vages, etwas Ambivalentes und eine gewisse Ambiguität an sich. Sie führen daher leicht zu Missverständnissen. Wir können diesen Umstand auch an den sogenannten Staatsbildern erkennen, wenn Sie etwa an die Tradition des Bildes des Staatsschiffes und seiner Lenker denken. An der Universität Bremen existierte ein Sonderforschungsbereich „Staatlichkeit im Wandel“. Der Spiritus Rector dieses Sonderforschungsbereichs, Stephan Leibfried, sammelt Bilder von „Staatsschiffen“, die sehr unterschiedlich sind und an denen sich der Wandel des Staates sehr schön ablesen lässt. So gibt es etwa reformatorische Schiffsbilder und gegenreformatorische Schiffsbilder. Hinzu kommt: Bilder fangen in der Regel nur eine Facette von Staatlichkeit ein. Selbst das bedeutendste Staatsbild der Geschichte überhaupt – das Frontispiz des Leviathan von Thomas Hobbes – bleibt insofern nicht nur interpretationsbedürftig, sondern auch in seiner Aussage beschränkt.

SCHLIESKY Das Schiff liegt dem Norddeutschen natürlich sehr nahe ... – Sie haben die Verfassung schon angesprochen. Die Verfassung dient ja auch zur Einhegung von politischer Macht. Damit ist der Staat in unserem Verständnis auch ein Instrument zur Einhegung von politischer Macht. Welche Bedeutung kommt denn Ihrer Auffassung nach Macht im demokratischen Verfassungsstaat zu?

VOSSKUHLE Wer politische Ziele umsetzen möchte, braucht Macht. Deshalb ist der Kampf um Macht der Bewegungsmotor jedes Gemeinwesens. Im demokratischen Verfassungsstaat ist dieser Kampf um die Macht aber einerseits demokratisch rückgebunden und andererseits rechtlich eingehegt.

SCHLIESKY Wir erleben aber auch, dass es doch in letzter Zeit immer stärker auf Personen ankommt. Auch bei uns sind Wahlkämpfe auf Personen zugeschnitten, wir erleben in anderen Staaten eine Fixierung auf Personen – Stichwort: Türkei. Und schon Caesar soll geäußert haben, dass der Staat ein Nichts sei, nur ein Name ohne Körper und Gestalt, und es letztlich auf die Persönlichkeit, auf die Autorität des Herrschers ankomme. Gilt diese Einschätzung gerade in den Zeiten fehlender metaphysischer Staatsbegründung vielleicht heute wieder?

VOSSKUHLE Aus meiner Erfahrung der letzten Jahre heraus würde auch ich die Bedeutung von einzelnen Personen innerhalb der Politik hoch einschätzen. Sicherlich: Eine Person alleine kann Veränderungen nicht auf den Weg bringen. Dazu braucht es immer viele. Oder in Anlehnung an Bertolt Brecht: Auch Caesar hatte einen Koch dabei, als er Gallien eroberte. Gleichwohl sind wir auf Persönlichkeiten angewiesen, die den Anstoß für etwas geben, die in der Lage sind, andere zu illuminieren, ihnen Hoffnung und Kraft verleihen, die Visionen formulieren können und andere mitreißen. Die verbreitete Vorstellung, es komme hauptsächlich auf die Verhältnisse, die Struktur oder das System an, halte ich letztlich für wenig überzeugend. Auch die Demokratie braucht Persönlichkeiten!

SCHLIESKY Eine solche Fixierung auf eine Persönlichkeit kann ja auch immer eine Schattenseite haben, wenn diese Persönlichkeit eben nicht den Anforderungen eines guten Herrschers entspricht. Wir erleben das ja in der Türkei, aber auch in Russland, in Polen, in Ungarn, sicherlich in verschiedenen Schattierungen. Was können wir aus solchen Entwicklungen lernen?

VOSSKUHLE Die zentrale Botschaft, die von diesen Ereignissen ausgeht, heißt: Der Firnis der Zivilisation ist dünn. Institutionen sind fragil und müssen gepflegt werden. Selbst stabile freiheitliche Demokratien können schnell in totalitäre Systeme umschlagen.

SCHLIESKY Ich komme später noch einmal auf die eine oder andere Facette zurück. Jetzt doch erst einmal zum Verhältnis von Staat und Gesellschaft oder Staat und Menschen. In welchem Verhältnis sehen Sie die heute zueinander?

VOSSKUHLE Im Mittelpunkt der deutschen Verfassung steht der einzelne Mensch. Deshalb lautet Artikel 1 Abs. 1 Satz 1 GG: Die Würde des Menschen ist unantastbar. Und insofern steht auch im Staat der einzelne Mensch im Mittelpunkt. Die Bundesrepublik Deutschland dient dem einzelnen Menschen, nicht umgekehrt.

SCHLIESKY Nun gewährleistet der Staat Freiheit, er nimmt sie aber auch, indem er in Grundrechte eingreift. Können Sie eine abstrakte Orientierung angeben, wie das Verhältnis zwischen Staat und persönlicher Freiheit beschaffen sein sollte?

VOSSKUHLE Es sollte ausgewogen und freiheitsfördernd sein.

SCHLIESKY Jetzt kommt die Henne-und-Ei-Frage. Was war zuerst da – Freiheit oder Staat?

VOSSKUHLE Das ist tatsächlich eine Henne-Ei-Frage ... Da wir in aller Regel nicht allein auf einer Insel leben, muss immer die Freiheit des einen mit der Freiheit des anderen in Ausgleich gebracht werden und erfährt die Freiheit des einen auch immer eine Begrenzung durch die Freiheit des anderen. Dieser Ausgleich vollzieht sich in einem modernen Staat durch das vom Staat geschaffene und durchgesetzte Recht. Deshalb können wir vielleicht von einer vorrechtlichen natürlichen Freiheit sprechen, die aber erst durch den Staat zu einer rechtlich verbürgten Freiheit wird.

SCHLIESKY Der Urzustand oder Naturzustand von Tacitus und Hobbes ist wohl in der Tat etwas zu idealistisch, und damit – vielen Dank – haben Sie auch die nächste Frage schon beantwortet.
Passen der Staat – oder genauer – unser Staatsbild und unsere Gesellschaft noch zusammen? Glauben Sie, dass wir noch eine konsentierte Vorstellung von Staat in unserer Gesellschaft finden?

VOSSKUHLE Was heißt das, eine konsentierte Vorstellung von Staat?

SCHLIESKY Von der Rolle des Staates.

VOSSKUHLE Bestand zu irgendeiner Zeit eine konsentierte Vorstellung von der Rolle des Staates? Für den Adel stellte sich der Staat teilweise eher als Bedrohung seiner Privilegien dar, jedenfalls je mehr sich letzterer in Richtung eines demokratischen Verfassungsstaates entwickelte. Für die Bürger symbolisierte der Staat am Anfang Sicherheit, später Freiheit, aber gleichzeitig auch ein machtvolles System, das den Einzelnen unterdrücken konnte. Auch heute wird Staatlichkeit ganz unterschiedlich wahrgenommen: Wir kennen den verteilenden Staat, der für die Wohlfahrt der Ärmeren sorgt, den Präventionsstaat, der Vorsorge vor Risiken trifft, den schlanken Staat, der Infrastrukturaufgaben auf den privaten Sektor überträgt, den aktivierenden Staat, der seine Bürger motiviert, selbst für das Gemeinwesen einzutreten, den paternalistischen Staat, der die Bürgerinnen und Bürgern vor sich selbst schützen will usw. Der Staat musste immer mit vielen Projektionen und Erwartungen leben.

SCHLIESKY Eine Kontroverse hinsichtlich der Rolle des Staates oder der Ausgestaltung des Staates ist ja die Frage, inwieweit Bürgerinnen und Bürger selber entscheiden können. Also, alle Staatsgewalt geht vom Volke aus. Das verstehen manche in dem Sinne, dass eine Forderung nach mehr unmittelbarer Demokratie erhoben wird. Sind wir schon eine so reife Demokratie, dass wir jetzt auch auf Bundesebene mehr Entscheidungen dem Volk selbst überlassen sollten? Oder zeigt uns gerade der zunehmende politische Populismus in anderen Staaten, aber auch in Deutschland selbst, dass wir mit der Fokussierung auf eine repräsentative Demokratie doch gut beraten sind?

VOSSKUHLE Es gibt in dieser Diskussion eine intuitive Vorstellung dahingehend, dass die unmittelbare Demokratie demokratischer sei, als die repräsentative Demokratie. Diese Intuition ist falsch. Es handelt sich um unterschiedliche Formen von Demokratie. Beide Formen haben Vor- und Nachteile. Darüber ist schon viel diskutiert worden. Ich glaube, dass sich die Mütter und Väter des Grundgesetzes zu Recht für eine starke repräsentative Demokratie auf Bundesebene ausgesprochen haben, und dass der politische Prozess im Rahmen einer repräsentativen Demokratie mit starken Parteien, wie sie in Art. 21 Abs. 1 GG vorgesehen sind, aus verschiedenen Gründen zu den besten Ergebnissen führt. Das heißt aber nicht, dass uns nicht an der einen oder anderen Stelle eine „Prise“ plebiszitärer Elemente ganz gut täte. Die Enthaltsamkeit des Grundgesetzes, das ein Plebiszit nur für die Neugliederung der Länder in Art. 29 GG vorsieht, wirkt doch sehr puristisch.

SCHLIESKY Also, dann kommt es auf Maß und Mitte an. Dann stellt sich die Frage, ob die Abstimmungen sachbezogen oder personenbezogen erlaubt werden sollten. Wäre die unmittelbare Wahl des Bundespräsidenten durch das Volk denkbar?

VOSSKUHLE Darüber könnte man z. B. nachdenken, man müsste sich nur über die Konsequenzen im Klaren sein. Ein direkt vom Volk gewählter Bundespräsident verfügt über mehr Legitimation als ein Bundespräsident, der von der Bundesversammlung gewählt wird, und bildet daher ein stärkeres politisches Gegengewicht zur Regierung. Das mag man wollen, das kann aber auch zu zusätzlichen Spannungen und Problemen führen. Mit dem alten System sind wir bisher ganz gut gefahren, insofern ist die Frage nicht drängend.

SCHLIESKY Diejenigen, die bei solchen Abstimmungen, aber auch bei Wahlen mitwirken dürfen, werden ja durch die Zugehörigkeit zum Staatsvolk bestimmt. Die Staatsangehörigkeit orientiert sich immer noch ein Stück weit am Nationsgedanken. Ist diese Verbindung ersetzungsfähig, und ist sie vielleicht auch angesichts einer mittlerweile ganz anderen, durch Zuwanderung ergänzten Gesellschaft auch ersetzungsbedürftig?

VOSSKUHLE Ich bin mir nicht sicher, ob die Annahme, dass sich das deutsche Staatsangehörigkeitsrecht am Nationsgedanken orientiert, tatsächlich tragfähig ist. Mir erscheint das Staatsangehörigkeitsrecht eher pragmatisch ausgerichtet, und es gibt nicht von ungefähr sehr unterschiedliche Modelle, wenn man sich in der Welt umschaut. Sie können für den Erwerb der Staatsangehörigkeit auf die Abstammung abstellen – sog. Abstammungsprinzip – oder auf den Ort der Geburt – sog. Territorialprinzip. Man kann die Staatsangehörigkeit aber auch durch Einbürgerung erlangen, was wieder von unterschiedlichen Einbürgerungsgründen abhängt. In Deutschland existiert bekanntlich ein Mischsystem. Da der Staat relativ frei ist, verschiedene Anknüpfungspunkte für den Erwerb der Staatsangehörigkeit zu wählen, sollte man diese Materie nicht metaphysisch aufladen.

SCHLIESKY Wieviel Zuwanderung hält dann eine Nation oder ein rechtlich konstituiertes Staatsvolk aus, wenn sozusagen der Teil derjenigen, die eben nicht mitbestimmen dürfen, immer größer wird?

VOSSKUHLE Das ist eine schwierige Frage. Sie lässt sich abstrakt nicht beantworten. Lediglich zwei Erkenntnisse erscheinen mir relativ sicher zu sein: 1. Wir brauchen Zuwanderung in einem bestimmten Umfange schon aus demographischen Gründen und 2. Zuwanderungen müssen begrenzt werden, damit die Gesellschaft ihre Bindekraft nicht gefährdet. Wo genau das richtige Maß liegt, darum muss politisch gerungen werden.

SCHLIESKY So wie bei dem Bürgerstatus basieren viele unserer Grundkategorien auf Abgrenzungen. Wie verträgt sich das mit einer Integrationspolitik im größeren Stil?

VOSSKUHLE Sehr gut. Schauen Sie sich klassische Einwanderungsländer an, wie die Vereinigten Staaten von Amerika. Dort sind die Begriffe Volk, Nation, Bürger, Flagge, Hymne usw. sehr viel stärker besetzt, sehr viel – wenn man so will – staatsbezogener als das bei uns der Fall ist. Sie erkennen daran, auch über Einwanderung und Integration kann man Identität herstellen und kann sich auch als neue Gemeinschaft abgrenzen von anderen. Vielleicht ist das sogar in Ländern mit einer großen Zuwanderungstradition wichtiger als in Ländern, die in Abgeschlossenheit ihre Identität entwickelt haben, wie z. B. Japan.

SCHLIESKY Sie sprachen das Stichwort Identität an. Kann eine Identität überhaupt ohne Abgrenzung gebildet werden – oder brauche ich Abgrenzungen begriffsnotwendig, um inhaltlich eine Identität überhaupt entwickeln zu können?

VOSSKUHLE Selbstverständlich grenzt sich jeder Mensch in vielerlei Hinsicht von anderen Menschen ab und findet auf diese Weise zu seiner eigenen Identität. Diese Form der Abgrenzung müssen wir aber von Ausgrenzungen deutlich unterscheiden. Offene, plurale und heterogene Gesellschaften akzeptieren unterschiedliche Identitäten. Gleichzeitig unterscheidet sich das Konzept einer offenen freiheitlichen Gesellschaft aber von totalitären Systemen. Insofern führt Offenheit hier auch wieder zu einer eigenen Identitätsbildung. Denken Sie etwa an die USA und ihre Integrationsmythen: „Vom Tellerwäscher zum Millionär", „Go-West" oder ähnliche Vorstellungen. Es ist im übrigen eine interessante Beobachtung in diesem Zusammenhang, dass die Hollywood-Gründergeneration, die diese Mythen maßgeblich mitgeprägt und verbreitet hat, ganz überwiegend aus Osteuropa stammt – Samuel Goldwyn, Louis B. Mayer (Gründer von Goldwyn Mayer), Joseph und Nicolas Schenck (Gründer der 20th Century Fox), die vier Söhne des polnischen Flickschusters Benjamin Warner (Gründer von Warner Brothers), Carl Laemmle (Gründer von Universal), oder Lewis Selznick, Juwelenhändler aus Kiew (Produzent und Agent).

SCHLIESKY Das finde ich sehr spannend, weil das in der Tat die große Grundsatzfrage ist, ob man positiv zu definieren versucht. Das haben Sie gerade gemacht. Das gleiche Thema stellt sich im Zusammenhang mit der Europäischen Union. Denn in der Europäischen Union achtet ja „die Verfassung der Europäischen Union" die nationale Identität, die in ihren grundlegenden politischen und verfassungsmäßigen Strukturen einschließlich der regionalen und lokalen Selbstverwaltung zum Ausdruck kommt, so Art. 4 Abs. 2 S. 1 EU-Vertrag. Wie bewahrt man diese nationale Identität, wie definiert man sie überhaupt und wie schafft man möglicherweise dann auch eine neue nationale Identität?

VOSSKUHLE Gerade Art. 4 EUV ist ein schönes Beispiel dafür, dass Identitätsbildung nicht mit Ausgrenzung verbunden sein muss, sondern dass ich verschiedene Identitäten haben kann. Man kann sich z. B. als Freiburger, als Badener, als Deutscher und als Europäer fühlen. Alle vier Identitäten haben etwas Eigenes, und ich unterscheide mich auch als Badener von einem Württemberger, und als Deutscher von einem Franzosen, und als Europäer von einem Asiaten – aber es ist ein Konzept, das auch auf identitäre Vielfalt angelegt ist.

SCHLIESKY Dieser positive Ansatz, dass man eben verschiedene Identitäten hat, hat ja auch die europapolitische Diskussion in den letzten 20, 30 Jahren bestimmt. Aber jetzt erleben wir ja doch einen gewissen Rückfall, jedenfalls in Teilen der Europäischen Union, indem Nationen und Nationalstaat wieder nach vorne gerückt werden. Die relativ abgeschlossenen Nationalstaaten werden offenbar als die heimelige Alternative gegenüber Europäisierung, Globalisierung betrachtet. Wie sehen Sie eine solche Entwicklung eines solchen „Neo-Nationalismus"?

VOSSKUHLE Man muss genau hinschauen, was sich hinter diesem „Neo-Nationalismus" tatsächlich jeweils verbirgt. Es ist etwas Anderes, ob ich mich gegen die Idee eines vereinten Europas wende, oder ob ich darauf hinweise, dass diese Idee auf dem Versprechen von Einheit in Vielfalt gründet. Manche Menschen haben offensichtlich den Eindruck, dass sie in dem Konzept der Einheit nicht hinreichend vorkommen, z. B. weil ihr Land zu klein ist, weil sie sich politisch nicht durchsetzen können, oder weil ihnen bestimmte kulturelle Entwicklungen nicht gefallen. Das müssen wir ernst nehmen. Es könnte sein, dass die europäischen Institutionen in den letzten Jahrzehnten zu stark das Einheitselement im Blick gehabt haben und zu wenig die Sicherung von Vielfalt.

SCHLIESKY Wir haben die dunkle, die abschottende Seite, die Sie eben angesprochen haben, ja nun 2015 im Zuge der sogenannten Flüchtlingskrise erlebt, als eben viele europäische Staaten nicht bereit waren, Zuwanderer, Flüchtlinge aufzunehmen und damit auch gemeinsame rechtliche Normen einfach nicht beachtet wurden. Nun schreibt Peter Graf Kielmansegg, dass Demokratie Grenzen brauche, und er führt weiter aus, „die Normen für den Umgang mit Migration, die uns derzeit vorgegeben sind, sind nicht für die Welt, in der wir leben, gemacht." Wie sehen Sie das? Welche Grenzen benötigen wir und welche sollten wir dann – jedenfalls innerhalb Europas – überwinden?

VOSSKUHLE Was meint Graf Kielmansegg damit, wenn er sagt, Demokratie braucht Grenzen? Brauchen wir überall Grenzen? Sind diese Grenzen durchlässig? Für wen sind sie durchlässig? Was bedeuten Grenzen überhaupt in einer globalisierten Welt? Also, das ist schwierig. Dass Staatsgrenzen weiterhin eine wichtige Funktion haben und auch in einem vereinten Europa nicht unwichtig geworden sind, liegt auf der Hand. Gleichzeitig wissen wir, dass es sehr viele Phänomene gibt, die auch vor Grenzen keinen Halt machen. Denken Sie an Klimaveränderungen und Umweltschutz, an weltweite Kommunikations- und Datenströme, oder denken Sie einfach an das Atomkraftwerk, das auf der anderen Seite der Grenze gebaut wird, oder die Mittelstreckenraketen, die dort stationiert werden. Letztlich erleben wir zurzeit einen stetigen Prozess von Ent- und Reterritorialisierung. Wer Grenzen fordert, gibt daher auf viele Fragen noch keine Antwort. Das gilt nicht zuletzt auch für die Flüchtlingsfrage.

SCHLIESKY Sie haben eben Ihre eigene europäische Identität angesprochen. Was bedeutet Ihnen persönlich Europa? Was bedeutet Ihnen die Europäische Union?

VOSSKUHLE Mir bedeutet Europa Freiheit, Frieden, europäische Kultur, Vielfalt und eine bestimmte Form von Wohlstand oder sagen wir es noch etwas einfacher, eine Vorstellung vom guten Leben. Insofern ist Europa ein sehr verheißungsvolles Konzept für mich und ich empfinde es als großes Glück, als Europäer geboren zu sein.

SCHLIESKY Sie haben eben auch schon das Verhältnis zwischen Mitgliedstaaten und EU kurz angerissen, indem Sie die Einheit in Vielfalt angesprochen haben. In welchem Verhältnis sehen Sie den Mitgliedstaat Bundesrepublik Deutschland zur Europäischen Union?

VOSSKUHLE Die Bundesrepublik Deutschland ist ein Mitgliedstaat von vielen – aufgrund ihrer Wirtschaftskraft und ihrer Bevölkerungsstärke ist sie aber ein, wenn man so will, wichtiger Mitgliedstaat, der für die Funktionsfähigkeit der Europäischen Union eine besondere Bedeutung hat. Das wiederum führt in der Konsequenz dazu, dass Deutschland nicht nur wegen seiner Geschichte, sondern auch wegen dieser Situation, die noch verstärkt wird durch die geographische Mittellage eine besondere politische Verantwortung übernehmen muss für den Fortgang der europäischen Integration.

SCHLIESKY Das ist sozusagen die Ist-Beschreibung. Ist das aus Ihrer Sicht auch schon der Idealzustand oder in welchem Verhältnis sollten die beiden zueinander stehen? Gibt es da mehr, was Deutschland tun müsste?

VOSSKUHLE Die Stärke Europas hängt auch davon ab, wie gut es den einzelnen Mitgliedstaaten geht. Und insofern ist die Ertüchtigung der einzelnen Mitgliedstaaten eine zentrale europäische Aufgabe. Sie alle bedürfen funktionsfähiger Institutionen, einer gesunden Wirtschaft, eines hohen Ausbildungsstandards, die Arbeitslosigkeit und Armut muss bekämpft sein, und das nicht nur im

Sinne eines europäischen Konzepts, sondern alle Mitgliedstaaten müssen auch für sich selbst lebensfähig sein. Im Augenblick haben wir das Problem, dass zwischen den Mitgliedstaaten ein starkes Leistungsgefälle besteht. Das ist teilweise erklärbar durch eine erst kurze demokratische Tradition. Wir sehen aber auch an älteren Mitgliedstaaten und gestandenen Demokratien, dass nicht alle ihre Hausaufgaben gemacht haben und dass gerade die Finanzkrise ein Lackmustest dafür war, wer in einer guten Verfassung ist und wer nicht.

SCHLIESKY Das ist ja ein Teil der Krise der Europäischen Union, den Sie gerade beschrieben haben. Nun haben wir eine Verschärfung der Krise durch den Brexit, der für den 29. März 2017 terminiert worden ist. Am Tag nach der Volksabstimmung in Großbritannien habe ich persönlich viele Menschen erlebt, denen die Entscheidung des britischen Volkes emotional sehr nahe ging. Und zwar gerade in Deutschland und auch bei gar nicht so sonst politisch Interessierten, weil Sie das Ausscheiden dieses Mitgliedstaates bedauern. Nun ist das ja eine Form von Emotion, die sonst bei Europa vermisst wird. Wie können wir denn solche Emotionen jetzt für die Europäische Union nutzen?

VOSSKUHLE Ich denke, wir müssen auch die Emotionen im Zusammenhang mit dem Ausstieg nutzen. Wir müssen sie nutzen, um darüber nachzudenken, wie können wir Europa besser machen. Wie können wir das, was Europa bedeutet, besser kommunizieren und wie können wir die Bürgerinnen und Bürger davon überzeugen, dass ein Vereintes Europa für sie persönlich ein gutes Projekt ist. Schon da hat der Brexit, glaube ich, etwas losgetreten, und wir erleben jetzt ja wieder neue junge Bewegungen, die sich für Europa einsetzen – Pulse of Europe – da merkt man, dass der Brexit auch positive Entwicklungen angestoßen hat und die müssen verstärkt werden. Wenn Sie so wollen, befindet sich Europa gerade im Abstiegskampf, um ein Bild aus der Welt des Fußballs zu gebrauchen. Es gilt jetzt tatsächlich jede Herausforderung als Endspiel zu begreifen und sie sehr ernst zu nehmen, damit wir nicht absteigen.

SCHLIESKY Wenn ich das Bild aufgreifen darf, dann lautet ja ein Vorschlag, der immer wieder kommt, aber jetzt besonders laut vorgetragen wird, sich von Spielern zu trennen, sprich in dem Fall von Kompetenzen, also Kompetenzen von der Europäischen Union zurück auf die Mitgliedstaaten zu übertragen. Ist das ein sinnvoller Weg?

VOSSKUHLE Ja. Ich glaube, wir müssen das Prinzip der Einzelermächtigung und den Subsidiaritätsgrundsatz in Zukunft sehr viel ernster nehmen. In der Vernachlässigung dieser beiden grundlegenden Bauprinzipien der Europäischen Union scheint mir ein zentraler Grund für eine gewisse Unzufriedenheit innerhalb der Bevölkerung und auch in politischen Kreisen zu liegen. Gleichzeitig sollten wir überlegen, an welcher Stelle wir die Integration noch vertiefen müssen, um Europa handlungsfähiger zu machen. Wichtige Stichworte sind hier aus meiner Sicht u. a.: Finanzmarktregulierung, gemeinsame Außenpolitik und gemeinsame Verteidigungspolitik einschließlich des Aufbaus einer europäischen Armee.

SCHLIESKY In welchen Korb würden Sie dann Freihandelsabkommen legen? Gehört das nicht zu den Bereichen, in denen die Europäische Union mehr Kompetenzen bräuchte, um als Verhandlungspartner weltweit ernst genommen zu werden? Denn da sind wir wahrscheinlich nicht so überzeugend?

VOSSKUHLE Da das Bundesverfassungsgericht sowohl über CETA als auch über andere Freihandelsabkommen vielleicht noch entscheiden muss, möchte ich diese konkrete Frage offen lassen.

SCHLIESKY Auch wenn es in der Geschichte keine Gesetzmäßigkeiten gibt, ist ja in den letzten 60 Jahren die Europäische Union aus jeder Krise eher gestärkt hervorgegangen. Kann das angesichts von noch 28 Mitgliedstaaten und der doch sehr unterschiedlichen Gewichtung jetzt auch des Nationalstaatsgedankens bei diesen Mitgliedstaaten wieder gelingen?

VOSSKUHLE Das ist meine Hoffnung. Es wird nicht leichter mit so vielen Mitgliedstaaten, und wir erleben sicherlich im Augenblick die größte Vertrauenskrise in der Geschichte der europäischen Integration – aber ich bin der festen Überzeugung, dass am Ende dieser Entwicklung Europa ein Stück weit stabiler dastehen wird. Wie dieses Europa dann genau aussieht, das wissen wir nicht, aber es wird sich konsolidieren. Europa ist zu reich an politischen, wirtschaftlichen und kulturellen Ressourcen, um zu scheitern.

SCHLIESKY Sie haben eben das Vertrauen angesprochen. Dabei geht es ja immer auch um die Frage der Rechtfertigung von Herrschaftsgewalt. Die Frage der Rechtfertigung des Staates ist uralt, aber immer wieder aktuell. Was sind für Sie die tragenden Gründe der Legitimität des Staates und seiner Staatsgewalt?

VOSSKUHLE Gewährleistung von Freiheit, Sicherheit, Frieden. Sodann Ermöglichung von Wohlstand und Gerechtigkeit.

SCHLIESKY Wenn alles gut läuft, gibt es keine Debatten über die Legitimität des Staates. Auf der anderen Seite zeigt die Geschichte, dass es immer ein Alarmzeichen für die Existenz einer Herrschaftsordnung ist, wenn Legitimitätsdebatten geführt werden. Auch aktuelle autokratische und rechtspopulistische Bewegungen in Europa deuten in diese Richtung. Wie beurteilen Sie vor diesem Hintergrund solche Entwicklungen?

VOSSKUHLE Mir scheinen das keine Legitimitätsdiskurse zu sein, die dort geführt werden, sondern eher Protestdiskurse. Damit will ich diesen Protest nicht kleinreden oder abwerten. Im Gegenteil! Es geht aber häufig nicht um die verfassungsrechtliche Ausgestaltung unseres Gemeinwesens, sondern es geht um politische Praktiken, die sich etabliert haben, und mit denen man nicht einverstanden ist. Die Bürgerinnen und Bürger wollen, dass sich etwas ändert. Damit verbunden sind zwar häufig sehr pauschale Vorstellungen wie: „Die da oben, wir hier unten“, „Beamte und Politiker sind faul“, „Man kümmert sich nicht um uns“, „Die Welt ist ungerecht“. Diese populistischen Erklärungsmuster dürfen allerdings die Verantwortlichen nicht dazu verleiten, zu übersehen, dass die sich dahinter verbergenden Anliegen nach Veränderung durchaus berechtigt sein können.

SCHLIESKY Gilt das auch für die Europäische Union? Dort wird ja die Herrschaftsgewalt durchaus stärker angezweifelt. Und wenn Europäisches Recht zum Teil von den Mitgliedstaaten nicht mehr angewandt wird, dann bröckelt ja doch ein wesentliches Legitimationsfundament, jedenfalls wenn wir Europa als Rechtsgemeinschaft begreifen.

VOSSKUHLE Die Legitimation der Europäischen Union ist komplexer, neuer und noch nicht so vertraut, so dass es auch mehr Diskussionsbedarf gibt. Wir gehen von einem dualen Legitimationskonzept aus: der eine Strang verläuft weiter über die Mitgliedstaaten und den Europäischen Rat, der andere über die Wahlen zum Europäischen Parlament. Das Konzept ist funktionsfähig, sicherlich lässt sich hier aber noch vieles verbessern.

SCHLIESKY Liegt es vielleicht auch daran, dass diese Legitimationskonstruktion dem Bürger gar nicht begreifbar zu machen ist? Denn nach der Rechtsprechung des Bundesverfassungsgerichts gilt ja für unsere nationale Staatsgewalt, dass durch Wahl und Gesetzgebung demokratische Legitimation vermittelt wird, die dann für ein hinreichendes Legitimationsniveau irgendwann ausreichend ist. Die Akzeptanz der Bürgerinnen und Bürger mit konkreter Politik spielt keine Rolle, und auch Empfindungen von Problemlagen aus Sicht der Bürgerinnen und Bürger spielen keine Rolle. Müsste dann vielleicht die Akzeptanz bei einem solchen Legitimationskonzept eine größere Rolle spielen?

VOSSKUHLE Die Akzeptanz als zusätzliche Legitimationsressource ist schon länger in der Diskussion. Allerdings ist Akzeptanz schwer messbar. Die Rechtfertigung von Herrschaft funktioniert über ein klares demokratisches Legitimationskonzept m.E. besser. Dieser Umstand entbindet freilich nicht davon, für die staatliche Aufgabenerfüllung zu werben und die Leistungen des Staates für die Bürgerinnen und Bürger auch anschaulich zu machen. Hier hat die Europäische Union offensichtlich ein Defizit. Schauen Sie sich Länder wie z. B. Portugal, Griechenland oder Spanien an. Diese Länder waren Anfang der 70er Jahre noch totalitäre Systeme und zudem bitterarm. Die Situation dort hat sich trotz aktueller Probleme deutlich zum Besseren verändert. Maßgeblich für diese Entwicklung waren die Beitritte zur Europäischen Union, da besteht kein Zweifel. Gerade die jungen Menschen haben diesen Teil ihrer Geschichte häufig vergessen. Das ist sehr schade, und hier steckt ein Grund für die Abkehr von Europa. Wir haben nicht hinreichend vermitteln können, was die europäische Integration für den einzelnen Bürger an zusätzlicher Freiheit und zusätzlichem Wohlstand gebracht hat.

SCHLIESKY Jetzt wieder zurück auf die nationale Ebene. Ich möchte anknüpfen an die funktionale Sicht vom Staat, über die wir vorhin schon gesprochen haben. Gerade wenn wir dieses funktionale Bild vom Staat haben, der bestimmte Aufgaben erfüllen soll: Muss es uns da nicht mit Sorge erfüllen, wenn immer öfter – aus meiner Sicht: übertrieben – von Staatsversagen gesprochen wird. Das kommt oft aus einer interessierten Ecke. Aber müssen wir nicht tatsächlich gewisse Funktionsverluste von Staatlichkeit feststellen – etwa bei der Flüchtlingskrise, auf den Finanzmärkten, in digitalen Räumen und sicherlich auch in anderen Bereichen?

VOSSKUHLE Wir erleben immer wieder, dass der Staat und seine Institutionen mitunter eine gewisse Zeit braucht, um sich auf Krisen oder neue Herausforderungen einzustellen. Das haben wir bei der Flüchtlingskrise gesehen, das gilt auch für die Regulierung von Finanzmärkten, und selbstverständlich ist auch die Kriminalität im Cyberspace ein solches Beispiel. Aber wenn wir dann weiterschauen, stellen wir fest: Nach einer gewissen Phase der Orientierung und der Umorganisation kriegt der Staat die Dinge zunehmend besser in den Griff. Das ist alles noch nicht perfekt, aber von Staatsversagen kann hier keine Rede sein. Der Staat ist – das hat die Diskussion über seine Verabschiedung in den letzten zwei Jahrzehnten gezeigt – sehr viel leistungsfähiger und handlungsbereiter, als sich viele das vorgestellt haben.

SCHLIESKY Ein Ansatz zur Rechtfertigung des Staates ist ja auch die Staatsräson, die wir spätestens seit Machiavelli kennen. Sehen Sie heute noch eine konsensfähige Staatsräson?

VOSSKUHLE Da ich schon früher nicht genau verstanden habe, was die Staatsräson losgelöst von konkreten Zielen, Werten oder Interessen sein soll, bin ich eher skeptisch, ob wir heute über eine konsensfähige Staatsräson verfügen.

SCHLIESKY Ich gestehe, dass ich damit die gleichen Schwierigkeiten hatte bei dem Begriff – deswegen habe ich ihn mir mit Staatsidee übersetzt und da ist dann …

VOSSKUHLE Der Staat ist für die Bürgerinnen und Bürger da. Er verfolgt bestimmte Zwecke. Die Selbstbehauptung des Staates dient diesen Zwecken.

SCHLIESKY Bundeskanzlerin Merkel hat einmal die historische Verantwortung Deutschlands für die Sicherheit Israels als Teil der deutschen Staatsräson bezeichnet. Können Sie damit etwas anfangen ?

VOSSKUHLE Ohne Frage besitzt Deutschland eine historische Verantwortung für Israel, das gilt für Deutschland als Staat, das gilt aber selbstverständlich insbesondere für Deutschland im Sinne der deutschen Staatsbürgerinnen und Staatsbürger. Der Bestand der Bundesrepublik ist davon aber nicht abhängig.

SCHLIESKY Könnte die freiheitlich-demokratische Grundordnung zumindest unsere Staatsidee ausfüllen? Ich bin ja immer noch auf der Suche nach positiven Aspekten, die auch unseren Staat legitimieren …

VOSSKUHLE Die freiheitlich-demokratische Grundordnung – naja, selbstverständlich ist das ein Fundament von Staatlichkeit. Genauso wie der Schutz der Menschenwürde.

SCHLIESKY Daran knüpfe ich gerne an. Sie haben den Menschen und seine Würde ja schon mehrfach angesprochen. Der steht ja auch im Mittelpunkt unserer deutschen Verfassung oder ist vielleicht ja auch die Grundidee der Verfassung. Denn Art. 1 Abs. 1 S. 1 GG erklärt die Menschenwürde für unantastbar. Das Bundesverfassungsgericht hat sie schon früh als tragendes Konstitutionsprinzip, als obersten Verfassungswert bezeichnet. Was macht für Sie heute die Menschenwürde aus?

VOSSKUHLE Die Menschenwürde gewährleistet jedem einzelnen Menschen, dass er Subjekt von Rechten und Pflichten ist und als Freier und Gleicher behandelt werden muss.

SCHLIESKY Die Menschenwürde ist auch ein Ergebnis eines langen historischen Prozesses. Damit ruht unser Staat ja letztlich auf einem Wertefundament, wie es heute bezeichnet wird, oder vielleicht auch auf einem Ideenfundament, das sich letztlich in 2000 Jahren entwickelt hat und damit maßgeblich auch vom Christentum, aber dann auch dem Gegensatz zwischen weltlicher und geistlicher Gewalt geprägt worden ist. Ist dieses Ideenfundament noch zeitgemäß?

VOSSKUHLE Selbstverständlich hat die christliche Religion einen großen Einfluss auf unser Gemeinwesen gehabt und hat ihn in einem gewissen Umfang auch heute noch. Gleichzeitig ist die Entstehung des modernen Staates unmittelbar verbunden mit der Trennung von Staat und Kirche und mit der Säkularisation. Das dem deutschen Verfassungsrecht zugrunde liegende Konzept der wohlwollenden Neutralität des Staates gegenüber den Kirchen spiegelt letztendlich den Versuch, beide Einflüsse zusammenzubringen. Warum gerade in Deutschland? Weil Deutschland historisch im Mittelpunkt der Religionskriege stand und ganz besonders unter ihnen gelitten hat. Wir gehen deshalb mit Religion und Religionsunterschieden besonders bewusst um.

SCHLIESKY Die christlichen Werte werden von einem Großteil der Bevölkerung aber zunehmend, jedenfalls was die kirchliche Herkunft angeht, infrage gestellt. Kann und sollte jetzt der Staat sich um den Erhalt, die Vermittlung vielleicht sogar die Schaffung von Werten kümmern? Oder gilt da, was Ernst-Wolfgang Böckenförde gesagt hat, dass das Voraussetzungen sind, die der freiheitliche Staat selber nicht garantieren kann?

VOSSKUHLE Ob dieses Böckenförd'sche Diktum so genau stimmt, das will ich mal dahinstehen lassen. Jedenfalls ist der Staat nicht dafür zuständig, das Leben des Einzelnen mit einem Wertefundament jenseits verfassungsrechtlicher Regelungen zu versehen. Und er ist sicherlich auch nicht dafür zuständig, christliche Traditionen aufrecht zu erhalten, zu speisen oder zu verteidigen. Seine Aufgabe ist es, den Möglichkeitsraum für religiöse Betätigung zu erhalten und die Vereinbarkeit unterschiedlicher religiöser Betätigungen mit nicht-religiösen Betätigungen herzustellen. Mehr kann man von einem aufgeklärten Staat nicht verlangen.

SCHLIESKY Sie haben eben die Zurückhaltung des Staates angesprochen: Ist es dann in Ordnung, wenn der Staat den staatlichen Schulen den Auftrag der Wertvermittlung in die Schulgesetze hineinschreibt?

VOSSKUHLE Der Staat soll den Schülerinnen und Schülern in der Schule das Grundwissen vermitteln, das man braucht, um sich in der Welt zurechtzufinden und für sich selbst zu sorgen. Dazu gehört auch die Vermittlung des kulturellen Kontextes, in dem man aufgewachsen ist. Er speist sich aus vielen Aspekten, Geschichte, Politik, Milieus, Literatur, Kunst, Philosophie, Ethik und auch eben Religion. Aus meiner Sicht gehört daher zum Grundwissen einer Schülerin und eines Schülers in Deutschland, welche zentralen Aussagen mit dem Christentum verbunden sind, welche großen Weltreligionen es sonst noch gibt und wie sich die Religionen in Deutschland entwickelt haben. Das mag man Wertevermittlung nennen, in dieser Beschreibung vermisse ich aber etwas die staatliche Distanz.

SCHLIESKY Sie haben eben schon die Religionskriege in Deutschland angesprochen, also die typisch deutsche Entwicklung der Religionsfreiheit und des Verhältnisses von Staat und Religion mit einem besonderen deutschen Ergebnis. Nun kommen viele Menschen nach Deutschland, für die eine enge Verbindung zwischen Staat und Religion selbstverständlich ist, die sie von klein auf gewohnt sind, die sie vielleicht zum Teil auch erwarten. Wie sollen wir damit umgehen?

VOSSKUHLE Unser Staat ist jedenfalls anders. Man kann sich in vielen Zusammenhängen auf Religionsfreiheit als Grundrecht berufen. Soweit das die eigene Lebensweise betrifft, sind wir da sehr tolerant und offen. Wenn es darüber hinausgeht und die Grundlagen der freiheitlich-demokratischen Verfassungsordnung tangiert werden, hört die Toleranz auf.

SCHLIESKY Schmilzt dann die Religionsfreiheit dahin, wenn ein staatlicher Kirchenverein die Inhalte definiert, wie wir es ja derzeit bei einem Staat erleben?

VOSSKUHLE Ja.

SCHLIESKY Zu den Staatsaufgaben. Sie haben vorhin schon Frieden und Sicherheit als zentrale Staatszwecke angesprochen. Wir erleben nun derzeit Bedrohungen wie Terrorismus, Cybercrime, und andere neue Herausforderungen, die aber immer die ursprünglichen Staatsaufgaben Frieden und Sicherheit betreffen. Was sind aus Ihrer Sicht die aktuellen Gefährdungen, die unseren Staat am meisten bedrohen?

VOSSKUHLE Sicherlich stellt der politische und religiöse Terrorismus ein großes Bedrohungspotential dar. Wir haben es hier mit asymmetrischen Auseinandersetzungen und Konflikten zu tun und wir wissen auch aus der Geschichte der Bundesrepublik, dass terroristische Taten, wie wir sie im Zusammenhang mit der RAF erlebt haben, die Gesellschaft massiv verunsichern können. Eine weitere Gefährdung ergibt sich tatsächlich aus der Digitalisierung der Welt. Da wir mittlerweile vom digitalen Datenaustausch in existentieller Art und Weise abhängig sind, hat jede Störung oder Beeinträchtigung des Datenverkehrs unabsehbare Folgen. Zusätzlich kompliziert ist die Lage dadurch, dass beim Datenaustausch der öffentliche Sektor und der private Sektor zusammenwirken. Der Staat stellt hier weiterhin einen Teil der Infrastruktur zur Verfügung. Er war auch derjenige, der das World Wide Web auf den Weg gebracht hat. Es waren nicht private Akteure, die das Internet und seine Fortentwicklung ermöglicht haben, sondern es handelte sich um eine militärische Verteidigungstechnik, die in den USA entwickelt worden ist und der sich dann private Akteure bedient haben. Große Konzerne wie Google, Facebook oder Apple haben heute erheblichen Einfluss auf die Sicherheit und Freiheit des Netzes. Das führt zu einer eigentümlichen Gemengelage, die es schwierig macht, hier schnell zu guten, funktionsfähigen Lösungen zu kommen.

SCHLIESKY Wenn ich diesen letzten Punkt aufgreife: Zwingt uns das nicht auch dann dazu, unsere Verwaltung z. B. neu zu organisieren und möglicherweise auch gewisse Regelungen des Grundgesetzes zu hinterfragen? Oder brauchen wir ergänzende Regelungen, um eben diese Herausforderungen einer vernetzten digitalen Welt wieder rechtlich einzuhegen?

VOSSKUHLE An was denken Sie?

SCHLIESKY Ich denke z. B. ganz banal an Fragen der IT-Sicherheit. Die Kompetenz für IT-Sicherheit ist nach dem Grundgesetz entsprechend der Verwaltungskompetenz verteilt. Es ist natürlich aus Sicherheitsaspekten ziemlich sinnlos, wenn jede Kommune und letztlich jede Behörde für sich selbst verantwortlich ist, die IT-Sicherheit zu gewährleisten. Das wäre so ein Punkt, bei dem man über eine Bundeskompetenz nachdenken könnte, um eben auch die Standards verbindlich und in einem überschaubaren Zeitraum zu setzen.

VOSSKUHLE Ja, da würde ich sofort zustimmen. Aber es existieren vielfältige Formen der Zusammenarbeit. Hier wäre es hilfreich, wenn man gemeineuropäische Standards entwickeln könnte. Ich würde nur davor warnen, die

Essentialia des freiheitlich-demokratischen Verfassungsstaats sozusagen über Bord zu werfen, um anlassbezogen zu versuchen, die Herausforderungen der Digitalisierung in den Griff zu bekommen. Das zahlt sich nicht aus.

SCHLIESKY Wenn man das Zusammenwirken von Staat und Privaten in der digitalen Welt aufgreift: Wir sehen, dass sehr große Konzerne entstanden sind, die letztlich das Wirtschaftsleben, aber auch unser Nutzerverhalten bestimmen. Wird der Staat da noch seiner Verantwortung für die Ordnung der Wirtschaft gerecht? Oder wäre das von der Europäischen Union zu regeln? Brauchen wir so etwas wie ein neues Kartellrecht für die digitale Welt?

VOSSKUHLE Ich glaube jedenfalls, dass wir darüber nachdenken müssen. Wenn private Firmen aufgrund disruptiver Innovationen und ihrer monopolistischen Stellung zentrale Infrastrukturbereiche beherrschen, dann beinhaltet das ein bestimmtes Gefährdungspotential. Bisher haben wir versucht, diese Gefährdungen mit rechtlichen Mitteln wie der Kartellaufsicht oder dem Verbraucherschutz in den Griff zu bekommen. Denken Sie an die Zerschlagung von AT&T, die Antitrust-Klage gegen Microsoft oder das Google-Spain-Urteil des EuGH. Ich habe jedoch Zweifel, ob das auf Dauer reicht. Es spricht viel dafür, dass wir neue Formen der Regulierung auf europäischer und internationaler Ebene brauchen.

SCHLIESKY Jetzt erleben wir neben den Konzernen der digitalen Welt ja auch den Banken-und Finanzmarkt-Sektor, in dem wir auch Unternehmen haben, die angeblich „too big to fail" waren – das Ganze führt aus meiner Beobachtung zu immer mehr Debatten über Kapitalismus. Wir reden gar nicht mehr über Marktwirtschaft, über soziale Marktwirtschaft, die bei uns positiv konnotiert war. In gesellschaftlichen und medialen Debatten wird plötzlich über entfesselten Kapitalismus und Ähnliches gesprochen. Die Debatte über die richtige Wirtschaftsordnung ist bei uns ja nach der Wiedervereinigung im Grunde eingeschlafen. Wir haben sie mal in Zeiten des Mitbestimmungsurteils in Westdeutschland intensiv geführt, dann haben wir sie nach der Wiedervereinigung noch einmal geführt, und danach hat man sich damit nicht mehr beschäftigt. Brauchen wir eine neue Debatte über die richtige Wirtschaftsordnung und dann juristisch auch über die Wirtschaftsverfassung?

VOSSKUHLE Solche Debatten wären aus meiner Sicht hilfreich. Sie würden z. B. zeigen, dass wir in Deutschland viele Vorstellungen der sozialen Marktwirtschaft verwirklicht haben und das unserer Produktivität nicht dauerhaft geschadet hat. Skeptisch bin ich im Hinblick auf eine Konstitutionalisierung des Diskurses. Die Verfassung ist in Bezug auf Wirtschaftsfragen relativ offen. Lassen Sie uns lieber politisch über die richtigen Wege streiten.

SCHLIESKY Eine entscheidende Rolle in diesem Kontext spielen ja auch Rating-Agenturen, die keiner demokratischen Verantwortung unterliegen, aber angesichts ihrer Bewertungen von Staaten und von unterstaatlichen Gebietskörperschaften großen Einfluss auf politische Entscheidungen, auf politische Entwicklungen haben. Wie beurteilen Sie solche Rating-Agenturen?

VOSSKUHLE Ich sehe Rating-Agenturen kritisch. Aus meiner Sicht ist nicht nur die Leistungsfähigkeit zahlenbasierter Prognosen und des dahinterstehende Konzepts des „Governing by numbers“ beschränkt, ich glaube auch, dass wir insgesamt unseren Umgang mit Wissen und Nichtwissen besser reflektieren müssen. Wir sind zu zahlengläubig! Rating-Agenturen bieten eine interessengeleitete Reduktion von Komplexität an. Sie ermöglichen Entscheidungen in Situationen der Unsicherheit in einer Form, in der ich die Verantwortung auf externen Sachverstand überleiten kann und mich dadurch persönlich freizeichne.

SCHLIESKY Manchmal wird es auch schon fast zu einer Pseudo-Rationalität.

VOSSKUHLE Jede Form von Benchmarking-Prozessen, in denen man versucht, Leistungsfähigkeiten in Zahlen zu fassen und dann Länder zu vergleichen – nehmen Sie die Pisa-Studie oder ähnliches – sind sehr angreifbar, wenn man sie genauer analysiert. Solche Studien sind nicht kontextsensibel, sie vergröbern und verzerren häufig die Realität und können nur erste Anhaltspunkt für weitere Entscheidungen liefern. Die politische Attraktivität zahlenbasierter Vergleiche oder Prognosen liegt darin, dass sie losgelöst von unterschiedlichen kulturellen und wirtschaftlichen Kontexten Dinge vergleichen können, die man nur schwer vergleichen kann.

SCHLIESKY Der Vergleich von Äpfel und Birnen …. Wenn Sie jetzt zehn Jahre nach Beginn der Staatsschulden- oder Finanzmarktkrise, wie man sie auch nennen mag, eine vorläufige Bilanz ziehen: Sind der Staat, sind die europäischen Staaten ihrer Verantwortung für die Regulierung der Finanzmärkte und damit für die Rahmenbedingungen eines zentralen Wirtschaftssektors gerecht geworden?

VOSSKUHLE Was Europa angeht, so würde ich sagen, dass man hier viel auf den Weg gebracht hat. Dazu gehört insbesondere das europäische Zentralbanksystem, der ESM als Schutzschild, dazu gehören aber auch verschiedene Regulierungsmaßnahmen auf europäischer Ebene, insbesondere das sog. Six-Pack und Two-Pack. Nicht alles ist perfekt aufgegangen, aber die Politik hat es doch geschafft, die Situation etwas zu beruhigen. Die Krise ist jedoch noch nicht vorbei, und ich hoffe, dass man nicht vorschnell meint, jetzt wieder entspannter agieren zu können.

SCHLIESKY Wenn man sich diese Form des Wirtschaftens anschaut, dann wirkt unser Art. 14 Abs. 2 GG ja fast ein wenig anachronistisch, denn der spricht ja davon, dass Eigentum verpflichtet und sein Gebrauch zugleich dem Wohl der Allgemeinheit dienen solle. Wir haben ohne Frage viele Mittelständler, die genau nach diesem Prinzip leben, aber wir haben eben auch sehr große Unternehmen, gerade in der Finanzindustrie, die sich darum nicht kümmern. Wie sieht Ihre Bilanz dieses Art. 14 Abs. 2 GG aus?

VOSSKUHLE Tja, und wie sieht die Bilanz von Art. 15 GG aus?

SCHLIESKY Da gibt es ganz spannende Kommentierungen, jedoch ohne einen einzigen Anwendungsfall … wobei ich immer noch glaube, dass der kommen wird.

VOSSKUHLE Man weiß es nicht. Wir haben es letztlich mit einem Gerechtigkeitsproblem zu tun. Ist es richtig, dass einem sehr kleinen Prozentsatz der Bevölkerung ein sehr großer Teil des gemeinsam erwirtschafteten Wohlstands gehört? Eine Entwicklung, die sich in den letzten 20 Jahren noch einmal deutlich verstärkt hat. Wenn wir da nicht gegensteuern, werden irgendwann radikale Maßnahmen populär, wie etwa die in Art. 15 GG geregelte Überführung von Grund und Boden, Naturschätzen und Produktionsmittel in Gemeineigentum. Dazu sollten wir es nicht kommen lassen, weil wir mit solchen Maßnahmen auch immer ein Stück weit unsere freiheitliche Ordnung aufgeben.

SCHLIESKY Damit bin ich schon bei den Staatsprinzipien, den Sozialstaat haben wir damit schon kurz angerissen. Laut Verfassung und Staatsname ist Deutschland aber auch eine Republik. Woran merkt man das eigentlich, außer dem Verzicht auf einen Monarchen? Sehen Sie hier Ausbaubedarf?

VOSSKUHLE Schwieriges Thema …. Republik bedeutet für mich jenseits des Umstandes, dass es kein Königshaus gibt, dass der Staat bürgernah ist, wenig gravitätisch auftritt und es keine elitäre Führungskaste gibt. Ich bin aber etwas skeptisch, ob wir einen großen normativen Mehrwert aus der Feststellung ziehen können, dass wir eine Republik sind.

SCHLIESKY Anknüpfend an die soziale Gerechtigkeit von eben: Ein weiteres zentrales Staatsprinzip ist das Sozialstaatsprinzip. Dieses hat mit seinen konkreten Ausprägungen in der Bundesrepublik wenigstens finanziell ein Rekordniveau erreicht. Damit sind auch zahlreiche Ideen, Konzepte und Forderungen des 19. und 20. Jahrhunderts von der Politik umgesetzt worden, ein historisch wahrscheinlich sogar einmaliger Vorgang. Welchen Beitrag zur Rechtfertigung unseres Staates leistet diese soziale Sicherung, dieses Sozialstaatsprinzip aus Ihrer Sicht?

VOSSKUHLE Das Sozialstaatsprinzip gehört zum Selbstverständnis der Bundesrepublik Deutschland, und es ist kein Zufall, dass in der Verfassung Demokratie, Rechtstaat, Föderalismus und Sozialstaat nebeneinander stehen. Ich bin insofern der festen Überzeugung, dass gerade auch die Verpflichtung auf das Sozialstaatsprinzip bei aller Diffusität, die dieser Begriff beinhaltet, in Deutschland einen sozialen Gerechtigkeitsanspruch, so möchte ich das nennen, etabliert hat, der dazu viel beigetragen hat, dass wir eine stabile prosperierende Gesellschaft waren und sind.

SCHLIESKY Wie können wir denn diese Stabilität zukünftig sichern, wenn wir jetzt schon wissen, dass jedenfalls die Rentensysteme nicht mehr unbedingt das hergeben, was sie bisher erbracht haben? Und schwindet nicht bei den Menschen das lange Zeit vorherrschende Gefühl, dass es den Kindern mal besser gehen soll als einem selbst? Wirkt sich das dann negativ auf die Stabilität aus?

VOSSKUHLE Das könnte sein. Der Mythos des Aufstiegs – „Meinen Kindern soll es einmal besser gehen“ – hat viele Kräfte freigesetzt innerhalb der Gesellschaft und nicht nur in Bereichen wie Erziehung und Ausbildung. Wenn dieser Traum wegfällt und wir nur noch eine Generation von Erben und finanziell abgeschlagenen Globalisierungsverlierern sind, dann droht der Gesellschaft ein Verlust an Vitalität. Was können wir dagegen tun? An die Stelle des sozialen Aufstiegs könnte vielleicht eine stärker gemeinschaftsbezogene Vision eines guten Lebens treten. Statt der Mehrung individuellen finanziellen Wohlstands könnte analog einiger skandinavischer Länder das Ziel ein Leben in einer friedlichen, toleranten, familienfreundlichen und weitgehend gerechten Gesellschaft mit einer intakten Umwelt, hohen Freiheitsgraden und guter Work-Life-Balance sein. Zu dieser Variante gehört aber viel Idealismus.

SCHLIESKY Stichwort Rechtsstaat. Manche Beobachter attestieren unserem Staat einen Bedeutungsverlust des Rechts, auch in der Gesellschaft. Können Sie das nachvollziehen?

VOSSKUHLE Das Recht wird immer mehr und das Recht wird immer komplizierter. Das ist an sich nicht beunruhigend, denn komplexe Situationen verlangen auch nach komplexerem Recht. Aber wir sehen, dass das Recht mitunter an die Grenze seiner Leistungsfähigkeit gerät, weil etwa Prozesse vor Gericht in bestimmten Rechtsgebieten zu lange dauern, weil die rechtlichen Anforderungen an die Verwirklichung von bestimmten Infrastrukturprojekten nur noch schwer zu erfüllen sind, weil Recht teilweise nicht vollzogen wird, und, und, und …. Insofern erleben wir zurzeit eine Phase vertiefter Reflektion über die Leistungsfähigkeit des Rechts. Die führt aber nicht notwendig zu einer Krise des Rechtsstaats, denn der Rechtsstaat zeichnet sich gerade dadurch aus, dass er seine Voraussetzungen thematisiert und rechtliche Lösungen für auftretende Probleme sucht.

SCHLIESKY Liegt dieser Eindruck vielleicht auch daran, dass eben eine doch größer werdende Zahl von Streitigkeiten an nichtstaatliche Einrichtungen oder Gerichte ausgelagert wird? Ich denke dabei an Schiedsgerichte im Bereich von Freihandelsabkommen, an Sportgerichte, muslimische Friedensrichter und letztlich auch die Mediation, die von Gesetzgebern in immer mehr Fällen vorgeschrieben wird.

VOSSKUHLE Solche Ergänzungen können sinnvoll sein, wenn der Staat sein Rechts- und Gewaltmonopol im Kern behält.

SCHLIESKY Zu einem Aspekt des Demokratieprinzips: Über den Parteienstaat wird ja schon lange geklagt. Geändert hat sich trotz aller Diskussionen wenig. Entspricht die Rolle der Parteien noch dem, was das Grundgesetz als „Mitwirkung an der politischen Willensbildung" beschrieben hat?

VOSSKUHLE Der Vorwurf der Parteienstaatlichkeit ist alt. Ich glaube, wir tun gut daran, etwas genauer hinzuschauen. Es gibt sicherlich Bereiche, in denen die Parteien die persönlichen Interessen ihrer Politiker und Mitglieder stärker im Blick haben als das durch das Grundgesetz intendiert ist. Hier wacht aber das Bundesverfassungsgericht, wie die vielen Entscheidungen zur Parteienfinanzierung, zum Wahlrecht oder zur Stellung des Abgeordneten zeigen. Gleichzeitig haben die Parteien es in den letzten Jahrzehnten geschafft, einen doch sehr funktionsfähigen politischen Betrieb zu etablieren, in dem sehr viele Interessen zusammengeführt und ausgeglichen werden. Unser politisches System muss den Vergleich mit anderen Demokratien nicht scheuen!

SCHLIESKY Droht nicht vielleicht eher umgekehrt dadurch eine Krise, dass die Parteien zu schwach werden, wenn man sich die Mitgliederzahlen anschaut und dann die Frage stellt, ob die Parteien eigentlich noch genug geeignetes Personal für Führungsämter im Staat aber auch schon für kommunale Vertretungen rekrutieren können. Die Aufstellung von Mandatsbewerbern wird auch für die Volksparteien immer schwieriger, was dann natürlich den Pool, aus dem man später Personen für Führungsämter rekrutieren kann, auch kleiner werden lässt. Ist das schon ein Problem?

VOSSKUHLE Das scheint mir eher ein Problem zu sein. Wir können immer weniger Menschen motivieren, sich für Parteien einzusetzen und auch politische Führungsämter zu übernehmen. Schuld daran ist auch die ubiquitäre Parteienschelte. Wenn ich etwa die Debatten um die Gehälter und Dienstfahrzeuge von Ministern und der Bundeskanzlerin betrachte, die von Missachtung und Unkenntnis geprägt sind, dann wundert es mich nicht, dass leistungsfähige junge Leute nicht mehr in die Politik gehen. Diese Entwicklung sehe ich mit großer Sorge. Eine Gesellschaft, die ihre eigenen Volksvertreter und öffentlichen Handlungsträger nicht schätzt, hat keine gute Zukunft. Wir brauchen hier dringend eine neue Kultur der Wertschätzung. Man muss den Menschen auf der Straße klarmachen, was es bedeutet, Parlamentarier zu sein oder ein öffentliches Amt zu übernehmen.

SCHLIESKY Das kann ich nur bestätigen, und um den Aspekt der Altersversorgung ergänzen, denn es gibt viele Landtage, bei denen es für die Erwerbsbiographie überhaupt nicht sinnvoll ist, ein Mandat anzunehmen, weil man nur Nachteile hat, denn es gibt kaum noch Altersversorgung …

VOSSKUHLE Aus mir nicht nachvollziehbaren Gründen finden viele Menschen es völlig in Ordnung, wenn ein Abgeordneter nach zwei intensiven Legislaturperioden und Jahrzehnten in der Politik plötzlich vor dem sozialen Nichts steht. Das macht mich immer wieder fassungslos.

SCHLIESKY … das gehört dazu, ja … Noch einmal den Blick über den Tellerrand gerichtet: In schon beängstigend vielen Staaten sind derzeit rechtsstaatliche Prinzipien unter erheblichem Druck geraten, ja, werden auch offen abgeschafft. Die Türkei ist sicherlich im Moment das prägnanteste Beispiel, aber auch in Polen, da haben Sie sich ja auch als Verfassungsgerichtspräsident schon zu Wort gemeldet, aber auch in Ungarn. Das hat mit Sicherheit auch Auswirkungen auf die Demokratie. Wie gehen wir damit um? Und ist Art. 7 EU-Vertrag da eigentlich das richtige Instrument, um so etwas in den Griff zu bekommen?

VOSSKUHLE Wir erleben ja im Augenblick, dass sich das Art. 7-Verfahren, das sogenannte Rechtstaatsverfahren, schwierig gestaltet, wenn nicht nur ein Mitgliedstaat, sondern mehrere Mitgliedstaaten in eine ähnliche politische Richtung gehen. Ich glaube, wir brauchen hier eine sehr ernsthafte Diskussion über diese Fragen. Ohne ein gemeinsames Wertefundament hat Europa keine Zukunft. Wir müssen offensichtliche Verstöße gegen die Grundwerte der europäischen Rechtsgemeinschaft deutlich markieren und entsprechend sanktionieren. Jede Form von Großzügigkeit führt hier, glaube ich, in Abgründe.

SCHLIESKY So reizvoll das wäre, darüber noch länger zu sprechen, ich springe jetzt angesichts der Zeit mit der Bitte um kurze Antwort zu den persönlichen Fragen. Was motiviert Sie eigentlich zu Ihrem Engagement für den Staat? „Die erste Bürgerpflicht ist, seinem Vaterlande zu dienen“, hat Friedrich der Große in seinem „Politischen Testament“ formuliert. Halten Sie diesen Satz heute noch für mehrheitsfähig?

VOSSKUHLE Nein. Die erste Bürgerpflicht ist das nicht mehr. Aber es gibt so etwas wie eine protestantische Ethik, der ich mich z. B. selbst verpflichtet fühle. Deshalb ist für mich der Gedanke, man dient seinem Land, nichts Fremdes, sondern im Grundsatz etwas Schönes und Erfüllendes.

SCHLIESKY Was motiviert Sie persönlich zu Ihrem Engagement für den Staat?

VOSSKUHLE Ich empfinde das Leben in einem funktionsfähigen Gemeinwesen als großes Geschenk und möchte daher etwas dazu beitragen, dass dieses Gemeinwesen weiterhin funktioniert oder vielleicht an einigen Stellen sogar noch besser funktioniert als vorher. Es ist also eine Mischung aus Dankbarkeit und Freude, die mich motiviert.

SCHLIESKY Welche Bedeutung hat Macht für Sie?

VOSSKUHLE Macht ist die Möglichkeit, etwas ins Werk zu setzen. Wir hatten darüber gesprochen. Mein Verhältnis zur Macht war eigentlich immer entspannt.

SCHLIESKY Der frühere Spiegel-Reporter Jürgen Leinemann hat sehr eindrucksvoll geschrieben, welche Schwierigkeiten promintente Politiker mit dem Verlust von Macht hatten. Hat politische Macht oder eben die Macht als Gerichtspräsident auch Sie verändert?

VOSSKUHLE Meine Frau und meine Freunde sagen mir, dass ich mich in der nun neunjährigen Amtszeit insoweit kaum verändert habe. Ich selbst habe auch den Eindruck, das liegt aber vielleicht an meiner spezifischen Situation. Man wird für zwölf Jahre in dieses Amt ohne die Möglichkeit der Wiederwahl gewählt. Nach zwölf Jahren kehrt man in sein vorheriges Leben zurück, in meinem Fall das Leben eines Universitätsprofessors und Wissenschaftlers, das ich sehr gerne geführt habe. Von Anfang an stand mir persönlich sehr klar vor Augen, dass mein Amt und damit auch der damit zusammenhängende Einfluss zeitlich begrenzt sind.

SCHLIESKY Wir haben vorhin über Werte gesprochen, und Sie haben eben die protestantische Ethik angesprochen. Woher nehmen Sie insgesamt Ihre Werteorientierung?

VOSSKUHLE Es existieren, denke ich, vor allem drei Quellen. Die eine ist tatsächlich ein protestantischer Hintergrund und eine gelebte protestantische Ethik in meinem Elternhaus. Die zweite Quelle ist, wenn man so will, das humanistische Erbe, die Schriften der Aufklärung, die mich schon als junger Mensch sehr berührt haben, und die dritte ist wohl ein Stück Verfassungspatriotismus. Ich bewundere das Grundgesetz und die in der Bundesrepublik realisierte Verfassungspraxis. Jetzt fällt mir noch eine wichtige vierte Quelle ein: Die belletristische Literatur. Viele Einsichten in das Leben und damit verbundene Handlungsorientierungen verdanke ich der Lektüre von Romanen vor allem des 19. und 20. Jahrhunderts.

SCHLIESKY Zum Abschluss nur noch zwei Prognosen, um die ich Sie bitten möchte. Die erste: Wie wird unser Staat in 20 Jahren aussehen?

VOSSKUHLE Das wüsste ich gerne, aber ich halte es auch hier mit der Fußballweisheit, dass das schwerste Spiel immer das nächste ist. Aus meiner Sicht macht es wenig Sinn, Prognosen über Großentwicklungen anzustellen. Aus der Geschichte wissen wir, dass sie meistens nicht zutreffen. Es geht in der Politik wie im Leben erstmal darum, das in Angriff zu nehmen, was konkret ansteht. Meine Hoffnung wäre, dass wir in einem starken vereinten Europa leben werden, in dem die Idee der Vielfalt in Einheit überall spürbar ist.

SCHLIESKY Letzte Frage: Könnte in absehbarer Zeit etwas Neues an die Stelle des Staates treten? Für einen Staatsrechtler gibt es vermutlich nur eine Antwort.

VOSSKUHLE In nächster Zeit sehe ich keine Alternative zum Staat. Der Staat wird sich weiter verändern in der Globalisierung und in einer supranationalen Ordnung, wie sie die Europäische Union darstellt. Aber er wird weiterhin eine wichtige Rolle spielen, weil viele Vorstellungen, die wir mit einer freiheitlich-demokratischen Verfassungsordnung verbinden, sich in einem Nationalstaat am besten realisieren lassen. Und daher wird es noch eine Zeit dauern, bis wir vielleicht ein anderes Modell finden, in dem wir als freie Menschen gleichberechtigt miteinander in Sicherheit und Frieden leben können.

SCHLIESKY Damit ist der Kreis zum Anfang perfekt geschlossen. Ganz herzlichen Dank für das Gespräch.

ANMERKUNGEN

1 *Georg Wilhelm Friedrich Hegel,* Über die Reichsverfassung (1801), Bibliothek des Deutschen Staatsdenkens, Bd. 10, 2002, S. 11.
2 Dazu *Hans Maier,* Hegels Schrift über die Reichsverfassung, in: Georg Wilhelm Friedrich Hegel, Über die Reichsverfassung (1801), 2002, S. 183 (187 f.).
3 *Georg Wilhelm Friedrich Hegel,* Die Verfassung Deutschlands (1800–1802), in: Werke Bd. 1: Frühe Schriften, 1986, S. 461.
4 Dazu *Utz Schliesky,* Das Ende des Staates? Zwischen „Staatsversagen" und Staatseuphorie, 2016, S. 10 ff.
5 Zur Begriffsgeschichte komprimiert *Utz Schliesky,* Souveränität und Legitimität von Herrschaftsgewalt, 2004, S. 10 ff.
6 *Roman Herzog,* Staaten der Frühzeit, 2. Aufl. 1998, S. 10, 134.
7 Vgl. *Alexander Demandt,* Antike Staatsformen, 1995, S. 21 f.; *Georg-Christoph von Unruh,* Der Staat, 2. Aufl. 2007, S. 14 ff.
8 S. *Heinrich Mitteis,* Der Staat des hohen Mittelalters, 9. Aufl. 1974.
9 Vgl. *Uwe Volkmann,* JuS 1996, 1058 (1059).
10 *Ernst Rudolf Huber,* Deutsche Verfassungsgeschichte I, 1957, S. 3 ff.; *Peter Badura,* Staatsrecht, 6. Aufl. 2015, A 2.
11 *Udo Di Fabio,* Das Recht offener Staaten, 1998, S. 2, 16 ff.
12 *Georg-Christoph von Unruh,* Der Staat, 2. Aufl. 2007, S. 41 ff.
13 *Udo Di Fabio,* Das Recht offener Staaten, 1998, S. 122 ff.
14 *Peter Badura,* Staatsrecht, 6. Aufl. 2015, A 2; *Ernst-Wolfgang Böckenförde,* Geschichte der Rechts- und Staatsphilosophie, 2. Aufl. 2006, S. 4 f.; ausführlich *Rudolf Smend,* Staatsrechtliche Abhandlungen, 2. Aufl. 1968, S. 363, 366 ff.; *Paul-Ludwig Weinacht,* Staat – Studien zur Bedeutungsgeschichte des Wortes von den Anfängen bis ins 19. Jahrhundert, 1968, S. 31 ff.; *Christoph Möllers,* Staat als Argument, 2. Aufl. 2011, S. 9 ff., 424 ff.
15 Grundlegend *Carl Friedrich Wilhelm von Gerber,* Grundzüge des Deutschen Staatsrechts, 3. Aufl. 1880, S. 222, 225; *Paul Laband,* Das Staatsrecht des Deutschen Reiches I, 1876, S. 53 f., 58, 86; hierzu auch *Manfred Friedrich,* Geschichte der Deutschen Staatsrechtswissenschaft, 1997, S. 228 ff.; aus der heutigen Staatsrechtslehre etwa *Hartmut Maurer,* Staatsrecht I, 6. Aufl. 2010, § 1 Rn. 15.
16 So die organische Staatstheorie vom Mittelalter bis in das 19. Jh., s. etwa *Max Kerner,* Johannes von Salisbury und die logische Struktur seines Policraticus, 1977, S. 182 f.; *Lorenz von Stein,* System der Staatswissenschaft, Bd. 2, 1856, S. 53; zur Alternativität dieses Denkens in Zeiten der (insbesondere digitalen) Vernetzung mit Bezug auf den europäischen Verwaltungsverbund *Utz Schliesky,* DÖV 2009, 641 ff. – S. auch *Philip Manow/Friedbert W. Rüb/Dagmar Simon (Hrsg.),* Die Bilder des Leviathan – Eine Deutungsgeschichte, 2012.
17 *Polybios,* Geschichte, VI, 44, übersetzt von Hans Drexler, 1961, S. 57; ähnlich bereits zuvor *Platon,* Politeia, 488 a–e, 489, übersetzt von Wilhelm Wiegand, 1855/1856; zu der Schiffsmetapher *Georg-Christoph von Unruh,* Der Staat, 2. Aufl. 2007, S. 9 ff.

18 *Gottfried Achenwall*, Die Staatsklugheit nach ihren ersten Grundsätzen entworfen, 3. Aufl. 1774, Vorrede, § 12, S. XVIII.
19 *Peter Saladin*, Wozu noch Staaten?, 1995, S. 218, 216 ff.
20 *Johann Ludwig Klüber*, Öffentliches Recht des teutschen Bundes und der Bundesstaaten, 4. Aufl. 1840, § 1, S. 1.
21 Von *Hermann Rehm*, Allgemeine Staatslehre, 1899, S. 12, als herrschende Staatsdefinition bezeichnet; s. auch *Albert Haenel*, Deutsches Staatsrecht 1892, S. 108 ff., 113.
22 Ebenso *Burkhard Schöbener/Matthias Knauff*, Allgemeine Staatslehre, 3. Aufl. 2016, § 3 Rn. 3 ff.
23 *Josef Isensee*, in: ders./Paul Kirchhof (Hrsg.), Handbuch des Staatsrechts, Bd. II, 3. Aufl. 2004, § 15 Rn. 46.
24 *Georg-Christoph von Unruh*, BayVBl. 1999, 11.
25 *Utz Schliesky*, Souveränität und Legitimität von Herrschaftsgewalt, 2004, S. 9; *Georg-Christoph von Unruh*, Der Staat, 2. Aufl. 2007, S. 4 ff.
26 *Walter Schmitt Glaeser*, Der freiheitliche Staat des Grundgesetzes, 3. Aufl. 2016, S. 20 f.; zur Entwicklung von Staat und Souveränität eingehend *Utz Schliesky*, Souveränität und Legitimität von Herrschaftsgewalt, 2004, S. 8 ff., 57 ff.
27 *Georg Jellinek*, Allgemeine Staatslehre, 3. Aufl. 1914/7. Neudruck 1960, S. 183, 394 ff.
28 Statt vieler eingehend *Utz Schliesky*, Souveränität und Legitimität von Herrschaftsgewalt, 2004, S. 444 ff.
29 Hierzu *Stephan Hobe*, Der offene Verfassungsstaat zwischen Souveränität und Interdependenz, 1998, S. 387.
30 Dazu *Thomas Würtenberger*, Zeitgeist und Recht, 2. Aufl. 1991, S. 18 ff., 147 ff.
31 Dazu *Utz Schliesky*, Souveränität und Legitimität von Herrschaftsgewalt, 2004, S. 10 ff.
32 *Max Weber*, Wirtschaft und Gesellschaft, 1. und 2. Halbbd, 5. Aufl. 1976, S. 124, 140 ff.
33 Die Besonderheit der *demokratischen* Staatsform ist dann, dass das Volk der Herrschaftsgewalt diese Legitimität auch vermittelt.
34 So prägnant *Peter Saladin*, Wozu noch Staaten?, 1995, S. 218, 216 ff. – S. zu diesem Bild allerdings auch Fn. 60.
35 *Aristoteles*, Politik, übersetzt von Eckart Schütrumpf, 2012, S. 95 ff.
36 *Aristoteles*, Politik, übersetzt von Eckart Schütrumpf, 2012, S. 128; prägnante Darstellung bei *Burkhard Schöbener/Matthias Knauff*, Allgemeine Staatslehre, 3. Aufl. 2016, § 5 Rn. 3 ff.
37 *Aristoteles*, Politik, übersetzt von Eckart Schütrumpf, 2012, S. 98; erläuternd *Klaus Roth*, Aristoteles, in: Peter Massing/Gotthard Breit/Hubertus Buchstein (Hrsg.), Demokratietheorien, 9. Aufl. 2017, S. 47 ff.
38 Dazu eingehend *Utz Schliesky*, Souveränität und Legitimität von Herrschaftsgewalt, 2004, S. 57 ff.
39 *Jean-Jacques Rousseau*, Gesellschaftsvertrag, neu übersetzt und herausgegeben von *Hans Brockard* in Zusammenarbeit mit *Eva Pietzcker*, Stuttgart 1986/1998, I 6; III 16; *Peter Graf Kielmansegg*, Volkssouveränität, 1977, S. 148 f.; *Utz Schliesky*, Souveränität und Legitimität von Herrschaftsgewalt, 2004, S. 209 ff.
40 In den Vereinigten Staaten von Amerika ist diese Entwicklung bereits im 18. Jahrhundert zu beobachten.
41 *Jean-Jacques Rousseau*, Gesellschaftsvertrag, neu übersetzt und herausgegeben von *Hans Brockard* in Zusammenarbeit mit *Eva Pietzcker*, Stuttgart 1986/1998, I 6; dazu ausführlich *Wolfgang Kersting*, Die politische Philosophie des Gesellschaftsvertrags, 1994, S. 149 ff.

42 Dazu *Utz Schliesky*, Souveränität und Legitimität von Herrschaftsgewalt, 2004, S. 202 ff., 639.

43 Zur alten „Teutschen Freyheit/Libertät" s. *Hans Maier*, Hegels Schrift über die Reichsverfassung, in: Georg Wilhelm Friedrich Hegel, Über die Reichsverfassung (1801), S. 183 ff.; *Peter Blickle*, Von der Leibeigenschaft zu den Menschenrechten, 2003, S. 298 ff. – Die Frage nach der alten „Teutschen Freyheit" führt letztlich staatshistorisch und staatstheoretisch zurück auf *Tacitus*, Germania, 98 n. Chr. In diesem germanischen „Naturzustand" wird die deutsche Freiheit verortet, s. etwa *Friedrich Christoph Dahlmann*, Die Politik – auf den Grund und das Maß der gegebenen Zustände zurückgeführt, Bd. 1, 2. Aufl. 1847, S. 3; *Niels Nicolaus Falck*, Juristische Encyclopädie, 1838, S. 5 f., 197 f.; dazu näher *Utz Schliesky*, Niels Nicolaus Falck (1784 – 1850) – Die Versöhnung von Politik und Recht, in: Wilhelm Knelangen/Tine Stein (Hrsg.), Kontinuität und Kontroverse, 2013, S. 127 ff.

44 Dazu *Hedwig Richter/Hubertus Buchstein* (Hrsg.), Kultur und Praxis der Wahlen, 2017; Gegen Wahlen als demokratischen Entscheidungsmodus jüngst *David van Reybrouck*, Gegen Wahlen, 2. Aufl. 2016.

45 Dazu BVerfGE 83, 37 ff.; 83, 60 ff.; *Josef Isensee/Edzard Schmidt-Jortzig*, Das Ausländerwahlrecht vor dem Bundesverfassungsgericht, 1993.

46 *Paul Nolte*, Was ist Demokratie?, 2012, S. 34 ff.

47 Dazu *Wolfgang Reinhard*, Geschichte der Staatsgewalt, 3. durchgesehene Aufl. 2002, S. 440 ff.; *Utz Schliesky*, Souveränität und Legitimität von Herrschaftsgewalt, 2004, S. 20 ff., 30 ff.; *Hagen Schulze*, Staat und Nation in der europäischen Geschichte, 2. durchgesehene Aufl. 1995, S. 112 ff.

48 S. BVerfGE 83, 37 (51 f.).

49 *Utz Schliesky*, Souveränität und Legitimität von Herrschaftsgewalt, 2004, S. 31.

50 Zur Frage des Ausländerwahlrechts bzw. des Wahlrechts ohne Staatsbürgerschaft grundlegend BVerfGE 83, 37 ff.; *Josef Isenseee/Edzard Schmidt-Jortzig* Das Ausländerwahlrecht vor dem Bundesverfassungsgericht, 1993; jüngst *Michel Dormal*, PVS 57 (2016), 378 ff.

51 Prägnant *Byung-Chul Han*, Die Austreibung des Anderen, 2016, S. 7 ff., insbes. S. 8: „Wucherung des Gleichen".

52 *Hermann Heller*, Gesammelte Schriften, Bd. 2, 1971, S. 421, 427; noch restriktiver *Carl Schmitt*, Verfassungslehre, 8. Aufl. 1993, S. 234.

53 BVerfGE 89, 155 (186).

54 *Konrad Paul Liessmann*, Lob der Grenze, 2012, S. 74 ff.; *Wolfgang Reinhard*, Geschichte der Staatsgewalt, 3. durchgesehene Aufl. 2002, S. 440; s. auch *Reinhard Müller*, Deutschland hat Grenzen, FAZ Nr. 214 vom 13.09.2016, S. 1.

55 Zur „Austreibung des Anderen" *Byung-Chul Han*, Die Austreibung des Anderen, 2016, S. 7 ff., 29 ff.

56 Grundlegend bereits *Georg Wilhelm Friedrich Hegel*, Hauptwerke in sechs Bänden, Grundlinien der Philosophie des Rechts, Bd. 5, 2015, § 182 ff., insbes. § 188 und § 258; aus heutiger Perspektive *Burkhard Schöbener/Matthias Knauff*, Allgemeine Staatslehre, 3. Aufl. 2016, § 3 Rn. 15 a ff.

57 *Utz Schliesky*, in: Hermann Hill/Utz Schliesky (Hrsg.), Die Neubestimmung der Privatheit, E-Volution des Rechts- und Verwaltungssystems IV, 2014, S. 9 (15 f.).

58 Dazu grundlegend *Utz Schliesky*, in: Hermann Hill/Utz Schliesky (Hrsg.), Die Neubestimmung der Privatheit, E-Volution des Rechts- und Verwaltungssystems IV, 2014, S. 9 (15 f.).

59 *Georg Wilhelm Friedrich Hegel*, Hauptwerke in sechs Bänden, Grundlinien der Philosophie des Rechts, Bd. 5, 2015, § 257; s. auch *Ludwig Siep*, Der Staat als irdischer Gott, 2015.

60 Deutlich angekündigt schon bei *Adolf Hitler*, Mein Kampf, Band 2, S. 24 (Christian Hartmann/Thomas Vordermayer/Othmar Plöckinger/ Roman Töppel (Hrsg.), Kritische Edition, 2016, S. 1007): „Der Staat ist ein Mittel zum Zweck. Sein Zweck liegt in der Erhaltung und Förderung einer Gemeinschaft physisch und seelisch gleichartiger Lebewesen. Diese Erhaltung selber umfasst erstlich den rassemäßigen Bestand und gestattet dadurch die freie Entwicklung aller in dieser Rasse schlummernder Kräfte." „Wir haben schärfstens zu unterscheiden zwischen dem Staat als einem Gefäß und der Rasse als dem Inhalt. Dieses Gefäß hat nur dann einen Sinn, wenn es den Inhalt zu erhalten und zu schützen vermag; im anderen Fall ist es wertlos." – S. auch *Ernst Rudolf Huber*, Verfassungsrecht des Großdeutschen Reiches, 2. Aufl. 1939, S. 163.

61 Dazu eingehend *Utz Schliesky*, Souveränität und Legitimität von Herrschaftsgewalt, 2004, S. 310 ff.; s. auch *Roland Sturm*, in: Maurizio Bach (Hrsg.), Der entmachtete Leviathan, Zeitschrift für Politik, Sonderband 5, 2013, S. 93 ff.; *Maurizio Bach*, ebd., S. 105 ff.

62 Typisch für eine solche Herangehensweise sind die Urteile des Bundesverfassungsgerichts zum Maastricht-Vertrag (BVerfGE 89, 155 ff.) und zum Vertrag von Lissabon (BVerfGE 123, 267 ff.). – Zu notwendigen Neuorientierungen *Utz Schliesky*, Souveränität und Legitimität von Herrschaftsgewalt, 2004, S. 443 ff.

63 Deutlich etwa Bundespräsident *Joachim Gauck*, Rede am 7. Februar 2017 zur Verleihung der Ehrendoktorwürde der Universität Maastricht, abrufbar unter www.bundespraesident.de; aus rechtswissenschaftlicher Perspektive etwa *Christian Calliess/Moritz Hartmann*, Zur Demokratie in Europa: Unionsbürgerschaft und europäische Öffentlichkeit, 2014, S. 7 ff.; *Udo Di Fabio*, ZSE 13 (2015), 457 ff.; s. jetzt auch den Anstoß der Reformdebatte durch die Europäische Kommission in ihrem Weißbuch zur Zukunft Europas vom 1. März 2017, S. 16 ff.

64 Vgl. *Christian Calliess/Moritz Hartmann*, Zur Demokratie in Europa: Unionsbürgerschaft und europäische Öffentlichkeit, 2014, S. 7; *Georg Cavallar*, Die Europäische Union – von der Utopie zur Freidens- und Wertegemeinschaft, 2006, S. 145; *Viktoria Kaina*, Wir in Europa – Kollektive Identität und Demokratie in der Europäischen Union, 2009, S. 9 ff.

65 Auch Art. 23 Abs. 1 GG sagt nichts über einen möglichen Endzustand, s. BVerfGE 123, 267 (347 Rn. 227). – Zu künftigen Perspektiven der EU *Joachim Jens Hesse*, ZSE 15 (2017), 173 ff.

66 *Klaus Bringmann*, Das römische Erbe, in: Winfried Böttcher (Hrsg.), Klassiker des europäischen Denkens, 2014, S. 34 (46).

67 Dazu *Wolfgang Geier*, Europabilder, 2009, S. 44 ff.; *Volker Reinhardt*, Enea Silvio Piccolomini, in: Winfried Böttcher (Hrsg.), Klassiker des europäischen Denkens, 2014, S. 82 ff.; zur Biografie eingehend *Volker Reinhardt*, Pius II. Piccolomini: Der Papst, mit dem die Renaissance begann; eine Biographie, 2013.

68 *Wolfgang Geier*, Europabilder, 2009, S. 46 f.

69 *Novalis (= Friedrich von Hardenberg)*, Die Christenheit oder Europa, in: Carl Paschek (Hrsg.), Fragmente und Studien, 1996, S. 67 ff.; dazu *Peter Raedts*, Die Entdeckung des Mittelalters, 2016, S. 109 ff.

70 BVerfGE 89, 155 (184 f.); 123, 267 (367 f. Rn. 271); *Christian Calliess/Moritz Hartmann*, Zur Demokratie in Europa: Unionsbürgerschaft und europäische Öffentlichkeit, 2014, S. 80 ff.

71 BVerfGE 123, 267 (267 Ls. 1)

72 BVerfGE 123, 267 (371 Rn. 278).

73 BVerfGE 123, 267 (372 ff. Rn. 281 ff.); dazu *Christoph Ohler*, AöR 135 (2010), 153 ff.

74 BVerfGE 123, 267 (359 ff. Rn. 252 ff.).

75 Grundlegend *Utz Schliesky*, Souveränität und Legitimität von Herrschaftsgewalt, 2004, S. 319 ff., 682 ff.; s auch *Christian Calliess/Moritz Hartmann*, Zur Demokratie in Europa: Unionsbürgerschaft und europäische Öffentlichkeit, 2014, S. 71 ff.
76 Dazu eingehend *Hagen Schulze*, Staat und Nation in der europäischen Geschichte, 2. durchgesehene Aufl. 1995; s. auch *Herfried Münkler/Grit Straßenberger*, Politische Theorie und Ideengeschichte, 2016, S. 56 ff.
77 Dazu I.
78 BVerfGE 123, 267 (344 ff., 353 ff.); s. auch BVerfGE 126, 286 (307); 132, 195 (239 ff. Rn. 106, 109 f.); *Thomas Wischmeyer*, AöR 140 (2015), 415 (433 ff.).
79 BVerfGE 123, 267 (344, Rn. 219, 235 ff.).
80 Zu dieser Ultra-Vires-Kontrolle BVerfGE 89, 155 (209 f.); 123, 267 (353 f.); 126, *286* (302 ff.).
81 BVerfGE 123, 267 (354, Rn. 241).
82 Zur europäischen Identität eingehend *Wolfgang Schmale*, Geschichte und Zukunft der Europäischen Identität, 2008.
83 Ebenso *Wolfgang Schmale*, Geschichte und Zukunft der Europäischen Identität, 2008, S. 37.
84 Zu den seltenen Fällen einer Aktivierung der Identitätsgrenze s. BVerfGE 113, 273 ff. (Europäischer Haftbefehl); BVerfGE 126, 286 ff. (Honeywell/Mangold); BVerfGE 140, 317 ff. (Solange/Identitätskontrolle I).
85 Zu dieser Übertragung von Hoheitsrechten eingehend *Björn Schiffbauer*, AöR 141 (2016), 551 ff.; *Rupert Scholz*, in: Theodor Maunz/Günter Dürig, GG-Kommentar, 78. EL 2016, Art. 23 Rn. 62.
86 Dazu *Mathias Schubert*, Die institutionelle und legitimatorische Krise der Europäischen Union-Funktionsverluste übertragener staatlicher Funktionen, in: Utz Schliesky (Hrsg.), Funktionsverluste von Staatlichkeit, 2017, i. E.
87 Zu den Theorien europäischer Integration eingehend *Hans-Jürgen Bieling/Marika Lerch* (Hrsg.), Theorien der Europäischen Integration, 3. Aufl. 2012.
88 BVerfGE 123, 267 (350 Rn. 234).
89 Dazu *Utz Schliesky*, Souveränität und Legitimität von Herrschaftsgewalt, 2004, S. 363 ff.
90 Grundlegend EuGH, Slg. 1964, 1251 (1269 ff.); statt vieler *Thomas Oppermann/ Claus Dieter Classen/Martin Nettesheim*, Europarecht, 7. Aufl. 2016, § 10 Rn. 1 ff., 32 ff.
91 *Franz C. Mayer*, Europa als Rechtsgemeinschaft, in: Gunnar Folke Schuppert/ Ingolf Pernice/Ulrich Haltern (Hrsg.), Europawissenschaft, 2005, § 14, S. 429 ff.
92 *Johann Gottlieb Fichte*, Der geschloßne Handelsstaat, 1800.
93 Statt vieler s. *Mathias Schmoeckel/Matthias Maetschke*, Rechtsgeschichte der Wirtschaft, 2. Aufl. 2016, Rn. 54 ff.
94 Dazu *Gerhard Wegner*, in: Karen Ilse Horn (Hrsg.), Verlockungen zur Unfreiheit, 2015, S. 99 ff.
95 Dies ist m. E. ein Kernproblem des zwischen Unterhändlern der EU und der USA ausgehandelten Freihandelsabkommens TTIP – und vieler anderer Freihandelsabkommen. Skeptisch insoweit auch BVerfG, Urt. v. 13.10.2016, 2 BvR 1368/16 u. a. Rn. 58.
96 Dazu *Utz Schliesky*, Digitale Räume, 2017, i. E.; s. auch *dens./Sönke E. Schulz/ Friedrich Gottberg/Florian Kuhlmann*, Demokratie im digitalen Zeitalter, 2016; *Utz Schliesky*, Ist der digitale Staat ein besserer Staat?, in: Michael Fehling/Utz Schliesky (Hrsg.), Neue Macht- und Verantwortungsstrukturen in der digitalen Welt, 2016, S. 97 ff.
97 *Peter Badura*, Staatsrecht, 6. Aufl. 2015, A 9; *Utz Schliesky*, Souveränität und Legitimität von Herrschaftsgewalt, 2004, S. 149, 159.

98 *Karin Glaser*, Über legitime Herrschaft, 2013, S. 15; *Utz Schliesky*, Souveränität und Legitimität von Herrschaftsgewalt, 2004, S. 149.
99 *Karin Glaser*, Über legitime Herrschaft, 2013, S. 15.
100 *Utz Schliesky*, Souveränität und Legitimität von Herrschaftsgewalt, 2004, S. 161, 171; *Reinhold Zippelius*, Allgemeine Staatslehre, 16. Aufl. 2010, S. 95.
101 *Thomas Würtenberger (sen.)*, DRZ 1947, 241 (242).
102 Zuletzt deutlich BVerfGE 123, 267 (340).
103 Dazu eingehend *Utz Schliesky*, Souveränität und Legitimität von Herrschaftsgewalt, 2004, S. 166 ff.
104 Dazu eingehend und m. w. N. *Utz Schliesky*, Souveränität und Legitimität von Herrschaftsgewalt, 2004, S. 181 ff.
105 *Johann Ludwig Klüber*, Öffentliches Recht des teutschen Bundes und der Bundesstaaten, 4. Aufl. 1840, § 1 S. 1.
106 S. u. III 3.
107 *Cicero*, De legibus, III, 8: „Ollis [imperantibus] salus populi suprema lex esto." – Den Herrschenden soll das Wohl des Volkes oberstes Gesetz sein. Wieder aufgenommen durch *Thomas Hobbes*, Leviathan oder die Materie, Form und Macht eines kirchlichen und staatlichen Gemeinwesens, 1651, Einleitung, S. 5, Zeile 28 (in der Ausgabe der Philosophischen Bibliothek, Bd. 491, eingeführt und herausgegeben von *Hermann Klenner*, 1996).
108 *Stefano Saracino*, Tyrannis und Tyrannenmord bei Machiavelli, 2012, S. 274 f. – Der Begriff stammt wohl von *Giovanni Botero*, Della Ragione di Stato, 1589; dazu *Stefano Saracino*, „Ragionare dello stato" – „mantenere la libertà": Die Staatsräson und die republikanische Theorie des Notstandes bei Machiavelli, in: Rüdiger Voigt (Hrsg.), Staatsräson, 2012, S. 69 ff.; *Ernst Vollrath*, in: Görres-Gesellschaft (Hrsg.), Staatslexikon, Bd. IV, 7. Aufl. 1995, Art. Politische Ethik, Sp. 453 (455). Ausführlich *Friedrich Meinecke*, Die Idee der Staatsräson in der neueren Geschichte, 2. Aufl. 1925.
109 *Carl Schmitt*, Die Diktatur, 8. Aufl. 2015, S. 7 ff.
110 *Jean-Jacques Rousseau*, Gesellschaftsvertrag, neu übersetzt und herausgegeben von *Hans Brockard* in Zusammenarbeit mit *Eva Pietzcker*, Stuttgart 1986/1998, I. 6, S. 16; hierzu und zum folgenden *Utz Schliesky*, Souveränität und Legitimität von Herrschaftsgewalt, 2004, S. 211 ff.
111 Dazu näher *Utz Schliesky*, Souveränität und Legitimität von Herrschaftsgewalt, 2004, S. 46 ff.; *Rüdiger Voigt*, Den Staat denken – Der Leviathan im Zeichen der Krise, 3. Aufl. 2014, S. 103 ff.; *Reinhold Zippelius*, Geschichte der Staatsideen, 10. Aufl. 2003; s. *Georg Wilhelm Friedrich Hegel*, Hauptwerke in sechs Bänden, Grundlinien der Philosophie des Rechts, Bd. 5, 2015, § 258.
112 Ausnahmen sind etwa *Udo Di Fabio*, Der Verfassungsstaat in der Weltgesellschaft, 2001; *ders.*, Schwankender Westen, 2015, S. 53 ff.; *Peter Saladin*, Wozu noch Staaten?, 1995.
113 *Jean Bodin*, Sechs Bücher über den Staat, 1583, herausgegeben und eingeleitet von Peter Meyer-Tasch, 2017, i. E.; *Thomas Hobbes*, De cive, 1642, eingeleitet und herausgegeben von Günther Gawlick, 1959/1977, S. 59 ff.; *ders.*, Leviathan oder die Materie, Form und Macht eines kirchlichen und staatlichen Gemeinwesens, 1651; *John Locke*, Zwei Abhandlungen über die Regierung, 2012, S. 95 ff., 117 f.
114 Deutlich ebenso BVerfGE 80, 315 (334).
115 Hierfür steht etwa das „soziale Königtum" des *Lorenz von Stein*, Handbuch der Verwaltungslehre und des Verwaltungsrechts, 1870, eingeleitet und herausgegeben von Utz Schliesky, 2010, S. 440.
116 BVerfGE 9, 174 (180); 18, 112 (117); 38, 231 (238 f.).

117 Zu kulturellen Werten eingehend *Hans Joas/Klaus Wiegandt* (Hrsg.), Die kulturellen Werte Europas, 2. Aufl. 2005.
118 BVerfGE 44, 125 (141 f.); vgl. auch BVerfGE 37, 57 (65); 41, 126 (150); 42, 312 (332).
119 BVerfGE 5, 85 (202).
120 Ständige Rechtsprechung seit BVerfGE 7, 198 (205); s. etwa auch BVerfGE 98, 169 (200).
121 BVerfGE 81, 242 (254).
122 BVerfGE 2, 1 (1 Ls. 2; 12); BVerfG, Urt. v. 17.1.2017, 2 BvB 1/13, Ls. 3 Rn. 531; zum Ganzen eingehend *Utz Schliesky*, Die wehrhafte Demokratie des Grundgesetzes, in: Josef Isensee/Paul Kirchhof (Hrsg.), Handbuch des Staatsrechts der Bundesrepublik Deutschland, Bd. XII, 3. Aufl. 2014, § 277 Rn. 16 ff.
123 BVerfG, Urt. v. 17.1.2017, 2 BvB 1/13, Ls. 3. a) Rn. 539.
124 BVerfG, Urt. v. 17.1.2017, 2 BvB 1/13, Ls. 3.
125 Dazu *Utz Schliesky*, Die wehrhafte Demokratie des Grundgesetzes, in: Josef Isensee/Paul Kirchhof (Hrsg.), Handbuch des Staatsrechts der Bundesrepublik Deutschland, Bd. XII, 3. Aufl. 2014, § 277 Rn. 24 ff.
126 *Christoph Hubig*, in: Görres-Gesellschaft (Hrsg.), Staatslexikon, Bd. V, 7. Aufl. 1995, Art. Wert, Sp. 963 f.
127 Eingehend *Hans Joas*, Die Entstehung der Werte, 6. Aufl. 2013; s. auch *Reinhold Zippelius*, Allgemeine Staatslehre, 16. Aufl. 2010, S. 38 f.
128 Prägnant *Carl Schmitt*, Die Tyrannei der Werte, 3 Aufl. 2011, S. 13 ff., 37 f.; *Eberhard Straub*, Zur Tyrannei der Werte, 2010, S. 18 ff.
129 Prägnant *Katia Saporiti*, Ideen, in: Stefan Jordan/Christian Nimtz (Hrsg.), Lexikon Philosophie – Hundert Grundbegriffe, 2011, S. 132 ff.
130 *Alexis de Tocqueville*, Über die Demokratie in Amerika, 2. Aufl. 1982, S. 492.
131 Begriffsbildend insoweit *Lucius Annaeus Seneca*, De clementia/Über die Güte, übersetzt und herausgegeben von Karl Büchner, 1970/2015, I 1 (1), S. 2, der die Spiegel-Metapher ersichtlich als Erster verwendet: „Ich habe mir vorgenommen, Caesar Nero, über die Güte zu schreiben, um sozusagen die Rolle eines Spiegels zu spielen und dir zu zeigen, dass du zu der höchsten aller Freuden gelangen wirst." Der Begriff des „Fürstenspiegels" für diese häufige Literaturgattung hat sich dann erst im Mittelalter gebildet und durchgesetzt. S. dazu *Hans-Otto Mühleisen/Theo Stammen*, Politische Ethik und politische Erziehung – Fürstenspiegel der Frühen Neuzeit, in: Hans-Otto Mühleisen/Theo Stammen/Michael Philipp (Hrsg.), Fürstenspiegel der Frühen Neuzeit, 1997, S. 9 ff.
132 Dazu eingehend *Andreas Urs Sommer*, Werte – Warum man sie braucht, obwohl es sie nicht gibt, 2016, S. 163 ff.
133 Überzeugend *Hans Buchheim*, Der neuzeitliche republikanische Staat, 2013, S. 55.
134 Dazu näher *Reinhold Zippelius*, Allgemeine Staatslehre, 16. Aufl. 2010, S. 210 f.
135 Prägnante Zusammenfassung bei *Utz Schliesky*, Souveränität und Legitimität von Herrschaftsgewalt, 2004, S. 59 ff.
136 *Martin Luther*, Von weltlicher Obrigkeit, wie weit man ihr Gehorsam schuldig sei, 1523, in: Amt der Vereinigten Evangelisch-Lutherischen Kirche Deutschlands (Hrsg.), Luther lesen – die zentralen Texte, 2016, S. 139 ff. Dazu eingehend *Martin Heckel*, Martin Luthers Reformation und das Recht, 2016, S. 584 ff.
137 Näher *Herfried Münkler/Grit Straßenberger*, Politische Theorie und Ideengeschichte, 2016, S. 389 ff.
138 Dazu näher *Heinrich de Wall/Stefan Muckel*, Kirchenrecht, 4 Aufl. 2014, § 1 Rn. 3, § 13; *Peter Unruh*, Religionsverfassungsrecht, 3. Aufl. 2015, § 5.
139 *Herfried Münkler/Grit Straßenberger*, Politische Theorie und Ideengeschichte, 2016, S. 389.

140 EuGH Urt. v. 14.3.2017, Az. C-157/15, Rn. 38.
141 Treffend *Heinrich Lang*, in: Josef Isensee/Paul Kirchhof, Handbuch des Staatsrechts der Bundesrepublik Deutschland, Bd. XII, 3. Aufl. 2014, § 266 Rn. 13.
142 S. auch *Uwe Volkmann*, Grundzüge einer Verfassungslehre der Bundesrepublik Deutschland, 2013, S. 100.
143 BVerfGE 7, 198 (205); 33, 303 (330); 49, 89 (141 f.); 61, 18 (25); 62, 323 (329); dazu *Peter Badura*, Staatsrecht, 6. Aufl. 2015, C 2; *Horst Dreier*, in: ders. (Hrsg.), Grundgesetz, Bd. I, 3. Aufl. 2013, Vorb. zu Art. 1, Rn. 94; *Hans Jarass*, AÖR 110 (1985), 363 ff.; *Uwe Volkmann*, Grundzüge einer Verfassungslehre der Bundesrepublik Deutschland, 2013, S. 96 ff.; kritisch *Helmut Goerlich*, Wertordnung und Grundgesetz. Kritik einer Argumentationsfigur des Bundesverfassungsgerichts, 1973.
144 BVerfGE 7, 198 (198 Ls. 1; 205).
145 BVerfGE 7, 198 (205).
146 BVerfGE 2, 1 (12); 5, 85 (134 ff., 197 ff.); 6, 32 (40 f.); 7, 198 (205); kritisch *Eberhard Straub*, Zur Tyrannei der Werte, 2010, S. 15 f.
147 Nachzeichnung von Rechtsprechung und Literatur zur Menschenwürde seit 1949 bei *Manfred Baldus*, Kämpfe um die Menschenwürde, 2016, S. 68 ff.
148 *Carl Schmitt*, Die Tyrannei der Werte, 3. Aufl. 2011, S. 36 ff.; *Ernst-Wolfgang Böckenförde*, Wissenschaft, Politik, Verfassungsgericht, 2011, S. 156, 172 ff.; *Eberhard Straub*, Zur Tyrannei der Werte, 2010.
149 So *Ernst-Wolfgang Böckenförde*, Wissenschaft, Politik, Verfassungsgericht, 2011, S. 156, 172 ff.: *Böckenförde* bezeichnet dies als „Verhüllungsformel für richterlichen bzw. interpretatorischen Dezisionismus", aaO., S. 175.
150 Hellsichtig *Jochen Bittner*, Welchen Anteil haben Medien am gefühlten Staatsversagen?, in: Utz Schliesky (Hrsg.), Funktionsverluste von Staatlichkeit, 2017, i. E.
151 Grundlegend *Jean-François Lyotard*, Das postmoderne Wissen, 1979/2009; s. auch *Zygmunt Bauman*, Flüchtige Moderne, 7. Aufl. 2016, S. 131 ff.
152 *Ulrich Beck*, Die Metamorphose der Welt, 2017, S. 15 ff., lenkt den Blick auf einen möglichen Kategorienfehler, indem die Debatten sich um „Wandel" drehen, anstatt über Verwandlung bzw. Metamorphose nachzudenken.
153 Dazu *Udo Di Fabio*, Schwankender Westen, 2015, S. 55 ff.
154 Dazu *Utz Schliesky*, Ist der digitale Staat ein besserer Staat?, in: Michael Fehling/Utz Schliesky (Hrsg.), Neue Macht- und Verantwortungsstrukturen in der digitalen Welt, 2016, S. 99 ff., insbes. S. 115 ff.
155 BVerfGE 58, 300 ff.
156 *Ernst-Wolfgang Böckenförde*, Die Entstehung des Staates als Vorgang der Säkularisation, in: ders., Recht, Staat, Freiheit, 1991, S. 92, 112.
157 Dazu näher *Utz Schliesky*, Souveränität und Legitimität von Herrschaftsgewalt, 2004, S. 623 ff.
158 *Georg Wilhelm Friedrich Hegel*, Hauptwerke in sechs Bänden, Grundlinien der Philosophie des Rechts, Bd. 5, 2015, § 258: „Der Staat ist als die Wirklichkeit des substantiellen *Willens*, die er in dem zu seiner Allgemeinheit erhobenen besonderen *Selbstbewußtsein* hat, das an und für sich *Vernünftige*. Diese substantielle Einheit ist absoluter unbewegter Selbstzweck, in welchem die Freiheit zu ihrem höchsten Recht kommt, so wie dieser Endzweck das höchste Recht gegen die Einzelnen hat, deren *höchste Pflicht* es ist, Mitglieder des Staats zu sein."
159 *Aristoteles*, Politik, übersetzt und herausgegeben von Olof Igon, 8. Aufl. 1998, 1252 a I, 1, S. 47; s. auch *Vittorio Hösle*, Moral und Politik – Grundlagen einer politischen Ethik für das 21. Jahrhundert, 1997, S. 41.
160 *Udo Di Fabio*, Der Verfassungsstaat in der Weltgesellschaft, 2001, S. 28, 31 f.; *Utz Schliesky*, Souveränität und Legitimität von Herrschaftsgewalt, 2004, S. 599.

161 Dazu *Utz Schliesky*, Souveränität und Legitimität von Herrschaftsgewalt, 2004, S. 626 f. m. w. N. zur Ideengeschichte.

162 BVerfGE 42, 312 (332); *Vittorio Hösle*, Moral und Politik – Grundlagen einer politischen Ethik für das 21. Jahrhundert, 1997, S. 775.

163 Dazu nun grundlegend *Manfred Baldus*, Kämpfe um die Menschenwürde, 2016.

164 *Hermann Heller*, Staatslehre, 1934, S. 201; s. bereits *Lorenz von Stein*, Handbuch der Verwaltungslehre und des Verwaltungsrechts, 1870, neu herausgegeben und eingeleitet von *Utz Schliesky*, 2010, S. 6: „Die That des Staates entsteht, indem der in der Verfassung organisch gebildete Wille desselben sich in den thatsächlichen Lebensverhältnissen verwirklicht."

165 Zu diesem Zusammenhang *Utz Schliesky*, Das Ende des Staates? Zwischen „Staatsversagen" und Staatseuphorie, 2016, S. 18 ff.

166 Dazu näher *Utz Schliesky*, Funktionsverluste von Staatlichkeit – Vermessung des Gegenstandes, in: ders., Funktionsverluste von Staatlichkeit, 2017, i. E.

167 Näher *Utz Schliesky*, Das Ende des Staates? Zwischen „Staatsversagen" und Staatseuphorie, 2016, S. 11, 15 ff.

168 *Horst Dreier*, in: ders. (Hrsg.), Grundgesetz, Bd. II, 3. Aufl. 2015, Art. 79 III Rn. 50 ff.

169 Dazu *Michael Kotulla*, Deutsche Verfassungsgeschichte, 2008, Rn. 1713 ff., 1727 ff.

170 Dazu *Georg-Christoph von Unruh*, Das Schleswig-Holsteinische Staatsgrundgesetz von 1848, S. 20 ff.; *Utz Schliesky*, Verfassungen/Demokratisierung, in: Uwe Danker/Utz Schliesky (Hrsg.), Schleswig-Holstein 1800 bis heute – Eine historische Landeskunde, 2014, Kap. 25, S. 271.

171 Die Charta der Grundrechte der Europäischen Union war ursprünglich das Ergebnis des sog. Grundrechtekonvents unter Leitung des früheren Bundespräsidenten *Roman Herzog* und wurde am 7.12.2000 von den europäischen Organen proklamiert. Eine verfassungsrechtliche Rechtswirksamkeit erhielt die Charta aber erst mit der Ratifizierung des Vertrages von Lissabon zum 1.12.2009. Zur Grundrechte-Charta s. prägnant *Christian Walter*, Geschichte und Entwicklung der Europäischen Grundrechte und Grundfreiheiten, in: Dirk Ehlers (Hrsg.), Europäische Grundrechte und Grundfreiheiten, 4. Aufl. 2014, § 1 Rn. 36 ff.; *Hans D. Jarass*, EU-Grundrechte, 2005, § 2 Rn. 2 ff.

172 Dazu statt vieler *Michael Kotulla*, Deutsche Verfassungsgeschichte, 2008, Rn. 48 ff.; *Wolfgang Reinhard*, Reichsreform und Reformation 1495 – 1555, in: Bruno Gebhardt, Handbuch der Deutschen Geschichte, Bd. 9, 10. Aufl. 2004, S. 232 ff.

173 Zutreffend *Peter M. Huber*, Der Rechtsstaat unter Druck, in: Otto Depenheuer/Christoph Grabenwarter (Hrsg.), Der Staat in der Flüchtlingskrise, 2016, S. 40 (41 f.).

174 *Niels Nicolaus Falck*, Das Herzogthum Schleswig in seinem gegenwärtigen Verhältniß zu dem Königreich Dänemark und zu dem Herzogthum Holstein, 1816, S. 134.

175 Dazu auch *Helmuth Schulze-Fielitz*, in: Horst Dreier (Hrsg.), Grundgesetz, Bd. II, 3. Aufl. 2015, Art. 20 (Rechtsstaat) Rn. 55 ff.

176 Dazu *Utz Schliesky*, Souveränität und Legitimität von Herrschaftsgewalt, 2004, S. 329 ff.

177 Dazu auch *Peter M. Huber*, Der Rechtsstaat unter Druck, in: Otten Depenheuer/Christoph Grabenwarter (Hrsg.), Der Staat in der Flüchtlingskrise, 2016, S. 40 (46 ff.).

178 Dazu *Kieler Nachrichten* vom 3.2.2016, S. 12.

179 Dazu *Walter Schmitt-Glaeser*, Der freiheitliche Staat des Grundgesetzes, 3. Aufl. 2016, S. 325.

180 Dazu aus historischer Perspektive *Paul Nolte*, Was ist Demokratie?, 2012; staatstheoretisch etwa *Christoph Möllers*, Demokratie – Zumutungen und Versprechen, 2008.

181 S. nur *Horst Dreier*, in: ders. (Hrsg.), Grundgesetz, Bd. II, 3. Aufl. 2015, Art. 79 III Rn. 36; *Utz Schliesky*, Souveränität und Legitimität von Herrschaftsgewalt, 2004, S. 608 f.

182 Zur Parteienkritik fast schon „klassisch" *Richard von Weizsäcker*, im Gespräch mit Gunter Hofmann und Werner A. Perger, 1992; eher tendenziös *Hans-Herbert von Arnim*, Vom schönen Schein der Demokratie, 2002; instruktiv jüngst *Christoph Seils*, Parteiendämmerung, 2011.

183 Dazu BVerfGE 2, 1 (13); 85, 264 (284); *Martin Morlok*, in: Horst Dreier (Hrsg.), Grundgesetz, Bd. II, 3. Aufl. 2015, Art. 21 Rn. 26 f.

184 Zu einem solchen Ansatz *Utz Schliesky*, Die Legitimationsleistung des Dritten Sektors für ein demokratisches Gemeinwesen, in: Hans-Jörg Schmidt-Trenz/Rolf Stober (Hrsg.), Jahrbuch Recht und Ökonomik des Dritten Sektors 2005/2006, S. 167 (179).

185 Dazu jetzt kritisch *David van Reybrock*, Gegen Wahlen, 2. Aufl. 2016.

186 Zu dem Zitat von Abraham Lincoln "that government of the people, by the people, for the people shall not perish from the earth" m. w. N. *Klaus Jünemann*, JZ 2013, 1128 (1129); *Utz Schliesky*, Souveränität und Legitimität von Herrschaftsgewalt, 2004, S. 544.

187 Dazu grundlegend *Utz Schliesky*, Souveränität und Legitimität von Herrschaftsgewalt, 2004, S. 659 ff.

188 Dazu immer noch lesenswert *Alexis de Tocqueville*, Über die Demokratie in Amerika, 1835, ausgewählt und herausgegeben von J. P. Meyer, 1985/2016, Bd. I, Teil II, 7. Kap., S. 139 ff.

189 Dazu näher *Utz Schliesky*, Parlamentsfunktionen, in: Martin Morlok/Utz Schliesky/Dieter Wiefelspütz (Hrsg.), Handbuch des Parlamentsrechts, 2016, § 5 Rn. 66 ff.

190 Dazu näher *Utz Schliesky*, Strukturwandel der Öffentlichkeit und Akzeptanz des parlamentarischen Regierungssystems, in: Martin Morlok/Utz Schliesky/Dieter Wiefelspütz (Hrsg.), Handbuch des Parlamentsrechts, 2016, § 51 Rn. 65 ff.

191 Zur Ideengeschichte des Republikanismus statt vieler *Philipp Hölzing*, Republikanismus, 2014, insbes. S. 31 ff.

192 *Horst Dreier*, in: ders. (Hrsg.), Grundgesetz, Bd. II, 3. Aufl. 2015, Art. 79 III Rn. 35; *Ingo von Münch*, Grundbegriffe des Staatsrechts II, 3. Aufl. 1985, Rn. 10 ff.

193 Dagegen: *Ernst-Wolfgang Böckenförde*, in: Josef Isensee/Paul Kirchhof (Hrsg.), Handbuch des Staatsrechts, Bd. II, 3. Aufl. 2004, § 24 Rn. 95 f.; *Horst Dreier*, in: ders. (Hrsg.), Grundgesetz, Bd. II, 3. Aufl. 2015, Art. 20 (Republik) Rn. 20 ff. – Dafür: *Hans Buchheim*, Der neuzeitliche republikanische Staat, 2013, S. 110 ff.; *Rolf Gröschner*, in: Josef Isensee/Paul Kirchhof (Hrsg.), Handbuch des Staatsrechts, Bd. II, 3. Aufl. 2004, § 23 Rn. 34 ff.; *Marc André Wiegand*, Demokratie und Republik, 2017, S. 7 ff.

194 Ebenso *Konrad Hesse*, Grundzüge des Verfassungsrechts der Bundesrepublik Deutschland, Neudruck der 20. Aufl. 1999, Rn. 121; *Karsten Nowrot*, Das Republikprinzip in der Rechtsordnungengemeinschaft, 2014, S. 343 ff., 346 ff.

195 Verdienstvoll insoweit jüngst *Marc André Wiegand*, Demokratie und Republik, 2017.

196 Dazu *Hans Buchheim*, Der neuzeitliche republikanische Staat, 2013, S. 9 ff.; *Rolf Gröschner*, Weil Wir frei sein wollen, 2016; *ders.* in: Josef Isensee/Paul Kirchhof (Hrsg.), Handbuch des Staatsrechts, Bd. II, 3. Aufl. 2004, § 23 Rn. 45 ff.; *Marc André Wiegand*, Demokratie und Republik, 2017, S. 54 ff.

197 Überzeugend *Marc André Wiegand*, Demokratie und Republik, 2017, S. 128.

198 Zu den Städteverfassungen ausführlich *Eberhard Isenmann*, Die deutsche Stadt im Mittelalter 1150 – 1550, 2. Aufl. 2014, S. 207 ff., insbes. S. 244 ff., 263 ff.

199 *Marsilius von Padua*, Defensor Pacis = Der Verteidiger des Friedens (aufgrund der Übersetzung von Walter Kunzmann, bearbeitet von Horst Kusch, ausgewählt von Heinz Rausch, 1971, I 12, §§ 1, 3. Dazu *Otfried Höffe*, Geschichte des politischen

Denkens, 2016, S. 174 ff.; *Hasso Hofmann*, Repräsentation – Studien zur Wort- und Begriffsgeschichte von der Antike bis ins 19. Jahrhundert, 1974, S. 196; *Ernst Reibstein*, Volkssouveränität und Freiheitsrechte – Bd. I, 1972, S. 36.

200 Ebenso BVerfGE 123, 39 (69 Rn. 108); *Günter Frankenberg*, Publizität als Prinzip der Republik, in: Rolf Gröschner/Oliver Lembcke (Hrsg.), Freistaatlichkeit, 2011, S. 269 ff.; *Marc André Wiegand*, Demokratie und Republik, 2017, S. 128.

201 Zur Bedeutung des Sozialstaatsprinzips *Oliver Nachtwey*, Die Abstiegsgesellschaft, 2016, S. 17 ff.; *Hans F. Zacher*, Das soziale Staatsziel, in: Josef Isensee/Paul Kirchhof (Hrsg.), Handbuch des Staatsrechts, Bd. II, 3. Aufl. 2004, § 28 Rn. 20 ff.

202 Zu seinem Staatsverständnis *Thomas Gehrig*, in: Rüdiger Voigt/Ulrich Weiß (Hrsg.), Handbuch Staatsdenker, 2010, S. 276 ff.

203 Zu Lorenz von Stein eingehend *Utz Schliesky/Jan Schlürmann*, Lorenz von Stein – Leben und Werk zwischen Borby und Wien, 2015; zu Steins Sozialstaatsentwürfen *Dirk Blasius*, Lorenz von Steins Sozialstaat im Kontext der „Zeitgeschichte" des 19. Jahrhunderts, in: Stefan Koslowski (Hrsg.), Lorenz von Stein und der Sozialstaat, 2014, S. 30 ff.; *Stefan Koslowski*, Lorenz von Stein, Der *sociale* Rechtsstaat und die Grenzen des Wohlfahrtsstaates, in: Christoph Brüning/Utz Schliesky (Hrsg.), Lorenz von Stein und die rechtliche Regelung der Wirklichkeit, 2015, S. 45 ff.

204 *Thomas Kirchner*, Europa soll gerechter werden, Süddeutsche Zeitung Nr. 97 vom 27.04.2017, S. 1.

205 *Horst Dreier*, in: ders. (Hrsg.), Grundgesetz, Bd. II, 3. Aufl. 2015, Art. 79 III Rn. 46; *Paul Kirchhof*, in: Josef Isensee/Paul Kirschhof (Hrsg.), Handbuch des Staatsrechts, Bd. II, 3. Aufl. 2004, § 21 Rn. 92.

206 BVerfGE 77, 340 (344).

207 BVerfGE 40, 121 (133); 45, 187 (228); 113, 88 (108 f.); 123, 267 (363 Rn. 259).

208 Zur Befürchtung und Gefahren des sozialen Abstiegs *Oliver Nachtwey*, Die Abstiegsgesellschaft, 2016, S. 119 ff.

209 Überblicke liefern etwa *Otto Kimminch*, Deutsche Verfassungsgeschichte, 1970, S. 59 ff.; *Michael Kotulla*, Deutsche Verfassungsgeschichte, 2008, S. 7 ff.

210 *Hartmut Bauer*, in: Horst Dreier (Hrsg.), Grundgesetz, Bd. II, 3. Aufl. 2015, Art. 20 Rn. 7; *Matthias Jestaedt*, in: Josef Isensee/Paul Kirchhof (Hrsg.), Handbuch des Staatsrechts, Bd. II, 3. Aufl. 2004, § 29 Rn. 3; *Reinhard Mußgnug*, in: Josef Isensee/Paul Kirchhof (Hrsg.), Handbuch des Staatsrechts, Bd. I, 3. Aufl. 2003, § 8 Rn. 71.

211 Für die kulturelle Vielfalt des Bundesstaates eindrucksvoll beschrieben von *Ralph Bollmann*, Walküre in Detmold, 2011.

212 *Horst Dreier*, in: ders. (Hrsg.), Grundgesetz, Bd. II, 3. Aufl. 2015, Art. 79 III Rn. 47 f.

213 Dazu *Christian Calliess*, ZSE 6 (2008), 227 ff.

214 Ebenso *Hartmut Bauer*, in: Horst Dreier (Hrsg.), Grundgesetz, Bd. II, 3. Aufl. 2015, Art. 20 Rn. 36.

215 Dazu etwa *Edzard Schmidt-Jortzig*, DÖV 1998, 746 ff.

216 Dazu *Utz Schliesky*, ZSE 6 (2008), 304 ff.; *ders.*, ZSE 11 (2013), 281 ff.

217 Dazu *Utz Schliesky*, in: Hermann Hill u. a. (Hrsg.), Brauchen wir eine neue Verfassung? – Zur Zukunftsfähigkeit des Grundgesetzes, 2014, S. 215 ff.

218 Grundlegend *Stephan Leibfried/Michael Zürn*, in: dies. (Hrsg.), Transformationen des Staates?, 2006, S. 14, 41 f.

219 Begriffsprägend *Ulrich Beck*, Die Metamorphose der Welt, 2017, S. 15 ff.

220 Dazu *Utz Schliesky u. a.*, Digitale Räume, 2017, i. E.; s. auch die Beiträge in *Hermann Hill/Utz Schliesky* (Hrsg.), Die Vermessung des virtuellen Raums, 2012.

221 Zutreffend und eindrucksvoll analysiert von *Felix Stalder*, Kultur der Digitalität, 2016, S. 206 ff.; zuvor bereits *Zygmunt Baumann*, Flüchtige Moderne, 7. Aufl. 2016, S. 41 ff., 198 ff.

222 *Manuel Castells*, Der Aufstieg der Netzwerkgesellschaft, Das Informationszeitalter I, 2001; *ders.*, Die Macht der Identität, Das Informationszeitalter II, 2002; *ders.*, Jahrtausendwende, 2002.
223 Statt vieler *Utz Schliesky*, Von der organischen Verwaltung Lorenz von Steins zur Netzwerkverwaltung im Europäischen Verwaltungsverbund, 2009.
224 *Luciano Floridi*, Die 4. Revolution – Wie die Infosphäre unser Leben verändert, 2015, S. 223, 227.
225 Dazu eingehend *Utz Schliesky/Sönke E. Schulz/Friedrich Gottberg/Florian Kuhlmann*, Demokratie im digitalen Zeitalter, 2016; *Utz Schliesky*, in: Martin Morlok/Utz Schliesky/Dieter Wiefelspütz (Hrsg.), Handbuch des Parlamentsrechts, 2016, § 51 Rn. 65 ff., 76 ff.
226 *Niels Nicolaus Falck*, Das Herzogthum Schleswig in seinem gegenwärtigen Verhältniß zu dem Königreich Dänemark und zu dem Herzogthum Holstein, herausgegeben und eingeleitet von Utz Schliesky, 2008, S. 13 f.
227 Ebenso *Rüdiger Voigt*, in: ders. (Hrsg.), Staatsdenken, 2016, S. 489 (494): „Eine wichtige Aufgabe der Staatstheorie wäre es, Modelle zu entwickeln, wie der demokratische Rechts- und Sozialstaat so krisenfest gemacht werden kann, dass er den zahlreichen alten und neuen Herausforderungen standhält."
228 Pessimistischer *Martin van Creveld*, Aufstieg und Untergang des Staates, 1999.
229 Zu der neuzeitlichen Freiheitsidee prägnant *Udo Di Fabio*, Schwankender Westen, 2015, S. 85 ff.
230 *Gottfried Achenwall*, Die Staatsklugheit nach ihren ersten Grundsätzen entworfen, 3. Aufl. 1774, I. Abschnitt, § 1, S. 1.

DANKSAGUNG

Ein Projekt wie das nun in diesem Buch vollendete kann nur mit einer Vielzahl von Unterstützern gelingen, denen ich Dank schulde und hiermit auch ganz herzlich Dank sage. Allen voran danke ich meinen Gesprächspartnern, die sich ohne Zögern zu den Gesprächen bereiterklärt haben. Jedes einzelne Gespräch war ein besonderes Erlebnis, das ich nicht missen möchte.

Mein Dank geht auch an den Verlag C.H. Beck, personifiziert durch Herrn Dr. Rolf-Georg Müller und Frau Dr. Katja Haberzettl, die sofort von der Idee überzeugt waren und das Projekt in unnachahmlich fördernder Weise bis zu einem so schönen Buch begleitet haben. Ohne die Verwandlung von aufgezeichneten Gesprächen zu geschriebenen Texten durch Frau Claudia Heinze-Hoffmann und Frau Sabine Wiener sowie die professionelle Betreuung der Manuskripte durch Herrn Florian Kuhlmann und Herrn Frederic Kor wäre dieses Buch ebenfalls nicht entstanden – auch ihnen danke ich herzlich.

Ganz besonders danke ich meiner Familie, der das Buch gewidmet ist, für Verständnis und Nachsicht, wenn die gemeinsame Freizeit immer wieder zugunsten „des Buches“ zusammenschmolz. Meine Frau war darüber hinaus wieder einmal die erste und wichtigste Kontrollstation für das Konzept und hat den Einleitungstext kritisch begleitet.

Und schließlich ist es mir ein Anliegen, zahlreichen Freunden, Wegbegleitern sowie Kolleginnen und Kollegen zu danken, die als Diskussionspartner, Fürsprecher oder in sonstiger Weise das Entstehen des Buches oder gedanklicher Teile desselben gefördert haben. Nennen möchte ich – ohne Anspruch auf Vollständigkeit: Den Präsidenten des Schleswig-Holsteinischen Landtages, Klaus Schlie; die Parlamentsdirektoren Prof. Dr. Horst Risse (Deutscher Bundestag), Ursula Molka (Rheinland-Pfalz), Berthold Frieß (Baden-Württemberg); die Präsidentin des Landesrechnungshofs Schleswig-Holstein, Dr. Gaby Schäfer; Prof. Dr. Stefan Ulrich Pieper, Bundespräsidialamt; Dr. Jan Schlürmann; Sylvio Arnoldi; Dr. Sönke E. Schulz.